現代名著譯叢

偉大城市的誕生與衰亡

——美國都市街道生活的啓發

The Death and Life of Great American Cities

珍·雅各(Jane Jacobs)◎著

吳鄭重◎譯注

國科會經典譯注計畫

JANE
JACOBS

THE
DEATH
AND LIFE
OF GREAT
AMERICAN
CITIES

FOREWORD BY
THE AUTHOR

1993年Modern Library紀念版封面

目　次

說明(實例)

本書用來說明的景象都是和你我有關的事情。實際的案例就請仔細觀察所處的眞實城市。當你觀察的時候，你可能也會用心傾聽、逗留並且思索你的所見所聞。

譯　序

　　2006年4月25日，一位沒有大學文憑和專業背景的老太太在多倫多過世，哥倫比亞廣播公司、《紐約時報》、《華盛頓郵報》等北美各大媒體卻紛紛以大篇幅報導，因爲她不是別人，正是《偉大城市的誕生與衰亡——美國都市街道生活的啓發》（*The Death and Life of Great American Cities*）的作者——珍・雅各（Jane Jacobs）。

　　第一次讀到珍・雅各的《偉大城市的誕生與衰亡——美國都市街道生活的啓發》是1994年在倫敦政經學院（London School of Economics and Political Science, LSE）讀博士班第一年的時候。當時是台灣城市變化最快速的階段，也是永續發展議題被炒得火熱的年代，而我正在爲我的博士論文尋找可能的方向，沒事就泡在學校的圖書館裡面*，進行一連串以城市和永續發展爲主軸的廣泛搜尋和閱讀。

---

*　倫敦政經學院圖書館的正式名稱是「大英政治與經濟科學圖書館」（The British Library of Political and Economic Science）那是一棟毫不起眼的老舊紅磚建築，但是裡面有400萬冊藏書，15,000種電子期刊，1,600個座位，500台可以查資料和寫報告的電腦，還有專人服務免費寄放東西的衣帽間，甚至還有淋浴設施。由於學術藏書的數量和品質俱佳，館藏圖書一字排開來的長度超過50公里，被英國的博物館、圖書館與檔案部（Museums Libraries and Archives Council, MLA）指定爲國家級的大學圖書館。平均每天有5,000人次使用該圖書館。

　　已經記不得是怎麼找到這本書的，但是當時它給我的印象非常深刻。不是因爲它的內容，而是書的外觀——是由企鵝出版社出版，一本破破爛爛的「小書」。熟悉英美小說的讀者一定知道，大部分英美小說都是用一種輕巧的平裝袖珍開本裝訂，方便一般讀者攜帶和閱讀，讀完之後也好「處理」。看起來破爛則是因爲它的年歲和所用的材料，顯得極不稱頭；和相鄰大開本、大部頭的精裝巨著相比，實在不像是擺在大英政治與經濟科學圖書館裡面的學術專著。由於當時我才剛剛開始接觸有關都市研究和建築規劃的相關理論，還有英國的城市尺度和街道特色都迥異於書中所描述的美國城市經驗，再加上我在台北生活了三十年的「混亂秩序」體驗，總之，書中許多被都市研究和建築規劃學者讚譽爲眞知灼見的觀點，對我而言，只覺得稀鬆平常，是婦孺皆知的「常識」。比起埃伯尼澤・霍華德(Ebenezer Howard)帶有社會主義精神的田園城市(garden city)，或是科比意(Le Corbusier)融入公社色彩的馬賽公寓，實在遜色許多。最多也不過是一個小女子對過去城市的浪漫懷舊，怎麼看都和「偉大」和「經典」扯不上邊，不知道爲什麼西方學者這麼大驚小怪？

　　再次注意到這本書，是好多年後在世貿書展買的一本由紐約市立圖書館出版的《世紀好書》(*The New York Public Library's Books of the Century*)(牛津大學出版社，1996)中，對於這本書的介紹。《世紀好書》是紐約市立圖書館爲了慶祝該館的百年紀念(1895-1995)，從620萬冊的所有館藏中選出12類共計167本的各類經典好書。珍・雅各的《偉大城市的誕生與衰亡——美國都市街道生活的啓發》赫然名列「經濟與技術」類11本經典名著中的其中一本，其他十本並列的當代經典分別是托爾斯坦・韋伯倫(Thorstein Veblen)的《有閒階級論》(*The Theory of the Leisure Class: An Economic*

Study of Institutions, 1899）、馬克思・韋伯(Max Weber)的《基督新教倫理與資本主義精神》（*The Protestant Ethic and the Spirit of Capitalism*, 1904）、亨利・亞當斯(Henry Adams)的《亞當斯論教育》（*The Education of Henry Adams*, 1907）、約翰・凱恩斯(John M. Keynes)的《就業、利息和貨幣的一般理論》（*The General Theory of Employment, Interest and Money*, 1936）、菲德列克・海耶克(Friedrich August von Hayek)的《通往奴役之路》（*The Road to Serfdom*, 1944）、彌爾頓・費德曼(Milton Friedman)的《消費函數理論》（*A Theory of the Consumption Function*, 1957）、約翰・加爾布雷斯(John Kenneth Galbraith)的《富裕社會》（*The Affluent Society*, 1958）、海倫・李維特(Helen Leavitt)的《超級高速公路──超級惡作劇》（*Superhighway － Super Hoax*, 1970）、厄恩斯特・舒馬克(Ernst Friedrich Schumacher)的《小即是美》（*Small is Beautiful: A Study of Economics as if People Mattered*, 1973)和艾德・克羅(Ed Krol)的《整個網際網路：使用者指南與目錄》（*The Whole Internet: User's Guide & Catalog*, 1992）。

這時候台北捷運已經通車，101大樓和高鐵也在興建當中，有愈來愈多東南亞的跨國移工逐漸聚集在台北街頭，同時也有愈來愈多的台商從深圳和上海向其他中國城市前進；現代化的台北正在被全球化的洪流所吞噬。而我以倫敦作為研究地區的博士論文《都市社會永續的概念：協調倫敦的日常生活與制度結構》（*The Concept of Urban Social Sustainability: Coordinating Everyday Life and Institutional Structures in London*)正在改寫成學術專書，後來和海倫・賈維斯(Helen Jarvis)及安迪・普拉特(Andy C. Pratt)合寫成《都市的神秘生活：日常生活的社會再生產》（*The Secret Life of Cities: The Social Reproduction of Everyday Life*），在 2001 年由

Pearson Education/Prentice Hall出版。透過台北—倫敦的交叉比對，這時候我已經幡然省悟，歐美都會城市在20世紀近百年間陸續喪失，現在回頭努力追求卻徒呼負負的珍貴城市資產，其實就是台北及所有台灣城市的基本都市形態——混合使用(mixed-use)，以及因之而來的城市活力與便利的都市生活。這對凡事都得跟著歐美的發展途徑——尤其是美國老大哥的寶貴經驗——照錯一次才稱得上進步的台灣，有非常重大的啓發。我們不應該再妄自菲薄，盲目地為了追求現代化和全球化，就把許多好的文化傳統和城市資產一併拋棄，這樣反而得不償失。而是應該積極汲取在地的智慧和發展出我們自己的都市理論，讓生活城市的活力和魅力帶領台灣邁向全球化的時代。

後來剛好在雅馬遜網路書店看到珍‧雅各的《偉大城市的誕生與衰亡——美國都市街道生活的啓發》有出「當代圖書館」(Modern Library)*經典系列75週年紀念的「精裝」版(1993)，而且還有很大的折扣，於是就買回來重新細讀。這一重讀，對照過去幾年在倫敦的生活經驗，還有回國之後看到台北的種種變化，愈發覺得珍‧雅各從日常生活出發的「婦人之見」，才是理解城市運作和營造都市生活的正確途徑。於是想把這本書當作大學部的課堂補充教材，卻發現這麼重要的都市經典，坊間竟然一直沒有適當的中文譯本。

這讓我回想到自己在唸大學的時候，當時唸的是經濟系，有幾

---

* 「當代圖書館」系列是1917年由紐約的出版商邦尼與李佛萊特(Boni and Liveright)所創立，專門介紹「當代」的經典作者，有別於以介紹「古典」作者和作品的「大眾圖書館」(Everyman's Library)系列。1925年當代圖書館系列出售給瑟夫與克洛普佛(Bennett Cerf and Donald Klopfer)出版社，目前則是屬於藍燈書屋(Random House)旗下的出版事業。

個好朋友提議組織一個讀書會。剛開始是讀約翰・加爾布雷斯的《不確定的年代》(*The Age of Uncertainty, 1977*)，後來覺得作為經濟系的學生，不能只啃個體經濟、總體經濟、貨幣銀行、財政學等別人整理好的教科書，於是開始讀西洋經濟思想史裡面提到的一些近代經濟學的原典。從經濟學之父亞當・斯密(Adam Smith)的《國富論》(*The Wealth of Nations*)開始讀起，記得那是台灣銀行經濟研究室出的一系列經濟學名著翻譯叢書裡面的第二本，共分上、下兩冊；上冊是周憲文老師翻譯的，下冊是張漢裕老師翻譯的。現在回想起來，課堂上教的那些教科書和考試考的東西沒有一樣記得，但是台灣銀行那一系列白色封面的經濟學名著翻譯，至今依然印象深刻。後來一路讀到約翰・凱恩斯的《就業、利息和貨幣的一般理論》，大家讀得迷迷糊糊，加上大三、大四之後，有人忙著留學考試，有人準備就業，讀書會也就不了了之。

　　這一、二十年以來，台灣翻譯書的種類增加許多，翻譯的速度也變快了，尤其是「暢銷」小說和經營管理的「致富之道」，甚至有中英文同步出版的盛況。但是，像一些人文和社會科學等硬底子的書，對於台灣的書商而言是既不好賣又有庫存壓力的小眾「常銷書」，的確需要學術界和出版界的共同努力，一起把這種「半學術」的社會科普市場做大，因為這是一個社會裡面知識分子汲取思想養分的重要來源，不論是翻譯的，還是創作的，都同等重要。剛好行政院國科會的人文處這幾年非常用心地從各方面設法積極提振台灣人文學及社會科學的整體能量，其中包括推動人文學和社會科學經典的譯注計畫。

　　我也是在這些考量之下，決定投注心力，進行不計入「出版點數」的經典翻譯工作。本譯著的完成要感謝行政院國科會人文處「經典譯注計畫」的經費補助，兩位審查人對於翻譯內容精準的指

正，還有倫敦大學大學學院(University College London, UCL)地理研究所碩士畢業的助理郭彥君小姐悉心地校對。由於本書多達32萬字，翻譯的工作是利用教學和研究之外的時間勉力完成，若有疏漏和錯誤的地方，還祈請讀者見諒，並不吝指正。

在這裡，我想對這本書的中文譯名，作一個說明。原文是The Death and Life of Great American Cities，一般多直譯爲「美國大城的死與生」。但是我認爲這樣的譯法可能會產生兩個問題。第一個問題是有關great cities究竟只是「大城市」的表面意義，還是「偉大城市」的深層意涵，這兩者之間的差異。在書中，我們可以看到珍・雅各引述的城市案例，例如紐約、洛杉磯、芝加哥等，在人口規模、城市範圍和經濟活動各方面，的確都是美國首屈一指的大城市。但是我們再進一步思考爲什麼珍・雅各要談這些「大城市」的生死問題呢？尤其是她用街道生活、社區鄰里和商業及文化的多樣性等生活城市的概念來抨擊大規模開發和夷平式更新等讓城市變得更大、更新的都市發展策略時，我們應該就可以明瞭珍・雅各的想法正是要打破這種「數大便是美」的迷思，並且主張從人性尺度和多元混合的觀點出發的「大城市」才有可能變成「偉大城市」的基本立場。

第二個問題是，究竟我們關心的焦點是「美國城市」，還是「城市本身」？對於珍・雅各及美國的讀者而言，這兩個概念之間並不需要刻意加以區分，他們當然同時關心城市，也關心美國的城市，因爲那是他們安身立命的地方。但是對於其他地區的讀者而言，尤其是對於台灣的讀者和戰後台灣都市發展的歷史脈絡而言，我覺得有必要將這兩個概念加以切割。作爲一個台灣的地理學者和都市研究者，美國城市對我有意義的唯一前提是它能夠有助於我了解和思考當前台灣的都市議題。我們的困境之一就是戰後台灣都市

發展的現代化過程中，美國的影響太深。好的，不好的，我們幾乎照單全收，彷彿任何事情只要照著美國的路子走一遍就自然而然地邁向進步和繁榮。這並不是說我們得完全轉向歐洲或是日本學習，那是另外一種荒謬。因此，關鍵在於我們是否能夠將問題提升到理論和概念的層次？這也是為什麼我會捨棄一般直接翻譯書名的做法，不將中文書名直接譯為「美國大城的死與生」，而要採取一種迂迴的做法，將書名拆解為兩部分，改譯為《偉大城市的誕生與衰亡——美國都市街道生活的啟發》。至於這樣的譯法到底恰不恰當，有沒有更好的譯法？就留給諸位讀者先進費神思考。

此外，有鑒於都市研究、景觀建築、人文地理等領域的許多重要西文著作一直缺乏適當和足夠的中文翻譯，尤其是由台灣學者自己翻譯的繁體中文譯本，在此我想呼籲相關領域的博士班學生和指導教授們，能夠將經典譯注的工作當成博士班學生資格考的替代方案，讓有志把理論搞清楚的博士生選擇一、兩本和自己研究方向相關的經典著作，仔細地鑽研，並且翻譯出版。一方面磨練博士生理解理論的基本功力，另一方面也能夠提供大量的中文譯本讓大學生及非相關專業背景的讀者容易入門。希望學術機構和出版社能夠有計畫地推展相關書籍的譯注工作，更期待十年、二十年之後在台灣不會再有像《偉大城市的誕生與衰亡》這種陳年經典需要被翻譯成中文，而是需要將中文的人文學及社會科學經典翻譯成英文和其他文字。

最後，我想提醒讀者，除了本文作者之外，還有另外一位珍·雅各(Jane M. Jacobs)。是任教於英國愛丁堡大學的文化地理學教授。她的專長和興趣包括後殖民論述、原住民的權利與認同、文化政治與都市空間、住宅政策、文化襲產等，主要著作為《帝國邊緣——後殖民主義與城市》(Edge of Empire: Postcolonialism and the

City, 1996)。由於她和本文作者關注的議題有諸多重疊之處，提醒讀者不要混淆。

吳鄭重　謹誌於師大地理系

導讀

重新發現生活城市的魅力

　　基本上，珍‧雅各的《偉大城市的誕生與衰亡——美國都市街道生活的啓發》是一本毋須導讀的「好書」。它的好在於全書從頭到尾都是用淺白的話語和實際的生活案例，釐清現代美國大城的興衰之道。尤其精采的是，本書的立論基礎是奠基在眞實的都市生活之上，並且用這些具體生活經驗來對當代的主流規劃與建築理論加以反省和批判。當這些故弄玄虛的「高深學問」被珍‧雅各用簡單的白話說破之後，除了讓人拍案叫絕之外，也愈發覺得有必要重新思考都市計畫的本質和重新建構相關的理論和行動策略。

　　這讓我聯想到孫中山先生從1924年起分段講述的《三民主義》。也許是爲了作爲演講的腳本，原本錯綜複雜的民族、民權和民生問題，甚至當時籠罩歐洲的資本主義與社會主義思潮，他都像說故事般地娓娓道來，而且鞭闢入裡。更重要的是，孫中山在建立民國之後，有感於國家建設的刻不容緩，在新舊勢力紛紛沉迷於權力鬥爭之際，於1918年被迫辭去大元帥職務遠赴上海時，著手撰寫《建國方略》的國家建設計畫，內容包括心理思想建設的〈孫文學說〉、物質經濟建設的〈實業計畫〉和社會政治建設的〈民權初步〉等思想、計畫和原則。他試圖爲建設自由、進步、民主的現代中國，奠定一個能知能行的理論基礎，堪稱現代中國最早和最重要的規劃者。因爲國家的治理和人民的生活是一體的兩面，而這正是

規劃之所圖。

　　我之所以要繞這麼大一個圈子從珍‧雅各談到孫中山，是想說明一個簡單的概念：那就是不論革命、建設或是規劃(從城市規劃到國家治理)，必須時時刻刻以人(民)爲本，事事都要從廣大人民的生計、生活和生命出發，而且最後也要回歸到人民的生計、生活和生命。因爲不論多麼偉大的規劃願景或是革命宏圖，改造世界的最終目的，無非就是爲了改變生活，而規劃和建設正是革命和生活之間不可或缺的橋樑。這對規劃的理論和行動而言，具有深遠的意義。所以說，規劃理論不僅需要淺白易懂，更重要的是必須能夠指引安身立命和具體建設的實際行動，而不是賣弄學問地吊書袋或是故作神秘地說教。那麼令人好奇的是，爲什麼這麼多「規劃大師」的「理論」會昧於事實，甚至與市井小民的生活經驗背道而馳呢？這就是珍‧雅各和《偉大城市的誕生與衰亡》這本書的力量之所在。我把它稱爲城市日常生活的「婦人之見」。在這裡，「日常生活」和「婦人之見」並非貶抑之詞，反而是要突顯小市民和小女子觀點——也就是日常生活裡面「平凡事物的非凡之處」(the extraordinary of the ordinary)——的基進力量，以及反映出許多規劃理論的膚淺和荒謬。

　　這本「小而美」的書在1961年剛開始出版時，就用和坊間英美小說相同的迷你開本、粗糙便宜的紙張、只有文字沒有圖片的簡單編排方式和相對低廉的售價問世。相對於一般規劃與建築專業那些大開本、銅板精裝、穿插精美圖片，以及售價高昂的學術巨著，其看似微弱的庶民觀點以及該書試圖訴諸的普羅對象，對當時整個歐美的規劃與建築學說，產生了極大的震撼。而且它的影響力在這幾十年來，持續不墜。此書從一開始就嚴厲抨擊與正面挑戰主流規劃與建築專業那些看似博大精深、邏輯嚴謹的「科學」，並且嚴斥爲

彷如醫學昌明之前放血醫病的「偽科學」。如果仔細思考，也就不難明瞭為什麼這個手握土地利用規劃大權和跨越自然、社會和人文藝術的學科領域，會有這麼嚴重的精神分裂危機：作為一個理論應用的自然科學，規劃與建築對城市機制的探索和實踐顯然不及物理、化學、電子、機械等學科領域嚴謹；作為一個探索應用的社會科學，其對人與社會的行為了解顯然不及經濟、社會等其他社會科學深入；最後，作為一個人文藝術的表現應用學科，它在藝術內涵的表現上經常不如音樂、美術等純藝術的追求讓人感動。然而，這並不表示規劃與建築這個綜合學科就一無是處。相反地，這正反映出這個新興學科與專業領域的困境和當務之急。它唯有從最簡單，也是最根本的事情做起，就像醫學得從解剖學和生理學的紮根工作出發，配合臨床醫學的研究和實務，以及醫學工程和藥學的研究發展，才有可能步入正軌。換言之，規劃和景觀建築必須徹底了解城市是如何運作的，以及都市人是如何生活的。這才是都市計畫的王道，也才是都市設計的正途。

　　有關作者珍‧雅各的相關背景，以及她在寫作本書的一些基本想法，在「作者簡介」及「作者序」中，都有清楚的交代，無須贅述。但是，為了幫助讀者了解本書的觀點與價值，進而重新看見「都市生活」與「生活城市」的基本特質*，我嘗試就以下五個面向加以補充，作為「導讀」的基本內容。這些補充說明包括：(1)1960年代當時美國主要城市所面臨的發展困境，(2)傳統規劃與

---

　*　在本書的翻譯中，我將混合使用「都市」和「城市」這兩個名詞，它們代表相同的意義。同理，「都市計畫」和「城市規劃」也會交替使用。這麼做的原因除了行文順暢的考慮之外，主要是反映海峽兩岸對這些名詞使用習慣的差異。台灣習慣用都市和都市計畫等名詞，大陸傾向使用城市和城市規劃，正如英國習慣用urban planning一詞，美國則較常使用city planning，所指的內容是相同的。

建築理論的基本論點，(3)珍‧雅各的主要觀點及其背後的理論意涵，(4)這些觀點對於當前台灣都市發展的啓發，以及(5)一些有助於進一步了解相關論述的延伸閱讀。熟悉美國都市發展歷程與都市計畫／都市設計理論的讀者，可以先略過「導論」的部分，直接進入本文的閱讀。一般讀者則不妨先瀏覽一下「導論」的補充說明，然後再細讀書中的各個章節，可能有助於提綱挈領，達到事半功倍的閱讀效果。

一、1960年代美國主要城市的發展困境：內城衰敗、郊區擴張和都市更新

簡言之，1960年代美國城市的發展困境可以歸納成內城衰敝(inner city decline)與郊區蔓延(suburban sprawl)的區域不均衡發展問題，以及爲了解決上述問題所採取的都市更新(urban renewal)政策。實際上，這三個議題涉及了一連串複雜糾葛的經濟、社會、種族和文化問題，也貫穿地方、區域、國家、和全球的不同空間尺度。它不僅是個別城市所面臨的實質環境問題，更是西方資本主義社會普遍面臨的都市問題。只是這個問題在美國大型城市的特殊歷史處境之下，顯得特別嚴重。可以想見，要用都市計畫的「空間整頓」(spatial fix)來解決這麼錯綜複雜的都市問題，不僅倒果爲因，甚至演變成弄巧成拙、雪上加霜的窘境。

內城衰敝一般統稱爲貧民窟問題(the slum problem)或是內城問題(the inner city problem)。這些緊鄰都市中心商業區(central business district, CBD)外圍的舊城地區，通常是一個城市較早開發的地區。從工業革命以降，這些西方大城的過渡地帶一直是城鄉移民和工人住宅的大本營，也是都市生產和集體消費最重要的經濟基

礎。但是隨著戰後美國經濟在全球經濟再結構的整體環境之下，以及個別城市在成長擴張的地方過程中，這個原本支撐著都市發展的重要經濟與社會支柱逐漸面臨產業外移、高失業率、高犯罪率、高住宅密度、種族衝突、家庭暴力，以及住宅與環境品質惡化等諸多問題。

另一方面，隨著郊區土地的開發利用，交通基礎設施的興建和汽車的日漸普及，許多原本居住在城市裡面的中產階級，或是朝向中產階級方向邁進的內城居民，開始搬到低密度的新興郊區住宅居住。在郊區的純住宅區裡面，獨棟或是雙拼的庭院房舍，花木扶疏，景緻宜人，空氣清新，恬靜舒適。同時，許多原本聚集在內城地區的傳統產業，在經濟再結構(economic restructuring)與去工業化(deindustrialization)的全球化浪潮之下，逐漸移轉到太平洋邊緣的日本、台灣、韓國，以及中、南美洲等工資低廉、勞力密集的境外地區生產，或是因為競爭力不足而退出產業。取而代之的是高度自動化、高科技或是新興的創意產業；在土地成本、勞工需求、廠房規模和產業關聯的多重考量之下，也傾向設置在都會邊緣的郊區地帶。加上大型購物中心(shopping mall)和零售園區(retail park)等現代化的零售與休閒產業的推波助瀾，許多城市的基本商業與服務設施也追隨日益郊區化的都市人口，逐漸將服務據點移往郊區。

於是，從1960年代開始，美國城市逐漸陷入一種內城衰敝與郊區擴張惡性循環的去中心化(decentralization)發展；這股風潮，到了1970年代後期，更進入大衛‧哈維(David Harvey)所描述的彈性積累的後現代都市狀態。即使白天車水馬龍、人聲鼎沸的中心商業區，到了晚上也變成令人望之卻步、鬼影幢幢的死城。另一方面，儘管不斷有許多千辛萬苦從第三世界和美國南方來到這些大城市追尋「美國夢」的跨國與城鄉移民湧入日漸衰敝的內城地區，但是缺

乏適當的就業機會與種族文化之間的芥蒂，讓貧窮、犯罪、種族等經濟、社會問題與實質環境的惡化，交織成一種難解的都市難題。由於這些問題之間的因果關係複雜，對於向來都是以實質環境作爲主要操作對象的都市計畫與景觀建築而言，也只能籠統地將問題簡化成剷除貧民窟、興建國民住宅和用綠美化來整頓實質環境的都市更新對策。剛開始，這些夷平式的都市更新做法的確看起來成效斐然，因爲醜陋的貧民窟被鏟除了，新建的住宅整齊美觀，而失業的人口搬走了，犯罪率也隨之下降。但是，這樣的榮景並沒有維持太久，因爲原來的問題並沒有獲得眞正的解決，只是被打散了，就像從身體的單一部位移轉到其他部位的癌細胞一樣，反而不容易診斷及治療。在缺乏新的產業和多樣化的人口進駐的情況下，許多「更新地區」不久就步入原先貧民窟的後塵，而且衰敗的速度更快。換言之，實質環境的更新和強加於都市土地的機械秩序並不能眞正解決困擾都市發展的經濟、社會與種族問題，反而使城市原本許多有活力的美好特質，在夷平式的更新過程中，一併被移除破壞了。這種鋸箭療傷的都市更新策略從1960年代一直延續到1980年代，讓許多美國的城市元氣大傷，有部分地區甚至到現在都還沒有完全恢復。後來的都市更新政策逐漸修正，將產業振興、社會救助、社區營造和住宅供給等不同面向的政策加以結合，加上飽受通勤塞車和郊區生活單調無助之苦的中產階級逐漸回流，儘管在部分地區引發「高級化」（gentrification）的排擠效果，整體而論，美國城市的內城地區在最近一、二十年才逐漸有一些起色。

二、傳統規劃與建築理論的迷思：師法幾何秩序的「空間整頓」和威權式的藍圖規劃

　　相較於其他工程學科，建築規劃是一個起步較晚和跨越學科領域的新興專業，尤其是一般稱為都市計畫或都市設計的規劃部分。同時也因為城市是大量人口聚集在一個相對小的地理範圍所形成的一個複雜的生活環境，實在很難寄望都市計畫能夠藉由土地使用的管制和實質環境的營造，一併解決城市在政治、經濟、社會、種族和文化各方面糾結的複雜問題。然而，這個僅有百年歷史的新興學科在20世紀前半葉的發展過程，經常錯將一些「規劃與建築大師」對城市的期待、迷信、象徵和過度簡化，當成金科玉律般地奉行不渝。而且當這些「規劃理論」和真實的都市生活相互矛盾時，實證科學的演繹邏輯經常忘了回過頭去反省那些被簡化或是扭曲的「理論假說」的合理性，反而將現實擱到一旁，試圖蠻橫地應用學校教科書裡面的「理論」，來「解救」不知遵循規劃與建築理論的「迷途」城市。也難怪珍‧雅各要直呼那些主流的規劃理論是「偽科學」，因為它們連探究真實都市世界的冒險意圖和具體行動，都相對落後於其他自然科學、社會科學和人文藝術學科。

　　如果設計和興建一棟宏偉的建築不是一件容易的事情，那麼要規劃一座足以容納數萬棟建築物和上百萬人口的城市，同時要讓城市的居民夠實現自己的夢想和滿足日常生活的需求，恐怕更是難上加難的事情。正因為事情不簡單，因此人們也普遍傾向於相信這些規劃理論的權威性，因而沒有產生太多的質疑。珍‧雅各是其中少數的例外。缺乏建築與規劃學院教育的「薰陶」，正好讓他得以看到這些規劃「理論」的不切實際和荒謬性。為了證實珍‧雅各對正

統規劃理論的批評是不是無的放矢，譁眾取寵，在此有必要先簡單回顧一下傳統規劃理論的來龍去脈。

　　儘管從19世紀中葉之後就陸續有一些關於城市發展的烏托邦想像，但是一直要到20世紀初期，都市計畫才逐漸從建築領域延伸出來，成為一個獨立、整合的新興學科，甚至轉化成各種具體的規劃制度，成為形塑都市地景的重要手段。例如：1909年雷蒙德・昂溫（Raymond Unwin）出版了《城鎮規劃實務》（*Town Planning in Practice*）、同年英國通過了第一個城鎮規劃法（Town Planning Act）、丹尼爾・伯納姆（Daniel Burnham）提出了芝加哥的「主要計畫」（master plan）、在華盛頓舉辦了第一屆全美都市計畫會議、哈佛大學任命了史上第一位城鎮規劃學的教授等等。

　　一直到1960年代為止，大概有三股影響當代規劃理論和都市計畫實務的重要來源：第一個影響是來自美國本土的「城市美化」（the City Beautiful）運動。那是芝加哥的建築師丹尼爾・伯納姆為了籌辦1893年芝加哥的哥倫比亞博覽會所推動的以建築修飾城市的整體規劃。簡言之，伯納姆的城市美化運動就是將城市的街道拉直、拓寬為寬廣的林蔭大道，並且設置以市民廣場或是文化中心為核心，由大型市政廳、政府建築、劇院、圖書館、博物館所構成壯觀的城市紀念碑（the City Monumental）。這些建築物全都採取強調對稱、數學比例、精確的直角和半圓形等幾何秩序的古典建築樣式，並且在建築物的四周及廣場裡面布置優美的雕像和噴泉，試圖在博覽會期間為芝加哥營造出一個高貴優美的城市意像。這樣的城市美化運動的確讓人印象深刻，並且很快地就被延伸運用到其他都市功能上面，處理包括工業、商業、交通、住宅、公園等都市整體的發展方向，形成藉由壓制其他企業和個人的計畫來建立規劃者心目中都市整體秩序的都市整體計畫。這就是1909年伯納姆為芝加哥擬定

的「主要計畫」。很快地，其他許多美國城市也競相仿效，蔚為風潮。

　　第二個影響當代規劃理論和都市計畫實務的重要來源是埃伯尼澤・霍華德的田園城市概念。霍華德在1898年出版了《明日：邁向改革的和平之路》（*Tomorrow: A Peaceful Path to Real Reform*），1902年將內容略為修正之後，更名為《明日的田園城市》（*Garden Cities of Tomorrow*）重新出版。書中的主要概念是主張在距離既有城市不遠的鄉村地區，以合作信託的方式建造一座占地約6,000英畝（其中1,000英畝為城鎮，5,000英畝為農地），有3萬人口居住，自給自足的田園城市。田園城市的空間結構由內而外依序是中央公園和城鎮的公共設施、商業街道、住宅區、工廠倉庫和農地，中間有林蔭大道和外圍的環狀鐵路。它一方面試圖解決城市擁擠和鄉村孤立的問題，同時也希望結合城市的便利和鄉村的寧適。這樣的計畫很快地在倫敦北方的萊區沃斯（Letchworth）和威靈（Welwyn）等地實現，並且傳播到美國及歐洲各國。嚴格來說，田園城市並不是在規劃既有的城市，也不是在規劃郊區住宅，而是試圖建造一個自給自足、與世無爭的小城鎮。珍・雅各認為，如果你性情溫和，胸無大志，不在乎任人擺布，並且願意和其他胸無大志的人共度一生，那麼田園城市將是一個不錯的選擇。問題是，在現代世界裡，不論是城市或鄉村，都很難遺世孤立，也很難靜止不變。而且，在田園城市的烏托邦裡面，只有手握大權的規劃者有權做重大的規劃決策。它是對未來生活一連串威權、僵化的靜態行動，卻對大城市豐富、多樣的文化生活，隻字不提。這種根本上沿襲英國傳統「反城市」的烏托邦式規劃理念，對於當代的規劃思潮，影響深遠。即使是對於田園城市不感興趣的規劃者或建築師，在思想上都深受影響。

　　透過帕特里克・格迪斯爵士（Sir Patrick Geddes）的宣揚，田園

城市的想法轉變成更宏觀和更全面的區域計畫(regional planning)的基礎。霍華德和格迪斯的理念在1920年代被引進美國，並且受到包括劉易士‧孟福德(Lewis Mumford)、克拉倫斯‧史坦(Clarence Stein)和亨利‧萊特(Henry Lloyd Wright)及凱薩琳‧波爾(Catherine Bauer)等規劃與建築學者的熱烈擁戴。經由他們的推波助瀾，這些想法逐漸成爲正統規劃理論的基本原則，也是影響現代規劃理論和實務第三個重要的來源：烏托邦式的城市夢想具體落實爲都市鄰里單元(neighborhood units)和使用分區(zoning)的規劃準則。其大前提是街道是不利於人的生活環境，都市設計的基本單元不是街道，而是整個街廓。同時，工業、商業、住宅、綠地等不同功能的土地利用，也必須盡量分開，以產生有秩序的都市生活。

　　其中一個例子是克拉倫斯‧培里(Clarence Perry)在1910年提出的鄰里單元概念：就是以小學爲核心，向外延伸四分之一哩(學童最大步行距離)的住宅社區。後來這個概念在1920年被紐約市政府採行，成爲紐約區域計畫(New York Regional Plan)的基礎。另外一個例子是史坦在1920年代爲了因應汽車時代日益升高的人車衝突，將田園城市的空間形態應用在住宅與街道配置的設計上，形成一種住宅圍繞公園安排的超大街廓(super blocks)，並在住宅的背面設計囊底式的道路，以隔離行人與汽車。另一方面，加州(爲了限制華人洗衣店的開設地點)和紐約(爲了限制摩天大樓的開發)在1910年代中期也制定了土地使用分區的規定，造成工業、商業、住宅、休閒等明顯差異的都市地景，甚至單純的住宅區也分化成不同密集公寓或是獨棟／雙拼豪宅的單元區塊。於是，都市計畫對於空間秩序的想像強化了社會隔離的效果，也埋下日後城市動盪不安的火苗。

　　這些將反城市的規劃方案引進城市大本營的「都市計畫」當中，最戲劇化和最具代表性的例子，就是瑞士規劃宗師與建築大師

科比意的「光輝城市」(Radiant City)和美國現代建築萊特(Frank Lloyd Wright)的「無垠城市」(Broadacre City)；在1920年代為巴黎所構想的沃新(Voisin)計畫中，科比意提出一種全面剷除地面舊建築，代之以散布在寬闊公園和綠地之間，用大型快速交通幹道連接的摩天大樓所組成的「光輝城市」。科比意結合田園城市的基本意像，然後提高人口密度，垂直發展成超大街廓、計畫的鄰里社區、嚴格的住宅計畫和寬闊的草皮綠地，而且成功地將這些屬性包裝成功能完善、符合人性、善盡社會責任，和具有崇高理想的規劃象徵。而萊特的無垠城市則是將科比意垂直的田園城市轉化成平面的郊區風貌，將單調冰冷的摩天水泥柱變裝成低矮可親的農舍風貌，可以說是今日美國廣大郊區的原型。不論是垂直發展的光輝城市或是水平鋪陳的無垠城市，它們看起來都是那麼地簡單、明確、和諧，讓人無可抗拒。

在規劃和建築學院，在中央和地方政府，在土地開發商和貸款銀行的房地產市場，甚至在一般都市居民的日常認知裡面，這些都市規劃的主流觀念已經深入人心，並且具體轉化成規劃、設計和治理城市的基本工具。這些正統規劃思維最弔詭的地方在於：原本是為了改善工業城市擁擠、惡劣的住宅狀況，營造出整齊、寬闊、舒適的生活環境，結果反而變成破壞都市經濟基礎、造成族群對立和社會不安，以及喪失生活便利與都市趣味的毀滅計畫。為什麼呢？

因為從都市美化運動到田園城市的規劃理念，乃至於後來根據這些理念制定的都市鄰里單元和土地使用分區管制法規，表面上看起來都是為了關懷都市底層的市民生活，實現自由、平等的市民社會，營造現代、進步的物質環境所採取的必要措施；表現在實質的都市地景上則是明亮、整齊的建成環境，而且背後都有人口、所得、交通和經濟的各種統計預測的支持，應該是非常理性、科學的

社會工程。然而,它的最大問題在於這些理論和政策無視於真實城市的運作原則和都市居民的日常生活,也使得這些「空間整頓」的簡單幾何秩序變成阻礙真實都市生活有機複雜秩序的障礙。

這時候,珍・雅各在《偉大城市的誕生與衰亡》一書中從市井小民日常生活出發的「婦人之見」,就像童話《國王的新衣》中的小男孩或是《小王子》裡面的小王子,其童稚之心與細膩的觀察,一語道破主流規劃理論威權式的幾何秩序所呈現出來的荒謬性:規劃者個人的創意巧思在都市政策和法規的強力背書之下,雖然化解了部分雜亂失序的都市困境,卻也同時壓抑了個別市民自由發揮的規劃實踐。

三、日常生活與使用者觀點的「婦人之見」:身體空間、使用參與、街道生活和有機秩序的人性尺度

儘管珍・雅各並沒有接受過正統都市計畫與景觀建築的學術訓練,他在書中也沒有引用艱澀難懂的理論詞彙來堆砌龐大複雜的都市論述;然而,他試圖從都市生活和生活城市的有機觀點切入,用一般人都能夠理解的日常語言和美國城市的實際案例,來批判美國從十九世紀末一直延續到當時的藍圖式都市計畫程序、預測開發和分區管制的規劃原則,以及夷平式的都市更新手段。同時,他也提出一些能夠確保都市生活樂趣與經濟活力的規劃與更新原則。事實上,珍・雅各所揭櫫的規劃與更新原則是一個再簡單不過的道理:也就是從都市生理學的觀點,來看真實生活中的城市是如何運作的。他從自己在紐約格林威治村的生活經驗和報導許多有關美國都市更新的案例中,歸納出一個簡單的道理:城市需要一種能夠在經

濟和社會各方面相互支持的複雜、細緻和多樣化的土地利用方式。唯有如此，都市計畫才能夠提升城市的活力和促進都市生活的便利。否則，只對城市的外觀進行規劃，而不思索城市有哪些與生俱來的功能秩序，將會徒勞無功。

在書中，珍·雅各從四個面向來闡述生活城市的具體意涵：(1)街道鄰里在都市生活中的重要地位，包括安全、社會接觸、教養兒童和鄰里公園的使用方式，進而提出都市鄰里的具體概念；(2)產生城市多樣性的四個必要條件，包括混合不同的主要和次要用途、小街廓、舊建築，以及密集的人口，這些條件是維繫城市經濟活力的基本要素；(3)都市沒落與再生的關鍵因素，包括多樣性的自我破壞、邊界真空的問題、去除貧民窟的迷思和資金運用的方式；以及(4)幾種讓城市起死回生的戰術應用，包括如何補助住宅(而非一味地興建國民住宅)、如何有效地運用城市來箝制汽車(而非任由汽車侵蝕城市)、如何建立都市地景亂中有序的視覺秩序(而非死守單調重複的幾何秩序)、如何在既有的基礎之下奠定城市自我重建的具體策略(而非夷平式的另起爐灶)，並且思考都市計畫和都市更新在行政組織的結構問題。最後，珍·雅各強調我們必須將城市看待成一個複雜秩序的有機體，以生命科學的社會工程來處理都市計畫的複雜問題，而不是將城市視為簡化的二維變數關係或是沒有組織的複雜問題，那麼我們才可能賦予城市生命和活力，使城市成為人類集體生活的永續環境。

珍·雅各的這些觀點，具有重要的理論意涵。首先，它代表了都市居民日常生活使用者觀點的「身體—城市—空間」論述，尤其是從女性和母親這兩種性別角色作為出發點的都市鄰里觀點。簡言之，珍·雅各試圖建立一個以街道生活為核心，動態的都市鄰里概念。城市的街道，尤其是人行道和兼具通道功能的鄰里公園，表面

上看來是一個充滿陌生人的環境，但是透過適當的使用，尤其是能夠滿足基本鄰里需求的商業和休閒設施，就會吸引許多有效的公共監視和實際的身體參與，構成生動有趣的「街道芭蕾」。有了熱鬧的街道生活之後，不僅無須動用警力就能有效守護都市街道的安全，同時可以藉由都市公共生活的不斷再現，包括有效維持個人隱私的社會互動和教養兒童融入社會的街頭遊戲，構成一個都市鄰里的基本架構。這樣的街道生活，正是建立人際互信關懷和教導兒童學習社會生活課程的最佳場所：即使大家沒有血緣或是朋友關係，人們也必須對彼此負擔一些公共責任。這種以實際身體經驗所體現的使用參與和地方認同，是傳統由上而下、以硬體建設為主的理性規劃最欠缺的「人性尺度」。這裡的人性尺度並非一味地主張「小即是美」的規模問題，而是強調都市環境的營造要注意到人與人之間和人與環境之間的關聯性：一個有活力的好城市必然是一個能讓全體市民感到便利舒適的生活城市，這是偉大城市的基本條件，也是最高境界。

這又讓我們不得不重新看待對於老人、婦女及兒童而言相對重要的鄰里公園和社區鄰里在現代城市中所扮演的角色。傳統的規劃理論認為更多的開放空間和鄰里公園是提升都市環境品質的不二法門，但是在真實生活裡面，唯有具備豐富有趣和活力安全的街道生活，以及不斷有人使用，鄰里公園才能發揮功能。街道、商店、學校等等，也是同樣的道理，這些地方都是實踐鄰里關係的重要場域。更重要的是，都市鄰里是一個動態開放的社會關係，而不是一個固定封閉的地理疆界。都市人口是移動的，所以都市鄰里也沒有起點和終點可以將它們界定成一個明確的單元。即使在同一個地方，對於不同的人而言，也會有所差異。城市的價值不就在於有廣泛的選擇和豐富的機會嗎！所以，要規劃一個好的城市也必須回歸

到人的基本面，也就是要注重城市的人性尺度，而不是死守著地方和空間不放。珍‧雅各舉出三種活現的都市鄰里類型：城市整體作為一個同好社群的集結場域，街坊鄰里作為領地社區的具體展現，還有地區鄰里作為社區意識的集體動員。這些不同類型的都市鄰里各有不同的功能，但是彼此之間以極其複雜的關係互補。透過這些不同都市鄰里之間開放連結的動態網絡，展現出現代都市生活的基本特質——多元混雜的制度網絡：現代的都市人是同時生活在跨越不同地理疆界的多元生活世界裡面。這正是都市生活迷人之處，也是城市的活力泉源。

這是傳統規劃理論需要正視的重要議題，也是《偉大城市的誕生與衰亡》一書的理論核心——多樣性是偉大城市的基本價值：它一方面可以滿足都市居民不同的生活需求，另一方面也需要建立以街道生活和混合使用為主的規劃原則。這就如同生物多樣性是維繫一個生態系統穩定發展的必要條件，人口、商業、社會、文化和建築的多樣性，也是維繫城市生生不息的關鍵要素。具體來說，要建立城市的多樣性，有賴我稱之為「多元整合」的地區策略。簡言之，為了確保混合使用的多樣性，一座有活力的城市必須盡量使城市裡面的地區至少有一、兩項主要用途，以確保人們會在不同的時間和因為不同的目的出門上街，並且使用街道上的各種公共設施。其次，地區裡面應該盡量維持小街廓的空間形態，讓有轉彎的街角製造較多的機會和變化。同時，也必須盡可能混合不同年代和狀況的建築物，除了可以營造細緻多變的建築景觀之外，也可以讓各種不同的需求都能找到適合的場所。最後，還必須有足夠密集的人口，包括單純的居住人口，讓許多不同的需求可以在合理的步行範圍之內得到滿足。

換言之，珍‧雅各主張的城市多樣性並非大雜燴式地任由各種

不同的用途混雜在一起。相反地，她主張的是一種主要和次要的不同用途之間能夠彼此支持的多元整合。因此，混合使用並不是混亂和失序，而是一種複雜和高度發展的有機秩序。就像所有的有機生命一樣，絕對不會出現直線、正圓、直角、完全對稱等純粹的幾何秩序。城市的秩序，也應該像生命的美，是一種動態、逼近的活力，而不是僵化、機械的秩序。後者正是以土地使用分區作爲都市計畫主要工具的最大問題。建築與規劃學者克里斯多福・亞歷山大（Christopher Alexander）1965年在《建築論壇》發表的一篇名爲「都市不是樹〔狀圖〕」（A City is Not a Tree）的經典文章中，將土地使用分區的概念稱爲樹枝狀（tree-like）的規劃思維，這是一種在事件及空間模式上缺乏交叉關係的機械秩序。相反地，眞實的都市生活是一種複雜秩序的半格子狀（semi-lattice）關係，元素和系統之間會有許多交叉、重組的可能，這也是城市的價值之所在。因此，好的都市計畫要能夠強化半格子狀的可能關係，而不是用樹枝狀的僵化模式來限制城市的多樣性和活力。

　　然而，城市也有一些自我危害的問題，包括：非常成功的多樣性會有自我破壞的傾向；城市裡面大規模的單一元素會產生邊界眞空的障礙；人口的不穩定造成貧民窟難以自我再生及反制多樣性成長的傾向；以及重建所需的公共及私人資金過多或不足，以致於妨害發展和改變的傾向。如果不考慮這些因素，即使是爲了增進城市活力的最好規劃也會事倍功半。從這些負面的因素裡面，珍・雅各歸納出城市的更新和發展之道：必須避免大規模夷平、開發的激烈模式，而是需要採取零散、有機的漸進模式。

　　當一個多樣性的混合使用在城市裡面的某個地點變得非常成功時，對於空間的激烈競爭也就自然而然會在這個地點展開。如果任其自然發展，就像流行一樣，其中一、兩樣獲利最高的用途就會傾

向一再被複製，壓制並排擠其他獲利能力較低的使用形式。從此，這個地點就會日漸同質和單調，逐漸被爲了其他使用目的而來的人逐漸揚棄。要阻止一個地方過度的複製，然後把它多樣性的力量引導到其他地區，可以藉由多樣性分區、公共建築的定錨效果，以及競爭移轉等方式，加以改善。

另外，當城市裡面出現例如大型公園、學校、醫院、行政中心，甚至行人徒步區等大規模的單一用途時，它們真空的邊界經常產生破壞性的阻絕效果。看看城市裡面最熱鬧的地方，我們會發現這些幸運的位置很少落在緊鄰邊界真空的位置。邊界的根本問題在於它們容易形成街道的死角和障礙。然而，這並不表示這些機構和設施都要被視爲城市的敵人。正好相反，城市需要大學、大型醫學中心、大型的都會公園等，只是我們需要鼓勵這些機構和設施擴大使用它們的邊界，例如拆除圍牆，或是在這些周邊位置設置適合的設施或有趣的景觀——而不是隱匿起來，那麼這些邊界就會變成接縫，而不是障礙。

至於貧民窟的整治和窳陋地區的更新，當時的都市更新政策試圖用直接掃除貧民窟及移除其人口的方式來打破這種惡性循環的鏈結，並且用大規模的住宅計畫加以取代，以找回城市的中產階級和產生更高的租稅收入。這種做法在最好的情況下也只是將貧民窟移轉到別的地方；在最壞的情況下則是會摧毀能夠積極自我改善的鄰里。相反地，珍·雅各主張我們必須將貧民窟的居民視爲能夠理解其自身利益並且採取行動的人，我們需要去理解、尊重並且奠基在這些存在於貧民窟本身的再生力量，將當地營造成一個熱鬧、有活力、安全的街坊鄰里，讓有能力追求更好生活的人願意留下來改善自己的生活環境，也就是人口本身的逐漸自我多樣化，其他產生城市多樣性的條件也會自然發生。城市不需要把中產階級「找回

來」，城市本身就會產生中產階級。只是在中產階級成長的時候，需要將自我多樣化的人口當作一種穩定力量的形式加以維繫，他們經常以最微不足道的方式讓貧民窟起死回生，這才是去除貧民窟所需要的內在資源。

這時候，政府和民間如何運用重建資金方式，對於都市更新的成敗，有非常重大的影響，它是城市沒落和再生的關鍵力量。當然，金錢並非萬能，當欠缺成功所需要的基本條件時，金錢是買不到城市必然的成功之道。而且，當眞正成功所需要的條件被破壞時，金錢反而會造成更大的傷害。這正是大規模夷平式的都市更新所遭遇的二次傷害：氾濫成災的資金集中注入一個地區，給當地帶來劇烈的改變，造成多樣性的自我破壞，甚至有許多資金不是流入城市，而是流入城市的外圍。這當然不是有建設性的滋養城市的方式。美國城市無止境的郊區蔓延並非意外的結果。資金使用的方式必須從排山倒海、氾濫成災的猛烈措施，轉變成細水長流、緩慢漸進的溫和改變，才能對地方產生多樣性的正面影響，帶來城市穩定成長所需要的生命之泉。

珍·雅各接著針對困擾許多美國大城市的交通問題和視覺紊亂的問題，提出可行的戰術方案(tactics)。這種戰術操作的生活觀點在最近幾年才漸漸受到英美學界的重視，其四兩撥千斤的巧妙因應往往勝於大費周章的戰略布局(strategies)，對於冰凍三尺非一日之寒的都市問題，反而容易產生扭轉局勢的宏大效果。由此觀之，在都市計畫和都市設計的過程中，設定問題(problem setting)可能是比解決問題(problem solving)更爲根本的核心議題。

例如我們經常抱怨汽車太多造成城市的交通問題。然而，汽車帶給城市的破壞，究竟有多少眞的是因爲交通和運輸的需求所造成的，有多少是因爲不尊重其他的城市需求、用途和功能所造成的？

城市是一種多重選擇。要有多重選擇就必須能夠輕易的四處遊走。如果不能刺激多元的混合使用，那麼多重選擇也就不會存在。換言之，汽車(或是其他交通工具)是解決都市交通需求的手段，而非都市生活的目的本身。要解決汽車(或是其他交通工具)所造成的擁擠、污染、意外和能源問題，必須回過頭去探究為什麼現代的都市生活必須耗費這麼多時間和力氣奔波往返於分散在不同地方的住家、工作場所、購物地點和休閒設施之間。由於汽車大量普及的時期，剛好和郊區擴張的發展，在建築、社會、立法和財務各方面的發展階段，不謀而合，我們便倒果為因地將汽車當作代罪羔羊，大加撻伐。所以問題之所在，應該是如何適應城市的交通需求而不破壞多樣化和集中的土地利用。把都市問題過度簡化成行人與汽車之間的問題，並且用人車分離，甚至各種車輛各行其道的方式來解決城市的交通問題，是捨本逐末的做法，只會加深汽車侵蝕城市的惡性循環，造成城市的解體，而非拯救城市。城市的交通問題，和城市用途的多樣性、活力和集中，是不可分離的。關鍵在於如何降低交通工具的絕對數量，並且使所有的交通工具發揮更高的效率。這時候，用城市來箝制汽車，或許是有效減少汽車數量，同時刺激大眾運輸系統的有效興建與運用，以及促進及適應更密集、更有活力的都市用途的務實做法。

同樣地，在面對紊亂的都市地景時，都市設計往往試圖找出一種能夠清楚和簡單地表達城市「骨架」的方法，在珍‧雅各看來，這根本是緣木求魚。因為城市真正的結構是混合使用所構成的，當我們接觸到產生多樣性的條件時，是最接近它結構秘密的時候。只有複雜和有活力的使用能給城市的各部分適當的結構和形狀。這是都市設計可以使得上力氣的基本秩序。不論這個秩序釐清出來的結果是什麼，錯綜複雜的都市生活必須靠強調和暗示的戰術來達成，

這是藝術溝通的主要手段；我們需要的戰術，是要能夠幫助人們從他們所看到的事物之中，爲他們自己製造秩序和意義的暗示。所有這些抓住城市視覺秩序的不同戰術，關心的是城市裡面零碎的事物，而且是編織在連續使用和不間斷的組織紋理裡面的零碎事物。這才是都市生活的根本之道，這就是城市本身。它們錯綜複雜的秩序展現無數的人在擬定和執行無數計畫的相互關聯，這是城市的經濟優勢、社會活力和吸引力的基礎。活力城市的規劃必須以釐清城市的視覺秩序爲目標，它必須促進及照亮功能的秩序，而非加以阻礙或是拒絕。要達到這個目的，規劃者必須在特定的地方針對當地所缺乏的那些可以產生多樣性的元素，加以診斷，然後再針對所欠缺的東西，加以提供。

最後，珍‧雅各提出一個根本的問題作爲整本書的結論：城市究竟是什麼性質的問題？主流的都市計畫理論習慣將城市想像成一個沒有組織的複雜系統，有待都市計畫「理性」的加以組織，也就是用二維變數的思考和分析方式，來規劃和設計城市，例如開放空間和人口數量的關係。即使後來引進了調查和統計預測的新技術，也沒有取代二維變數的簡化思維。珍‧雅各認爲，都市計畫作爲一個專業領域，相較於生命科學或是其他領域，已經停滯不前。它很慌張，但是看不出有什麼進展。

對於珍‧雅各而言，最大的問題在於都市計畫一直沒有將城市視爲有組織的複雜系統，來加以理解和對待。這意味著都市計畫應該將城市視爲一個有生命的有機體，用生理學的觀點來理解城市運作的機制，去思考都市生活的內容和過程，然後設法掌握這些關鍵的事物。這是都市計畫和都市設計能夠帶給城市生命和活力的唯一途徑。這樣的觀點和英國學者詹姆士‧洛夫洛克（James Lovelock）的蓋婭理論（Gaia theory）非常類似：從地球各種維生系統的運作機

制來看，它就像一個有生命的活體。然而，將城市視爲一個組織複雜的有機體並不表示都市計畫和生命科學所面臨的問題是完全相同的，它們不能放在同一個顯微鏡下面檢視。不過了解和解決這兩種問題所需要的戰術卻是類似的：它們都需要同時思考個別細胞、器官、系統和整個有機體之間的複雜關係。換言之，珍·雅各認爲今天的都市計畫最欠缺的就是對都市生活和城市運作過程的深入了解，規劃者忽略了有活力、多樣化、密集的城市擁有自我再生的種子，而這正是都市計畫必須發揚光大的永恆之道。

值得一提的是，將城市視爲有機體的概念，到了1990年代之後有了新的發展。那就是將城市視爲一個結合自然、機械和人類的賽博格(cyborg)*，是人類集體爲了適應自然環境，因而運用各種機械與人爲設施建造而成的都市環境。這樣的觀點，也呼應了多納·哈洛威(Donna Haraway)在探討20世紀晚期快速變遷的科學、技術與性別關係中的人類新處境。看來，都市計畫必須再加把勁，才跟得上日新月異的新環境。

四、美國大城的興衰對台灣都市發展的啓發：在地生活的全球城市？

讀完《偉大城市的誕生與衰亡》之後，內心充滿了無限的感慨，因爲珍·雅各在書中備受推崇的「眞知灼見」，對於在台灣生長的我而言，不僅有似曾相識的感覺，我甚至覺得書中嚮往的安全、友善、文明、活潑、有趣的「偉大城市」，其實就是台北或是其他的台灣城市。因爲熱鬧有趣的街道生活，正是台灣城市的最好

---

* 賽博格(cyborg)是機械與布機體混合的產物。

寫照，也是所有偉大城市的基本條件。我並不是說台北的現況已經
是人間仙境，而是指它們蘊藏的無限潛力。如果這只是我一個台北
人的見解，那也就罷了。但是在上海出生、香港長大、曾經在台北
住過六年，現居北京的媒體人和城市觀察家陳冠中，也有相同的看
法。他在一本以探討華人城市爲主的書中──《移動的邊界：有關
三個城市及一些閱讀》(2005)──指出台北是一個被誤讀且被低估
的城市。他認爲台北是所有華人城市當中，最適合居住的城市。當
然，對許多人而言，台北不是什麼了不得的城市，它不夠摩登，也
不夠古老；不夠大，也不夠小，甚至還挺髒、挺亂的。前幾年曾經
不自量力地想要成爲亞太的營運中心，這幾年有了台北101和誠品
書店的撐腰，則是興高采烈地幻想自己是最高、最屌的全球城市。
好在，根基深厚的老上海這幾年突飛猛進，申辦奧運成功的北京也
急起直追，硬是把台北給比了下去，讓台北人有機會重新思考台北
到底是一個什麼樣的城市。

其實，台北的好，就在於它的亂：亂得有活力，亂得好生活。
陳冠中稱之爲「混雜」和「嬉」(hip)，也就是夠多元和夠包容，或
是借用建築學者雷姆‧庫哈斯(Rem Koolhaas)的話來說，就是夠普
通(generic)。沒錯，這就是台北的特色：普通到了極點，就成了一
種特色！這是所有台灣城市的共同性格，也是許多華人城市的文化
基因。台北如此，香港、上海、廣州、北京，都是如此。這就是生
活城市，能夠讓普通人好好過日子的普通城市。

夠神奇吧！珍‧雅各在《偉大城市的誕生與衰亡》書中所說的
城市多樣性的四個必要條件──不同用途的混合使用、短小的街
廓、新舊並存的建築物、密集的人口和住宅──台北不僅都有，而
且還有更多珍‧雅各想都想不到的好東西。這也是爲什麼台北好生
活的理由：這是一個對中、下階層相對友善的城市。只是，這些寶

貴的城市資產就像自然界許多珍貴的物種一樣，因為人類的短視近利和倒行逆施而將迅速地從地球上消失。這些個別的物種本身未必是什麼了不起的東西，卻是構成生物多樣性和維繫整個生態平衡的基本要素，一旦失去，就無法挽回，連帶地也會影響其他許多生物的生存和繁衍。如果我們可以理解生物多樣性的重要性，並且積極地採取各種具體的行動來確保地球生態環境的永續發展，那麼我們又怎能坐視這許多構成城市經濟、社會、文化和建築景觀多樣性的重要元素在我們的日常生活中迅速消失呢？

記得在寫博士論文的時候，我嘗試利用倫敦地區在居家、就業、休閒購物和交通等最基本的生活構面和都市結構之間的時空關係──個人與社會再生產的社會永續──來探討環境問題背後深層的社會根源，當時曾經很驕傲地告訴我的指導教授，倫敦和許多歐美大城努力追求卻難以達成的都市形態，也就是都市居民的日常生活和都市結構在時空關係上可以巧妙銜接的密集城市（compact city），對大台北地區和許多台灣的城市而言，可以說是再自然不過的現象。也難怪許多老外到台北來，雖然也少不得嫌東嫌西地數落台北一些「落後」和可怕的地方，但是沒有人會否認台北真是個精力充沛、生氣勃勃的有趣城市。台北和台灣的城市究竟有哪些神奇的寶貝資產讓我們「超級普通」（extra-ordinary）的日常生活變得「神奇非凡」（extraordinary）呢？我想舉幾個簡單的例子來說明，為什麼珍·雅各所說的城市多樣性的幾個必要條件能夠在台北發揚光大，以及我們應該如何善加利用這些珍貴的城市資產來創造一個「神奇非凡」的生活城市。

首先，台北所呈現的是一種以沿街騎樓為主體的街道生活和以身體空間為單元的攤商文化，奠定了城市多樣性的重要基礎。從早期閩南建築連棟街屋和騎樓所構成的街道結構，還有廟埕市集所吸

引的人潮買氣，雖然經過日治時期市街改正、戰後現代建築和因襲歐美都市計畫分區管制的壓迫，這些柔韌的街頭文化還是頑強地在「現代化」的夾縫中求生存，持續綻放生活的活力。從以前到現在，台北及台灣各大城市最明顯的街頭景象之一，就是沿著街道平面綿延不絕的各種店面。不論大城小鎮，沿街只要有建築物，一樓就會有店面。有店面，就會有各式各樣的生意：餐廳、鐘錶行、文具店、診所、機車行、郵局、家具行、麥當勞、屈臣氏、美容院、瓦斯行、超級市場、便利商店等等，也不管相不相容，各種店面就這麼一家接著一家地開下去。總類和數量之多，幾乎沒有什麼財團或企業有辦法從這麼密集的店面中，占據到足以壟斷市場的樓地板面積。

在一樓店面的樓上，也許是早期的三層樓房，也許是五層、七層的公寓，甚至幾十層的電梯大樓，總是有為數更多的公寓住家，住滿了人。甚至頂樓加蓋的違章建築裡面，也住了許多在大城市討生活的「波希米亞人」。大家下了樓梯，要吃飯、要買報紙、要寄信、要理髮、要存錢、要買菜、要看病，甚至下雨天不帶傘，穿個拖鞋出門，也能在個把鐘頭之內，把一天的許多雜事情，一次解決。甚至每次出門都還可以選擇不同的方向，一樣有那麼多的變化和選擇。你說這樣的台北，像不像人間的天堂？總之，這些在國外城市不可能出現的奇怪組合，在台北街頭就像從泥土裡面長出來地那麼自然融洽。

這些多樣化的商業組合還進一步地反映在千奇百怪、爭奇鬥艷的招牌上面。雖然有人覺得，而且多半是官員，這些「雜亂無章」的招牌是妨礙市容觀瞻的都市毒瘤，有待嚴加管理、消滅剷除，或是整頓更新。但是它們就像枝頭上繁茂的樹葉一樣，總是能夠在其他枝幹和樹葉的狹窄縫隙中找到一塊容身之處，伸出霓虹的枝芽；

甚至在大街小巷還有十字路口，不時還可以看到身穿廣告背心，手中不停搖動旗幟或是散發傳單的「活動招牌」。在人造的都市環境裡面，這些或靜或動的招牌，象徵著都市人適應環境的生存戰術，是最有機的空間元素。相反地，一些地方政府大力推動的統一商招，例如最近博愛路、漢口街等相機街(其實除了相機之外，還有許多不同的商店)以膠捲作為象徵的統一商招，活像一整排懸在半空中的墓碑，不僅單調，也相互遮蔽，反而失去「招牌」的功能。

除了獨具特色的台灣招牌文化之外，另一個有趣的台灣都市「活力」，是在台北街頭各式各樣的商店裡面，賣餐飲的比例出奇地高。雖然沒有正式的統計數據，可是「三步一小吃，五步一餐廳」來描述，絕對不是誇張的形容。而且餐飲的種類和它們經營的時段，更是多樣和複雜，甚至有一些餐廳是24小時不打烊的。如果加上擺在騎樓的小吃攤或是移動餐車的流動攤販，餐飲的密度就更高了。而且以一個首善之區而言，它的價格，不敢說有多便宜，但是絕對可親。即使是在忠孝東路的巷子裡面或是信義計畫區附近，都可以吃到一碗新台幣20元的滷肉飯或是一碗30元的貢丸湯。

當然我們也不得不提到台北「街道芭蕾」的另外一項特點，那就是由攤販和攤車所構成的各種市集，包括夜市、黃昏市場、花市等等，還有更多散布在街頭巷尾、學校門口、市場外圍、捷運站附近的流動攤販。他們利用身體和攤車的緊密空間，街頭巷尾的公共空間，以及黃昏、夜晚和週末的剩餘時間，為原本緊張繁忙的都市生活開創出活潑熱鬧和輕鬆自在的街道生活。這對原本已經非常狹窄稠密的市區和被汽車霸占的「馬路」而言，頗有化腐朽為神奇的顛覆效果。尤其是這些市場在時間和區位的選擇，相當符合珍・雅各在書中所強調的觀點，鄰里設施應該讓街道在一天之中的不同時段都有足夠的活力，吸引人們的使用和注意；同時在有些地方，也

要讓人們得以自由、隨意地穿梭於街道兩旁；那麼一個安全、熱鬧，同時具有經濟活力的街道生活和都市地區也就自然而然地形成了。這些沿街擺設的攤販市集暫時收復了原本被汽車霸占的道路空間，也間接達成了珍‧雅各所說的用城市來箝制汽車的城市復興戰術。雖然還存在一些髒亂、噪音、稅收等管理問題有待解決，但是還有什麼比人們可以輕鬆自在地在熱鬧有趣的都市街道上行走、逛街、購物更文明和更閒適的事情，即使是查爾斯‧波特萊爾（Charles Baudelaire）或是華爾特‧班雅明（Walter Benjamin）來到台北，也會漫遊（逛）得不亦樂乎，強烈感受到街道生活的氣氛（aura）。這種看似混亂失序的狀態，如果順勢加以疏導，會是一種亂中有序的複雜秩序，這就是台北夜市、黃昏市場和騎樓商家等街道生活的意外收穫。它們用人潮作爲濾網，把兇猛的汽車給馴服了。再也沒有比陷在人潮裡面的汽車駕駛更惶恐的了，他們的「人性」也因此暫時得以恢復。只可惜我們的政府官員和規劃專家都還看不到這一層，只會用取締驅趕的高壓手段和咒罵怨懟的駝鳥心態來看待這些「落後」的街頭奇景，其實這些自然生成的複雜秩序要比分區管制、人車分道、行人徒步區等都市計畫的僵化手段，更有機也更合乎人性。如果珍‧雅各到台灣來看到這樣的景象，一定會讚嘆不已。

最後，我還要爲台灣另外一項獨特的城市資產抱不平，那就是機車。台灣有2300萬的人口，卻有超過1000萬輛的機車，是世界機車普及率最高的地區。可見機車在台灣的日常生活中，扮演多麼吃重的角色。可是我們出入有專車接送，甚至有警車開道的交通官員，卻不知民間疾苦地認爲在車陣中鑽來鑽去的機車是破壞交通秩序的野蠻機器、是製造空氣污染的兇手，還有成排停放在街道騎樓的機車，則是妨礙市容觀瞻的禍害。但是，他們沒有意識到這是道

路設計、交通法規和環境政策的問題，而不是機車本身的問題。相反地，機車提供給市井小民的生活便利和經濟貢獻，反而是解決都會地區交通問題的重要功臣，那是私人汽車和大眾運輸系統無法取代的。即使是在大眾運輸最發達的台北地區，如果我們像歐美等溫帶國家一樣沒有機車作為主要的交通代步工具，讓現有的機車騎士，有錢的去開車，沒錢的去搭乘公車和捷運，有體力的去騎腳踏車，相信現有的道路和大眾運輸系統即使再擴充一倍，也無法滿足台北人的交通需求；台北的交通一定會癱瘓，空氣污染一定會更嚴重(因為汽車污染比機車嚴重，還有塞車時的廢氣更嚴重！)，還有大家的生活一定會更不方便。如果我們再把電動化的技術因素考慮進來，未來機車反而可能成為台灣城市交通的救星，而不是交通官員和規劃專家以為的毒藥。歐美等溫帶國家是因為幅員遼闊、天寒地凍和發展分散等自然和人文條件不利於機車的發展，因此才不得不仰賴汽車作為解決城市交通需求的主要手段，而我們卻倒果為因地誤認為那是文明和進步的必然結果。同樣地，我們也不要過度迷信昂貴和僵化的「高科技」捷運必然是比較好的方案。以台灣城市密集發展的特性而言，免費的棋盤公車路網和廉價的電動機車在經濟成本、環境污染、風險分散和機動性各方面，可能更有助於發展出活潑熱鬧和舒適便利的生活城市。

當然，像是一樓的沿街店面、招牌、攤販、夜市、黃昏市場、機車等台灣在地的城市特色，的確有許多需要改進的地方，而且還有其他許多這裡沒有提到的城市資產，有待我們進一步去發掘。我舉這些例子只是要說明一件簡單的事實，那就是台北和台灣的城市具備了許多歐美城市所欠缺的多樣性和活力，只要我們打開心扉，用心去體會真實城市的生活脈動，然後在這個基礎上面將我們特有的城市資產發揚光大，營造出一個有活力和可持續發展的都市結

構，讓不同族群、不同所得、不同社會背景、不同生命階段和不同
家庭情境之下的所有人，都有機會追尋他們想要的生活和實踐他們
的理想，那麼台北和所有的台灣城市必然會是多元融合、適合生活
的好城市。而這正是邁向全球城市的必要條件，也是偉大城市的最
高境界。

五、有趣的延伸閱讀

在「導讀」的最後部分，我想推薦幾本相關的書籍給有興趣的
讀者，在讀完了珍‧雅各的《偉大城市的誕生與衰亡》之後，可以
作進一步的閱讀。選擇的依據，除了有助於釐清相關的都市議題和
本書的觀點之外，有無中文譯本(包括簡體版)，也是主要的考量。
另外我也選了三本有趣的中文城市著作，可以和西方的城市經驗，
作一個比較。

首先要推薦兩本和當代都市計畫理論和實務有關的書籍，一本
是侯彼得(Peter Hall)的《都市與區域規劃》(*Urban and Regional
Planning*)*。本書最早在1974年出版，到2002年已經出版到第四
版。繁體中文版是翻譯自1992年的原文第三版。書中對規劃的基本
概念、都市計畫的起源、規劃理論的先驅、當代歐美都市計畫的發
展歷程等，有相當詳細的介紹，有助於讀者了解當代都市計畫的整
個來龍去脈。另外一本是愛德華‧瑞福(Edward Relph)在1987年出
版的《現代都市地景》(*The Modern Urban Landscape*)，他從建築

---

* 如果讀者不需要仰賴中文譯本，那麼侯彼得的另外一本著作*Cities of
Tomorrow: An Intellectual History of Urban Planning and Design in the
Twentieth Century*, Updated ed. (Oxford: Blackwell, 1996)，將是更適合
的讀本。

設計、城市規劃、營造技術和社會狀況變遷的角度來分析現代城市
如何發展成現在的樣貌。書中不僅回顧了都市計畫的興起、現代主
義建築式樣等歷史發展的過程，也從都市地景的角度將這些歷史發
展放到整體社會脈絡中加以考察，重新詮釋這些不同的因素對城市
外觀造成的整體影響。因此，可以幫助讀者進一步理解珍・雅各在
本書中所談到的許多都市議題。

　　其次要推薦兩本和本書觀點類似，但是思考的路徑有些許差異
的好書。這兩本書有一個共同的特點，都在探討究竟什麼樣的城市
才是偉大的好城市。第一本是克里斯多福・亞歷山大在1979年出版
的《建築的永恆之道》（*The Timeless way of Building*）。亞歷山大可
以說是建築與規劃界的奇才，更被譽為當代資訊科學的模式語言
(the pattern language)運動之父。這本書是他模式語言三部曲的第三
部（另外兩本書分別是1975年的《奧瑞岡實驗》（*The Oregon
Experiment*）和1977年的《模式語言：城鎮、建築、營造》（*A
Pattern Language：Towns, Buildings, Construction*），書中從建築和
城市的無名特質、它們所展現的模式語言，以及如何運用這些模式
語言去營造建築和城市，帶領我們一起去探尋建築和城市生機勃勃
的永恆之道。另外一本書是凱文・林區(Kevin Lynch)在1981年出版
的《都市形態》（*Good City Form*）。他提問了一個簡單卻又難以回
答的問題：是什麼因素造就出一個好的城市？他試圖從人類既有的
城市經驗中去歸納出諸如活力、感覺、適宜、可及、控制、效率和
正義等良好城市形態的面向，並且進一步提出如何將這些原則應用
在城市規模、鄰里單元、都市擴張、街區保護、都市網絡、都市設
計等實際的都市議題上面。這兩本書相當程度都是受到珍・雅各
《偉大城市的誕生與衰亡》的啟發，可以作為相互補充的素材。

　　最後，我要推薦三本有趣的中文城市著作。第一本是詹宏志的

《城市人：城市空間的感覺、符號和解釋》。這位經濟背景出身的趨勢觀察家在1989年台灣社會變化最快速的階段出版了這本借用流行雜誌的概念——事物進出法(in-and-out method)，也就是觀察什麼東西開始流行，什麼東西開始退流行——來分析商店、街道和整個城市的改變，產生了空間感覺、7-Eleven社會學、街道戰爭、城市性格等有趣的觀點，讓我們用一種輕鬆的方法來認識這些我們太過熟悉卻又不夠了解的台灣城市。第二本有趣的書是馬世芳、許允斌、姚瑞中、陳光達、黃威融等五個六年級的年輕人在1998年合寫的《在台北生存的一百個理由》。他們認爲台北不同於東京、紐約、巴黎、倫敦，台北就是台北的獨特之處在於生活在台北的許多樂趣，包括怪店、戀物、經典、偏方、土味、嬉味、逃逸、個人、夢想等，是一帖從眞實的日常使用去體會台北生活的良方。最後一本書是遊居於台北、香港、北京的創意人與觀察家陳冠中在2005年出版的《移動的邊界：有關三個城市及一些閱讀》。他從香港「半唐番」的雜種性格、台北具有嬉味和適合生活的普通城市美學、北京城鄉移民的「京漂」對北京不滿卻又離不開北京的特雜酷性，一路談到雜種城市與世界主義的歧路中國，可以說是《偉大城市的誕生與衰亡》的最佳詮釋。

　　看來，即使沒有中國大陸的快速崛起，21世紀還是一樣可以是華人城市的世紀。在讀完珍・雅各的《偉大城市的誕生與衰亡》之後，我們更需要好好想一想這一個最切身的議題：「偉大城市的誕生與衰亡——台灣都市街道生活的啓發」。

延伸閱讀書單

陳冠中，2005，《移動的邊界：有關三個城市及一些閱讀》。台北市：網路與書。

馬世芳、許允斌、姚瑞中、陳光達、黃威融，1998，《在台北生存的一百個理由》。台北市：大塊文化。

詹宏志，1996，《城市人：城市空間的感覺、符號和解釋》。台北市：麥田。

Alexander, Christopher, 1979. *The Timeless Way of Building.* Oxford: Oxford University Press.(趙冰譯，馮紀忠校對，1994，《建築的永恆之道》。台北市：六合。)

Hall, Peter, 1992. *Urban and Regional Planning.* 3rd ed., London: Routledge.(張麗堂譯，1995，《都市與區域規劃》。台北市：巨流。)

Lynch, Kevin, 1981. *Good City Form*, Cambridge. Mass. and London: The MIT Press.(林慶怡、陳朝暉、鄧華譯，2001，《城市形態》。北京：華夏。)

Relph, Edward, 1987. *The Modern Urban Landscape.* London: Croom Helm.(謝慶達譯，1998，《現代都市地景》。台北市：田園城市。)

偉大城市的
誕生與衰亡

作者簡介

珍‧雅各

　　珍‧雅各(Jane Jacobs)，1916年5月4日出生於美國賓州的史卡蘭頓(Scranton)。父親是外科醫生，母親在學校教書，同時也是一名護士。珍‧雅各高中畢業之後，在《史卡蘭頓論壇報》(*Scranton Tribune*)擔任一年記者，接著來到了紐約。先後擔任過速記員和自由撰稿人，報導許多有關城市地區的事情，這讓她非常著迷。經過一些寫作和編輯的歷練，碰觸的主題從冶金到為海外讀者介紹美國地理都有。她在1952年成為《建築論壇》(*Architectural Forum*)的副主編。當珍‧雅各被指派去撰寫一些有關都市重建計畫的時候，她注意到這些計畫完工和營運之後，似乎既不安全、又不有趣，既沒有活力，在經濟上也不活躍，於是她開始越來越懷疑傳統規劃的信仰。珍‧雅各於1956年在哈佛大學的演講產生了效果，讓她在《財星》(*Fortune*)雜誌上寫了一篇名為「市區是為人民而存在」的文章，最後促成《偉大城市的誕生與衰亡——美國都市街道生活的啟發》(*The Death and Life of Great American Cities*)的出版。本書於1961年出版，對於都市更新和城市未來的辯論，產生了長遠的影響。

　　珍‧雅各反對羅伯特‧摩西斯(Robert Moses)在聯邦貧民窟清除計畫所提出的，對於都市計畫大規模、夷平式的政府干預，她主張由下而上的更新方式，強調混合使用，而不是截然劃分的住宅區

或是商業區，並且強調從既有的鄰里當中，汲取人性的活力：「有活力、多樣化、密集的城市，擁有自我再生的種子，有足夠的能量對它們本身之外的問題和需要，持續下去。」雖然珍‧雅各缺少建築師和城市規劃師的經驗，這件事讓她招致批評，但是《偉大城市的誕生與衰亡──美國都市街道生活的啓發》一書，很快就成爲當時最具原創性和最有影響力的一本書。這本書被讚譽爲「是我所見過，對於我們的生活問題最有新意、最發人深省、最刺激思考和最令人興奮的偉大研究」（哈里遜‧索爾茲伯里，Harrison Salisbury）、「賦予城市生命和靈魂的不朽研究」（威廉‧懷特，William H. Whyte）。

珍‧雅各和一位建築師結婚。她說丈夫教她的東西，讓她足以成爲一位建築的作家。他們育有二男一女。1968年時，舉家移居多倫多。在那裡珍‧雅各經常扮演和開發有關的積極角色，並且擔任都市計畫和住宅政策改革的顧問。她成功地領導，阻止了一條主要快速道路的興建，因爲她相信那是弊多於利的事情。她也成功協助一個鄰里市區免於被拆毀的命運。珍‧雅各於1974年正式成爲加拿大的公民。2006年4月25日在多倫多去世，享年91歲。

除了本書之外，她的著作還包括探討城市成長與國家經濟之間關係的《城市經濟》（*The Economy of Cities*, 1969）；探討魁北克主權的問題的《分離主義的問題》（*The Question of Separatism*, 1980）；探討全球經濟中城市及其區域重要性的《城市與國家財富》（*Cities and the Wealth of Nations*, 1984）；探討商業與政治道德基礎的《生存系統》（*Systems of Survival*, 1993）；以及從家庭與社區、高等教育、科學技術、政府效能、自律與自審等面向反思現代生活的《集體失憶的年代》（*Dark Age Ahead*, 2004）。

作者序（當代圖書館版本）

當我在1958年開始撰寫本書時，本來只是打算描寫良好的城市街道生活如何輕鬆自在地提供文明與令人愉快的服務——然後感嘆規劃和建築的流行是如何地抹殺這些必要和迷人的特質，卻沒有強化這些特質。這是本書第一部分的一些內容——那是我原本的構想。

但是開始了解和思考有關城市的街道和都市公園的弔詭之後，讓我進入一個意想不到的尋寶過程。我很快就發現在平庸無奇的景象——街道和公園——背後所隱藏的價值，和城市其他特性的線索和關鍵之間，有著密不可分的關係。因此，一個發現導致另外一個發現，一個接著一個……其中一些尋寶的發現，讓我得以寫作本書的其他部分。至於其他的發現，我又寫成其他另外四本書。顯然，這本書對我有相當程度的影響。並且引領我進入往後一生的工作。但是它還有其他的影響嗎？我想是一半一半。

有些人喜歡走路去辦事情，或是覺得如果住在那樣的地方，就可以走路去辦事情。另外有些人喜歡坐車去辦事情，或是如果他們有車的話，就會開車去辦事情。在汽車發明之前，有些人喜歡駕馭馬車，還有許多人希望他們能夠搭乘馬車。但是我們從小說、傳記、傳說得知，有一些人的社會地位讓他們必須騎馬——除了在鄉間的漫步之外——他們渴望地看著身旁經過的街景，期待能夠參與

其中，獲得友情、熱鬧、驚奇和冒險的承諾。

簡單來說，我們可以把現代人分成走路和坐車兩種。本書可以馬上被走路的那群人所了解，既眞實又渴望。他們知道本書所說的一些事情，這和他們享受、關心和經驗的事情是一致的。這件事情一點也不令人意外，因爲本書大部分的資訊都是從觀察和傾聽走路的人而來的。他們是這個研究的協同人員。我們相互合作，爲他們所知道的事情，找出合理的正當性。時下的專家並不尊重走路的人所知道和珍惜的一些事情。在他們的眼中，這些人是古板和自私的──是進步的巨輪揚起的令人討厭的沙塵。即使所謂的專家是奠基在無知和愚蠢之上，要讓沒有公信力的人群起反對有公信力的人，並非易事。這本書變成對抗這種專家的有力武器。但是要說本書產生「影響」的效果，毋寧說它是證實一些事情和與一些人合作，可能更爲正確。相反的，本書非但沒有和坐車的人合作，同時也沒有對他們產生影響。據我所知，到現在依然沒有。

在都市計畫和建築科系的學生當中，情況類似，都是反應不一。但是特別奇怪的是，當這本書出版的時候，不論學生個人的經驗或偏好是走路或是開車，他們都被嚴格訓練成反城市（anticity）和反街道的設計者和規劃師：被訓練成彷彿他們是奇怪的開車人，而且其他所有的人也都是。他們的老師也是如此被訓練和調教的。所以，事實上，整個和城市實質形式有關的人員（包括銀行家、開發者、還有被規劃願景及理論同化的政治人物），都變成保障有害都市生活的形式和願景的把關者。然而，在建築系的學生當中最爲明顯，還有部分規劃學院的學生也是，他們是走路的人。對於他們而言，這本書是有意義的。他們的老師（雖然不是所有的老師）傾向將本書視爲垃圾，或是如同一位規劃者所言，是「諷刺、咖啡館裡面的胡言亂語」。但是這本書，眞的有夠奇怪──有時候，我眞懷疑

——每當要讓學生知道如何對抗實踐者愚昧無知的想法時，這本書總是會出現在各種必讀或是選擇性閱讀的書單裡面。的確，那些大學老師告訴我的，就是那種愚昧無知的想法。對於學生裡面的那些走路的人而言，本書是具有顛覆性的。當然，它的顛覆性，並非全然是我的傑作。其他的作者和研究人員——尤其是威廉・懷特（William H. Whyte）——也是非常反對批評反城市想法的不可行和無趣。在英國，《建築評論》（*Architectural Review*）的作者和編輯早在1950年代中期，就已經提到相同的事情了。

當前有許多建築師，其中包括一些年輕的規劃師，具有強化城市生活的絕佳想法——美妙、天才的想法。他們也有實現他們計畫的技能。這些人和那些我曾經嚴厲批評爲冷酷、輕率的城市操控者相比，簡直是天壤之別。

但是在這裡我們碰到一件令人悲傷的事情。儘管自大的把關者的人數已經隨著時間逐漸減少，但是門檻本身卻是另外一件事情。在美國的城市裡面，反城市的規劃還是出奇地頑強。它還是存在於數以千計的法規、內規和法律條文當中。由於既成的做法也存在於官僚的怯懦之中，它還存在於被時間弄得無情、不察的大眾態度裡面。因此，當人們見到一群老的城市建築曾經被有用地重新作爲嶄新和不同的用途時，在人行道被拓寬和行車道被縮減的適當地方——在步行交通喧鬧和繁忙的街道，在辦公室關門之後不再是荒漠之地的市區，在新的建築物被合理的插入舊建築當中以填補都市鄰里的空缺和破爛，並且結合得天衣無縫的地方，我們可以確定，在面對這些障礙時，人們曾經付出許多努力。有一些外國的城市在這些事情上面，有很高的成就。最好的情況就像面臨嚴格的考驗，但是通常的結果都是讓人心碎而已。

在本書的第二十章，我提出在城市裡面自我隔離的住宅計畫的

地面層，可以劇烈地改變，代之以兩種可能的方案：設置大量新闢的連結街道，讓住宅計畫和正常的城市接合起來；同時，再利用在這些新增的街道上面增加不同的新設施的方式，將住宅計畫本身改造成具有都市活力的地方。當然，問題在於新的商業設施需要能夠在經濟上發揮功效，才是眞的有用的措施，而不是假的裝飾。

據我所知，讓人失望的是，在這本書出版之後的30年間，並沒有人實際嘗試這一類激進的重新規劃。當然，隨著時間十年十年的過去，要執行這些提案的難度也越來越高。那是因爲反城市的計畫，尤其是大規模的公共住宅計畫，多半讓它們周遭城市的環境變得更糟，所以隨著時間的流逝，能夠讓它們融入的健康城市，也越來越少了。

即使如此，將城市的住宅計畫改變成城市的大好機會，依然存在。應該先嘗試看看比較簡單的機會，因爲這是一個學習的挑戰，好的政策會讓所有的學習從簡單的事情先開始，然後再逐步朝向困難的事情邁進。現在是該將這個學習用在郊區擴張的時候了，因爲我們不能再無限制地持續擴張下去。能源的浪費、基礎設施的浪費，還有土地的浪費，這些成本太高了。而且如果現存的郊區擴張能夠密集地發展，更節約地使用資源，我們需要學會讓郊區擴張的密集和連結，對於走路和開車的人，變得有吸引力、有趣、安全和得以持續。

有時候本書還被稱讚有助於阻止都市更新和貧民窟清除的計畫。如果這是眞的，我會很樂意接受這樣的稱讚。但實際上，現實情況並非如此。在這本書出版多年之後，都市更新和貧民窟的清除，還持續它們毫無節制的粗暴行爲，只是最後終於向失敗低頭。但是即使是現在，當有所期待和忘記前車之鑑的念頭萌生時，又有借給開發者氾濫成災的資金和足夠的政治驕傲及公共補貼在一旁煽

動時，它們又會蠢蠢欲動。例如，最近的一個例子就是倫敦龐大而且遭逢破產的加納利倉庫(Canary Wharf)*計畫，它被孤立地放進倫敦荒廢的船塢區**，並且拆除了深受居民喜愛，淳樸的狗島(Isle of Dogs)社區。

讓我們回到從街道開始，進而引導到一件又一件事情的尋寶過程：在這個過程的某些時候，我了解到自己是在從事都市生態學的研究。它聽起來像是隨便記錄浣熊如何在城市裡面的後院和垃圾袋中覓食(這的確發生在我居住的城市，有時候甚至發生在市區)，老鷹可能可以減少摩天大樓鴿群的數量，等等。但是我所說的都市生態學和在野外實察的學生所說的自然生態學，有些不同的地方，也有一些相似之處。自然生態系統的定義是「在特定時空單元之下，由物理—化學—生物的過程所構成的系統。」我用類比的方式，也為城市生態下一個定義，那就是在城市和依附城市之內，特定時空範圍之內的物理—經濟—倫理的活動過程。

這兩種生態系統——一個是自然創造的，另外一個是人類創造的——有共通的基本原則。例如，這兩種生態系統——假設它們不是不毛之地——都需要許多多樣性來支持它們。在這兩種情況之下，多樣性會隨著時間有機地發展，而且不同的元素之間也會以複

---

*　[譯註]加納利倉庫計畫是1980年代中期柴契爾夫人主政時，保守黨政府為了挽救二次世界大戰後日漸凋敝的倫敦船塢區，同時也為金融大鬆綁(the Big Bang)所產生的大量辦公室需求找尋擴張的空間，在緊鄰倫敦金融中心西提區(the City of London)旁邊的狗島地區推動的都市更新計畫。在這個占地8平方哩的泰晤士河畔，有三棟全英國最高的辦公大樓，以及其他以金融業為主的商業建築，並且有輕軌捷運連接倫敦的其他地區。

**　[譯註]船塢區是倫敦從19世紀初到20世紀80年代為止，世界上最繁忙的船塢地區。當地除了造船之外，還有倉儲、釀酒及各種小型製造業，同時也是工人階級和國民住宅(council house)集中的地區。

雜的方式，相互依賴。在這兩種系統裡面，生命和生計的多樣化利基(niches)愈多，它對生命的負載能力(carrying capacity)就愈高。在這兩種生態系統裡面，許多小型和不明顯的元素——很容易就被忽略或是只被粗略地觀察到——可能對整個生態系統有關鍵性的影響。這和它們的大小或是加總起來的數量相較，根本不成比例。在自然生態系統裡面，基因庫是基本的寶藏。在城市的生態系統裡面，工作的種類是基本的寶藏。再者，工作類型不只會在新的增生組織中自我複製，它們還會互相混合，甚至突變成意想不到的新工作。由於元素之間複雜的依存關係，這兩種生態系統都很脆弱，容易受到干擾和破壞。

然而，如果不是受到致命的干擾，它們是堅韌和精力充沛的。當它們的過程作用順利，生態系統就會趨於穩定。但是就深層的意義來說，穩定只是一種幻覺。正如一位希臘哲學家赫拉克利圖斯(Heraclitus)所言，他在很久以前就觀察到，所有自然界中的事物都是不斷在改變。當我們以爲自己看到靜態的情況時，事實上我們是看到過程的開始和結束同時發生，沒有什麼事情是靜止不動的。城市也是一樣。因此，要研究自然或是城市的生態系統，都需要相同的思維。它不是聚焦在「事情」上面，並且期待它們自我解釋。過程永遠是最根本的；當參與者參與其中時，事情才有意義，不管它們的影響是好是壞。

這種看法還很新鮮，或許這是爲什麼對於想要了解自然或是城市生態的知識追求，似乎沒有止境。所知道的事情有限，而不知道的事情更多。

我們人類是世界上唯一建造城市的生物。不同昆蟲的群居之地，它們是怎麼發展的，做了些什麼事情，以及它們的潛力，都不一樣。對我們而言，城市也是一種自然生態系統，它們不可以隨意

被拋棄。在人類社會繁榮發展，而不是停滯衰敗的時候和地方，有創造力和運作良好的城市總是位居核心的地位。它們曾經產生影響，而且還會發揮更大的影響力。現在也是一樣。衰敗的城市，沒落的經濟和持續增加的社會問題，總是結合在一起。這並非偶然。

　　人類要盡可能了解城市生態，這是刻不容緩的事情──我們可以從城市過程的任何一個點開始。良好的都市街道和鄰里所提供謙卑和有活力的親切服務，或許和其他事情一樣，都是一個好的開始。所以當代圖書館發行這個新的版本讓新一代的讀者能夠對城市生態感到興趣，尊重它的神奇，發現更多的事情。這讓我感到非常振奮，也衷心地期盼。

珍・雅各

加拿大，多倫多

1992年10月

獻給紐約市
我到這裡追尋夢想
果真找到了
鮑伯、吉米、奈德和瑪莉
本書也是為他們而寫

謝　誌

　　本書的完成歸功於許多人的協助，不論是有心或是無意的，在此無法一一申謝。特別要感謝下列這些提供資料、協助與批評的朋友們：Saul Alinsky、Norris C. Anderews、Edmund Bacon、June Blythe、John Decker Butzner, Jr.、Henry Churchill、Grady Clay、William C. Crow、Vernon De Mars、Monsignor John J. Egan、Charles Farnsley、Carl Feiss、Robert B. Filley、Rosario Folino女士、Chadbourne Gilpatric、Victor Gruen、Frank Harvey、Goldie Hoffman、Frank Hotchkiss、Leticia Kent、William H. Kirk、George Kostritsky夫婦、Jay Landesman、Wilbur C. Leach牧師、Glennie M. Lenear、Melvin F. Levine、Edward Logue、Ellen Lurie、Elizabeth Manson、Roger Montgomery、Richard Nelson、Joseph Passonneau、Ellen Perry、Rose Porter、Ansel Robison、James W. Rouse、Samuel A. Spiegel、Stanley B. Tankel、Jack Volkman、Robert C. Weinberg、Erik Wensberg、Henry Whitney、William H. Whyte, Jr.、William Wilcox、Mildred Zucker、Beda Zwicker。當然，他們毋須為本書負任何責任。的確，當中有些人甚且完全不同意我的觀點，但是仍然給我許多協助。

　　我要感謝洛克斐勒基金會(the Rockefeller Foundation)提供的財務支持，它讓我的研究和寫作得以進行，感謝新社會研究學院(the

New School for Social Research)的殷勤款待，還要感謝《建築論壇》的主編道格拉斯・哈斯克爾(Douglas Haskell)的鼓勵與包容。最要感謝的是我的丈夫羅伯特・雅各(Robert H. Jacobs)，現在我已經分不清楚書中哪些想法是我的，哪些是他的。

除了盲目地接受宇宙的秩序之外，直到最近我能夠想像自己贊成文明的最好理由是，它讓藝術家、詩人、哲學家和科學家，得以產生。但是我想那不是最了不起的事情。現在我相信最了不起的事情是直接和我們每一個人息息相關的事情。當人們說我們的生活被生存的手段所大大占據時，我的回答是，文明的主要價值正在於它讓生存的手段更為複雜。為了滿足眾人的食、衣、住、行需求，我們更需要偉大和複雜，而不是簡單和缺乏聯繫的知識努力。因為更複雜和更密集的知識努力意味著更充實和更豐富的生活。它們代表更有活力。生活就是目的本身。唯一的問題在於，是否值得生活，要看是不是有足夠的活力。

我要加一句話，我們都非常接近絕望的邊緣。而整個包覆著我們的保護層，就是對於無法解釋，但是確信是值得努力的問題所懷抱的希望和信念，以及來自行使這些力量，深層和潛意識的內容。

——奧立佛・溫德爾・小霍姆斯
（Oliver Wendell Holmes, Jr.）

第一章

導論

　　本書旨在批判當前都市計畫與都市重建的基本原則，並試圖提出一些規劃與重建的新原則。這些新原則有別於報章雜誌上經常談論到的一些說法，甚至和學院建築與規劃課程所教導的規劃與重建原則，相互牴觸。我的批判並非對現行都市重建的方法有所微詞，或是對當代的設計潮流吹毛求疵，而是對現代主流都市計畫和都市重建的原則和目標，有完全不同的看法。

　　為了建立不同的規劃原則，我只談論一些稀鬆、平常的事情，例如哪些類型的都市街道是安全的，哪些不是？為什麼有的都會公園棒得不得了，有些則變成犯罪的溫床，甚至是死亡的陷阱？為什麼有的貧民窟一直不得翻身，有的則在財務短缺及政府反對的不利情況下，依然獲得新生？是什麼因素造成市中心的商業區轉移陣地？什麼是都市鄰里，它們在大都市中有哪些功用？換言之，本書所要談論的重點是都市在真實生活中如何運作。唯有如此才能夠知道哪些規劃原則和重建實務能提振都市的社會與經濟活力，哪些原則和做法會扼殺這些重要的屬性。

　　有一種渴望的迷思認為，只要有足夠的經費，通常是指千億美元的龐大預算，就可以在十年之內剷除所有的貧民窟，拯救原本是昔日的郊區，後來發展成一大片單調無趣灰濛地帶的衰敝。讓漂泊的中產階級，還有從他們身上可以收取的可觀稅收，能夠安定下

來，甚至一併解決交通問題。

　　但是看看我們花了幾十億美元之後，造就出什麼成果：低收入平民住宅變成犯罪、暴力和社會絕望的集中地，比先前我們想要取而代之的貧民窟還糟。為中等收入家庭設計的住宅則是一片制式的單調景象，扼殺了都市生活該有的朝氣與活力。而高級住宅更是無聊，使盡了各種華而不實的粗俗招數。文化區竟然無法養活一家好的書店；市政區除了遊民閒逛之外，一般民眾避之唯恐不及；商業區則是千篇一律的複製郊區的連鎖店。遊行無處可去，也無人加入遊行；快速道路將大都市開腸剖肚。這根本不是都市的重建，而是都市的破壞。

　　事實證明，這些拙劣的計畫比它們虛飾的外表還要糟糕。理論上它們應該幫助周遭的都市地區，但是事實上它們甚少伸出援手。這些被新計畫腰斬截肢的鄰近地區，通常很快就衰敝。用這種規劃方式安置住家，住戶的身價清清楚楚。而這種解決方案總是讓新進駐的居民和鄰近區域之間的猜忌與緊張關係日漸升高。當兩、三個這樣子敵對的孤島社區被湊在一起，結果就被冠上「均衡發展的鄰里社區」。在睦鄰政策的簇擁之下，寡占獨大的購物中心和龐大愚蠢的文化中心應運而生，互別苗頭；原本在輕鬆的都市生活中關係密切、相輔相成的商業與文化活動，反而逐漸衰退。

　　這些不可思議的事情就這麼發生了！規劃師彷彿是手握生殺大權的統治者，被劃上更新記號的地區就像被註記六角星號的猶太人一樣，任人擺布、被強迫徵收土地和驅離。數以千計的小型企業和商家被毀，生意做不下去，在補償的時候也討不到任何便宜。整個社區分崩離析、隨風飄零；譏諷、怨懟和絕望之聲，不絕於耳。如果不是親眼看到和親耳聽到，簡直難以置信。有一群芝加哥的牧師在都市重建計畫的成果面前，驚駭地問道：

約伯(Job)在《聖經》中記載下列情景時，想到的可是芝加哥的景象？

「有人移動鄰人的土地界標……棄窮人於不顧，陰謀脅迫這些無助的人們。」

「他們在別人的土地上收成，蠻橫地強取豪奪別人手中的果實……」

「受傷的人們倒臥街頭，哀嚎呻吟之聲四起……」

如果真是如此，那麼紐約、費城、波士頓、華盛頓、聖路易、舊金山和其他一些地方，也和約伯描述的景象相去不遠。當前都市重建的經濟理論根本是騙人的。都市重建的經濟學並未如都市更新理論所主張的那樣，健全地仰賴公共租稅補貼的合理投資，而是大量地仰賴從一些重建地區裡無助的受害者身上，訛詐而來、非自願性的補貼。要用對這些重建地區的「投資」來增加市府的稅收，是難以實現的海市蜃樓。而且，相較於為了因應這些都市解體與不安的巨大變動所必須付出高昂的公共支出而言，這些未來的稅收，根本是小巫見大巫。換言之，規劃都市重建的手段和都市重建的目的，一樣可悲。

同時，在一次又一次、更大規模的都市夷平過程中，所有都市重建的技術與科學都無助於遏止衰敗，以及伴隨著衰敗而來、了無生氣的前兆。造成衰敗的原因不是因為沒有運用規劃技術的機會，有沒有運用這些規劃技術似乎差別不大。以紐約市的晨曦高地(Morningside Heights)為例，依照規劃理論來看，它根本毫無問題。那兒有大量的公園、校地、兒童遊戲場，以及其他開放空間，還有廣大的草地，以及具有優美河岸景觀的高地。它也是美國知名學府的集中地，包括哥倫比亞大學、聯合神學院(Union Theological

Seminary)、茱麗亞音樂學院，以及其他幾所聲譽卓著的學校。區內還有良好的醫院和教堂，沒有工業的污染和喧囂。當地的街道是爲了防止不相容土地利用所特地規劃保留的區段，由營造品質良好、寬敞舒適的中、上階級公寓所構成的文教住宅區。但是在1950年代初期，晨曦高地搖身一變，變成一個人們不敢跨越的貧民窟，也對這些知名的學府帶來重重危機。於是這些學校和市政府的規劃部門攜手合作，運用更多的規劃理論，把區內最破敗的地區剷除，改建成中等收入家庭的集合住宅，有完善的購物中心和國民住宅。空氣清新、照明充足、陽光和熙、景緻宜人。這個計畫被視爲挽救都市衰敝的最佳示範，深受好評。

之後，晨曦高地更加速衰敗。

這並不是一個偏頗或是無關的例子。許多在規劃理論看來沒有問題的都市地區，正在衰敗。但是同等重要，卻很少被注意到的是，有許多按照規劃理論看來大有問題的都市地區，並沒有衰敗。

在都市建造和都市設計裡，都市本身就是嘗試錯誤和成敗互見的大實驗室。它是都市計畫學習、建構和驗證理論的實驗室。然而這個學門(如果可以稱爲一個學門的話)的從業人員和教師卻漠視在眞實生活中記取成敗教訓的學習，對於意外成功的原因一點兒也不感到好奇，反而是處處遵循從其他任何東西的行爲和樣貌上所歸納出來的原則，例如城鎮、郊區、療養院、博覽會，甚至想像的夢幻城市，並且以此設計都市——但是就是不從都市本身學習。

如果說都市重建的地區和使都市向外無限蔓延的新開發地區，讓都市和鄉村看起來都像單調、不營養的大雜燴，那是一點兒也不足爲奇的事情。因爲不論是一手、二手、三手還是四手，它們都是師出同門，沆瀣一氣。對他們而言，偉大的都市和死氣沉沉的聚落，彼此的特質、必要條件、優點和行爲模式，都被混爲一談，難

以區辨。

不論是舊都市的衰微或是非都市地區的都市化，並沒有什麼經濟或社會的必然性。相反的，在過去的四分之一個世紀裡我們的經濟和社會，再也沒有比這些刻意地操控，和我們現在的窘境更息息相關的。這些單調、貧乏和粗俗的都市發展，是政府挹注大筆資金獎勵的結果。幾十年來學者專家的說教、著作和訓誡，試圖說服大眾和民意代表，像這種大雜燴的開發是有益於都市和社區的——只要有一些草皮就行了。

汽車常被習慣性地貼上壞蛋的標籤，要為都市的不幸和都市計畫的令人失望與無能負責。但是汽車的破壞效果毋寧是都市建造無能的症候，而非原因。當然，規劃師們還有手握大筆預算和無上權力的交通專家們也不知道該如何使汽車和都市相容並存。他們不知道該如何對付汽車，因為不管有沒有汽車的存在，他們根本就不懂得如何規劃出可行和有活力的都市。

汽車的簡單需求比起城市複雜的需求要容易理解和滿足。有越來越多的規劃師和都市設計師們相信，只要他們能夠解決都市的交通問題，那麼他們就解決了都市的主要問題。然而，城市有更紛亂糾雜的經濟和社會問題，和汽車及交通息息相關。要知道如何解決交通問題，要先知道這城市本身是怎麼運作的，以及城市和街道之間的關係，不是嗎？

或許我們已經變成一個沒有用的民族，我們不再關心事情是如何運作，只在乎這些事情如何快速給人簡單的外在印象。果真如此，那我們的城市或是整個社會將毫無希望。但是，我不這麼認為。

尤其在都市計畫方面，顯然大多數的善良老百姓非常在意建築

物和更新。儘管有一些貪污腐敗和覷覦他人利益的事情發生，但整體而論，大部分人都是心懷好意的模範市民。城市設計的規劃者和建築師，以及他們所領導的同志都不是不屑知道事物運作原理的人。相反的，他們曾經努力學習現代正統規劃大師所說的有關城市該如何運作以及有益於城市居民及其事業的一些道理。他們是如此地深信不疑，以致於當現實與這些金科玉律相衝突時，他們只好莫可奈何的把現實擱到一旁。

就以波士頓的北區 [1] (the North End)爲例，我們來看看正統的規劃方式是怎麼做的呢？這是一個老舊的社區，房租低廉；和河岸的重工業區連成一氣，是公認最糟的貧民窟，也是市民之恥。這個區域展現出有識之士所認知到的邪惡屬性，因爲有許多賢明的人士都說它是有害的。北區不僅緊鄰工業，更糟的是區內還有各式各樣的工作場所和商業活動，與住宅區交錯盤結。它聚集了波士頓地區最密集的住宅單元，美國其他地區恐怕也找不出這麼密集的住宅區。別說缺乏巨型的超大街廓(super-blocks)，甚至連個像樣的大型街廓也沒有，只有許多狹小的街廓，分布其中。用規劃的專用術語來說，就是「被無用的街道不當地截斷」，建物老舊。北區的任何東西看起來都不對勁。用正統的規劃語彙來說，它正是「大都會」墮落腐敗最後階段的立體教科書。因此，波士頓北區也是麻省理工學院和哈佛大學建築與規劃系所的學生一再被指定的作業。在教師的指導之下，他們不斷的透過紙上的規劃設計，將不當的土地利用掃除殆盡，轉換成超大街廓和公園步道，試圖把這個地區轉變成充滿秩序與內涵的理想狀態，就是這麼簡單的思維。

20年前，當我初次造訪北區的時候，它的建築物就已經過度擁

1　請記住波士頓北區這個地方，在本書中我會經常提到。

擠——各種不同形狀和大小的街屋被改建成一般公寓或四、五層樓的出租房屋，以安頓最早從愛爾蘭、後來從東歐，以及最近從西西里蜂擁而至的移民。

當我於1959年再次拜訪北區的時候，對整個改變感到非常吃驚。無以數計的房屋又重新進駐，不是那種床榻緊挨著窗沿的擁擠景象，而是充滿了威尼斯風格的百葉窗簾和光彩亮麗的新漆牆面。許多格局較小的改建房屋現在只住一、兩戶人家，不像以前擠了三、四戶人家。後來我進去拜訪之後才知道，有些住戶紓解過度擁擠的方式是把兩間公寓打通，這樣就有足夠的空間設置浴室和新廚房等等。我從一條狹窄的巷子看去，心想這裡一定可以看到一個老舊、骯髒的北區。但是並沒有。只有重新砌好的磚面、嶄新的窗簾，以及當門打開時流洩出來的曼妙音樂。的確，這是我到目前為止唯一看到的市區，它在靠停車場附近那面的建築物沒有被棄置不顧或是整個截除的案例。相反的，它們被整修、粉刷得整齊乾淨，彷彿刻意要展現給別人看似的。和這些住屋戶混雜在一起討生活的還有許多有趣的食品店，以及其他像是家具、金屬、木材和食品加工等行業。整個街道又活了起來，有孩童玩耍，行人購物、漫步和談天。如果現在不是寒冷的一月，肯定會有人坐在街道上。

街道上充滿了讓人容易感受到的活潑、友善，以及健康的氣氛，使我不禁頻頻向人問路，為的只是與人交談。在過去幾天裡我看遍大半個波士頓，大部分地方只是讓人覺得煩躁，但是這裡卻有讓我大獲紓解的感覺，應該是全市最健康的地方。然而我卻百思不解他們改建的經費從何而來？因為如果不是位於高房租的地區或是仿效郊區，在美國市區的房子幾乎貸不到像樣的房屋貸款。為了一探究竟，我走進當地的一家餐廳的酒吧（裡面正興高采烈地談論有關釣魚的事情），並且打電話找我認識的一個當地的規劃師。

「稀客稀客，是什麼風把你吹到北區來的？」他說。「錢嗎？你為什麼問這些，沒有什麼資金投入北區，也沒有什麼工程建設啊！那裡還是老樣子。哦！對啦，最終是會有一些改變，但是時候還沒到。唉，這是一個貧民窟耶！」

「我看它不像貧民窟啊？」我說。

「為什麼不像，它是波士頓最糟的貧民窟。每英畝土地上有275個住宅單元，我根本羞於承認我們有這樣的地區。但這是事實。」

「你還有其他有關北區的數據嗎？」我問道。

「有啊！說來也真奇怪，它是波士頓青少年犯罪率、罹病率和嬰兒死亡率最低的一區。它也是本市房租和所得比最低的地區。怪怪！是這些住戶精於討價還價嗎？未成年人口的比率和全市平均相當，真的耶！千分之八・八的死亡率比全市千分之十一・二的平均死亡率還低。肺結核的死亡率也很低，不到千分之一。我真的搞不懂，比紐約的布魯克林區還低。北區過去是波士頓肺結核感染最嚴重的地區，但是現在情況完全改觀。不過它還是一個很糟的貧民窟。」

「你們應該多幾個像這樣的貧民窟，」我說。

「別告訴我你們有計畫要剷除這個地區，你們應該多到這個地區來看看、學習。」

「我知道你的感受，」他說，「我自己經常到這裡的街頭走動，也覺得這裡的街道生活很棒，讓人很舒服。對了，如果你現在覺得這個地區有趣，那你應該在夏天盛暑的時候再回來看看，你一定會瘋掉。最終我們還是會重建這整個地區，我們得把人從街道上移走。」

真奇怪！我朋友的直覺告訴他北區是一個好地方，各種社會統

計的數據也支持這樣的看法。但是作為一個規劃師，他學到的各種有益於人民和社區的事情，或是任何讓他成為規劃專業的事情，都告訴他像北區這樣的地方，不是一個好地方。

我的朋友代我向儲蓄銀行的頭頭和北區的居民詢問有關錢的問題，果然證實了我知道的一些事情。那就是當地居民整修的錢不是來自銀行系統的慈悲心，這些銀行家現在對於貧民窟規劃的了解，不亞於專業的規劃師。「沒有道理把錢借給北區的居民」，銀行家說，「那是一個貧民窟，還有移民。而且，早在大蕭條時期就有許多房屋因為無力償還貸款而被銀行收回拍賣的不良紀錄。」（我也聽說過相同的事情，但是同時我也知道有一些居民設法籌措資金再把這些被拍賣的房子買回來。）

大蕭條之後將近四分之一個世紀的時間裡，流入這個一萬五千居民的地區的最大一筆房屋貸款是3000美元，銀行告訴我，「那是絕無僅有的事」。其他還有一些1000、2000美元的房貸，改建的資金大部分是靠區內的一些企業或是營建所得辛苦融資，以及住戶彼此或是親朋好友之間用工作交換而來。

這次我知道無力向銀行貸款整修房屋一事，讓許多北區的居民感到憂心。而且有一些人之所以憂心是因為他們知道，除非看到他們自己和整個社區被剷除夷平，就像學生夢想的「伊甸市」一樣，他們似乎是不可能獲得重建。而這種事情並非只是書本上的理論而已，而是已經實際發生在和他們社會處境相似的鄰居——波士頓的西區(the West End)身上，儘管它們的規模比北區來得更大。居民憂心的另外一個原因是他們也心知肚明，修修補補終究不是長遠之計。「在北區蓋新房子有沒有機會貸到錢？」我問這位銀行家。

「完全沒有」，他對我的駑鈍，語帶不耐地說：「那是一個貧民窟。」

　　和規劃者一樣，銀行家對於城市也有他們自己的一套理論。而這些理論都是來自同樣的知識來源。提供貸款的銀行家和政府的行政官員並沒有發明任何規劃理論，甚至連城市的經濟學說也沒有。這些人到現在才開竅的，他們是從上一代理想主義者的點子中獲得靈感的，整整晚了一個世代。因爲已經有好長一段時間，都市計畫理論沒有把一些重要的點子納入，所以走理論路線的規劃者、提供融資的銀行家和行政官僚都好不到哪裡。

　　說得不客氣一點，他們就像處於19世紀醫學尚未發達時，但是迷信儼然言之成理的那個階段。醫生靠放血──把體內的瘴癘之氣引出來──來治病。但是隨著放血手術的施行，人們花了許多年的時間，經由這些放血的儀式，還研究出哪一種病症要切開哪一條血管放血。之後更發展出一套非常繁複的操作規範，現在從文獻上讀到這些無用的細節，感覺似乎還很有說服力。然而，人們還是有觀察和獨立思考的能力，即使人們常被一些夾雜著不同事實成分的事實描述所淹沒。所以，放血的科學在經過一段長時間的膨脹之後，通常會被常識所收服，或是在它被收服之前，它會達到技術的最高峰。這在各地，都是如此，尤其是年輕的美國。放血在美國簡直是瘋狂。它有許多像班雅明‧羅許醫師(Dr. Benjamin Rush)這種強而有力的擁護者。他在美國獨立革命和聯邦時期被尊稱爲最偉大的政治家和外科醫生，同時也是醫療行政的天才。「羅許醫生搞定一切」(Dr. Rush Got Things Done)。他做的事情，就是發展、實行、教導以及散布放血的風俗，儘管其中也有一些好的、有幫助的事情，但是謹愼或是憐憫之心並沒有讓他稍加節制。他和他的學生在他們可及的範圍之內，爲年紀非常小的小孩、肺病患者、老年人，或是其他不幸生病的人放血。他的極端行徑讓歐洲其他也在施行放血手術的外科醫生感到警覺和惶恐。一直到1851年，紐約的州議會

還指定一個委員會，義正辭嚴地為毫無限制的使用放血手術，加以
辯護。這件事情惹惱了另外一個外科醫生，威廉‧杜納（William
Turner），他覺得事情荒謬至極，就大膽地寫了一本小冊子批評羅許
的學說，宣稱「幫病患放血的做法違背常識、經驗、理性，也是對
神明不敬。」杜納醫生說，生病的人需要強化體質，而不是弄得更
虛弱。羅許無言以對。

　　將醫學的比喻應用在社會的有機體上，或許太過牽強，因為沒
有道理把發生在城市裡面的事情錯當成哺乳類身上的化學反應。但
是比喻用在遇到完全無法了解的複雜現象時，會試圖用偽科學去代
替的那種認真和有學問的人身上，就有道理。放血的偽科學，就如
同都市重建和都市計畫的偽科學一樣，在荒唐的基礎上經過多年的
學習之後，就會有一大堆難以理解和複雜的理論產生。技術的工具
日益精進。很自然的，在一段時日之內，大膽和有能力的人，以及
受愛戴的管理者，在接受最初的謬誤和被賦予工具及大眾的信心
時，會順理成章地繼續錯下去，直到傷害大到不能再大時，這時先
前按捺的謹慎和憐憫之心才會出現。在它還沒有打破科學法則的範
圍之內，放血偶爾會意外地治好病，經由一點一滴、複雜、困難、
集結、測試的努力之下，放血才終被捨棄。對現實的真實描述也終
於是根據真實情況而非想像的理所當然。都市計畫的偽科學和它的
共犯，都市設計的藝術，尚未打破許願、迷信、過度簡化和象徵等
似是而非的輕鬆安逸，也還沒有展開探究真實世界的探險行動。

　　因此，在本書裡我們自己即將展開對真實世界的探險行動，雖
然未必是什麼了不起的大工程。我認為，要了解城市神秘和乖張的
行徑，要仔細審視那些看似最平凡無奇的看法和事情，並且盡可能
的不要抱太大的期望，然後看看它們代表什麼意義，以及其中是否

可以產生一些原理原則的線索。這是本書第一部分要做的事情。

在本書的第二部分，我試圖聚焦在一個普遍性的原則，儘管它有許多複雜的形態，這也是我的論述核心。這個原則就是城市需要一個非常複雜、細緻，多樣化的土地利用，而且不同的利用形態在經濟和社會各方面要不時的相互支持。這個多樣化的組成元素可以千變萬化，但是必須有具體的互補方式。

我認爲城市的有些區域之所以失敗，就是缺乏這種細緻的相互支持，都市計畫的科學和都市設計的藝術，在眞實的生活和眞實的城市裡面，必須成爲促進與滋養這些緊密工作關係的科學和藝術。從我發現的事實來看，我認爲有四種增進城市多樣化的必要條件，唯有確實滿足這四項條件，都市計畫才能夠有助於城市的活力（那是規劃者的計畫和設計師的設計本身無法單獨達成）。由於本書的第一部分主要是關注城市居民的社會行爲，這是必要的事情，接下來的第二部分主要是有關城市的經濟行爲，這也是本書最重要的部分。

對於城市成功的部分而言，它是非常動態的地方，是人們實現計畫與夢想的沃土。在本書的第三部分，我將檢視和衰敗及更新有關的一些問題，希望能夠了解在眞實生活中人們使用城市的各種行爲。

本書最後一個部分對住宅、交通、設計、規劃和行政管理提出一些建議，並討論城市在處理組織複雜性上面所面臨的這一類問題。

事情的外表和事情運作的方式是息息相關的，城市更是如此。只對城市的外觀有興趣，但是對城市如何運作毫不在乎的人，將會對本書感到失望。只對城市的外觀進行規劃，或是只想著如何爲城市的秩序增添美麗的外觀，而不思索城市有哪些與生俱來的功能秩

序，將會徒勞無功。把事物的外觀作爲主要的目的或是重頭戲，只會製造麻煩。

在紐約市的東哈林區(East Harlem)有一個國民住宅計畫，設計了一個引人注目的長方形草皮，卻成爲住戶憎恨的對象。一位常在此地拜訪的社會工作人員很驚訝爲什麼這塊草皮經常被住戶提出來咒罵並且主張加以拆除，在她看來這是毫無道理的。當這位社工人員進一步詢問原因時，通常得到的答案是：「它哪裡好？」或是「誰想要啊？」終於有一天有一個住戶進一步說明大家討厭這塊草皮的原因，他說：「他們在建這個地方的時候，根本沒有人關心我們想要什麼。他們把我們的房子拆掉，然後把我們趕到這裡來，卻把我們的一些朋友趕到別的地方去。附近沒有一個可以喝杯咖啡或是買份報紙的地方，甚至沒有人可以借個零錢。沒有人在乎我們的需要。但是達官政要們到這裡看到這塊草皮會說，『棒極了！現在窮人什麼都不缺了！』」

這位住戶所說的一番話正是道德家千百年來的金玉良言：善行勝於美貌(Handsome is as handsome does)。不是所有發亮的東西都是金子。

這位社工人員又說得更明確：還有比外貌的醜陋和沒有秩序更糟的事情，那就是僞裝秩序的虛矯面具，它會忽視或是壓迫努力存在或是應該提供的眞正秩序。

爲了試圖解釋城市潛在的基本秩序，我用了許多紐約當地的一些例子，那是我住在紐約的地利之便。但是本書大部分的基本想法都是我在其他城市注意到的或是聽到的。例如我第一次隱約感覺到城市某種功能上混合使用的強力效果就是得自匹茲堡的經驗，我第一次想到街道安全性的問題來自於是費城和巴爾的摩的啓發，第一個有關市中心街道應該蜿蜒曲折的想法是來自波士頓，第一個有關

消除貧民窟的想法是來自芝加哥。大部分這些想法的素材都是我日常生活中開門就會碰到的事情，或許這是一開始就不要把事情視爲理所當然最簡單的方式。試圖去了解城市看似沒有秩序背後複雜的社會與經濟秩序這樣的基本想法，根本就不是我的創見，而是紐約市東哈林區工會調解委員會主任威廉·柯克（William Kirk）的點子。他帶我去看東哈林區，告訴我看其他社區和市中心的方法。在每一個案例中，我試圖把在一個城市或是社區的所見所聞和其他城市及社區加以對照，試圖看看在不同城市和不同地方所得到的教訓是否彼此相關，能夠相互應用。

我把注意力集中在大城市的內城區域，因爲這是規劃理論一再規避的問題。我認爲這些議題在經過一段時日之後會有更大的用處，因爲當今城市最糟糕、最令人困惑的許多問題區域，過去曾經都是郊區或是不久前還是高貴、安靜的住宅區；甚至現在許多嶄新的郊區或是半郊區地帶即將被納入都市的範圍之內，它們的成敗在於是否能夠成功地適應成爲市區。同時，我也直言不諱地說，我最喜歡、最關心的就是密集的城市。

但是我希望讀者不要將我觀察的結果轉換成小城鎮、小城市和郊區的指導方針。城鎮和郊區和大城市是截然不同的東西。我們試圖從城鎮的行爲和我們想像它的行爲來理解大城市的做法已經惹出許多麻煩。試圖從大城市來了解城鎮只會使問題更加複雜。

我希望每一位讀者都能夠不時心存懷疑地將我書中所說的事情拿來跟他自己對城市及其行爲的知識加以檢視。如果我的觀察不正確，或是推論和結論有誤，希望這些錯誤能夠很快地加以更正。重點是，我們迫切地需要去廣泛學習和盡快應用那些有關城市的眞實及有用的知識。

我對正統的規劃理論已經做了一些不客氣的批評，在適當的時

機我還會做更多的批評。此時這些正統的想法是我們普遍相信的一
部分，它們危害甚大，因爲我們將之視爲理所當然。爲了顯示這些
想法是怎麼來的，以及說明它們是如何不管用，此處我要很快的介
紹一下正統的當代都市計畫和都市建築設計中最具影響力的一些想
法[2]。

　　其中最重要的影響線索多少來自埃伯尼澤・霍華德，一位英國
法院的書記官。對他而言，規劃只是拿來消遣的副業。霍華德看到
19世紀晚期倫敦貧民的生活環境，對所見所聞感到不滿。他不只討
厭城市的倒行逆施，他還討厭城市本身，將許多人聚集的城市視爲
冒犯自然的惡魔。他解救人民的方法就是剷除城市。

　　霍華德在1898年提出的方案是遏止倫敦的成長，同時將人口重
新安置在正在式微的鄉村地區，興建一種新的城鎮——田園城市
(the Garden City)，讓城市裡的窮人可以再與自然生活在一起。田
園城市也會設立工業，人們可以在此安居樂業。霍華德並不是在規

2　想進一步了解而且贊同這些理論的讀者可以直接閱讀相關的原典，特
　別有趣的幾本書包括：埃伯尼澤・霍華德(Ebenezer Howard)的《明日
　的田園城市》(*Garden Cities of Tomorrow*)；劉易士・孟福德(Lewis
　Mumford)的《城市的文化》(*The Culture of Cities*)；帕特里克・格迪
　斯(Patrick Geddes)爵士的《演化的城市》(*Cities in Evolution*)；凱薩
　琳・波爾(Catherine Bauer)的《現代住宅》(*Modern Housing*)；克拉倫
　斯・史坦(Clarence Stein)的《邁向美國的新市鎮》(*Toward New Towns
　for America*)；雷蒙德・昂溫(Raymond Unwin)爵士的《過度擁擠，一
　無是處》(*Nothing Gained by Overcrowding*)；科比意(Le Corbusier)的
　《明日城市及其規劃》(*The City of Tomorrow and Its Planning*)。我所
　知道最好的短期調查是一群專家的文章「都市計畫的前提與目標」
　("Assumptions and Goals of City Planning")，收錄在查爾斯・哈爾
　(Charles M. Haar)所編的《土地利用規劃：都市土地的使用、誤用和
　再利用的案例分析》(*Land Use Planning, A Casebook on the Use,
　Misuse and Re-use of Urban Land*)書中。

劃城市，也不是在規劃住宅郊區。他的目標是創建一個自給自足的
小城鎮，如果你性格溫順而且胸無大志，不在乎和其他胸無大志的
人共度一生，那麼這會是一座不錯的城鎮。就像所有的烏托邦一
樣，只有手握大權的規劃者有做重大規劃的權力。田園城市的外圍
將被一圈農業地帶所圍繞。另外有工業的計畫保留區；還有學校、
住家和綠地的生活區；中心則是商業、俱樂部和文化等公共設施。
整個城鎮和綠帶的規模，會受到城鎮當局永久的嚴格控制，使得城
鎮的發展能夠不受投機和不理性的土地利用變更的影響，同時避免
提高使用密度的誘惑——簡言之，就是要避免田園城市變成都市。
最高的人口數量要維持在3萬人以內。

內森‧格萊澤(Nathan Glazer)在《建築論壇》中將田園城市的
願景做了詳細的描述：「就像英國鄉村城鎮的景象——只是莊園和
田舍被社區中心所取代，提供工作的工廠則隱匿在樹群之中。」

在美國和田園城市最接近的或許就是利潤分享，由親師會
(Parent-Teacher Association)負責例行性的管理事務的模範公司城
(model company town)。霍華德想像的不只是一種新的實質環境和
社會生活，而是一種合夥的政治與經濟社會。

然而，正如格萊澤所言，田園城市「被認為是用來解決都市問
題的替代品；它從以前到現在一直都是規劃理念中非常強大的重要
基礎。」霍華德設法建造了兩座田園城市——萊區沃斯
(Letchworth)和威靈(Welwyn)，同時二次世界大戰之後英國和瑞典
也依據田園城市的原則建造了一些衛星城鎮。在美國紐澤西州雷特
朋(Radburn)的郊區，以及經濟不景氣時由政府補助興建的綠帶城
鎮(Green Belt towns)(事實上是郊區)，都是依據田園城市的理念做
了部分修改所建造的。但是，霍華德的影響不僅止於此，他對今日
美國所有城市規劃概念的影響，更為深遠。即使是對於田園城市毫

無興趣的規劃師或設計師，在思想上都深受其基本規劃原則的影響。

霍華德拋出的是強而有力及摧毀城市的想法：他構思處理城市的功能是將其區分和轉變成幾個簡單的土地利用方式，然後把每一種土地利用安排成各自獨立的區塊。他認為有益身心健康的住宅供給是核心問題，其他問題則是次要。再者，他所定義的有益身心健康的住宅只是就郊區的實質環境品質和小鎮的社會生活品質而言。他構思的商業則是例行、標準化的商品供給，而且只服務自我設限的市場範圍。他認為的良好規劃是一連串的靜態行動，每個計畫都要預測所有的需要和必須保護的事項，即使是微小的變動，在興建之後也不容改變。他構思的規劃如果不是威權的，至少基本上也是合作的。他對城市無法被抽象化以服務其烏托邦想法的事物，一概不感興趣。他對大都會紛雜、多樣的文化生活，隻字不提。還有大城市如何維持治安、交換想法、政治運作，或是經濟創新等問題，毫無興趣，他也懶得去想如何增進這些功能的方法，因為他根本就無意設計像這樣的生活。

不論是他先入為主的偏見或是刻意的疏忽，霍華德只用他自己的方式，而不是都市計畫的方式思考。實際上所有現代的都市計畫都是從這個愚蠢的想法沿襲和修改而來。

霍華德對美國都市計畫的影響透過兩個途徑傳達：一方面是都市和區域計畫的規劃師，另一方面則是建築師。在規劃方面，蘇格蘭的生物學家兼哲學家，帕特里克‧格迪斯（Patrick Geddes）爵士，他不認為田園城市是為了避免巨大都市的產生而用來吸收人口成長的方式，而是為了營造更宏觀和更全面的城市形態的一個起點。他用整個區域的規劃來思考都市計畫。在區域計畫之下，田園城市會合理的分布在整個大的區域，與自然資源結合，和農田及林地平均

分布，形成一個範圍廣布、合乎邏輯的整體。

霍華德和格迪斯的理念在1920年代的美國受到熱烈的擁戴，並且由一群非常有實力、熱心奉獻的專業人士進一步發揚光大——這些人包括劉易士‧孟福德（Lewis Mumford）、克拉倫斯‧史坦（Clarence Stein）和後期的亨利‧萊特（Henry Wright）及凱薩琳‧波爾（Catherine Bauer）。當這些人自認爲區域規劃者時，凱薩琳‧波爾後來將這群人稱爲「分散主義者」（Decentrists），這個名號的由來是因爲，在他們看來，區域計畫的主要結果是將大城市分散出去，把企業和人口分散到規模較小、離散的城鎮。當時美國人口已逐漸老化並且在數量上趨於穩定，問題似乎不是要解決快速成長的人口，而在於重新分配人口的分布。

至於霍華德本身，這群人的影響比較不是照實地接受田園城市的計畫，而是影響都市計畫和住宅及住宅融資的法令。史坦和萊特主要興建在郊區和城市邊緣的模範住宅計畫，以及孟福德和波爾的相關文字、圖片、草圖和照片，展示和推廣相關的理念。現在正統的規劃已將這些想法視爲理所當然的事情：街道是不利於人的生活環境；住宅應該背向街道，對內面向有屏障的綠地。街道經常被浪費掉，它只對不動產投資人有利。他們把街道的前緣併入一起計算住宅的價值。都市設計的基本單位不是街道，而是街廓或是超大街廓。商業用途和住宅和綠地分開。一個鄰里社區的商品需求應該「科學的」計算，不能額外增加商業空間。出現許多其他人也認爲是必要之惡的錯誤想法，認爲一個良好的都市計畫必須以區隔的錯誤想像和郊區的隱私爲目標。這些分散主義者粉碎了霍華德田園城市的一些前提，例如自給自足的單元、必須抗拒改變、所有重要的細節必須由規劃者在一開始就嚴加控制，並且保持不變等前提。簡言之，他們認爲良好的規劃就是方案規劃（project planning）*。

　　為了強化與戲劇化事物的新秩序，分散主義者不斷在說舊城的壞話。他們對偉人城市的成功不為所動。他們只關心城市的失敗，只有失敗才能引起他們的注意。像孟福德的《城市的文化》(*The Culture of Cities*)一書，記載的大多是不好的和偏誤的城市病態類型。偉大城市被視為像怪獸一樣的巨集城市(Megalopolis)、由暴君統治的暴君城市(Tyrannopolis)和充滿行屍走肉的殭屍城市(Nekropolis)，必除之而後快。紐約市商業區和住宅區的交界地帶(midtown)是「混亂的聚集」(孟福德)；城市的形狀和外觀正是「混亂的意外……是許多以自我為中心、不聽勸告的個人隨意、惡意任性的結果」(史坦)；市中心等於是「噪音、髒亂、乞丐、紀念品和競爭廣告的大本營」(波爾)。

　　如果城市各方面都這麼糟的話，怎麼值得試圖去了解？分散主義者的分析，隨著這些分析而來或分岔出去的建築與住宅設計，受到這些新想法影響的國民住宅與家庭融資立法——沒有一樣試圖去了解城市，或是強化大城市的成就，他們根本無意如此。分散主義者坦承，這些是棄守城市的理由和手段。

　　但是在規劃與建築學院，在國會、州議會和市政廳等，分散主義者的理念已經逐漸被接受，成為處理大城市建設的基本方針。這是整件憾事中最令人詫異的地方：衷心希望使偉大城市更強大的人，最終反而必須採取破壞城市經濟與毀滅城市的方案。

　　具有這種最戲劇化的想法，將反城市(anti-city)的規劃方案引入城市大本營的人，正是歐洲的建築師科比意(Le Corbusier)。他在1920年代規劃出一種他稱之為光輝城市(Radiant City)的夢想城市，

---

*　　[譯注]方案規劃(project planning)是指依據目標預先設計好的藍圖式規劃方式。

它不是由分散主義者所鍾愛的低矮建築所構成，而是由散布於公園中的摩天大樓所組成。科比意寫道：「想像我們正進入一個像大公園一樣的城市，高速的汽車彎入雄偉摩天大樓之間的高架道路：當我們貼近一點時，可以看到左右兩側層層聳入天際的摩天大樓；在每個區塊的外緣是市府與行政大樓；中間錯落著博物館和大學的建築。整個城市就是一座公園。」在科比意的垂直城市（vertical city）中每英畝計畫居住1200人，可說是非常高的人口密度，只是由於建築物非常高，95%的土地可以保持開放空間。摩天大廈只占據5%的土地面積。有錢人可以住在大樓周圍較低的豪華宅邸，還有85%的開放空間，散落著餐廳、戲院等。

　　科比意不只是規劃實質環境，他也在規劃一個社會的烏托邦。科比意的烏托邦是一種他稱為個人自由極大化的狀況，但是他所謂的自由指的不過是免於一般責任的自由。在他的光輝城市裡，沒有人需要再為自己的兄弟親人守門。大家不必和他們自己的規劃奮鬥，不再受到束縛。

　　分散主義者和田園城市的支持者被科比意由公園和摩天大樓所構成的城市嚇呆了，他們的反應簡直就是目瞪口呆。最諷刺的是，光輝城市的構想是直接來自田園城市。科比意接受田園城市的基本意像，至少表面上是如此，然後提高人口密度。他將自己的發明稱為可行的田園城市。「田園城市是一個可望不可及的鬼火（will-o'-the-wisp），」科比意寫道，「自然在道路和房舍的入侵之下化為無形，應允的幽靜之地變成擁擠的聚落……只有『垂直的田園城市』才是解決之道。」

　　在比較容易獲得大眾接受的另外一層意義上，科比意的光輝城市必須依賴田園城市。田園城市的規劃者以及他們日益增多的支持者，例如住宅改革者、學生和建築師等，不遺餘力地推廣超大街

廊、計畫的鄰里社區、不知變通的計畫和無止境的草皮綠地等想法；尤有甚者是他們成功地將這些屬性刻劃成符合人性、具有社會責任、功能和崇高規劃的印記。科比意真的不必從人性或城市功能的角度來爲他的未來想像辯護。如果都市計畫的偉大目標是讓克里斯多福・羅賓（Christopher Robin）*在草地上手舞足蹈地嬉戲（hoppety-hoppety），那麼科比意何錯之有？分散主義者主張制度化、機械化、去人性化對其他人而言是愚蠢偏狹的。

　　科比意的夢想城市對我們的城市有非常大的影響。它受到建築師們的高聲擁戴，並且逐漸在各種計畫中實踐，從低收入的公共住宅到辦公大廈等計畫。除了讓田園城市低密度建物分布的簡單原則在人口密集的城市中也得以實現，科比意的夢想中還有其他令人驚奇的東西。他試圖將汽車納入整體規劃的一部分，這在1920和1930初期年代是一個嶄新的構想。他將主要的輻射道路作爲單向的快速道路。他減少街道的數量是因爲「十字路是交通的大敵」。他規劃了地下街道作爲大型車輛和貨運之用。當然，像田園城市的規劃者一樣，他也讓人行道遠離街道，放在公園裡面。他的城市彷彿是一個神奇的機器玩具。再者，他的概念，作爲一個建築作品，非常明確、簡單和和諧。那麼井然有序，那麼明晰易見，那麼簡單易懂。事情一目了然，就像一個好的廣告。這樣的願景及其大膽的象徵主義讓規劃者、住宅業者、設計師，乃至於開發者、銀行家和市長等，都無可抗拒。光輝城市給「進步的」土地使用分區主張者大力地加持，這些人寫了一些規則，用來鼓勵沒有方案規劃的建商思考這個夢想的可能性。不論規劃設計有多粗糙、拙劣，細看的景觀有

---

*　［譯注］克里斯多福・羅賓（Christopher Robin）是迪士尼改編英國兒童文學「小熊維尼」卡通裡面的故事人物。

多麼單調，模仿科比意讓人大聲嗆聲「看我做得多棒啊！」就像一個偉大有遠見的人，訴說著自我的成就。至於這樣的城市如何運作，它和田園城市一樣，都是一派胡言。

雖然致力打造舒適城鎮生活的分散主義者，從來都不同意科比意的想法，但是他們的徒子徒孫卻不然。事實上，今天所有老道的都市設計師多少都結合了這兩種思維。諸如「選擇性的移除」、「單點更新」（spot renewal）、「更新規劃」或是「規劃保存」等重建技法——也就是避免全面清除整個窳陋地區的做法——大抵就是看多少舊建築可以被留下來，然後整個地區還是改變成光輝田園城市(Radiant Garden City)的變通伎倆。土地使用分區的主張者、高速公路的規劃者、立法者、土地利用規劃者、公園及遊樂園的規劃者等——他們都具有某種意識形態——經常使用這兩種強而有力的構想和更細緻的融合構想作爲參考的基準。他們或許會猶豫，會妥協，或是會粗製濫造，但他們都是從這些構想出發。

我們可以再簡單地檢視主流規劃中另一條，或許較不重要的系譜。它大約始於1893年在芝加哥舉辦的哥倫比亞博覽會(Columbian Exposition)*，和霍華德形成田園城市構想的時間差不多。芝加哥博覽會對當時在芝加哥開始陸續出現的現代建築嗤之以鼻，並且吹捧倒退模仿文藝復興風格的建築形式。一個接著一個厚重、雄偉的紀念碑被置放在展覽的公園中，像烤盤裡的冷凍麵條，預告著科比意後來蹲踞在公園裡面層層羅列的高塔大樓。這樣子狂歌般的盛大組合擄獲了規劃者和社會大眾的想像。造就了一個名爲城市美化(the City Beautiful)的運動，而主導博覽會規劃的人，就是後來領導城市

---

* ［譯注］哥倫比亞博覽會(Columbian Exposition)爲紀念哥倫布發現新大陸400年所舉辦的博覽會。

美化運動的首席規劃師，芝加哥的丹尼爾・伯納姆(Daniel Burnham)。

　　城市美化的目標就是城市紀念碑(the City Monumental)。除了博覽會中鑄造的中央紀念碑(the Central Monumental)之外，城市美化運動還訂定了打造巴洛克大道系統的偉大計畫，結果一無所成。許多城市陸續興建市民廣場或是文化中心。這些文藝復興的建築物沿著大道興建，就像費城的富蘭克林大道(Benjamin Franklin Parkway)；或是圍繞在購物中心四周，像克里夫蘭的市政中心(the Government Center)；或是環繞公園，例如聖路易的市民中心(the Civic Center)；或是散布在公園裡面，像是舊金山的市民中心。不論排列的形狀為何，重點是這些像紀念碑似的建築物是從城市的其他地方開始安排，並且儘可能地達到宏大的整體效果，就像一個完整的單元，既分散又整體。

　　人民引以為傲，但這些市政中心並不成功。因為圍繞在這些城市周圍的一般城市都向下沉淪，而非向上提昇。充斥著一堆不協調的刺青店、二手服飾店，其他地方甚至毫無特色、死氣沉沉，人們敬而遠之。在各方面，當博覽會成為城市的一部分時，城市並沒有像博覽會一樣振作起來。

　　城市美化各個中心的建築物已經不復流行。但是這些中心背後的構想並未受到質疑，它們在今日發揮的力量更勝以往。整頓特定文化與公共服務的功能，並將它們與一般城市的關係分離，這和田園城市的教義不謀而合。就像田園城市和光輝城市的結合，這些概念融洽的結合成光輝田園城市美化運動(Radiant Garden City Beautiful)，例如紐約的林肯廣場計畫(Lincoln Square porject)，在光輝城市和田園城市的住宅、商業和校園等中心的簇擁之下，建造了一個像紀念碑式的城市美化的文化中心。

　　同理，整頓的原則——藉由壓制規劃者本人以外的其他計畫以建立秩序——很容易就延伸到都市功能的其他面向，直到今日一個大都市土地利用的總體計畫，大抵只是安排不同功能土地利用之間，和交通有關的相對位置。

　　從頭到尾，從霍華德到伯納姆，乃至最新修訂的都市更新法律，整個結合都和都市的運作無關。既不被研究，也未受尊重，城市是犧牲的祭品。

第一部

城市的特性

第二章

人行道的使用：安全

　　街道除了行車之外還有許多其他用途，城市的人行道──也就是街道人行的部分──除了行人之外，也有許多其他的用途。這些用途和流通(circulation)密切相關，但又不同於流通。它對於城市的良好運作就像循環系統一樣重要。

　　城市的人行道本身並沒有什麼。它只是一個抽象的概念，唯有和相連的建築物及其他使用，或是和其他緊鄰的人行道一起看，才有意義。街道也是一樣，除了讓車子在路中間行走之外，還有其他用途。街道和人行道，一個城市主要的公共空間，是城市最重要的器官。想像一個城市，你想到什麼？街道。如果街道讓人覺得有趣，城市就會有趣。如果街道看起來平凡無聊，城市也會顯得平凡無聊。

　　不僅如此，這裡我們來談一個問題：如果一個城市的街道沒有野蠻和恐懼，那麼這個城市就是安全的城市。當人們說一個城市，或其部分地區，是危險的，或是像叢林一樣，那多半是表示他們在人行道上不覺得安全。

　　然而，人行道和行人並非被動地受到安全保護或是無助地成為危險的受害者。人行道，其接鄰地區的用途，以及這些使用者，都是城市中野蠻與文明對抗戲碼的積極參與者。讓城市安全是街道和人行道的基本任務。

　　這項任務和小城鎮及郊區的街道及人行道的任務完全不同。大城市不只是比小城鎮大，也不只是比郊區密集，它和小城鎮及郊區的根本差異之一在於城市就其定義本身而言就是一個充滿陌生人的地方。對任何人而言，在大城市裡陌生人總是遠多於認識的人。這樣的情形不只發生在公共場所，甚至在自家門口也是如此。即使鄰居之間也是陌生人，因爲在一個很小的地理範圍之內住了太多的人。

　　一個成功的城市街區，它的基本屬性就是一個人在充滿陌生人的街道上必須覺得安全無虞。人們不會不由自主地覺得受到威脅。一個城市的街區做不到這一點，那麼它在其他方面也將表現不佳，自然會疏於利用。而且這對整個城市而言，也會有層出不窮的各種麻煩接踵而來。

　　今日，野蠻已經占據了許多城市的街道，或是人們擔心事情會如此發展，最後的結局也與此相去不遠。我有一個朋友正在找地方準備搬家，他說：「我住在一個宜人、安靜的住宅區。唯一惱人的事情就是半夜偶爾會聽到有人被刺殺的慘叫聲。」在一個城市的街道上或是街區裡，並不需要太多的暴力事件就足以讓人們懼怕街道。當人們對街道感到害怕時，就會少用，結果使街道變得更不安全。

　　可以確定的是，當人們疑神疑鬼時，不論客觀環境如何，他們都會覺得不安心。但是這裡談的是一群溫和善良的小老百姓，他們用常識判斷，在夜裡，有些地方，甚至在白天，覺得沒必要冒險上街，到時候沒有人看見，也無法獲得救援。這兩者是截然不同的事情，不能相提並論。

　　這種野蠻、眞實的不安全感，不是自我臆測的，所導致的恐懼不能被貼上標籤歸咎於貧民窟。事實上，問題最嚴重的地區是那些

看起來上流、安靜的住宅區，就像我朋友正想搬離的那種地方。

它不能被貼標籤說成是城市老舊地區的問題。這個問題最令人困惑的地方在於，有一些案例是發生在城市的重建區，包括被認為是重建中最好的範例——中產階級的住宅計畫。有一個這類令人欽羨的住宅計畫的轄區警官最近警告居民，除了天黑之後不要在外面閒晃之外，在不知道對方的身分之前，最好也不要隨便應門。這樣的生活和童話裡三隻小豬的故事一樣。人行道和家門口不安全的問題，在致力更新重建的城市和破舊衰圮的城市，一樣嚴重。這種問題不能歸咎於少數族裔、窮人或是無家可歸的遊民。在這些人當中，以及他們居住的地方，有程度不一的文明與安全保障。例如紐約市有一些全市最安全的人行道，不管是在白天或是晚上，就是位於窮人和少數族裔居住的地區；也有一些最危險的街道，也同樣位於窮人和少數族裔的社區。在其他城市也是類似的狀況。

在犯罪和行為不檢背後有深層和複雜的社會問題，這在郊區、小鎮和大城市，都是如此。本書無意探討這些深入的問題。關於這一點，我們有充分的理由主張，要維持一個免於這些深層社會問題的都市社會，無論如何我們都必須從盡力維護城市的安全與文明做起。建造一個滋長犯罪的城市街區是愚蠢至極的事情。這正是我們目前在做的事情。

首先必須了解的是，城市的公共治安——人行道和街道的治安——主要不是靠警察來維持，但是和警察一樣必要。它主要是由人們自己近乎無意識所建立的，自發性的干預與規範的網絡來維持，而且是由人們自己執行。在城市裡的有些地區——人口重組頻繁的老舊住宅區和街道是最明顯的例子——公共場所和人行道的法律和秩序幾乎都是靠警察和特殊警衛來維持，這些地方有如都市叢林。一般正常的執法在此已經崩潰瓦解，再多的警力也無法維護文

明。

其次必須了解的是，不安全的問題不是將人口疏散出去，把城市的特性轉變成郊區的特性就可以解決的。如果這樣子能夠消弭城市街道的危險，那麼洛杉磯應該是一個安全的城市。因爲表面上看來洛杉磯幾乎到處都是郊區。事實上，洛杉磯沒有一個城區密集到夠格被稱爲市區。洛杉磯無可規避的一件事實，它甚至比其他大城市還明顯，就是作爲一個城市，它是由陌生人所構成的，而且不是每一個都是好人。洛杉磯的犯罪數據讓人瞠目結舌。在17個百萬人口以上的標準都會區(standard metropolitan areas)裡，洛杉磯的犯罪率遠高於其他城市，尤其是人身攻擊的犯罪，更是如此。它讓人們視街道爲畏途。

例如洛杉磯強暴犯的比例每10萬人口中高達31.9起(1958年數據)，是緊接在後的聖路易和費城，這兩個城市的兩倍多。是芝加哥(10.1起)的三倍。紐約(7.4起)的四倍。

在暴力攻擊方面，洛杉磯每10萬人口中有185起，相較之下，次高的巴爾的摩爲149.5起，第三的聖路易爲139.2起，紐約和芝加哥分別爲90.9起和79起。

洛杉磯重大犯罪的整體數據是每10萬人口中有2507.6起，遠超過居次的聖路易(1634.5起)和第三的休士頓(1541.1起)。紐約和芝加哥的犯罪率分別是1145.3起和943.5起。

造成洛杉磯高犯罪率的原因顯然非常複雜，至少有部分原因不甚明瞭。但是有一件事情是可以確定的：把都市人口疏散出去，並不能確保免於犯罪的安全及對犯罪的恐懼。這樣的結論也適用於個別的城市裡面。僞郊區和不合時宜的郊區正是最適合強暴、搶劫、傷害和槍擊等犯罪的地方。

這裡我們要提出一個有關城市街道的重要問題：它給犯罪提供

了什麼樣的輕易機會？或許有人會認為一個城市一定會有一定數量的犯罪，犯罪總是會找到宣洩的出口(我不相信這種說法)。不論這種說法是否正確，不同的城市街道藏有非常不同的野蠻行為，以及對這些野蠻行為的恐懼。

有些街道就不給街頭的野蠻行為有任何可趁之機。波士頓北城(the North End)的街道，就是最好的例子。它們就和地球上其他安全的地方一樣。儘管北城大部分的居民都是義大利人或義大利族裔，這一區的街道也被其他不同族裔背景的人民大量且經常地使用。有一些外來的陌生人在這一區裡面或附近工作；有一些人是來購物或逛街；還有許多人，包括住在被其他族群擯棄的危險地帶的一些少數族裔，會在北城提領薪資並立即進行每週例行的食物採買。他們知道在這裡領錢和花錢都不會被搶。

北城地方住屋協會的理事長法蘭克・哈維(Frank Havey)說：「我在北城已經住了28個年頭，沒有聽說過這一區有任何強暴、搶劫、侵害兒童或是其他街頭犯罪。如果有的話，即使報紙沒登，我也會知道。」哈維說，在過去30年裡大約有五、六起企圖侵害兒童或是在深夜攻擊婦女的案例，但是都被路人、住家或是商店的見義勇為和多管閒事所阻止，沒有得逞。

同時，在波士頓內緣羅克斯伯里(Roxbury)的榆丘大道(Elm Hill Avenue)附近，從表面上的特徵看來是一個郊區，街上的攻擊事件和因為無人出面拯救受害者而導致更多攻擊事件的可能性，讓善良的小老百姓不敢在夜間走在人行道上。因為這個原因和其他相關的因素(了無生氣和單調貧乏)，羅克斯伯里大部分的地方都已衰敝，人們也設法離開。

我不想單舉羅克斯伯里和曾經一度很棒的榆丘大道是易受攻擊的地區；它的殘缺，尤其是它的單調凋敝，在其他城市也很常見。

但是一個城市裡面不同地區的公共安全差異則值得注意。榆丘大道附近的根本問題並不是貧窮人口的犯罪及其解決之道。它的問題來自一個事實，那就是當地的實質環境，作為一個城市的區域，無法安全地運作和維持活力。

即使在類似的區域或地方，公共安全的情況也出入頗大。發生在紐約市的華盛頓社區，一個出租國宅，有一個意外事件的例子。當地的住戶團體在1958年的12月中旬，為了要在戶外舉辦聖誕節的儀式，放了三棵聖誕樹。其中最大的一棵聖誕樹大到難以運送、豎立和裝飾，被放到這個社區的「內街」，一個具有景觀設計、居中的林蔭步道和行人廣場。另外兩棵聖誕樹都低於六呎，比較容易運送，被放到社區外緣的角落，那是波士頓舊城一個交通繁忙的通衢要道。第一天晚上那棵最大的聖誕樹和上面的裝飾就全被偷了。另外兩棵較小的樹則完好如初，直到新年撤除為止，樹上的燈、裝飾都沒被偷。「被偷的那棵樹所在的地方理論上是整個社區最安全、有遮蔽的地方，但是對人們而言卻是不安全的地方，尤其是兒童，」一個在社區服務的社工人員說，「人們在林蔭步道上和被偷的聖誕樹一樣，並不安全。另一方面，沒有被偷的樹所在的地方，也就是四個角落之一的地方，對人們而言反而是安全的。」

這是大家都知道的事情，一個使用良好的城市街道比較容易成為一個安全的街道。但是它實際上是如何發揮作用的呢？還有哪些因素讓人們喜歡利用城市的街道，或讓人們避之唯恐不及呢？為什麼華盛頓社區的人行林蔭步道會讓人走避，它應該是一個吸引人去的好地方啊？為什麼就在它西邊不遠的舊城人行道，不會有同樣的問題呢？為什麼曾經繁華一時的街道會突然變得淒涼冷清呢？

一個能夠處理陌生人的城市街道必須具備三個特質，它能夠將

陌生人的出現轉變成一種安全的資產，這也是許多成功的鄰里社區一直具備的特質：

首先，在公共空間和私人空間之間，必須有一個明確的界線。不能像典型的郊區或是集合住宅社區，公私空間混淆不清。

其次，必須有眼睛盯著街上，就像天然的偵測器。街道上的建築物要能夠處理陌生人，同時也要保障住戶和陌生人的安全，就必須面對街道。它不能背對街道，或是讓空白的牆面，面對街道，那就看不到東西。

第三，人行道必須不斷有人使用。一方面是增加街道上有效的眼睛，同時也吸引街道兩旁房屋裡面，有足夠的人去注意街上的動靜。沒有人喜歡坐在公車站牌前或是從家裡的窗戶看出去，只有空蕩蕩的街道。幾乎沒有人這麼做。許多人藉著觀看街道上的活動來娛樂自己。

在比城市小和單純的聚落裡，對於可接受公共行為的控制，如果不是對於犯罪活動的控制的話，多半是透過名譽、閒話、贊同、反對和承認等網絡的成功操縱來達成。如果人們彼此熟識，而且話語會彼此傳遞的話，這些都是非常強而有利的手段。但是一個城市的街道，它所要控制的不只是城市的居民，還有來自郊區和小鎮的陌生訪客，他們想要擺脫家鄉的閒話，進城來找樂子。這時就必須採取更直接了當的方法。這是城市必須解決的難題。有許多街道就做得非常成功。

試圖營造其他安全的場所來規避城市街道不安全的問題，是徒勞無功的事情，例如建造室內的庭院、有棚頂遮蔽的遊戲場等。再回到街道的定義，城市街道必須處理陌生人的問題，因為它是陌生人來來去去的地方。街道不應該只用來對付有攻擊性的陌生人，還必須保護許許多多同時在使用街道，溫和善良的陌生人，讓他們能

夠安全地通行。

再者，沒有一個正常人可以一輩子都生活在人工的天堂裡，包括兒童在內。每個人都必須使用街道。

表面上，我們似乎有一些簡單的目標：試圖保衛街道，讓公共空間能夠清楚的和私人空間及空無一物的空間區隔開來，那麼需要監視的空間就有明確、實際的界線；同時也讓這些公共的街道空間儘可能隨時有眼睛盯著。

然而，這些目標並非這麼容易達成，尤其是後者。如果人們沒有使用街道的理由，你很難讓人們去使用街道。如果人們不想注視街道上的活動，你也很難強迫他們去看。靠人們的公共監視和相互約束來保障街道的安全，聽起來令人毛骨悚然，但是在眞實生活裡並沒有那麼恐怖。由於人們自發性的使用和享受城市的街道，在正常的情況下並不會覺得是在監視，所以街道安全做得最好、最輕鬆，也最沒有敵意和猜忌。

這種公共監視的基本前提是，在當地沿著人行道兩側要有數量夠多的商店和其他公共場所分布；尤其是在黃昏和夜晚時，這些商店和公共場所要有人使用。商店、酒吧和餐廳是最明顯的例子，它們以不同和複雜的方式讓人們覺得人行道是安全的。

首先，它們給人們——包括居民和陌生人——具體的理由去使用商家前面的人行道。

其次，它們吸引人們通過一些原來沒有辦法吸引公共使用的地方，作爲人們前往其他地方的路徑；但是這種功能在地理空間上只有非常有限的延伸範圍，所以，如果要讓人行道上的行人經過缺乏公共使用的地方，商業活動就必須在整個地區頻繁地出現。而且，要讓人們有理由來往穿梭，還需要有各種不同種類的商業活動。

第三，店主和其他小生意的老闆是治安和秩序，最典型和最有

力的支持者；他們討厭櫥窗被打破，也最痛恨搶劫。如果數量夠多的話，他們將是偉大的街道守護者和人行道的管理人。

第四，這些因為人們來辦事、吃飯、喝飲料，所產生的活動，本身就會吸引其他的人潮。

最後，人群會吸引人群的想法，似乎是都市計畫者和建築設計師還沒有參透的道理。他們的操作前提是都市人追求的是空曠、秩序和安寧。這是背離事實的。人們喜歡觀看熱鬧的活動和人群，這在城市的每一個地方都隨處可見。這種特質在紐約市的上百老匯達到一種近乎滑稽的境界。街道被馬路中央一道狹長的林蔭步道，一分為二。在這條南北向的林蔭步道的交會地帶，也就是大型水泥柱的後面，設置了許多長板凳。每天只要天氣還好，長板凳上就會坐滿了人，看著穿越林蔭步道的行人、看著川流的交通、看著忙碌的人行道上的人群，彼此互看。百老匯最後會接到哥倫比亞大學和巴納德學院（Barnard College），一個在右一個在左。這裡井然有序、又安靜。沒有商店，也沒有商店吸引來的人潮。沒有過街的行人，也無人注視。沿街還是設有長板凳，但是就算是大晴天也空無一人。我試著坐在那裡，明白為什麼事情會是這樣。簡直無聊至極。甚至這些學校的學生也懶得坐在那裡。他們會在最繁忙的校園交叉路口附近閒晃、做功課和看人。

其他的城市街道也大抵如此。一個生氣勃勃的街道永遠同時會有使用者和旁觀者。去年我在下曼哈頓東區的一條街上等公車。才等不到一分鐘的時間裡，還來不及觀察路上的行人、玩耍的兒童和逛街的人等街頭活動，我的注意力馬上就被對街三樓窗口的一個婦人所吸引。她開窗大聲叫我。當我意會到她想引起我的注意並答腔時，她拉高嗓門說道：「這裡星期六公車不停。」然後她一邊大聲說，一邊比著手勢，引導我到轉角的地方搭車。這位婦人就像成千

上萬的紐約居民一樣，在無意之間照料街道。他們注意陌生人，觀察發生的每一件事情。如果他們覺得需要採取行動，不管是告訴一個陌生人他站錯地方等公車，或是有狀況需要打電話叫警察，他們都會這麼做。當然，這些行動需要體認到對街道所有權的一種自我意識，並且確定在必要時可以得到所需要的援助，這在本書的後面章節將會詳述。但是比行動更根本和必要的是對街道的留意。

　　並不是每個城市居民都會幫忙照料街道，許多城市居民或是在城市裡工作的人，並不知道為什麼他們所在的地方是安全的。有一天我住的地方附近發生一起事件，讓我注意到這個問題。

　　我必須說明，我住的這個街廓是一個不大的街廓，但是街廓裡面有一些不一樣的建築物，從古老的公寓到改建成三、四層樓，底層有商店的那種低價出租公寓，還有像我家一樣，回復成單戶住家的房子。對街過去主要是一些一樓有商店的四樓磚造建築，但是12年前從街角到中間的幾棟建築物被改建成高租金、小單元的電梯公寓。

　　引起我注意的這個事件是一個男子和一個大約八、九歲大小女孩之間的拉扯。那個男子似乎想強行帶走小女孩，他幾次想要哄騙小女孩照他的話做，然後又表現出不理小女孩的樣子。小女孩僵在對街房屋的磚牆前面，就像所有的小孩子鬧彆扭的那個樣子。

　　我從家裡二樓的窗口盯著對街，思忖著必要時該如何插手。我看並不需要插手；這時，從對街一樓的肉舖冒出來一個婦人，還有她的丈夫。她站到這個男子跟前，雙手交叉，一副管定這個閒事的姿態。喬‧科納切（Joe Cornacchia），他和他的先生經營熟食店，幾乎在同一時間也直挺挺地站在這名男子背後。有一些人頭從樓上的窗口探了出來。其中有一個人快速地轉身，不一會而就出現在那名男子背後。有兩個男人從肉舖隔壁的酒吧走出來，站在門口等待。

在街道的這一邊，我看到鎖店、花舖和洗衣店的老闆們都站了出來。這個景象也看在我這邊幾個樓上住家的眼裡。雖然大家都不認識這個小女孩，但是沒有人會讓這個小女孩被強行帶走。

因為整個事件的結局太戲劇性了，我很抱歉必須跟大家報告，其實那個小女孩是那名男子的女兒。

在這個戲劇性小事件的整個過程中，前後大概不到五分鐘，高級出租小公寓的窗口始終都沒有眼睛在探視，這是整個街廓裡唯一沒有人注意到這個事件的建築。當我剛剛搬到這附近時，我很高興地預測，鄰近的建築物很快就會改建成一樣的形式。現在我比較明瞭，而且有悲觀和不祥的預感，因為最新的消息顯示，在這棟高級出租公寓周圍的建築物已經預定要改建。這些付高租金的住戶，大部分都是短暫的過客，我們甚至連他們的長相都來不及認得[1]。他們根本不會去想是誰在照料這些街道，以及如何照料。一個城市的鄰里社區可以吸納和保護許多像這樣的過客，就像我住的地方一樣。但是一旦整個社區都變成暫時的居所，人們就會逐漸發現街道不再那麼安全，而且心生疑惑。如果事情糟到某個程度，他們就會搬到另外一個情況看起來較好的地方。

在一些富裕的都市社區，例如紐約市公園大道(Park Avenue)的住宅區和第五大道(the Fifth Avenue)上城等地，那裡沒有自助式的公共監視，他們是雇人來做街道守望的工作。公園大道住宅區單調的人行道上，行人稀疏。相反的，布滿了有趣的商店、酒吧和餐廳的人行道，例如萊克新頓大道(Lexington Avenue)和麥迪遜大道(Madison Avenue)附近，則是人潮洶湧。由門房、領班、送貨小弟

1　根據雜貨店老闆的說法，他們中間有一些人是暫時住在這裡，靠便宜的焗豆罐頭和麵包度日，然後再找房租比較便宜的地方搬遷。

和清潔女工組成的一種雇用社區，讓公園大道的人行道上布滿眼線。在以門房為後盾的安全屏障之下，在晚上出來溜狗的人，和門房們相互支援。但是這條街道實在缺乏注視的眼睛，所以人們沒有理由使用或是注視著人行道。反而轉到轉角的另外一條街上。如果他們把房租再降低一些，省去雇用門房或是電梯服務員的開銷，毫無疑問的，當地的街道一定會變成非常危險的地帶。

一旦街道有妥善處理陌生人的機制，它的公共空間和私人空間有良好和有效的區隔，還有足夠的活動和眼睛在注視著，陌生人愈多，反而愈愉快。

在我的住家附近，陌生人變成街道安全的資產，尤其是在夜晚最需要安全保障的時候，越是管用。在這條街上，很幸運的在街心和轉角有一兩家深受社區居民歡迎的酒吧，另外還有一家很有名氣的酒吧，不斷吸引從鄰近社區和外地慕名而來的陌生人。這間酒吧出名的原因是詩人迪倫·湯姆森(Dylan Thomas)常去那裡，並且在他的書中提及。這家名為白馬(White Horse)的酒吧有兩個主要的營業時段。在早上和下午的時段，它是當地愛爾蘭裔碼頭工人和其他行業工匠的聚集場所，長久以來都是如此。到了傍晚時分，就有另外一群嘻鬧的大學生和開雞尾酒派對的顧客，一直持續到午夜和凌晨。在寒冬深夜，當你走過這家白馬酒吧的時候，如果它的門是開的，就會有一股人聲交雜熱鬧的暖流奔瀉而出，非常溫暖。在凌晨三點以前，進進出出這家酒吧的人群讓我們的街道維持足夠的人潮，也讓晚歸的人覺得安全。據我所知，唯一發生過一次毆打事件是發生在酒吧打烊之後，黎明將至之際。這一起毆打事件被我們的一個鄰居從窗口看到並加以阻止。即使是在深夜，他也不知不覺的在維持街道上的治安與秩序。

我有一個朋友，住在一個教會的青年暨社區活動中心附近。那

裡有許多舞蹈和其他活動，扮演著街道守護的功能，就像白馬酒吧守護我們的街道一樣。正統的規劃深受清教徒和烏托邦觀念的影響，認為人們應該如何的過生活。但是在規劃實務裡，這些有關私人生活的道德主義和城市運作的基本概念，完全混淆。白馬酒吧和教會的活動中心，雖然和上述嚴謹的生活模式不同，但是它們維護街道文明方面所提供的服務，則是一樣的。它不只提供城市不同品味、不同職業目的和興趣所需的空間；城市本身也必須包容不同品味和癖好的人。烏托邦論者的偏好，以及那些箝制別人休閒生活的人，自以為是地認為某種合法行業在城市優於其他行業的想法，比兼容並蓄的接納不同行業的做法更糟，這是有害的。城市的街道上能夠滿足各種合法利益(從嚴格的法律層面來看)的差異愈大，種類愈多，對城市街道的安全和文明也就愈有利。

　　酒吧及其他所有的商業活動，由於會吸引陌生人，而陌生人普遍不被認為是有利的資產，因此在許多城區被認為是惡名昭彰的。

　　這種情形在大城市裡了無生氣的灰暗地帶(grey areas)*，還有曾經盛極一時但已經衰敗的內城住宅區，尤其明顯。由於這些地方非常危險，而且街道昏暗，一般認為是街道照明不足所致。良好的街道照明固然重要，但是只有黑暗並不足以解釋灰暗地帶深層和功能上的根本問題——單調導致的極度凋敝(the Great Blight of Dullness)。

　　明亮的街燈對於了無生氣的灰暗地帶的價值，來自對於那些需要上街的人所提供的安全保障。如果沒有良好的照明，他們根本不

---

* 　[譯注]灰暗地帶(grey areas)：城市裡商業、住宅和其他土地利用過渡的交界地帶。

敢出門。因此，街燈讓人們的眼睛注意街上的動靜。而且，良好的照明會增加每雙眼睛的能見度，讓人們更清楚地掌握街上的動靜。每多一雙眼睛盯著街上看，每雙眼睛看到的範圍越廣，對灰暗地帶的安全就越有利。然而，除非人們注意街道，除非眼睛背後的大腦會不自覺的守望著街道的安全，否則光是照明是沒有用的。缺乏有效的眼睛盯著時，可怕的公然犯罪確實會發生在照明良好的地鐵站。在黑漆漆的電影院裡面，有許多眼睛睜大看著，就沒有發生什麼事情。街燈就像投擲在荒野的石頭，因為無人聽見，也就引不起迴響。同理，如果沒有人盯著看，街燈有用嗎？它不切實際！

為了解釋陌生人在灰暗地帶的問題，我要先借用另外一種特殊的街道來作比喻——這是從光輝城市衍生而來，高層國民住宅的走道。這些高層國宅的電梯和走道可以被視為一種垂直發展的街道。為了拿掉占據地面的街道空間，作為空無一人的公園之用，就像有樹被偷走的華盛頓社區景觀步道一樣，所發展出直入雲霄的街道。

這些室內的走道宛如街道，不只是因為它們提供住戶往來通行之用，大部分的人都分不出來誰是住戶、誰不是住戶。它們被視為街道的另一個原因是一般大眾也可以使用這些走道。這些設計是仿效上流階層公寓生活的標準設置的，但是卻沒有錢負擔門房和電梯服務員。任何人都可以大搖大擺地走進這些大樓，沒有人詢問，任意的使用有如街道般的電梯和彷彿人行道的走道。這些室內的街道，雖然開放給一般大眾使用，卻沒有類似城市街道的公共視野和公共監視的查核和管制。

據我了解，幾年前紐約市的住宅當局，不是因為擔心這些無人看管的室內街道上人們的安危，而是在意公共財產被破壞，在布魯克林區進行一項將室內走道改造成開放視野的實驗計畫。為了避免困擾，我姑且將這棟大樓稱為布蘭翰大廈（Blenheim Houses）。

　　由於布蘭翰大廈有16層樓高，它的高度讓地面有足夠的空地是人煙稀少的地方。從地面或是其他大樓監視這些開放的走道只有心理作用，沒有實質效果。更重要及更有效的方法，是設計成可以從建築物裡面就近監視。除了通行之外，還需要納入其他的使用功能，於是就設置了遊戲空間、拓寬玄關和通道。由於這項改變非常生動、有趣，居民也加入一些他們喜歡的用途——野餐區。這是經過多次向管理當局陳情和威脅之後才設置的，因為原本並未計畫將陽台走道作為野餐區之用(管理當局認為計畫應該預測到各種可能的狀況，一旦確定之後就不容改變)。住戶非常著迷於陽台走道；由於非常密集地使用，陽台受到良好的公共監視，沒有犯罪和破壞的情況發生。也沒有燈泡被人打破，需要更換的情形。在其他類似，但是沒有公共監視的大樓走道，每個月因為偷竊或是損壞而需要更換的燈泡，不知凡幾。

　　到目前無止，一切都還好。

　　這是城市公共監視與城市安全之間直接關聯的最佳展示。

　　然而，布蘭翰大廈存在著破壞與惡行的可怕問題。如同國宅的管理人所言，「有照明的陽台是最亮和最吸引人的景緻，吸引了陌生人，尤其是來自整個布魯克林區的年輕人。」但是這些受到有良好公共透視效果走道吸引而來的年輕人，並沒有停在這些看得到的走道上，他們長驅直入大樓中其他沒有公共監視的「街道」，包括電梯、逃生梯等。大樓的警衛上上下下地追逐這些罪犯——他們在16層無人注視的逃生梯間，行為野蠻、粗暴。他們會巧妙地躲避追逐。電梯可以很容易地按到高樓層的地方，然後將電梯門卡住，電梯就下不去了。然後他們就可以恣意而為，誰碰到誰倒楣。看在苦惱的國宅管理人眼中，問題非常嚴重而且顯然難以控制，安全走道的優點，蕩然無存。

發生在布蘭翰大廈的事情和城市中單調的灰暗地帶的情況類似。灰暗地帶裡一些可憐的光亮區塊和生活就和布蘭翰大廈看得見的走道一樣。它們的確吸引陌生人。但是，那些相對荒涼、單調的街道就像布蘭翰大廈的逃生梯一樣，這些空間原本都不是設計用來應付陌生人。因此，陌生人的出現，自然變成一大威脅。

在這種情況之下，人們就傾向責怪那些吸引人的陽台或是酒吧及商業活動。芝加哥的海德公園─肯伍德(Hyde Park-Kenwood)地區的更新計畫就是這種思維的典型例子。這塊緊鄰芝加哥大學的灰暗地帶內有許多漂亮的房子和土地，但是在過去30年裡遭受到嚴重的街頭犯罪問題，近幾年則是實質環境的沒落。這群就像放血大夫後裔一樣的規劃者天眞的認爲，海德公園─肯伍德計畫沒落的「原因」是「凋敝」(blight)的出現。所謂「凋敝」，是指有太多的大學教授和中產階級的家庭離棄這個單調、危險的地區，而他們留下來的地方，很自然地就被那些在經濟和社會上無權選擇的人所接收。更新計畫指定並移除這些枯萎的區塊，換成用來減少街道使用的光輝田園城市。該項計畫又到處增加了空地，使得原本已經不易區分公私空間的地區變得更加模糊難辨，並且切除既有的商業活動。對他們而言，那不是什麼了不起的事情。

這項更新計畫初期還包括設置一座模仿郊區的大型購物中心。但是這個想法在規劃過程中小小地提醒現實的處境和一絲隱約的不安。一位建築規劃師認爲，一個大於更新地區居民需求標準的購物中心，「會吸引更多的外人進到這個地區。」因此，他們決定蓋一座規模比較小的購物中心。其實大小根本無關宏旨。

因爲海德公園─肯伍德計畫像所有的城市行政區一樣，在眞實生活裡面四周都環繞著「外面的人」。這個區域是芝加哥的中心部分。它不能改變這個區位的事實。它無法回到以前半郊區的古老狀

態。用它可能回復昔日景象的假設加以規劃，迴避一些基本功能的缺失，最後只有　兩種可能的結果。

一個可能的結果是外面的人還是隨他們高興繼續進來這個地區，而且其中一定會夾雜一些宵小歹徒。就安全的考量而言，拜空曠之賜，除了街頭犯罪的機會會容易一些之外，大概不會有太大的改變。另外一種可能就是更新計畫順帶伴隨一個非常手段，讓外面的人不會進到這個地區來。就像鄰近想盡辦法推動這項更新計畫的芝加哥大學，他們採取了一項激烈的措施，就像報紙上面報導的，每天晚上放警犬到校園巡邏，讓狗窮追任何可疑的人。在海德公園—肯伍德計畫的周圍設置藩籬，加上特殊的警力，或許可以有效防止外人的入侵。但是真的這麼做的話，其代價將是與鄰近的城市地區為敵，以及圍籬裡面被孤立包圍的感覺。而且，誰又能保證在圍籬裡面的人，在夜裡都是值得信賴的好人？

我不希望單獨指出某一個地區或是某一項計畫作為特殊的失敗例子。海德公園—肯伍德計畫的重要性在於它的診斷和所採取的矯正措施，在全國各城市灰暗地帶的更新實驗中，實在是太典型了。這是正規的都市計畫，不是地方的恣意而為。

想像我們持續地興建，和重建，不安全的城市。我們如何在不安全的城市裡面生活呢？我推斷有三種可能的生活模式，或許有人還可以舉出第四種，但是我相信這三種生活模式還會持續發展。

第一種模式就是讓危險支配，讓那些倒楣鬼自己承擔後果。這是對低所得和部分中所得住宅計畫所採取的現行政策。

第二種模式就是靠汽車保護。這是非洲野生動物保護區所採取的模式，遊客被警告在任何情況下都不能離開車輛，直到進入住宿的房舍為止。這也是洛杉磯採行的辦法。吃驚的遊客總會一再訴說

比佛利山莊的警察是如何攔下他們，要他們說明下車步行的正當理由，並且警告他們這麼做的危險性。從犯罪數據來看，這個辦法在洛杉磯似乎不怎麼管用，或許以後會好一點。但是想想看，如果有更多的人在沒有汽車盔甲的保護之下穿梭於洛杉磯這個都市叢林的話，犯罪數據會上升到什麼驚人的程度？

當然，在其他城市的危險地帶，人們也經常利用汽車作爲保護的工具。《紐約時報》有一篇讀者投書寫道：「我住在布魯克林區尤地卡大道(Utica Avenue)旁的一條黑街。因此，即使是天還不太黑，我都會搭計程車回家。有一回，計程車司機請我在尤地卡大道的街角下車，因爲他不敢把車開進黑暗的巷子裡。問題是，如果我敢自己走進去，那又何必要搭計程車？」

第三種模式，我在討論海德公園─肯伍德計畫的案例時已經暗示，就是不良幫派發展出來，在重建地區廣泛採行的一種模式。這種模式就是建立地盤的制度。

在地盤制度的歷史形態之下，一個幫派會占據某些街道、住宅社區或是公園──通常是這三者的混合，作爲地盤。其他幫派的成員在沒有獲得當地幫派的同意之下，不得擅自闖入別人的地盤，否則不是被毒打一頓，就是落荒而逃。1956年，紐約市的青少年當局深爲幫派之間的衝突火拼所苦，透過輔導幫派青少年的社工，爲火拼的幫派安排了一連串的停戰協定。在其他條款之外，這些協定中還訂定了各個幫派地盤範圍的默契。

紐約市的警政署長史蒂芬·甘酒迪(Stephen P. Kennedy)，對於地盤的協定，大發雷霆。他說，警察旨在保護任何人都得以自由、安全地行走於城市的任何地方而不會有事的基本權利。他表示，有關地盤的約定，是對市民權利和公共安全，無可容忍的破壞行爲。

我認爲甘酒迪署長的見解十分正確。然而，我們也必須反省青

少年輔導會社工人員面臨的問題。那是一個實際存在的問題，他們只是竭盡所能，運用各種手段加以解決。在幫派控制的街道、公園和住宅社區，根本沒有城市安全可言，但那是市民權利和自由運動倚靠的基礎。在這種情況下，城市自由只不過是學術的理想罷了！

現在來思考城市的更新計畫：中、高所得的住宅占據的城市的許多地區——許多原本的街廓。這些更新計畫有自己的空地和自己的街道來滿足它們在廣告中所標榜的「城市之島」、「城中之城」和「城市生活新主張」等說法。這裡所採取的方法是劃定地盤，築起圍籬，把幫派隔絕在外。剛開始時這些圍籬是無形的，巡邏的警衛就足以築起這道防線。但是在過去幾年裡，這道圍籬真的被修築起來了。

或許第一道這種圍籬就是巴爾的摩的約翰‧霍普斯金醫院附近的一個光輝田園城市計畫中所興建的高籬（高等教育機構似乎對地盤的設計比較有創意）。如果有人不了解圍籬的意義，街道上的標示還是會清楚地告訴你「生人勿近，請速離開。」真不可思議，在一個文明城市的社區牆面上還會掛著這樣的標示。它不僅醜陋，在深層的意義上，它還是超現實的。你可以想像它就懸掛在一個社區教堂的布告欄旁邊，緊鄰著社區布告欄上面的標語「上帝是最好的慰藉。」

紐約市很快就仿效巴爾的摩的經驗，並且發展出自己的模式。在下東城（the Lower East Side）聯合住宅（Amalgamated Houses）後面，紐約市可以說是青出於藍。在這個住宅社區的北邊有一個像公園一樣的中央散步區，鐵條的大門終年鎖上大鎖，四周的圍籬除了一般的鐵網之外，還有倒勾的鐵絲網纏繞。這個有圍籬防衛的散步區真的能夠有效阻絕舊的腐敗大都會嗎？一點也不能。它的鄰居是一個公共的遊戲場，再過去則是不同所得階層的各種住宅。

　　在重建的城市裡，它採取豎立圍籬的方式來平衡社區之間的差異。在重建的下東城，兩個不同所得階層的人口之間的壁壘分明，特別明顯。一邊是中等所得的柯里爾斯岬(Corlears Hook)合作住宅，另外一邊則是低所得的沃迪克住宅(Vladeck Houses)。柯里爾斯岬這邊設置了一個相當於超大街廓的停車場，並且圍上六呎高的圍籬，用來緩衝隔壁社區的地盤。圍籬外面是一片30呎寬的空地，裡面廢紙飛揚，沒有人可以進入。之後就是沃迪克住宅的地盤了。

　　類似的情況也發生在紐約的上西城(the Upper West Side)。我喬裝成來看房子的顧客，西園村(Park West Village)的房屋仲介拍胸脯向我保證：「夫人，一旦購物中心蓋好之後，整個地區都會用圍籬圍起來。」

　　「圍籬？」

　　「沒錯，夫人。你看到的這一切，最後都會被移除，包括那些人在內。我們是這裡的拓荒先鋒，」他用手指著鄰近的區域說。

　　我覺得這種拓荒生活很像住在防禦的村莊裡面，但是那些拓荒先鋒是爲了讓文明得到更大的保障，而不是減少。

　　有一些這種新地盤幫派的成員發現這種生活難以忍受。其中有人在1959年投書《紐約郵報》：「有一天我作爲紐約市斯特伊弗桑特城(Stuyvesant Town)*居民的驕傲，第一次變成沒有尊嚴與羞恥。我看到兩個十二歲左右的波多黎各男孩坐在斯特伊弗的長板凳上，安靜而規矩地在熱烈交談。突然有兩名斯特伊弗桑特城的警

---

*　[譯注]斯特伊弗桑特城(Stuyvesant Town)是曼哈頓東側一個極負盛名的住宅區，當時爲了因應經濟大蕭條所伴隨而來的住宅危機因而興建的戰後住宅，以紅磚公寓外型著稱。雖然是個成功的住宅計畫，但當時的住宅政策還是有許多讓人詬病的地方，其中一項就是對於住戶的篩選，經過社會人士的努力，雖然有色人種陸續進駐，但仍維持分離的住宅政策。

衛，其中一名警衛用手向另外一名警衛指著這兩個男孩，一個從南一個從北的向這兩個男孩走去。其中一名警衛上前和男孩小聲的說了幾句話，雙方又小聲交談了一會兒，男孩就起身離開的。他們試圖表現出無所謂的樣子……如果我們在他們還未成年之前就毀了他們，我們如何期待人們會有任何尊嚴？我們斯特伊弗桑特城和紐約市就這麼可憐嗎，可憐到沒辦法讓兩個小男孩分享我們斯特伊弗桑特城的板凳嗎？」

報紙的編輯給這封讀者投書下了一個標題：「待在你自己的地盤裡。」

但是整體而言，人們似乎很快就習慣地盤的生活，不論這個圍籬是象徵性的或是實質的。而且會開始想像，如果沒有這些圍籬的保護，不知該怎麼過下去？這種現象早在圍籬地盤出現在紐約之前，《紐約客》雜誌就曾經撰文描述包圍城鎮的圍籬問題。當時田納西州的橡樹脊(Oak Ridge)剛從戰後的軍事狀態中解放，居民想到軍事圍籬即將隨著戰爭的結束而被拆除而感到恐慌，許多居民開始發動熱烈的抗議，在鎮民大會上也激烈爭辯。但是橡樹脊的居民原本都是不久前才從沒有圍籬限制的小鎮和城市搬來的，當他們習慣有圍籬的正常生活時，就開始害怕失去圍籬之後會有生活安全的顧慮。

同樣的，我有一個十歲大的姪兒大衛，他是在斯特伊弗桑特城裡出生和成長，一個「城中之城」。他滿臉疑惑地問道，真的有人可以隨便在我們門外走來走去嗎？他問道：「難道沒有人檢查他們有沒有繳交街道的使用金嗎？如果他們不是當地人，又怎麼可以出來亂逛呢？」

將城市劃分成各種地盤並不是紐約才有的對策。這是重建美國城市的對策。1959年在哈佛大學的設計研討會(Harvard Design

Conference)上，一個讓城市建築規劃師費心思考的議題就是變成地盤的困擾，雖然他們沒有使用這個名詞。當時討論的案例包括芝加哥綠茵湖(Lake Meadows)的中所得住宅計畫和底特律拉法葉公園(Lafayette Park)的高所得住宅計畫。你讓城市的其他地區擺脫這些被視而不見的貧民窟了嗎？這是多麼困難和棘手的事啊。你將城市的其他地區納入了嗎？這是多麼困難和不可能的事啊。

就像青少年輔導會的社工一樣，光輝城市、光輝田園城市、光輝田園城市美化運動的開發者和居民，都有一個眞正的大難題，而他們必須竭盡所能加以處理。他們沒有選擇的餘地。不論在哪裡重建城市，地盤的野蠻觀念一定隨行，因爲重建城市捨棄了城市街道的基本功能，隨之而來的，也必然是城市自由的喪失。

在舊城看似沒有秩序當中，不論何處舊城總是運行得非常成功，其實是一種維持街道安全與城市自由的神奇秩序。它是一種複雜的秩序。它的本質是人行道的使用帶來不間斷的眼睛注視所形成的一種錯綜複雜。這個秩序是由運動和改變所構成的。雖然它是生命，不是藝術，但是我們可以想像它是一種像舞蹈般的城市藝術形式——不是那種每個人動作整齊劃一的那種舞蹈，而是一種很複雜的芭蕾。個別的舞者和整個舞群各有自己不一樣的部分，彼此奇妙的相互強化，構成一個有秩序的整體。一個好的城市，不同的人行道上演著不同的舞碼，同一條人行道即使重複相同的舞碼，每次也都有不同的即興演出。

我住的哈德遜街(Hudson Street)，每天都上演精采的街道芭蕾。我大約是在早上八點多一點加入演出，把垃圾桶放到門外，一個很平凡的差事，但是我自得其樂。這時有一群初中生走過舞台的中央將糖果的包裝紙丟在地上。(他們怎麼會一大早就吃這麼多糖

果？）

　　當我掃起這些包裝紙時，看到另外一些晨間的儀式：哈波特（Halpert）先生將洗衣推車停靠在路邊，打開地窖的小門，喬・科納切的女婿從熟食店把空的紙箱搬到店外排好，理髮師把他的摺疊椅搬到門口攤開，戈德斯坦（Goldstein）先生把一捆一捆的鐵絲整理好，讓人家知道五金行開始營業了。公寓管理員的太太將她白胖胖的三歲小孩放在門口的台階上，手中握著玩具曼陀鈴，這是一個好位置，小朋友可以在這裡學到他母親也說不好的流利英語。小學生蹦蹦跳跳開始上學了。聖洛克（St. Luke）小學的學生向南邊走，聖維羅尼卡（St. Veronica）小學的學生要過街，向西走，四一公立小學的學生則是向東。這時候，有兩個新的成員加入：一對衣著得體的男女，手中拿著公事包，分別從門口和街側進場。這些人大部分是要到公車站或地鐵站。不過也有人直接停在路肩上，揮手召喚適時出現的計程車。它們也是早晨街道儀式的一部分：稍早把客人從上城載到下城的金融區，現在又載了一些下城的客人到上城來。同時，有一些穿著居家服的婦女出現了。她們錯身而過時總會停下來說說笑，聊聊天。現在，輪到我要趕去上班了。我照例向羅伐洛（Lofaro）先生揮手說再見，他是水果行的老闆，身材短小、碩壯，圍著一條白圍裙，雙手在胸前交叉，直挺挺地站在門口靠近街頭的地方，動也不動。我們互相點頭，各自很快看了街頭巷尾一下，然後微笑回看彼此。我們這麼做已經有十年以上的時間了，我們知道這些動作意味著什麼：那就是一切OK。

　　大白天的街道芭蕾我倒是比較少見，因為像我這種住在這裡的上班族白天都出去工作了，反而是扮演其他人行道上陌生人的角色。但是放假時，我知道街道上變得越來越複雜。碼頭工人不上班，就聚集在白馬（White Horse）、理想（Ideal）和國際（International）

等酒吧喝酒聊天。從工業區那邊過來的主管或上班族則蜂擁至杜津(Dorgene)餐廳或是獅王(Lion's Head)咖啡屋；家畜市場的工人和交通局的工程師則是塞滿了麵包店的用餐區。人物繼續上場，有肩膀上扛著一串鞋子的陌生老人，有蓄著鬍鬚的速克達騎士，後座還載著他長髮及肩的女友，還有想遵守教會規戒，但總是把持不住，白天就喝得醉醺醺的醉漢。鎖匠萊希(Lacey)先生，把店門暫時關上，休息片刻，過去和雪茄店的斯洛柏(Slube)先生消磨時間。裁縫店的庫查欽(Koochagian)先生正在幫櫥窗前的一排植物澆水，好讓它們從外面看起來有精神一點，同時也受到兩個過路行人的讚美。他用手撥弄著我門前篠懸木的樹葉，像有經驗的老園丁加以檢視，然後過街到對面的理想酒吧小啜一杯，同時也可以注意到有沒有客人上門，到時候只要招一招手就可以飛奔回去。這時候接送學童的娃娃車出現了。從帶著洋娃娃牙牙學語的小朋友到帶著作業簿的青少年，都聚集在門階前面。

到了我下班回家的時間，街道芭蕾的好戲才正要上場。這時候穿著溜冰鞋、踩著高蹺、騎著三輪腳踏車、玩家家酒、扮牛仔等各種遊戲，紛紛在門階前上演；這時候各種綑綁紙箱和包裝貨品的動作，也從雜貨店一路經過水果行延續到肉舖；青少年盛裝打扮，彼此檢視襯衣有沒有露出來，衣領挺不挺；美女從MG的跑車上開門下來；救火車叮叮噹噹地經過；總之，這是在哈德遜街你認識的任何人都會出現的時候。

天黑之後，哈波特先生會把洗衣推車停回地窖門口，街道芭蕾在街燈之下，忽前忽後，繼續演出。但是多半聚焦在喬斯(Joe's)披薩攤、酒吧、熟食店、餐廳和雜貨店等燈火明亮的地方。夜班的工人這時候會在熟食店前停留一下，買一些香腸和牛奶，準備上工。晚上事情已經漸漸安靜下來。但是，街道芭蕾還繼續上演。

　　我會知道深夜的街道芭蕾和熟悉它的戲碼，是在熟睡之後醒來哄小孩時，而對著黑暗，坐在窗前傾聽街上的聲音。大部分是斷斷續續的派對交談聲。然後，大約在清晨三點左右，會有歌聲，很優美的歌聲。有時候會有吵架打罵和哭鬧的聲音，或是一陣摔東西的聲音。有一晚有一個年輕人對著兩個女孩，口出穢言地大聲辱罵，顯然這兩個女孩不想理他。這時候有門打開，在這個年輕人身旁不遠的地方圍了半圈的人，直到警察趕來處理為止。整個哈德遜街也有不少的人從窗戶探出頭來說話，「醉鬼……瘋子……郊區來的野孩子。」[2]

　　在深夜，我並不清楚街上到底有多少人，除非有什麼事情把他們吸引在一起，例如吹蘇格蘭風笛的人。我不清楚這個吹風笛的人是從哪裡來的，他為什麼偏好我們這條街道？但是，在二月的一個夜裡，他嗚嗚作響地吹起風笛，彷彿隨意的一個信號，人行道上人們移動的步伐開始慢了下來，並且往他的方向聚集。一瞬間，吹笛手的四周安安靜靜的圍了一圈人，只見蘇格蘭高地的風笛，樂音飄揚。在昏暗的人行道上，圍繞的觀眾和行走的舞者依稀可見，但是吹笛手穿著一件咖啡色外套的瘦小身影，幾乎隱而不見，融入悽涼優美的旋律當中。當他演奏完畢時，觀眾和路人歡聲鼓掌，有一半的掌聲是來自哈德遜街樓上五六家窗台的包廂裡面。然後大家闔上窗戶，小小的群眾也逐漸消失在夜晚的街道上。

　　哈德遜街上的眼睛，還有用他們的眼睛幫我們守望街道安全的朋友，為數眾多。因為看起來每天都是不一樣的人。那沒有關係。是否真的有這麼多不一樣的人，我並不清楚。當吉米‧羅根（Jimmy

---

2　結果這個年輕人被確認是郊區來的野孩子。有時候，哈德遜街的居民會認為郊區是一個難以養兒育女的地方。

Rogan)爲了分開一群吵架的朋友而從玻璃窗跌到街上的時候，幾乎失去他的手臂。這時有一個穿著舊T恤的陌生人從理想酒吧裡冒了出來，手腳俐落地拿出專業的止血帶爲吉米止血。依據醫院急診室的說法，這救了吉米一命。沒有人記得以前是否見過這個人，之後也沒有人再見到他。而醫院的救護車是這麼被叫來的：一個坐在意外現場幾步之外的婦人，見狀跑到公車站牌，從一個拿著零錢正在等車的陌生人手中抓起一個五分錢的硬幣，然後再跑進理想酒吧裡打公共電話，這時那個等車的陌生人還追在後面，看需不需要更多的零錢。沒有人記得以前是否見過這個陌生人，之後也沒有人再見到他。當你在哈德遜街上看到過三、四個這樣的陌生人後，你會點頭打招呼，就像認識的朋友，當然，我是指公開地認識。

我讓哈德遜的街道芭蕾聽起來有一點言過其實，因爲在描寫的時候就會放進比較多的東西。在眞實生活裡，事情並非如此。然而，可以確定的是，在眞實生活裡有一些事情是會一再上演，街道芭蕾是永不停止的。但是它的整體效果是平和的，它的整體氣氛是比較輕鬆的。了解這種熱鬧的城市街道的人就知道它是怎麼回事。我只是擔心不知道的人腦海中的景象會有一些出入──就像早期依據冒險家的描述所繪製出來的犀牛的樣子，就和眞實的犀牛很不一樣。

在哈德遜街，波士頓北區，或是和任何一個大城市熱鬧的社區一樣，我們並不是天生就比居住在沒有眼睛守望的劃分地盤上的人，更懂得如何維護人行道的安全。我們只是幸運地擁有城市的秩序，由於有無數的眼睛盯著街上，讓街道相對容易維持安寧。但是那個秩序本身，或是它所涉及到的元素，都不是單純的事情。這些元素大多數在某方面都是很特別的，但是加總起來對人行道的整體效果，反而是很簡單的。這就是它的長處。

第三章

人行道的使用：接觸

　　都市改革者長期觀察到，都市人常在熱鬧的街角閒逛，在糖果店或酒吧前逗留，或是在門階前喝汽水，因此有一些批評。其要旨是：「真是可悲！如果這些人有比較像樣的家，有比較私密或是有矮樹叢的戶外空間，他們就不會流連在街頭了！」

　　這種批評是一種對城市的嚴重誤解。就好像看到有人到飯店辦慶功宴，就妄下斷語說，如果這些人有賢慧的妻子能夠下廚做飯，他們就可以在家辦宴會了！

　　慶功宴和城市街道的社交生活的重點在於它們是公共的。這些場合用一種親近和私人的社交方式，讓原本不認識的人湊在一起，而且大多數的時候，人們並不在乎是否真的認識。

　　沒有人能夠在大城市裡門戶大開。也沒有人想這麼做。如果都市人之間有趣、有用和重要的接觸僅限於適合私人生活的熟識朋友，那麼城市便顯得很愚蠢。從你的觀點，我的觀點，或是任何人的觀點來看，相當程度地與人接觸是必要且愉快的；但是你不會希望這些人和你如影隨行。他們也不希望你緊黏著他們。

　　在談到人行道的安全時，我提到在盯著街道看的眼睛後面，當有打架的事情發生時——例如當一個市民需要選擇他是否要負起打擊野蠻、保護陌生人的責任，或是選擇逃避時，應該有一個有關街道人們相互支持的無意識的假設。有一個名詞足以代表這種人們相

互支持的假設：信賴。這種城市街道的信賴是從人行道上許多小小的公共接觸，逐漸形成的。它是從人們逗留在酒吧喝酒聊天，聽雜貨店老闆的意見，給報攤老闆忠告，在麵包店和其他顧客交換意見，對在門階前喝汽水的兩個男孩點頭打招呼，在等著父母召喚回家吃晚飯前盯著一個女孩，告誡兒童，聽五金行的店員訴說一件工作機會，向藥局的老闆借零錢，讚美別人新生的嬰兒，對過路行人褪色的外套感到惋惜時萌生的。各地風俗不同：在有些社區人們會相互批評彼此養的狗；在其他社區人們則是批評房東。

這些大部分都是芝麻綠豆的小事，但是加總起來卻很可觀。這些在地方層級隨興的公共接觸──大部分是偶然的，伴隨著其他目的，是由人們自己取捨，而不是別人硬塞給他們的──是一種人們公共認同的感覺，一種公共尊重與信賴的網絡，以及一種必要時個人及社會需求的資源。缺乏這種信賴，將是城市街道的大災難。它的培養無法被制度化，最重要的是，它並沒有個人承諾在裡面。

我曾經在紐約的東哈林區（East Harlem）一條寬闊街道的兩邊，見識到有無這種隨興的公共信賴的明顯差異，當地居民在所得水準和種族構成上沒有太大的差別。在舊城的這一頭，充滿了公共空間，街上到處都是悠閒的人們，兒童們也被仔細地看顧著。但是在對街更新計畫的那一頭，孩童的表現就充滿了破壞性，在他們玩耍的地方背後有一個消防栓，他們將水灌進住家開著的窗戶裡，濺濕不小心走過這邊街道的大人，還會用水柱噴灑過往汽車的車窗，沒有人敢阻止他們。他們是無名的孩童，沒有人認得他們。如果你責罵他們或是制止他們，會怎麼樣呢？在沒有人注視守望的地盤上，有誰會站出來挺你呢？你會不會遭到報復？最好不要插手。沒有人際關係的城市街道會造成不知姓名的陌生人。它和建築尺度的美學品質或是神秘的情感效果無關，卻和人行道具有哪些有形的行業，

以及人們如何在實際的日常生活中使用人行道，息息相關。

城市這種隨興、公共的人行道生活，直接和其他類型的公共生活緊密相連。雖然相關的例子不勝枚舉，但是我想舉一個例子，加以說明。

規劃者，甚至有一些社會工作人員，經常假設地方城市組織的正式類型是從會議中的宣布，會議室的呈現，還有公共關注的問題中，直接、自然地生成。或許這在郊區和城鎮行得通，但是在城市中則不然。

城市正式的公共組織背後需要有非正式的公共生活作後盾，作爲它們和城市人私人生活之間的媒介。同樣的，我們可以從一個具有公共街道生活的城市地區和另外一個缺乏公共街道生活的城市地區之間的比較，得到一些線索。就如同一個聚落住宅的社會研究學者在研究紐約市一所公立小學的問題時的報告所言：

> W先生——〔一所小學的校長〕被問到J住宅計畫，以及學校周圍社區被移除的效果。他認爲有許多影響，而且大部分是負面的。他提到這個住宅計畫拆掉了許多社區組織。現在整個社區不再有像興建以前街道上歡愉的氣氛。他注意到，一般而言，街上的人比較少了，因爲人們聚集的地方比較少了。他認爲在興建之前，家長會的力量非常強大，但是現在只有少數幾個家長比較熱心。

W先生在某一方面是錯的。如果我們仔細計算一下規劃作爲社交之用的空間，就會發現在新的住宅計畫中人們聚集的地方並沒有減少(至少空間完全沒有減少)。當然，住宅計畫沒有包含酒吧、糖

果店、酒坊和餐廳。但是我們所討論的住宅計畫設有足夠讓田園城市的擁戴者滿心歡喜，堪稱楷模的會議室、工作坊、藝廊和遊戲間、室外座椅、購物中心等等。

為什麼這些地方會死氣沉沉、毫無用處，沒有盡力去吸引使用者——還有對使用者加以控制？公共的人行道和人行道上面的生意，滿足了哪些這些規劃的聚集場所所沒有提供的服務？為什麼？一個非正式的人行道生活是如何支撐一個比較正式、有組織的公共生活？

要了解這些問題——了解為什麼在門階前喝汽水和在遊戲間裡面喝汽水的不同，為什麼聽雜貨店老闆和酒保的建議，有別於聽從隔壁鄰居或對法人房東恭敬謙卑的女辦事員的意見——我們必須深入了解城市隱私的事情。

隱私在城市裡是珍貴的。它是不可或缺的。或許它在任何地方都是珍貴且不可或缺的，但是在大多數的地方，你都難以保有隱私。在小聚落每個人對你的事情都瞭若指掌。在城市裡則不然——只有那些你選擇告訴他們的人才會知道。對於都市人而言，不論他們是富有或貧窮，是白人或是黑人，是舊住民或新住民，這是大城市生活的恩賜，被人們深深地珍惜與捍衛著。

建築與規劃文獻處理隱私的方式是用窗戶、遠眺和視線等方式處理。它的想法是如果沒有人可以從外面窺看到你住的地方——那就是隱私。這種想法太單純了。窗戶的隱私是最容易獲得的。你只要拉下窗簾或是拉上百葉窗就行了。決定把個人的事情告訴什麼人，或是合理的控制誰可以在什麼時候闖進你的生活，這種隱私是最難處理的事情。它和窗戶開口的方向無關。

《波多黎各故事》(*Up from Puerto Rico*)一書的作者，人類學

家愛蓮娜‧帕迪拉(Elena Padilla)，在描述紐約一個既貧窮又髒亂的波多黎各社區生活時，指出人們彼此之間有多麼了解——誰值得信賴，誰作奸犯科，誰有本領，誰消息靈通，誰愚昧無知等等這些事情都是透過人行道上的公共生活及相關店家獲得的。這些就是具有公共性格的事情。但是她也指出，要被允許進到別人的廚房喝一杯咖啡是多麼不容易的事情，彼此的關係要非常親密，要有一個真正的密友，也就是那些可以分享個人的私生活和私事的人，是多麼不可多得。她說，每一個人都知道其他人的事情，這並不光彩。同時，在公共場合說三道四，也不是什麼名譽的事情。那是侵犯別人的隱私和權利。就這點而言，她所描述的人和我居住的地方，有著混合使用、美國化的城市街道，或是住在高級公寓裡面的人，並沒有什麼差別。

　　一個良好的市街社區，它在人們堅持基本的隱私和同時與周圍的人有不同程度的接觸、樂趣和幫助之間，可以維持一個絕佳的平衡。這個平衡大部分是由很小、需要妥善照料的許多細節所構成，它們是那麼隨興地被實踐與接受，以致看起來非常理所當然。

　　或許我可以用人們在雜貨店寄放鑰匙的例子，來說明人們是如何在這兩者之間保持平衡。這在紐約是司空見慣的事情。例如，在我家當我們要出遠門或是白天剛好不在家時，如果有朋友想到我們家借住，或是有朋友要來但是我們不想花一整晚的時間等待，我們就會告訴朋友，他可以到對街的熟食店去拿我們寄放的鑰匙。熟食店的老闆喬‧科那切，通常會有一打左右和我們情況類似的鑰匙掛在那裡。他有一個抽屜專門放這些鑰匙。

　　為什麼我和這麼多人會選擇喬作為合理的保管人呢？首先，我們都相信他是一個盡責的保管人，但是同樣重要的是，我們知道他信譽良好，不會對我們的私事太過關心。喬認為我們讓誰來住，或

是爲什麼讓別人到我們家裡來住，都不關他的事情。

在我們這條街的另一頭，人們會把鑰匙寄放在一個西班牙的雜貨店。在喬的熟食店的另外一側，人們把鑰匙寄放在糖果店。在下一條街，他們把鑰匙寄放在咖啡店，從街角再過去幾百呎，則是寄放在理髮店。從街角往上，經過兩條時髦的街屋到上東城那邊，人們把鑰匙寄放在肉舖和書店；在那邊的另外一個角落，他們把鑰匙放在洗衣店和雜貨店。在比較不時髦的東哈林區，人們把鑰匙寄放在花店、麵包店、午餐店、西班牙和義大利的雜貨店等。

不論你把鑰匙寄放在哪裡，重點不在這些生意提供哪些表面的服務，而在它有怎麼樣的店主。

像這樣的服務是沒有辦法正式化的。確認身分……質問……保險，以防不測。如果制度化之後，這個介於公共服務和隱私之間的基本界線就會被逾越。這種服務只能託付給一個能夠清楚區分一把鑰匙和他人隱私之間差異的人，當作幫忙，否則根本就不能把鑰匙交給他。

或是讓我們來看看街角糖果店的賈菲(Jaffe)先生他劃定的界線——他所有的顧客和其他商店的店主都很清楚這條界線，他們已經在這種情況下生活了大半輩子，所以不會刻意去意識到這件事情。去年冬天一個平常的早晨，賈菲先生，我們都叫他伯尼(Bernie)，和他的太太，我們都稱呼他安(Ann)，正在招呼四一公立小學的小朋友上學過馬路，過去多年來他們一直這麼做，因爲他們覺得有這個必要；他們借了一把傘給一個顧客，同時借了一塊錢給另外一個顧客；他們幫人保管兩串鑰匙；替隔壁的鄰居代收包裹，因爲他們出遠門，不在家；對買香菸的年輕人說教；給人指路；幫對街的鐘錶店代收一只送修的手錶，因爲錶店比較晚開門；跟一個在找房子的人解說附近房租的行情；傾聽鄰居訴苦，並設法

安慰他；告誡幾個吵鬧的小鬼要守規矩(順便教他們什麼是規矩)，否則不讓他們到店裡買東西；幫幾個進來買雜物的顧客開一個臨時論壇，討論一些時事議題；把一些剛到的報紙和雜誌放到一邊，留給有需要的老主顧；建議一個要買生日禮物的母親不要買船的模型，因為剛剛有一個要參加同一個生日派對的小男孩已經買了一個同樣的禮物；跟收送報紙的送貨員要一份昨天的報紙(這是替我要的)。

在知道了這麼多商品交易之外的額外服務後，我問伯尼：「你曾經介紹顧客們互相認識嗎？」

他對這個問題有點吃驚，甚至嚇了一跳。他想了想，說：「不會，我不建議這麼做。有時候，如果我知道有兩個顧客都對同一件事情感興趣，我會在談話中提起這個話題，如果他們想聊的話，然後讓他們自己接下去聊。哦！但是我不會主動幫他們介紹。」

當我把這件事情告訴一個住在郊區的朋友時，她很快地就認定賈菲先生會這麼做是怕逾越他的社會地位。一點也不會。在我們社區，像賈菲先生這樣的店主很樂於接受他們這樣還不錯的社會地位──生意人。就所得而言，他們和一般顧客的收入不相上下；就自由不受拘束而言，他們還在顧客之上。他們稱得上是有常識和有經驗的人，人們會尋求並且敬重他們的忠告。他們是大家都認識的人，不是抽象的階層象徵。就像這條大家不自覺的維持，而且拿捏得當的界線所顯示，在城市的公共世界與私人世界之間取得平衡。

這條界線可以維持得很好，對任何人都沒有太大的困難，因為當人們在街上行走或是閒逛的時候，沿街設立的商店或是人行道本身提供了無數公共接觸的機會，或是由於有這麼許多像伯尼的店那種公共的聚會場所，人們才得以自由自在的逗留、進出，沒有約束。

在這套制度之下，在城市的街角附近，有可能認識各式各樣的

人，而不會有令人討厭的侵犯、也不會無聊、需要藉口、害怕冒犯、或是有指派和承諾的尷尬，由於彼此關係不深，也不會有各種責任的枷鎖。就一個好的人行道而言，你可能碰到和自己非常不同的人，甚至，經過一段時間，你們還會彼此熟識。這種關係可以維持許多年，甚至幾十年。這些關係得以建立，正因爲它們是處於人們正常公共出入的途中。

休戚與共的「與共感」（togetherness）是規劃理論的古老理想中，一個令人作嘔的名稱。這個理想是如果人群中有任何共同分享的東西，那麼還有更多的東西需要共享。「與共感」，這個儼然是新郊區的精神泉源，在城市裡的作用則是具破壞性的。那個凡事必須共享的要求，把都市人拆散了。

當一個城市地區缺乏人行道的生活，如果人們要和社區有同等相當的接觸的話，當地的人們必須擴大他們的私人生活。他們必須設法建立某種形式的「與共感」，那麼他們才會有街道生活以外的東西可以共享。否則他們就必須接受沒有來往的生活。結果一定是二中取一。但是兩者都有令人煩惱的後果。

在第一種情況，人們要共享的事情太多，因此會對誰是鄰居，或是要和誰有關係，有諸多挑剔。他們必須如此。我的一個朋友潘妮・科爾斯區斯特斯基（Penny Kostritsky），她對巴爾的摩她住的那一條街道的做法感到不智和不悅。整條街道坐落在一個純住宅區裡面，除了住宅之外，沒有別的設施。當地實驗性地設置了一個美麗的人行道公園。人行道拓寬了，並且舖上迷人的舖面，車輛也因爲路面狹窄而繞道行駛，花木扶疏，公園裡面將來還要放置一座休閒性的雕刻品。所有的這些想法到目前爲止，都很不錯。

然而，社區裡面沒有商店。附近街廓來的母親帶小朋友到公園

裡玩耍，也順便看看自己有沒有和別人接觸的機會。在冬天要取暖、打電話，或是帶小朋友上廁所時，不得已只好跑到街道旁邊的朋友家裡。女主人會奉上咖啡，因為當地沒有地方提供咖啡。很自然地，在公園附近有相當多像這樣的社交生活產生。有許多東西是共享的。

科爾斯區特斯基太太住在當地的一間房子裡面，有兩個小孩，處於那種狹窄和意外的社交生活圈裡。「我喪失了城市生活的優點，她說，「卻沒有獲得郊區生活的好處」。更令人沮喪的是，當不同所得、膚色或是教育背景的母親帶著她們的小孩到街頭的公園玩耍時，她們和她們的小孩被粗魯和刻意地排斥。他們難以融入這個從城市街道生活蛻變而來，像郊區般共享的私人生活裡面。公園刻意不設置椅凳：這些「與共感」的人們排除這些椅凳是因為他們怕會被解讀成他們歡迎這些和這裡格格不入的人們。

「如果街上有一兩家商店」，科爾斯區特斯基太太嘆息道，「如果有一家雜貨店、藥局或是小吃店，那麼打電話、取暖和聚會就可以很自然地發生在在公共場合，然後大家彼此之間也會比較客氣，因為每個人都有權利到這些地方。」

像發生在這個缺乏街道公共生活的人行道公園裡面的事情，有時候也會發生在中產階級的社區，例如匹茲堡的查塔姆村(Chatham Village)，那是一個著名的田園城市計畫。

這裡的房子圍繞在公用的草地和遊戲場外形成一些群落，然後整個開發計畫還設置了只對社區內部開放的公共設施，例如可以舉辦派對、跳舞、聚會的住戶俱樂部，在裡面舉辦一些像是橋牌、縫紉派對等婦女活動，或是兒童舞蹈及聯誼派對等。從城市的觀點而論，這裡並沒有公共生活，只有不同延伸程度的私人生活。

查塔姆村成功地作為一個凡事都講求共享的模範社區，要求住

戶在水準、興趣和背景等方面都要盡可能的相似。這裡大部分是中產的專業者和他們的家庭[1]。它也要求住戶和周邊城市不同的人要明顯地分開；那些人多半也是中產階級，但是屬於中下的中產階級。這和查塔姆村設定的社區精神，不太吻合。

查塔姆村無可避免的孤立(和同質性)有實際上的後果。舉例來說，當地的初中和其他所有的學校一樣，都會面臨一些問題。由於查塔姆村的規模夠大，所以當地小學的學生大部分都是來自同一個社區，因此他們能夠協助小學處理很多問題。然而，到了中學，查塔姆村就必須和其他的社區共同協助處理學校的問題。但是彼此之間沒有公共的熟識，也缺乏那種隨性和公共信賴的基礎，沒有交集——同時也沒有應用最起碼的城市公共生活所需要，最簡單的實務技巧和自在。他們感到無助。的確，有些查塔姆村的家庭在小孩長到要上中學的年紀時就搬家；其他家庭則設法將小孩送進私立學校。諷刺的是，像查塔姆村這種社區孤島正是正統規劃鼓勵的方向，它們認爲城市需要中產階級的才能和穩定的影響力，並假設這些特性會一點一滴的滲透出去。

沒辦法愉快地融入這種社區的人最後會選擇離開，住宅開發公司的管理當局也就慢慢了解哪些申請人比較適合。由於被選擇的住戶在水準、價值觀和背景各方面都要相當，所以選擇住戶的安排就需要相當程度的控制與手段。

對於鄰居之間的接觸而言，尤其是這些自我篩選的中上階級，城市住宅規劃需要仰賴個人之間的分享，但是卻往往不甚成功。它只能解決這些簡單人口的簡單問題。但是，就我所知，它沒有辦法

1　舉一個有代表性的院子爲例，裡面就住有四個律師、兩個醫生、兩個工程師、一個牙醫、一個推銷員、一個銀行職員、一個鐵路主管和一個規劃主管。

處理其他人口的問題。

在城市中人們面臨共享一切或是自掃門前雪的抉擇時，通常的結果是自掃門前雪。在缺乏自然與隨興的公共生活的城市地區，居民一般會將彼此孤立到一種很可怕的程度。如果只是和鄰居往來就會威脅侵犯到彼此的隱私，或是你無法像那些自我篩選的中上階級那樣仔細選擇你的鄰居，那麼最合理的解決方法就是完全避免任意提供協助或友誼，和別人劃清界線。最後的結果就是，一些需要有人主動提議或是需要人們集合起來才能夠做到的一般公共事務——例如共同看顧小孩，就無法達成。它所劃下的鴻溝，幾乎無法想像。

例如，在紐約市一個設計成共享一切或是自掃門前雪的住宅計畫裡——就像所有正統的城市住宅規劃一樣——有一個非常外向的婦女非常驕傲的說，在經過相當的努力之後，她終於認識大樓裡面將近90戶人家的所有母親們。她主動登門拜訪，在門口或大廳遇到人時，就強拉著別人說話。如果坐在公共的椅凳上，她也一定主動和鄰座的人攀談。

結果有一天她八歲大的兒子卡在電梯裡將近兩個小時，不管男孩如何大叫、哭泣和拍打，就是沒有人去救援。第二天這位母親向其中一位鄰居感嘆這件事情。那位鄰居說：「哦！那是你的小孩啊？我不知道。如果我知道那是你的小孩，我一定會幫他。」

這位鄰居並非無情地回應舊的街道生活——她甚且不斷嘗試想要回復那樣的公共生活，只是擔心會侵犯到別人的隱私，這在一個公共的層面上並不容易維持。

我們還可以舉出幾十個像這種共享一切或是自掃門前雪的辯解。一位東哈林區的社工人員艾倫·盧里亞(Ellen Lurie)，在對那裡低所得住宅計畫所做的一個徹底和詳細的研究報告中，就曾經提及：

那是……非常重要的，我們必須理解，出於某種複雜的原因，許多成年人，要不就是完全不和鄰居來往，否則也只和一兩個人做朋友(如果他們眞的有這種社交需求時)。做太太的總是重複她們丈夫的告誡：

「我不會和任何人太親近。我先生不相信這種關係。」

「人們太八卦了，這會惹來一堆麻煩。」

「最好少管閒事。」

有一位婦人，亞伯拉罕(Abraham)太太，老是從建築物的後門進出，因爲她不想在大門碰見別人。另外一個人，科隆(Colan)先生，……不讓他的太太和住宅區裡的其他住戶來往，因爲他不信任這裡的人們。他們有四個小孩，年紀從八歲到十四歲，但是做父母的從不讓小孩單獨下樓，深怕他們被人傷害[2]。結果是許多家庭設法築起自我保護的防線。在一個不知道安全與否的社區裡，爲了保護他們的小孩，家長們讓小孩待在公寓樓上。爲了自我保護，他們也不交朋友。有一些人會害怕，朋友如果生氣或是嫉妒，會編造故事到管理委員會那邊告狀，產生許多麻煩。例如丈夫年終拿到紅利(他決定不讓房東知道)，或是太太買了新窗簾，來訪的朋友知道之後，很可能會跟房東打小報告，造成房東前來了解狀況，或是調升房租。猜忌和怕引來麻煩，常常超越對鄰居忠告和幫助的需要。對於這些家庭而言，隱私權已經被嚴重地破壞了。家庭

2　這在紐約的公共住宅裡面非常普遍。

的秘密或是動靜，不僅被房東知道，還有可能被其他
機構知道，例如政府的社會福利部門。為了保護這些
最終的隱私，人們選擇避免和別人發生密切的關係。
這種現象在缺乏都市計畫的貧民窟地區就比較不明
顯，雖然人們為了一些其他的理由也經常需要築起這
些自我保護的防線。但是，在都市計畫的住宅區裡，
這種社會退縮的情況，顯然普遍多了。根據一些研究
指出，即使在英國，這種鄰居之間的猜忌和保持距離
的情況也存在於規劃的城鎮。

　　然而，在自掃門前雪的情況下，還是可以發現有相當程度的
「與共感」。盧里亞太太就舉出下列的關係：

> 經常有住在不同建築物的兩個婦人在洗衣店碰到，彼
> 此認得；雖然她們在九十九街那邊從來沒有交談過，
> 但是到這邊突然就變成「好朋友」了。如果這兩個人其
> 中有一個人在自己住的那棟建築物中另外還有一兩個
> 朋友，另外一個人很可能就會加入這個小圈圈，和這
> 些人變成好朋友，而不是和自己大樓的鄰居做朋友。
> 這些友誼並不會無限制地拓展。它們在整個社區裡面
> 會有一定的擴散管道，但是大約一陣子過後就會停止
> 擴散。

　　在東哈林區社區任職非常成功的盧里亞太太，曾經研究公共住
宅住戶組織過去的許多作為。她告訴我，「與共感」本身，是讓類
似的社區組織難以成功運作的因素之一。「這些社區並不缺乏天生

的領袖人才」，她說，「他們有許多很有能力、很棒的人，但是通常的結果是，當這些住戶組織的領導人彼此認識，進入對方的社交生活之後，大家反而開始彼此不說話了。他們找不到追隨者。所有的事情自然而然的退化到沒有效率的個人黨派。沒有正常的公共生活。人們要學會究竟是怎麼回事的機制實在太困難了。對這些人而言，這整件事情讓最簡單的社會利益變得困難重重。」

住在缺乏鄰里商業和人行道的生活，沒有規劃的城市住宅地區的居民，在面對共享一切或是自掃門前雪的抉擇時，有時候會採取和住宅計畫裡面居民相同的作法。因此在底特律一個單調的灰暗地帶找尋社會結構秘密的研究者，會得到一個出乎意料的結論，那就是那裡缺乏社會結構。

人行道生活的社會結構，部分仰賴一種所謂自我指派的公共人物(public characters)。公共人物是指經常和一大群人接觸的任何人，他也有意讓自己成爲這樣的公共人物。一個公共人物並不需要特殊的才能或智慧來達成他的功能——雖然他通常都具有某些特殊才能或智慧。他只要適時的出現，還有其他角色的配合。他的主要資格就是他是公眾的，他會和許多不同的人接觸、說話。就這樣，具有街道旨趣的新聞就會不逕而走。

大部分人行道上的公共人物都是固定停留在某個公共的地方。他們可能是店主或是攤販。這些人是公共人物的基本成員。所有城市人行道的其他人物都要仰賴他們——因爲人行道的路徑必須經過這些商店和經營者。

福利住宅(settlement-house)的管理員和教區的牧師，是另外兩個比較正式的公共人物。他們基本上還是仰賴以商店作爲街道新聞傳遞網絡的神經中樞。例如紐約下東城的一個福利住宅的主任，他

會例行性地到各個商店巡視一番。他從乾洗店聽到附近有人在兜售毒品。從雜貨店知道華人幫正在進行一些事情，需要注意。他在糖果店聽到兩個女孩喋喋不休地在討論運動員幫[*]的事情。他最重要的一個情報站就位於里文頓(Rivington)街上，一個停用的麵包亭。就位在一家雜貨店門口，在福利住宅、糖果店和遊戲間之間，那裡已經不賣麵包了，而是供人。在那裡有人談到一則有關附近一個青少年的事情，消息很自然而且快速地傳到他的耳朵。同樣的，反向的消息也會透過麵包亭快速地散布開來。

東哈林區聯合福利住宅音樂學校的校長布萊克‧霍布斯(Blake Hobbs)注意到，當他從這個熱鬧的老街社區招到一個學生之後，很快的就會在同一條街區另外再招到三、四個學生，有時候甚至整條街的小孩都一網打盡。但是如果他從附近的計畫住宅招到一名學生的話——或許是透過公立小學或是在遊戲場由他起頭的一次談話——他幾乎不會因此在同一個社區直接招收到其他學生。欠缺公共人物和人行道生活時，消息是不會流傳的。

除了固定鎮守在人行道上的公共人物，還有來回徘徊，但是容易辨識的公共人物之外，在城市的人行道上還有各種專門的公共人物。有趣的是，他們其中有一些人有助於他們自己和別人建立認同感。舊金山的一則新聞報導，在描述一位活躍於這種街道餐廳或是庭園棚座的退休男高音的日常生活時提到：「由於他終身對音樂的熱愛和戲劇性的誇張表現，人們都稱呼他麥洛尼(Meloni)，他讓自己和許多朋友都感受到音樂的重要性。」就是這樣。

人們不需要特殊的藝術天分或是人格特質才能夠成為一個專門的街頭人物——只要有一點點相關的專長即可。那很容易。在我住

---

[*]　[譯注]運動員幫：幫派名稱。

的那條街上，由於其他一些固定在人行道上出現的基本公共人物的原因，我也變成一個專門的公共人物。由於我居住的格林威治村當時正在進行一場搶救公園免於被高速公路攔腰斬斷的抗爭。在這場冗長且可怕的抗爭中，我接受格林威治村另一頭自救委員會主席的任務編派，負責在各個商店中放置抗議道路工程的陳情書。顧客到商店購物的時候可以在卡片上簽名連署，每隔幾天我就去收一次 [3]。由於從事這項陳情書收集的工作，我也順理成章地成為陳情戰術的街道公共人物。例如，酒坊的福克斯(Fox)先生在幫我包裝酒的時候，就向我請教該怎麼做才能讓市政府拆除靠近這邊街角的一座礙眼、廢棄關閉的公共廁所。他提議，如果我能夠幫忙草擬陳情書並且遞交給市政府，那麼他們夫妻願意去印製、散發和收取陳情連署書。現在我們這條街已經出了許多陳情戰術的專家，包括一些兒童在內。

可以這麼說，公共人物不只像零售般的小規模散布和獲得新聞。事實上，他們更像批發商似地大量連結與傳送消息。

就我所知，人行道生活的產生並非因為人口中有人具有哪些神秘的特質或才能。只要有一些具體、有形的必要設施的出現，它就會自然發生。也就是由於這些設施的數量龐大和四處分布，才得以孕育出人行道的安全。如果沒有這設施，也就沒有人行道的公共接觸了。

有錢人有許多滿足需求的方法，但是比較窮的人只能多靠人行道生活——例如讓餐廳領班知道某人正在找工作等等。然而，許多城市裡的有錢人，或是還算有錢的人，似乎和其他人一樣承認人行

3　順帶一提，這是一種比挨家挨戶去簽署陳情書更事半功倍的做法。它也比逐戶拜訪更有助於公共討論和意見的表達。

道生活的優點。至少，他們願意付相當高的租金，以便搬進一個有多采多姿人行道生活的地區。事實上，他們是把中產階級和窮人擠出這些活力充沛的地區，像是紐約的約克維爾（Yorkville）、格林威治村，或是舊金山離北灘（North Beach）街道不遠的電報丘（Telegraph Hill）。在幾十年短暫的流行之後，他們善變地拋棄「安靜住宅區」的單調市街，把郊區留給比較不幸的人。如果你和哥倫比亞特區喬治城（Georgetown）的居民談話，不出三句話他們就會告訴你許多有關當地餐廳的狂熱的話。例如：「我們有比其他城市加在一起更多、更好的餐廳」，這裡的商店有多特別、多友善，在街上辦事時碰到一大群人的喜悅——也就是喬治城已經變成當地整個都會區專門的購物中心的那種驕傲。還沒聽說過因為有趣的人行道生活和許多人行道的社會接觸，導致城市地區，受到傷害的事情發生，不論當地是貧窮還是富有。

　　如果我們加諸太多責任在人行道公共人物的身上，那麼他們的功效就會大打折扣。例如，一家店實際或潛在的接觸越多，它的營收也會越高。但是當一家店的規模太大時，它就不具有實質的社會功效。這種例子可以在紐約下東城的一家糖果及書報店中發現。它是由柯里爾斯岬（Corlears Hook）的合作住宅當局規劃設置的。這個商店取代了將近40家在那個基地和鄰近地區被拆除的類似商店（沒有給店主任何補償）。這個地方簡直像是一家工廠。它的店員忙著找錢和沒效率地在走道上吆喝著。除了聽到我要這個、那個之外，什麼也聽不到。這是購物中心規劃或是強制分區等都市社區，人工規劃的商業壟斷的一般氣氛。像這樣的商店如果遭逢競爭對手的話，一定會失敗。同時，雖然規劃的壟斷生意可以確保商業上的成功，但是在城市的社會生活方面，卻是失敗的。

　　人行道的公共接觸和人行道的公共安全，兩者放在一起看的

話，直接關係到美國最嚴重的社會問題——隔離和種族歧視。

我並不是暗示，城市的規劃和設計，或是街道和街道生活的形式，可以自動克服隔離和種族歧視的問題，我們還需要其他許多努力來匡正這些不正義的事情。

但是我想說的是，建造和重建的城市，如果人行道不安全，或是人們只能在共享一切或是自掃門前雪的生活模式中，兩者取其一的話，不論我們多麼努力，都只會讓美國的城市更難克服種族歧視的問題。

想想伴隨著和支持種族歧視而來的偏見和恐懼，如果人們覺得在人行道上不安全的話，那麼要克服住宅的歧視將會難上加難。當人們無法在基本有尊嚴的公共立場上面維持一個文明的公共生活，以及在私人立場上維持文明的私人生活時，要克服住宅的歧視，將會困難重重。

可確定的是，城市中到處可見的樣板模範住宅整合計畫——藉由大力推動對於新鄰居不正常(對於城市而言是不正常的)的選擇，因爲危險和缺乏公共生活而成效不彰。它規避了這些問題重要性和急迫性。

對於鄰居之間差異的容忍和空間——通常是比膚色差異更深的差異——在密集的城市生活中是可能且正常的。但是這對於郊區或是僞郊區而言，卻是陌生的。然而，這種生活只有當大城市有固定的設施讓陌生人能夠在文明及有尊嚴、受保護的情況下和睦相處，才有可能。

看起來沒有架子、沒有目的、隨機的人行道接觸，是城市豐富的公共生活得以滋長的小小改變。

洛杉磯就是一個極度缺乏公共生活的大都會，它主要是仰賴比較私人社交性質的接觸。

　　例如，有一次碰到一位住在洛杉磯的朋友，她說她已經住在洛杉磯十多年了，也知道當地有墨西哥人，但是她從來沒有注視過墨西哥人，或是和墨西哥文化有關的東西，更沒有和墨西哥人交談過。

　　在另外一個場合，奧森‧威爾斯（Orson Welles）[*]寫道，好萊塢是世界上最重要的戲劇重鎮，卻沒有發展出有戲劇效果的小酒館。

　　又有另外一個場合，洛杉磯最有影響力的一名商人，提到洛杉磯在公共關係上的空白，這在其他城市，是件不可思議的事情。這位商人自承，洛杉磯是「文化落後」的城市。他告訴我他正在努力矯正這種情形。他領導一個委員會為籌設一個一流的藝術博物館募款。他告訴我洛杉磯生意人的俱樂部生活之後，我在後來的談話中問他，好萊塢的人們通常在哪裡或是如何聚會？他回答不出來。他接著告訴我，他完全不認識任何一個和電影產業有關的人，他也完全沒有演藝圈的朋友。他自己反省道：「我知道這聽起來很詭異，我們都很高興洛杉磯有電影產業，但是那些和電影有關係的人，都不是我們的社交生活會認識的人。」

　　這又是一個要不是有「與共感」，要不就是自掃門前雪的案例。我們可以想像這位仁兄努力嘗試籌設一座大都會藝術博物館，必定困難重重。他不可能輕鬆自在地實現他委員會成功募款的工作。

　　在它的上層經濟、政治和文化階層，洛杉磯的運作模式和巴爾的摩的人行道公園或是匹茲堡的查塔姆村一樣，都遵循著社會孤立的假定前提。這樣的大都會缺乏能夠凝聚想法、熱情與金錢的手段。洛杉磯正在進行一項荒誕的實驗：它試圖靠「與共感」或是自掃門前雪的力量來經營城市，不只在個別的住宅計畫或是灰暗的交

---

[*]　[譯注]奧森‧威爾斯（Orson Welles）：美國知名的演員、作家、導演和製片。

接地帶,而是在整個都會地區。我想這是一個大城市的必然結果,它的市民在一般的生活和工作當中,缺乏城市的公共生活。

第四章

人行道的使用：教養兒童

在規劃和住宅的迷信中，有一個關於改變兒童的幻想。他們是這麼說的：有一群不幸的兒童注定是要在城市的街道上玩耍。這些臉色蒼白、彎腰駝背的小孩，在邪惡的環境裡，鬼鬼祟祟、流傳色情，相互傳授各種新的墮落方式，就像在感化院裡面一樣快速。這種情形被說成「啃噬青少年的道德與身體的街道」，有時候就直呼為「貧民窟」。

這些貧窮的兒童必須脫離街道，被安置在有運動設施的公園和遊戲場裡，有空間可以奔跑，有草皮可以提升靈魂！乾淨和快樂的地方，兒童在這個有益健康的環境裡面充滿笑聲。真會幻想！

讓我們來看看一個真實生活的故事，是一位紀錄片導演查爾斯·古根海默（Charles Guggenheim）在聖路易發現的故事。古根海默當時正在拍攝一部描寫一個聖路易托兒所活動的片子。他注意到下午班下課後，大約有一半左右的兒童，很不情願離開。

古根海默好奇地加以調查。無一例外的，很不情願離開的兒童是來自附近的一個計畫住宅區。同樣毫無例外的，那些自願離開的兒童，清一色是來自附近的一個「貧民窟」街區。古根海默發現，這個謎本身非常簡單。回到計畫住宅區的兒童，在寬廣的遊戲場和草地上，會被欺負，不是被要求把錢包交出來，就是被毒打一頓，有時候兩者都逃不掉。這些年幼的兒童每天回家時都會遭遇這些令

他們害怕的考驗。古根海默還發現,回到老街的兒童,就沒有遭到
勒索。他們有許多條街道可以選擇,他們會機伶地選擇最安全的街
道。古根海默說:「如果有人找他們的麻煩,總有一些商店可以跑
進去避難,或是有人會出面救援。」「如果有人要圍堵他們,他們
也有好幾條不同的路徑可以逃跑。這些兒童覺得安全而且驕傲,同
時也很喜歡這段回家的路程。」古根海默做了比較觀察,發現在計
畫住宅這邊有景觀設計的空地和遊戲場非常無聊,看起來很荒涼;
相較之下,老街附近從鏡頭和想像的畫面裡面,在趣味性、變化性
和素材各方面,都豐富許多。

再來看看另外一個來自真實生活的故事。一場1959年夏天發生
在紐約的青少年幫派戰爭,造成一名和這些幫派無關的15歲女孩死
亡。她只是剛好出現在她住的那個計畫住宅的空地上。根據《紐約
郵報》在事後審判時的報導,這些事件和它們發生的位置,導致當
天最後的悲劇。事情是這樣的:

> 最早的衝突大約是在中午發生的。當時運動員幫的成
> 員闖進聖福塞斯男校幫(Forsyth St. Boys)在羅斯福夫人
> 公園(Sara Delano Roosevelt Park)的地盤[1]。到了下午,
> 聖福塞斯男校幫決定拿出他們的致命武器——來福槍

1　聖福賽斯是以羅斯福夫人公園為界,該公園延伸了好幾個街廓;《紐
約時報》曾經引述公園旁邊一座教堂的牧師,傑瑞‧奧尼奇(Jerry
Oniki)牧師,對這座公園影響兒童的一段談話。他說:「你可以想像
的各種惡行,這座公園都有。」然而,這座公園曾經受到專家的讚
揚,例如1942年紐約的重建者羅伯特‧摩西斯(Robert Moses)在一篇
寫到有關巴黎重建者巴倫‧豪斯曼(Baron Haussmann)的文章中,把當
時新建的羅斯福夫人公園煞有其事地和巴黎的利佛里路(Rue de
Rivoli)相提並論。

和汽油彈……在這場幫派戰爭的過程中，也是發生在
羅斯福夫人公園裡，有一個14歲的聖福塞斯男校幫的
男孩被刺，有生命危險，另外有兩名男孩，其中一個
只有11歲，身受重傷……大約在晚上九點整時，
〔七、八名聖福塞斯男校幫的男孩〕突襲運動員幫在
莉莉蓮‧華德(Lilian Wald)計畫住宅附近的聚集地，從
D大道(該計畫住宅的空地邊緣)向空地投擲汽油彈，同
時克魯茲(Cruz)蹲下開槍。

　　這幾場戰爭發生在哪裡呢？在公園和像公園一樣空曠的空地。
在發生這些暴力衝突事件之後，無可避免的矯正方法之一就是要求
蓋更多的公園和遊戲場。我們對這些象徵的聲音感到困惑。

　　「街頭幫派」的「街頭衝突」絕大多數是發生在公園和遊戲場
裡面。《紐約時報》在1959年夏天彙整了過去十年城市中最嚴重的
青少年衝突事件，每一件都好像是被指定發生在公園裡面。而且，
有愈來愈多涉及這些可怕事件的青少年是來自超大街廓計畫的社
區，在這些社區裡，日常嬉戲被成功地從街道上移除(街道本身大
部分也被移除)。這種情形不僅發生在紐約，其他城市也是如此。
紐約青少年犯罪率最高的地帶是下東城一帶，就是上述發生幫派戰
爭的地方，在公共住宅計畫裡面的公園地帶。布魯克林區兩個最可
怕的幫派就是從兩個最早興建的計畫住宅社區發展出來的。根據
《紐約時報》的報導，紐約市青年輔導委員會的主席雷夫‧惠蘭
(Ralph Whelan)指出，在新建的住宅計畫地區，「青少年犯罪率正
節節上升。」費城最凶悍的女子幫派是來自該城市第二早的計畫住
宅。費城青少年犯罪的主要地帶和主要的公共住宅計畫地區，剛好
不謀而合。古根海默在聖路易斯發現勒索的住宅計畫地區和當地最

大的住宅計畫地區相比，還算是相對安全。後者有將近57英畝的草地，其中點綴著遊戲場，卻缺乏城市街道，是聖路易斯青少年犯罪的溫床[2]。這個計畫是將兒童趕離街道想法的一個例子。它會設計成這個樣子，有部分原因就是爲了這個目的。

所以結果令人失望，一點也不奇怪。那些適用在成人身上，有關城市安全與城市公共生活的規則，同樣適用在兒童身上，他們甚至比成人更容易受到危險和野蠻的威脅。

在眞實生活中，如果將兒童從一個有活力的城市街道移到一般的公園或是一般的公共或住宅計畫的遊戲場，會有什麼重大的改變呢？

在大部分的情況下（幸好，不是全部），最重大的改變是：兒童從有許多大人的眼睛盯著看的地方被移到大人比率極低，甚至根本沒有大人在的地方。如果認爲這代表著城市養育兒童的改進，根本是在做白日夢。

城市的兒童都知道，他們早就老生常談地說道，「當我們想做一些違反社會規範的事情時，我們總是到林迪公園（Lindy Park）解決，因爲在那邊不會被大人看到。」一位在布魯克林長大的藝術家傑斯・賴切克（Jesse Reichek）說，「我們在街上的大部分把戲，沒辦法玩得太離譜。」

現在的日子也是一樣。我兒子告訴我他是如何逃脫四個男孩的攻擊時說：「當我必須通過遊戲場時，眞擔心他們會逮到我。如果他們在那邊堵到我，我就死定了！」

在曼哈頓西城中段的一個遊戲場有兩個16歲的男孩被殺，我在

2　這個住宅計畫也備受專家讚賞，在1954至1956年興建時，曾經受到住宅和建築界的景仰，並廣爲宣傳爲非常傑出的案例。

命案發生幾天之後到當地探查。附近的街道顯然已經恢復正常。幾百個兒童，在更多使用人行道的大人和住家窗戶裡面眼睛的直接監視之下，正在人行道上追逐和玩著各式各樣的遊戲。人行道很髒、太窄、遮蔭不足。但是沒有看到縱火、傷害和揮舞著危險武器的景象。在發生謀殺案的遊戲場，事情顯然也恢復正常了。三個小男孩正在長板凳下面生火，另外有一個小男孩的頭被壓在水泥地上。公園的管理員則正在莊嚴肅穆地忙著緩緩降下旗桿上的國旗。

　　在回家的路上，當我經過住家附近比較有格調的遊戲場時，注意到母親們和管理員都離開之後，當天傍晚遊戲場僅有的使用者是兩個小男孩正在用溜冰鞋威脅要揍一個小女孩，不遠處還有一個酒鬼猛搖頭想讓自己清醒，嘴巴喃喃自語地念著他們不應該這麼做之類的話。在另外一頭的街道，一個有許多波多黎各移民的街道，是一番完全相反的景象。28個不同年紀的兒童正在街道上玩耍，沒有傷害、縱火或是任何比爭搶著一包糖果更嚴重的事情。他們被街上彼此互看的大人隨性地看著。公共監視看起來只是隨興的，但是當爭吵糖果的事情爆發之後，大人的干預證實，安寧和正義很快地就被重新建立。這些大人的身分不斷在改變，因為不斷有人把頭從窗戶探出來，同時不斷有人進進出出辦事情，或是經過時會逗留一會兒。但是在我觀察的時候，街上成年人的數量相當穩定，大約維持在8至11個之間。當我抵達家門時，我注意到我們這個街廓，在出租公寓、裁縫店、我們的房子、洗衣店、披薩店和水果行前面，有12個小孩正在人行道上玩耍，另外有14個大人在看著。

　　可以確定，所有的城市人行道都不是這種方式的公共監視，這正是都市計畫應該協助改正的問題之一。使用不足的人行道並沒有養育小孩所需要的公共監視。即使有眼睛看著，如果這些注視的眼睛經常會轉向住宅內部而不注視街上，那麼人行道也不會安全——

這是另外一個嚴重的規劃問題。可是街道附近的遊戲場和公園更不健全。

不是所有的遊戲場和公園都不安全，或是缺乏公共監視，我們將在下一章討論這個問題。但是那些健全的遊戲場和公園多半設置在街道熱鬧和安全的社區，那裡的人行道可以強烈地感受到文明的公共生活的盛行。就我目前所知，任何地區的遊戲場和人行道在安全和健全上存在著差異，是無可避免的事情，但是飽受詆毀的人行道還是比較可取。

這種事情，城市裡真正在帶小孩的人，而不是理論上在帶小孩的人，是最清楚不過的。城市的母親們會說，「你可以出去玩，但是只能待在人行道上。」我也是這樣子告誡我的小孩。但是這麼說不只是「別闖進馬路，危險。」

《紐約時報》報導一件奇蹟般地救出一個被不知名的攻擊者推到下水道的九歲小男孩的故事。當然，這件意外是發生在公園裡面。「男孩的母親當天稍早時還告訴男孩不要到高橋公園(High Bridge Park)裡面去玩……不過最後她還是答應了。」和男孩在一起被嚇壞的夥伴機警地跑出公園，奔回邪惡的街道，並且迅速獲得援助。

波士頓北城福利住宅的主任法蘭克·哈維(Frank Havey)說，家長們不只一次地找他談這個問題：「我告訴我的小孩晚餐過後在人行道上玩。但是我聽說兒童們不應該在街道上玩，我是不是做錯了？」哈維告訴他們，這樣做是對的。他將北城地方青少年犯罪率低的理由大部分歸因於，兒童在人行道上遊戲時極佳的社區監視。

田園城市的規劃者，由於憎恨街道，認爲解決青少年犯罪的方法就是讓兒童遠離街道，同時認爲健全的監視就是在超大街廓的中心，爲兒童建造的內部領地。這種政策是從光輝田園城市的設計者

承繼而來。今日許多大型更新地區，就是根據這個將封閉式的公園包在街廓裡面的原則重新規劃的。

　　從一些既有的例子中可以看到，例如匹茲堡的查塔姆村、洛杉磯的鮑德溫山村（Baldwin Hills Village），還有紐約和巴爾的摩一些較小的庭院住宅，這種設計的問題是有企圖心和靈活的小孩，到了六歲之後就不願意在這種無聊的地方玩耍。大部分的兒童在更小的時候就會想到外面去。這些有遮蔽的「與共感」世界，在真實的生活裡只適合三到四歲的幼童生活，也就是最容易管理的最初四年。即使是這些地方的成人居民，也不希望較大的兒童在有遮蔽的院子裡玩耍。在查塔姆村和鮑德溫山村還明文禁止。幼童是裝飾性的，而且相對溫馴；但是較大的小孩很吵，而且精力充沛，他們會對環境採取主動的態度，而不是只受環境控制。因為環境已臻「完美」，所以這樣是行不通的。再者，從既有或是正在興建中的例子中可以得知，這種類型的規劃需要將建築物面向中央的區域，否則它的美麗就無人享用，也難以監視和接近。建築物相對死寂的背面，甚至更糟的是一片空白的牆面，會因為這樣的設計而面向街道。沒有特殊用途的人行道，被替換成為了特定人口短暫幾年生活所需的特定的安全形式。當兒童開始向外探索冒險時，他們一定會這麼做的，這種特殊設計所能提供的服務也就不夠了，這對其他大人而言也是相同的。

　　我曾經深刻地思考在城市養育子女的一個負面議題：保護的因素——保護兒童免於他們自己愚蠢行為的傷害，免於大人惡行的傷害，還有免於彼此的傷害。我會深刻地思考這個問題是因為我要藉由最容易明瞭的問題來顯示，遊戲場和公園對於兒童而言自然就是沒問題的地方，而街道對於兒童而言自然就是有問題的地方，這種幻想是毫無道理的。

　　熱鬧的人行道對於都市兒童的遊戲有許多正面的意義，至少和安全及保護兒童一樣重要。

　　城市裡的兒童需要各種不同的地方來遊戲和學習。除了很多事情之外，他們還需要各種不同體育、運動和身體技巧的機會——比他們現在需要更多、更容易獲得的機會。然而，他們也需要一個在住家附近室外、非特定的基地，來遊戲、逗留，幫助他們建立對於這個世界的概念。

　　人行道就是提供這種非特定的遊戲形式——這是熱鬧的城市人行道可以做得非常好的部分。當這種以家為基地的遊戲被移置到遊戲場和公園的時候，不僅無法保障安全，同時還得花錢請人、添購設備和占據空間，浪費許多原本可以作為溜冰場、游泳池、划船湖和其他各種戶外用途的空間。貧乏、一般性的用途侵蝕了許多原本可以有良好特殊用途的使用方式。

　　不懂得利用有大人正常出現的熱鬧人行道，轉而依賴雇用替代的管理員(不論有多麼理想主義)，真是愚蠢至極。它的愚蠢不僅在社會面，在經濟面上也是。因為城市非常缺乏資金和人力，需要用在比遊戲場更有趣的戶外用途——還有用在兒童的其他生活面向上面。例如，今日典型的都市學校平均每班有30到40個學童——有時候更多——其中有些學童還有各式各樣的問題，從忽視英文的學習到情緒暴躁等等。公立學校需要增加50%的教師員額以處理嚴重學習障礙的問題，同時並減少班級的學生人數以提供更好的教育品質。紐約市的公立醫院在1958年時有58個專業職缺沒有填補，在其他許多城市，護士的短缺更是到了拉警報的程度。圖書館和博物館縮減服務的時間，尤其是服務兒童的時段。在城市新的貧民窟和新的住宅計畫區所需為數日益增加的福利住宅計畫，面臨嚴重的資金

短缺。甚至既有的福利住宅也缺乏擴建和改建的基金，缺乏人員。像這種公共和慈善基金的需求，應該要有較高的優先順序──不僅要彌補目前嚴重的不足，而且還需要大幅增加。

城市裡有其他工作和責任的人，還有缺乏必要訓練的人，不能自告奮勇的就足以擔任教師、護士、圖書館員、博物館解說員或社會工作人員。但是他們至少可以，而且在熱鬧、多元的人行道上他們的確也會，看管隨意玩耍的兒童，並且教化兒童融入社會。這是他們在做其他事情的時候，順便做的。

規劃者似乎不明白在隨性地玩耍中教養兒童需要多高比例的大人。他們似乎也不了解空間和設備本身並不會教養兒童。它們可以是有用的附屬品，但是只有大人才會教養兒童，教化他們融入文明的社會。

浪費正常、輕鬆的養育兒童的人力，或是根本忽略養育兒童這項基本工作──這樣會有可怕的後果──或是變成需要雇用替代的人力來做這項工作，用這種方式來建造城市，是很愚蠢的。認為遊戲場、草地和雇用警衛、管理員一定對兒童有利，還有充滿一般人的城市街道當然對兒童有害的這種迷思，簡直是對一般人的最大侮辱。

在真實生活中，如果兒童有學習的話，他們只有從城市人行道上的一般大人身上，學到城市生活的基本成功之道：人們必須對彼此負擔一些公共責任，即使人們之間沒有什麼關聯。這不是一個光聽別人說說就可以學會的教訓。它只能從和你沒有血緣或是深刻友誼關係，或是對你沒有正式責任的人，對你負起一些公共責任的經驗中汲取。當鎖店的萊西先生對著我闖進馬路的小孩大聲喝斥，並且在事後我先生經過鎖店時向我先生舉發這件過錯的時候，我的兒子不僅學到安全和服從的寶貴的課程，他也間接地學到，萊西先生

雖然和我們非親非故，只有地緣上的關係，但是他覺得對我兒子有一定程度的責任。那個在「共享一切或自掃門前雪」的住宅計畫中，被困在電梯裡面無人救援的男孩，從他的經驗剛好學到完全相反的教訓。因此當計畫住宅的兒童用水柱灌進別人家的窗戶或是路過的行人，而沒有被斥責，是因爲他們是無名土地上叫不出名字的孩童。

城市居民必須對城市街道上發生的事情負責任的教訓，不斷灌輸給在人行道上享受地方公共生活的兒童。他們在非常小的時候就開始學習。他們會理所當然地接受，因爲他們也是整個街道管理的一部分。在他們被詢問之前，他們就主動幫迷路的人指路；他們告訴一個男子，如果他把車子停在他想停的地方，會被開罰單；他告訴大樓的管理員應該要用粗鹽，而不是木屑，來處理地面上的結冰。都市兒童有沒有這一類的街頭霸行，對於人行道和使用人行道的兒童是否具有負責的成人行爲，是一種非常好的警訊。兒童會模仿大人的態度，這和家庭所得的高低無關。城市裡面有一些最貧窮的地方，當地的兒童在這方面的表現極佳，另外有一些一樣貧窮的地方，這方面的表現反而最糟。

這是受雇照料兒童的人，沒有辦法教導的都市生活課程。因爲這些責任的本質是，不用聘僱，你自己就主動會做。如果在一個社會做父母的只爲陌生人和鄰居負起一點點的公共責任，而且沒有其他的人願意做，只是尷尬地表示父母和別人不同和好管閒事，不表示這是正確的行爲方式。這種教導一定來自社會本身，而且在城市裡，如果有的話，它幾乎完全發生在兒童隨意在人行道上玩耍的時候。

在熱鬧、多樣化的人行道上遊戲，不同於今日其他所有美國兒

童日常生活中被提供的隨意玩耍：它不是在母權指導之下的遊戲。

大部分的都市設計師和規劃者都是男性。奇怪的是，不論人們生活在哪裡，他們的設計和規劃都將男性排除在一般、白天的生活之外。在規劃住宅生活時，他們的目的在滿足預設無事可做的家庭主婦和學齡前兒童的需求。簡言之，他們是局限在母權社會（matriarchy）的規劃。

伴隨著母權社會的想法，所有的規劃不可避免都將住宅與其他生活孤立開來，同時也將兒童隨意的遊戲局限在特定的區域範圍。不管是處於什麼樣的社會，這種規劃之下的兒童生活一定是受到母權的影響。那麼，查塔姆村作為一個最新的住宅郊區，也是匹茲堡模範的田園城市生活，不論在概念上或是實際執行上，徹頭徹尾都是母權的。其他所有的住宅計畫也都是如此。

在田園城市的傳統理論中，將工作和商業安置在住宅附近，但是將它們隔離開來，住宅區和工作及男人之間，有數哩之遙，就是充滿母權的安排。男性不是抽象的虛幻。他們要不就是真的就在附近，要不就根本不在嘛！工作場所和商業活動必須和住宅混合。如果男性在日常生活中就圍繞在城市兒童身旁，就像在哈德遜街工作的男性一樣——男性就會是日常生活的一部分，而不是偶然被放進遊戲場去取代女性，或是模仿女性的工作。

對於在熱鬧、多樣化的人行道上遊戲的兒童而言，一個由男性和女性共同構成的日常遊戲和成長機會（這在現代生活裡已經成為一種特權的享受）是可能存在，而且有用的。我不明白為什麼規劃和分區管制不鼓勵這樣的安排。相反地，它應該鼓勵人們研究增進混合工作、商業和住宅的條件。這個議題本書稍後的章節將繼續討論。

　　都市兒童對街道生活的迷戀，很早就受到休閒遊憩專家的注意，但是通常抱持著反對的態度。早在1928年，紐約的區域計畫協會，在一篇迄今仍是有關美國大城市休閒研究最徹底的報告中指出：

> 　　在許多城市及各種情況下，仔細檢查遊戲場四分之一哩的半徑範圍內，顯示大約有七分之一從五歲到十五歲的兒童人口，會出現在遊戲場裡面……街道的誘惑是一個強而有力的競爭對手。必須有一個管理良好的遊戲場才能夠成功地和充滿活力與冒險的城市街道競爭。讓遊戲場的活動有足夠的吸引力，將兒童從街頭吸引過來，並且讓他們每天保持興趣，這在遊戲的領導上是一項罕見的本領，需要結合個人特質和很高程度的技巧。

　　同樣的報告在哀嘆兒童頑固的在街頭「胡搞」，卻不玩「被認可的遊戲」（被誰認可？）的趨勢。那些代表兒童組織的呼籲反對隨興遊戲，但是兒童卻頑固地偏好在生活和冒險的城市街道胡搞，這種情形在今天和1928年時一樣明顯。

　　我的小兒子向我誇耀：「我對格林威治村瞭若指掌。」他帶我去看一個他在街道下面發現的「秘密通道」，先下去一個地鐵的樓梯，再爬上去另外一個樓梯，兩棟建築物之間有一個九英吋空隙的秘密基地，他把上學途中撿到人們拿出來給資源回收車的寶貝偷偷的藏在這裡，然後放學的時候再回來拿（我在他這個年紀的時候，也有一個類似的藏寶地，但是我的藏寶地是上學途中會經過的一個懸崖縫隙，而不是兩棟大樓之間的縫隙，而且他還發現陌生人和更

豐富的寶貝）。

　　為什麼兒童們經常覺得徘徊在熱鬧的城市人行道比待在後院或遊戲場更有趣呢？因為人行道比較有趣。同樣的道理，也可以問大人：「為什麼大人們覺得熱鬧的人行道比遊戲場有趣？」

　　城市人行道的便利，對兒童而言也是一項重要的資產。除了老年人之外，兒童比其他人更懂得享受這項便利。很大一部分的兒童戶外遊戲，尤其在他們開始上學之後，同時在他們也發現一些組織活動（例如運動、藝術、手工藝或是其他任何興趣及當地提供的機會）之外，是發生在偶然的時間片段，同時也必須插入這些偶然的時間片段。許多兒童的戶外生活是這樣子一點一滴堆疊起來的，它發生在午餐過後的短暫片刻，也發生在兒童等待被召喚回家吃晚飯之前，它發生在吃晚餐和做功課之間，還有做功課和上床睡覺之間的短暫片刻。

　　在這些時間，兒童會用各種方式去運動和娛樂自己。他們會玩泥巴、用粉筆塗鴉、跳繩、溜冰、玩彈珠、展示他們的東西、聊天、交換牌卡、玩滾地球、踩高蹺、爬欄杆、跑上跑下等等。這些活動本身並不是什麼了不起的事情。它沒有必要走到特定的地方去做預定要做的事情。它們的部分魅力來自可以在人行道上任意徘徊的那種自由，不像被關在特定區域的感覺。如果不能隨意和方便地做這些活動，他們就根本不會去玩這些遊戲。

　　當兒童長大，這種隨興的戶外活動——還是發生在等待被召喚回家吃飯的空檔——在肢體上變得比較斯文、不誇張的時候，就會伴隨著比較多和朋友遛達、打量別人、打情罵俏、聊天、推擠、動手動腳開玩笑等活動。青少年總是因為這一類的閒晃被批評。但是他們的成長過程很難沒有這些東西，麻煩在於這些事情的做法不是在社會允許的範圍之內，而是一種無法無天的方式。

　　這些各式各樣隨興的遊戲，不需要任何矯飾浮誇的設備，只需要一種隨時方便的空間和有趣的地方。如果人行道太狹窄的話（相對於所需要的空間而言），那麼這些遊戲就會被排擠出去。如果同時人行道在建築線上缺乏不規則的小區塊時，這些遊戲特別容易被排擠出去。因爲在人行腳步移動的動線之外，有許多逗留和遊戲會發生在這些畸零的小空隙上面。

　　除非人行道還有許多其他用途供給其他各式各樣的人使用，否則都市計畫沒有道理贊成人行道上的遊戲。爲了適當的公共監視、有活力的公共生活和共同的利益，這些不同的使用，彼此需要。如果人行道夠寬的話，那麼這些遊戲就可以和其他用途融洽的並存。如果人行道不夠寬的話，跳繩將是第一個被犧牲的遊戲，其次是溜冰和騎腳踏車。人行道越窄，隨意的遊戲就變得越次要。兒童也會經常不小心的闖進行車的馬路上。

　　30到35呎寬的人行道足以容納各種隨興的遊戲——加上遮蔭的行道樹、供人行走的足夠空間，還有大人的公共人行道生活及溜躂。這麼奢侈的人行道並不多見。人行道的寬度不可避免的爲了車道的寬度而犧牲了，部分原因在於傳統上認爲人行道純粹是人行空間和進入建築物的通道，而未被認眞看待成關係城市安全、公共生活和教養兒童，非常重要，而且無可取代的街道組織。

　　雖然近幾年道路拓寬已經逐漸侵蝕到人行道（人們常常相信林蔭大道和「步道」是具建設性的替代品），但是還可以看得到20呎寬的人行道，它不能跳繩，但還可以容許溜冰和其他有輪的玩具。人行道越熱鬧和越受歡迎，也就會有越多不一樣的使用者，所需要用來愉悅的滿足這些目的的人行道也就必須越寬。

　　但是即使沒有足夠的空間，位置的便利性和街道的趣味性，對兒童而言還是很重要的——對父母而言，好的公共監視則是很重

要——兒童自己會適應狹窄的人行道空間。但是這並不表示我們可以粗暴地利用他們適應力的優點。事實上，我們看待城市和看待兒童的方法，都錯了。

有一些城市的人行道對於養育兒童而言，的確是不好的地方。這些人行道對任何人而言，都是不好的。在這樣的社區我們需要促進城市街道在安全、活力和安定上的品質和設施。這是一個複雜的問題，這是都市計畫的核心問題。在有問題的都市社區，不管是為了解決街道的問題或是處理兒童的問題，把兒童趕進公園和遊戲場不僅無用，甚至更糟。

去除城市街道的想法，降低和減少它們在城市的社會及經濟生活上的重要性，如果可能的話，是正統規劃裡面最有害和最具破壞性的想法。

第五章

鄰里公園的使用

傳統上，鄰里公園或是像公園一樣的開放空間，被認為是給城市不幸的人的一種恩賜。讓我們反過來想，把城市公園視為不幸的地方，需要賦予生命和賞識。這樣才比較符合現實，因為人們的確在使用公園，並且讓它們成功——或者不去使用，那麼公園將注定被排拒和失敗。

公園是多變的地方。它們不是非常受歡迎，要不就是極端不受歡迎。它們的表現一點也不簡單。它們可以是城市地區歡樂的特徵，也可以是鄰近地區經濟的資產，不幸的是，很少如此。它們可以隨著時間，更受人們喜愛和更具價值，但是不幸的是，很少有公園顯示這種持久的力量。對於費城的里滕豪斯廣場(Rittenhouse Square)、紐約的洛克斐勒廣場(Rockefeller Plaza)、波士頓廣場(Boston Common)，或是其他城市裡面相同的地方而言，有幾十個了無生氣，被稱為公園的城市真空地帶，正被衰敗吞噬，缺乏使用，無人疼愛。一位印第安那州的婦人被問到是否喜歡城市的廣場時，回答道：「除了亂吐煙草汁和想偷掀你裙子的髒兮兮的怪叔叔之外，沒有人會去廣場。」

在正統的都市計畫裡，人們以一種極端缺乏批判到令人吃驚的方式推崇鄰里的開放空間[1]。去問住宅專家，他規劃的鄰里社區可以如何改善舊城時，他會說，有更多的開放空間，好像這是一個不

言自明的優點。再問分區使用的規劃者，進步的分區法規對改善舊城的貢獻時，他會說，又是　副理所當然的樣了，導向更多開放空間的誘因。和一位規劃者一同走過一個毫無生氣的鄰里社區，我認為它已經充滿了荒廢的公園和陳舊的造景，他還在想像一個會有更多開放空間的未來。

要更多的開放空間幹什麼？準備被襲擊嗎？作為大樓之間荒涼的真空地帶嗎？或是讓一般人使用和享受？但是人們不會因為它現成的存在，或是規劃者、設計者希望他們去使用，就去使用城市的開放空間。

在某些行為細節上，每一個都市公園都是一個不能一般化的個案。再者，一些大型公園，例如費城的費爾蒙特公園（Fairmount Park）、紐約的中央公園（Central Park）、布朗公園（Bronx Park）和眺望公園（Prospect Park）、聖路易的森林公園（Forest Park）、舊金山的金門公園（Golden Gate Park）和芝加哥的葛蘭特公園（Grant Park）——甚至較小的波士頓公園——在各方面都差別很大。而且它們都受到所在城市不同部分的影響。有一些和大型都會公園行為有關的因素太過複雜，以致無法在本書的第一部分詳談，將留待第十四章「邊界真空的詛咒」時，再作討論。

即使考慮任何兩個城市公園，事實上或是潛在上是彼此抄襲複製，或是相信一般化的推論可以完全解釋任何一座公園的特殊性，這些說法都有誤導之嫌。然而，還是有可能推論出幾個深深影響所有鄰里公園的基本原則。再者，了解這些原則將有助於了解它們對各種城市公園的影響——從作為街道擴大部分的小型戶外中庭到包

1　例如，摩西斯先生承認有一些新建住宅或許「醜陋、統一、制度化、單調、受限、缺乏表情」，但是他建議這些住宅可以用公園圍繞起來——摘自1961年1月的《紐約時報》。

含動物園、湖泊、樹林、博物館等都會景點的大型公園。

鄰里公園會比其他專門的公園更能清楚地揭示公園的一般行爲，是因爲鄰里公園是城市公園裡面最常見的一種形式。不論它所在的地方是主要的工作地點、住宅區域，或是混合使用，鄰里公園的主要目的是提供作爲地方公共庭院的日常使用。大部分的城市廣場都是屬於這種一般性的公共庭院使用；大部分住宅計畫的空地也是這種性質；許多利用河畔或山丘等天然資源的公園綠地，也是一樣。

了解城市和公園之間如何相互影響的第一要務就是釐清眞正使用（real uses）和神秘使用（mysterious uses）之間的差別——例如說公園是「都市之肺」的科學無稽之談。要知道，需要三英畝的樹林才能夠吸收大約四個人呼吸、烹飪和取暖所產生的二氧化碳。在城市上空流動的氣流才是使城市免於窒息的原因，不是公園[2]。

相同面積的綠地並不會比相同面積的街道引進更多的空氣。減少街道的面積，改爲公園或是社區林蔭大道，和一個城市接受到新鮮空氣的數量無關。空氣根本不知道迷戀草地，也不會根據草地爲

2　洛杉磯，這個比美國其他任何城市更需要都市之肺幫忙的城市，剛好也比其他城市有更多的開放空間。它的煙霧有部分原因是當地氣流循環的反常所致；但是也有部分原因是洛杉磯非常分散和寬闊的開放空間本身造成的。分散需要大量的汽車運輸，結果幾乎貢獻造成該城市煙霧問題三分之二的化學物質。洛杉磯三百萬輛註冊的汽車，每天排放千噸的空氣污染化學物質中，大約有六百噸的碳化氫，這在要求汽車裝上轉化器之後最後大部分都可以去除。但是另外四百噸的二氧化氮，在本書撰寫之際，還沒有研究著手開發減少這種廢棄成分的設施。這個空氣和開放空間的弔詭，而且顯然不是暫時的弔詭，就是：在現代城市裡，開放空間的廣大散布助長了，而非減少，空氣污染。這是埃伯尼澤・霍華德當時無法預見的效果。但是先見之明（foresight）不再必要，只要高瞻遠矚（highsight）就好了。

自己選擇流通的路徑。

　　要了解公園的行為，還需要拋棄公園是不動產的穩定機制或是社區安定的磐石的錯誤保證。公園不會自動變成什麼，而且公園這種易變的元素最不可能成為穩定房地產價值或是鄰里和地區的磐石。

　　關於這一點，費城就提供了一個相當於控制實驗的經驗。佩恩（Penn）*在規劃費城時，在現在是市政府的市中心設置了一個廣場，然後以這個廣場為中心，在等距的外圍地區設置了四個住宅區的鄰里廣場。這四個在歷史、面積、原始用途，還有區位優勢，都幾乎相同的鄰里廣場，最後變成什麼樣子呢？

　　它們的命運，大不相同。

　　佩恩設計這四個廣場中最著名的是里滕豪斯廣場，一個倍受鍾愛、成功和廣為使用的廣場，是今日賓州最大的資產之一，熱門的鄰里中心──的確，它是賓州唯一社區邊緣的居住人口和不動產的價值同時增加的舊社區。

　　佩恩的第二個小型公園是富蘭克林廣場，它是費城的流浪漢公園（Skid Row park）。當地的流浪漢、失業人口和遊手好閒的人聚集在附近的廉價旅館、教會、二手服飾店、閱覽室、當舖、工作介紹所、煙草店、脫衣舞店和小吃店，這座公園和它的使用者的氣色都不太好。但是，它並非危險或是犯罪的公園。然而，它也絕對不是穩定不動產價值或是安定社會的磐石。富蘭克林廣場附近已經準備進行大規模的清除行動。

　　第三個公園是華盛頓廣場，它所在的地區曾經一度是市中心的核心，但是現在是一個新興密集的辦公區──是保險公司、出版業和廣告業集中的地區。幾十年前華盛頓廣場曾經是費城的墮落公

---

*　［譯注］威廉‧佩恩（Nilliam Penn, 1644-1718）：費城的建造者。

園，當時上班族和午餐的人都不敢靠近，對公園管理員和警察而言，是一個難以管理的罪惡和犯罪的頭痛問題。它在1950年中期被拆除，關閉一年多，並且重新設計。在這個過程中，原先的使用者被驅離，這就是拆除改建的眞正意圖。今天這座公園只有單純和零散的使用，除了午餐時間和好天氣的日子之外，大部分時間是空著的。華盛頓廣場地區，和富蘭克林廣場周邊一樣，並沒有維持當地房地產的價值，更遑論大幅提昇。在辦公區邊緣之外的地區，目前已經被指定爲都市更新地區。

在富蘭克林大道(Benjamin Franklin Boulevard)上，賓州的第四座廣場，洛根圓環(Logan Circle)，被削減成一座小型的安全島，是城市美化運動的一個案例。這座圓環裝飾著美麗的噴泉和細心維護的花草。它主要是作爲汽車經過時優雅的視覺享受，雖然不鼓勵人們步行進入，但是在天氣好的時候，還是坐了一圈的人。這個地區緊鄰宏偉的文化中心，後者曾經是一個可怕破敗的地方，經過貧民窟的清除之後，已經改建成光輝城市的模樣。

這些廣場的不同命運——尤其是前三個維持原來廣場樣貌的公園——顯示都市公園多變的性格。這些廣場同時也顯現出許多公園行爲的基本原則，我會很快回來討論這些原則和相關的教訓。

公園和附近鄰里社區善變的行爲，可以非常極端。在美國的城市中可以找到最迷人和最特別的公園之一，洛杉磯的廣場(the Plaza)，過去周圍圍繞著許多玉蘭樹，是一個充滿樹蔭和歷史的可愛地方，現在被三面廢棄的鬼屋，極不協調的圍繞著，髒亂不堪，連人行道都臭氣沖天(第四面是一個還不錯的墨西哥商場)。波士頓的麥迪遜公園(Madison Park)，一個和連棟街屋社區爲鄰的住宅綠地廣場，正是這一類被放進今日許多複雜的重建計畫裡面的公園，它看起來像是一個被轟炸過的鄰里中心。圍繞在它四周的房子因爲

缺乏價值、疏於照料而顯得搖搖欲墜——它原來和費城里滕豪斯廣場附近的社區一樣,都是高不可攀,需求旺盛的房子。當整排房子中有一間出現裂縫被拆除時,住在隔壁的人爲了安全起見,只好被迫遷移;幾個月後,整排房子就人去樓空。這個過程並沒有任何重建計畫涉入,就是漫無目的的發展,出現缺口、瓦石裸露,然後和這個在一大片荒廢中心的小小的鬼公園一起放棄,它理論上是一個穩定住宅社區的好磐石。巴爾的摩的聯邦山丘(Federal Hill),可以看到巴爾的摩市區和海灣最美的視野,是一個最美和最恬靜的公園。它的鄰近社區,雖然高尚,但是和公園本身一樣,一幅垂死的樣子。已經有好幾代了,它就是無法吸引新的人口搬進來。在住宅計畫的歷史中,最令人痛苦失望的地方,在於公園和開放空間無法維持或提昇鄰近社區的價值。注意任何城市的公園、市民廣場或是住宅公園周邊:能夠一致反映出設想中公園像磁鐵般的吸力或是公園穩定力量的城市開放空間,眞是少之又少。

然後也想想那些和巴爾的摩美麗的聯邦山丘一樣,大部分時間都浪費掉了的公園。我在一個美麗、炎熱的九月午後,發現辛辛那提兩個俯瞰河畔、最美的公園裡面,加起來總共只有五個遊客(三個少女和一對情侶);另一方面,辛辛那提的每一條街道上都擠滿了休閒的人,毫無享受城市的舒適或是任何遮蔭可言。在一個類似的下午,大約華氏90度的氣溫,我發現在柯里爾斯岬公園裡面,曼哈頓下東城人口最稠密地區的一個景緻宜人、河畔徐風輕拂的綠洲公園,總共只有18個人,大部分是獨自一人,身上髒兮兮的男性 [3]。

3 很巧合的,當我返家時,我發現隔壁福利住宅的門階前剛好也聚集了18個人(有不同的性別和各種年紀的人),和公園裡面的人數一模一樣。但是在這裡沒有像公園一樣的那種舒適,除了最重要的一件事:享受彼此和經過城市的休閒。

公園裡面沒有兒童，也沒有一個心理正常的母親會讓自己的小孩獨自到那裡去，下東城的母親腦筋可清楚得很。環繞曼哈頓的遊城小艇給人一種錯誤的印象：紐約是一個大部分由公園綠地組成的城市──幾乎沒有居民。為什麼公園所在的地方經常沒有人，而有人的地方卻沒有公園呢？

不受歡迎的公園的麻煩不只是因為它們顯示的浪費和錯失機會，還因為它們常常帶來負面的效果。它們有和乏人注視的街道一樣的問題，而且這些危險會散布到周圍的地區，所以靠近這些公園的街道也會變成大家設法避免的危險地帶。

再者，使用不足的公園和設備常有破壞的情形發生，這和自然磨損和老舊損壞的情況完全不同。當時紐約市公園部門的主任，史陶德‧康斯特布爾(Stuart Constable)，在接受媒體訪問，發表他對倫敦提議在公園裝設電視的想法時，拐彎抹角地承認上述事實。康斯特布爾解釋為什麼他認為電視不適合裝在公園裡：「我認為電視機裝上去不到半個小時就會不見。」

在東哈林區繁忙的老街，每個天氣晴朗的夏天夜晚，都可以在室外看到公共使用的電視。每一台藉著沿著人行道拉過來的延長線從店裡的插座接電的電視，都是一個非正式的總部，圍繞著十多個男人，他們的注意力分散在電視、彼此的評論，以及和過往的人打招呼等事情上，小孩則負責處理大人的空啤酒罐。陌生人隨時可以停下來，一起看電視。沒有人擔心電視會不見。康斯特布爾對電視在公園部門管轄範圍之內安危的擔心，是有道理的，那是一個管理過許多不受歡迎、危險和使用不良的公園，以及一些不錯的公園的人的經驗之談。

大家對都市公園的期待太高了。公園很難改變它們周遭環境的基本品質，也不會自動提昇鄰里社區的價值，鄰里公園本身反而直

接而且相當程度受到鄰里社區對它們的影響。

城市是完全實質的地方。要了解它的行爲，需要從觀察有形和實質的事情上去獲得資訊，而不是憑空的幻想臆測。佩恩在費城設置的三座廣場只是一般陽春的城市公園。讓我們來看看它們和附近鄰里之間普通的實質互動，有什麼值得一說的事情。

成功的里滕豪斯廣場擁有一個多樣化的邊緣和鄰里腹地。截至目前爲止，沿著它的邊緣依序是：一家有附設餐廳和畫廊的藝術俱樂部、一所音樂學校、一棟陸軍的辦公大樓、一間公寓、一家俱樂部、一家老藥局、一棟前身是旅館的海軍的辦公大樓、連棟公寓、一間教堂、一所教會學校、公寓、公立圖書館的分館、公寓、一塊原本是街屋，但已經拆除，預定要蓋公寓的空地、一個文化社團、公寓、預定興建街屋的空地、另外一棟街屋、公寓。緊接著廣場邊緣之外，延伸出去的那條街上，還有和公園平行的街道，是一大片有著各式各樣商店和服務，老房子和新公寓混雜著各種辦公室的區塊。

附近鄰里的實質安排對於公園有沒有什麼實質的影響呢？有的。這些建築物的混合使用對於公園直接產生一群不同用途的使用者，他們會在不同的時間進入和離開公園。他們每一個人使用公園的時間不同，是因爲每一個人日常作息的時間不同。公園因此擁有複雜的用途和使用者。

約瑟夫・格斯(Joseph Guess)，一位費城的報人，他就住在里滕豪斯廣場旁邊，並且以觀賞廣場裡面的公園之舞爲樂，他說一整天下來依序上演的舞碼是：「首先，有一些住在公園附近的晨操族，精神抖擻地來散步；接著是當地的居民穿越公園，準備到這個地區以外的地方去工作；接下來是外面的人跨越公園，到附近的辦公室上班。在這些人離開公園後不久，就有一些要辦事的人穿越公

園,其中有一些還會在公園裡面逗留。到了早上中段的時間,母親和小朋友進來了,還有愈來愈多購物的人,在中午之前,母親和小朋友離開了。但是,因爲到了中午休息用餐的時間,同時也因爲有一些人從別的地方來藝術俱樂部或是附近的其他餐廳用餐,廣場裡面的人數,持續增加。到了下午,母親和小朋友又再度出現,購物和辦事的人,在公園徘徊的時間更長了,最後學生也開始加入。到了傍晚,母親和小朋友離開之後,回家的上班族開始穿越公園──先是那些要離開當地辦公室的上班族,接著是從外地回來的上班族。其中有一些人慢慢地徘徊。從這時候到晚上,廣場來了許多約會的年輕人,有些人在附近用餐,有些人就住在附近,有些人似乎只是因爲這裡結合了熱鬧和休閒而來此。此外,一整天稀稀落落的還有一些時間充裕的老年人、身體髒兮兮的人,還有各種無法分辨身分、遊手好閒的人。」

簡言之,里滕豪斯廣場相當持續地忙碌,和一個熱鬧的街道不斷有人使用的基本道理,是相同的:由於廣場附近實際使用功能的多樣性,使得公園的使用者和他們的作息時間也呈現出多樣性。

費城的華盛頓廣場──就是淪爲墮落公園的那個廣場──在這一方面剛好提供一個極端的對比。它的邊緣主要是大型的辦公大樓,在廣場邊緣和緊鄰的腹地都缺乏像里滕豪斯廣場一樣的多樣性──也就是有各種服務、餐廳和文化設施。鄰里腹地有一些低密度的住宅。因此,華盛頓廣場在近幾十年裡,當地潛在的使用者只有一種主要的來源──辦公室裡的上班族。

這件事情對於公園有什麼實質的影響嗎?有的,這些主要的使用者差不多都按照相同的白天時間在操作。他們都在同一時間進入這個地區,然後一整個早上直到中午,都待在辦公室裡面,午餐過後整個下午又回到辦公室。下班之後,大家都走了。因此,華盛頓

廣場在白天和晚上的大部分時間裡，都是空著。進到廣場之後，迎面襲來的通常是一種瀰漫在城市真空地帶的東西——凋敝的形式。

在這裡，有必要討論一個有關城市的一般想法——相信社會地位低的使用者會驅逐社會地位高的使用者。這並不是城市的行為模式，這種想法(打擊凋敝！)使得許多無謂的精力浪費在治標不治本的事情上面。比較有錢的人或使用者，或是比較有地位的人(在講究信用的社會，這兩種人通常是合而為一的)，很容易就可以排擠和取代那些比較不富裕或比較沒地位的人，而且這種情形通常是發生在受歡迎的城市鄰里社區裡面。但是相反的情形則很少發生；比較沒有錢、比較沒有選擇，或是比較沒有地位的人，只好搬進已經疲弱的都市地區、不再被有選擇餘裕的人覬覦的社區，或是那些能吸引投資的熱錢、投機和高利貸資金的鄰里社區。新的住戶為了一些不同的理由，或是更多複雜的理由，因此必須設法適應這些不受歡迎的情況。過度擁擠、犯罪和其他凋敝的形式，都只是該地區先前或是更深層的經濟和機能失調的表面徵兆。

在過去幾十年裡，墮落的人完全占領華盛頓廣場，是整個城市行為的縮影。他們並沒有完全扼殺一個有活力和受人尊敬的公園。他們只不過是搬進一個遭人唾棄的地方，並且自我鞏固起來。當本書在撰寫之際，這些不受歡迎的使用者已經被驅離到別的真空地帶另起爐灶。但是這樣並沒有因此讓公園找回受歡迎的使用者。

很早以前，華盛頓廣場有一群好的使用者。儘管它還是「一樣」的公園，但是隨著周邊環境的改變，公園的使用和本質也完全改變。和所有的鄰里公園一樣，它是周遭環境，以及周遭環境因為多元使用產生相互支持，或是因為缺乏多元使用而無法相互支持的產物。

未必是辦公室的工作讓公園的使用人口減少。只限定在非常有

限的時段，任何單一、過度支配性的使用者，都會產生類似的結果。同樣的情形也發生在以當地居民使用爲主的公園身上。在這種情形之下，白天最大的單一成人族群就是母親，城市公園或是遊戲場不能一直只有母親在使用，也不能只有上班族在使用。使用模式相對簡單的母親，一天最多也只能塡滿五個小時左右，早上兩小時，下午三小時，而且這還是在混合了各種不同社會階層的情況下[4]。母親每天使用公園的情況不止相對簡單，同時在時間的選擇上還受到吃飯、家務工作、小孩的年齡、天氣(這一點尤其明顯)等因素的影響。

一個周遭環境充滿了機能單調性的一般用途的鄰里公園，對一天的重要時段而言，簡直就是一片空白。這時就會產生一個惡性循環，即使公園的眞空空白受到保護對抗各種形式的凋敝，它對有限潛在的使用者只能產生極其微小的吸引力。它會讓使用者覺得超級無聊，因爲奄奄一息就是無聊。在城市裡，活潑、熱鬧和多樣性會吸引更多的活潑和熱鬧；死寂和單調會排斥生命。這個原則不僅對城市的社會行爲極爲關鍵，也和城市的經濟表現息息相關。

然而，需要許多不同使用功能的混合才能讓鄰里公園一整天都有人和活力朝氣的原則，有一個重大的例外。在城市裡面有一群人，他們自己就可以長時間好好的享受和占據公園——而且他們很少吸引其他類型的使用者。這是一群完全無所事事的閒人，他們甚至沒有家累。在費城，他們就是佩恩的第三座公園，富蘭克林廣場，俗稱流浪漢公園裡面的人。

4　例如，藍領階級的家庭晚餐的時間會比白領階級的家庭早，那是因爲做丈夫的工作時間，如果他們做日班的話，會比較早開始，也比較早結束。因此靠近我住的地方的遊戲場，藍領階級的母親在下午四點前就會離開；白領階級的母親則比較晚來，並且在五點之前離去。

　　大家都不喜歡流浪漢公園，那是很自然的，因為人們對於這種這麼濃烈的失敗是很難承受的。習慣上，人們很少明確區分它和犯罪公園之間的差別，雖然兩者截然不同。當然，經過一段時間，流浪漢公園有可能會變成犯罪公園，就像富蘭克林廣場，原本是一個住宅區的鄰里公園，當公園和附近的社區失去它們對有權選擇的人的吸引力之後，最後就變成流浪漢公園。

　　一個好流浪漢公園，像富蘭克林廣場這樣，有一些事情值得一談。供給和需求曾經一度達到平衡，而且這個意外顯然深受那些曾經被自己或情況所逼的人感佩珍惜。在富蘭克林廣場，如果天氣還不錯，那麼一整天的戶外盛宴就此展開。在這個盛宴中央的一些板凳會坐滿了人，還有許多坐不下的人會四處走動。聊天的人聚了又散，散了又聚。客人之間彼此尊重，對於湊熱鬧的人，也很親切。就像日晷一樣，幾乎察覺不到，這場烏合之眾的盛宴隨著廣場中央的水池，靜靜地移動、蔓延。的確，這場戶外盛宴就是日晷，因為它會追隨著太陽，停留在溫暖的地方。當太陽下山之後，盛宴也就自然結束。直到明天再重新開始[5]。

　　不是所有的城市都有發達的流浪漢公園。例如，紐約雖然有許多小型的公園空地和遊戲場被遊民使用，還有惡名昭彰的羅斯福夫人公園裡面有許多遊民，但是就是沒有一座流浪漢公園。或許美國最大的流浪漢公園——它的使用者和富蘭克林廣場相較，數量龐大——要算是洛杉磯主要的市區公園，珀欣廣場（Pershing Square）。它告訴我們廣場周圍一些有趣的事情。洛杉磯的中心機能非常零散和分散，它的市中心具備大都會的面向和密度的唯一元素

5　這不是你會在清晨發現有醉漢拎著酒瓶倒臥的地方。那比較可能發生在市區的獨立大道（Independent Mall）上，一個新的真空地帶，無法辨識社會形態的無人之地，甚至連流浪漢的陋巷都稱不上。

就是有許多無所事事的窮人。珀欣廣場不只是一場盛宴，它更像一個論壇，一個有許多小組討論的論壇，各自有他們領導討論的主席或獨白者。交談延伸到廣場的邊緣，那裡有板凳和牆壁，在角落的地方，討論尤其激烈。有一些椅子上還用刻字的模板寫上「女士保留座」，大家也都注意遵守。洛杉磯很幸運，它們解體的市中心的眞空地帶還沒有被掠奪者挪用，而是被一群相對值得尊敬，熱鬧的流浪漢人口所占據。

但是我們幾乎不可能仰賴有禮貌的流浪漢來拯救整個不受歡迎的城市公園。一個沒有大量流浪漢聚集的一般性的鄰里公園，唯有非常接近活潑和不同生活與功能齊聚的地方才可能順理成章地受到歡迎。如果位於市中心，就必須有購物者、訪客和閒逛的人，當然還要有市區的上班族。如果不是在市區，也必須是生活的匯聚地——有工作、文化、住宅和商業活動——盡可能有城市可以提供的各種不同活動。鄰里公園規劃的主要問題，歸根究底在於培育能夠使用和支持公園的多元化的社區。

然而，許多市區已經擁有這些備受忽視的地方生活，並且大聲疾呼要求在這些地方設立鄰里公園或是公共廣場。這些地區生活和活動的中心很容易辨識，因爲它們是發傳單的人會充分利用的地點（如果警察允許的話）。

但是，沒有道理將公園引進人潮所在的地方，尤其是在引進的過程中，它的邏輯是把在那裡的人掃除，然後用公園代替。這是住宅計畫，以及市政中心和文化中心規劃的基本謬誤之一。鄰里公園無論如何是無法取代城市的多樣性。那些成功的公園都不會成爲阻擋公園周邊城市複雜功能的障礙和干擾。相反的，藉由給予這些功能一個連結的設施，公園會有助於將它周圍不同的功能編織在一起；在這樣的過程中，公園本身會讓多樣性再增加另外一個令人讚

賞的元素，並給予周遭環境一些回饋，就像里滕豪斯廣場或是任何一個好的公園提供的功能。

你無法對一個鄰里公園說謊，也不能對它說理。「藝術概念」和有說服力的提案可以將生活的圖像放進提擬的鄰里公園或社區的林蔭大道，言詞的合理化可以招徠應該會讚賞的使用者，但是在眞實生活裡只有多樣化的環境才有促進一種自然、持續的生活和使用的實際力量。建築物的表面變化或許看起來像多樣性，但是只有經濟和社會多樣性的眞正內容才會造成不同時段的人潮，這對公園才有意義，也才賦予公園生命的力量。

只要位置佳，一個陽春的鄰里公園就可以製造許多資產，但是它也可能浪費了這個地利的資產。看起來像是一個監獄的地方顯然不會像和一個綠洲一樣的地方那麼吸引人，也不會和周遭的環境相互支持。然而，綠洲也有許多類型，有一些綠洲成功的醒目特徵並非那麼明顯。

特別成功的鄰里公園很少有太多其他開放空間的競爭。這是可以理解的，因爲城市人有其他的興趣和責任，很難賦予地方一般性的公園無限的活力。如果有正事做理由，城市人是會儘量使用公園（或是像那些遊手好閒的窮人所做的），但是沒有。例如，像典型的光輝田園城市計畫裡面有過多的林蔭大道、步道、遊戲場、公園和上無特定用途的空地，同時在正式的都市重建中又以法規要求要有高比率的開放土地加以強化。

我們已經看到，像紐約的晨曦高地和哈林區那種有相對大量一般公園的城市地區，很少將社區的焦點密集投注在單一公園上面，並且強烈的喜愛它，就像波士頓北城的人那樣鍾愛他們的小普拉多（Prado）公園，像格林威治村的居民那樣對待他們的華盛頓廣場，或是像里滕豪斯廣場地區的人那樣善待他們的公園。備受喜愛的鄰

里公園得利於某種稀有性的價值。

　　一個鄰里公園刺激人們熱情依附，或是冷漠以對的能力，似乎和地方人口的所得和職業沒有多大關係，甚至沒有關係。這可以從有許多不同所得、職業和文化背景的人，同時都深受，例如，紐約的華盛頓公園的吸引，推論得知。不同所得階級和某個公園的關係有時候也可以從一段時間的長期觀察得知，不論兩者的關係是正面或是負面的。在過去幾年裡，波士頓北城居民的經濟狀況有相當程度的提昇。不管在貧困或是繁榮的時候，當地一個位居中心地帶的小公園，普拉多公園，一直是鄰里的核心。紐約的哈林區，剛好可以提供一個完全相反的例子。在過去的一段時間裡，哈林區從一個熱門的中上階級住宅區，變成一個中下階層的地區，最後淪落成大部分是窮人和受歧視者的地區。在不同人口居住的這些日子裡，哈林區相較於，例如，格林威治村，有許多的地區公園，卻從來沒有看到有一段時間它的任何一個公園曾經是社區生活和認同的焦點。同樣悲慘的情況也可以在晨曦高地觀察到。在大部分住宅計畫的土地上也是如此，即使經過精心設計也一樣。

　　我認為一個鄰里或地區無法將其熱情寄託在鄰里公園──而這種情形具有很強烈的象徵力量，是因為一些負面因素的結合：首先，有可能成為大家鍾愛的公園，因為周圍環境不夠多樣化，以及隨之而來的單調無聊，而變得殘缺；其次，當有太多不同的公園其目的太類似時，可能產生的多樣性和生活會被分散和稀釋。

　　設計中的某一些特質顯然也可以讓事情變得很不一樣。假設有一個一般性的陽春鄰里公園要盡可能地吸引許多不同類型的使用者，有不同的作息表、興趣和目的，顯然公園的設計應該鼓勵一般性的使用，而非在不同目的的使用上下工夫。像一般性的公共庭院那樣密集使用的公園，在設計中大概有四個我分別稱為複雜

(intricacy)、集中(centering)、陽光(sun)和包圍(enclosure)的基本元素。

複雜是和人們到鄰里公園來的各種理由有關。即使是同一個人，他在不同的時間到公園裡來，也會有不同的目的；有時候只是靜靜地坐著，有時候來打球或看球，有時候來讀書或工作，有時候來賣弄、有時候來談戀愛，有時候和人有約，有時候是要從繁忙的都市生活中偷閒片刻，有時候是想接近一點自然，有時候是帶小孩來玩，有時候只是來轉轉，看有什麼新鮮事，而且幾乎都會因為看到其他人而獲得娛樂。

如果所有的事情都可以被收入眼簾，一目了然，就像一張名信片一樣，而且在公園裡面的每一個地方都和其他部分一樣，同時每一次你的感覺也一成不變，那麼公園就提供很少刺激給所有這些不同的使用和心情，因此也就沒有道理一再地回到公園裡來。

一位住在里滕豪斯廣場旁邊，既聰明又能幹的女士說：「我在過去15年裡幾乎每天都會使用公園，但是有一天晚上我想試著只憑記憶畫出廣場的平面圖，卻畫不出來。它對我而言，太複雜了。」紐約的華盛頓廣場也是同樣的情形。在社區和高速公路的保衛戰中，我們在研擬策略的會議時經常試著勾勒出公園的草圖以方便討論。但是非常困難。

也不是所有的公園在平面圖上都那麼複雜。我所說的複雜，主要是眼睛視覺上的複雜，地形的起伏、樹叢的聚集、引導到不同焦點的開放空間——簡言之，就是差異的細膩表現。環境的細微差異加上使用時的差異，會產生更大的差異。成功的公園在使用時永遠比空蕩時看起來更複雜。

即使是非常小的廣場，只要是成功的，通常都會將它們提供給使用者真正的變化納入舞台當中。洛克斐勒中心的做法是運用四種

不同層次的平面做出戲劇效果。舊金山市中心的聯合廣場的平面圖，不管是從紙上或是實地從高樓往下看，都顯得呆板；但是它在地面上向外彎曲的變化，就像達利(Dali)融化變形手錶的那一幅油畫，看起來非常生動活潑(當然，在大尺度上，這是舊金山沿著山丘高低起伏直線、方格的街道模式的一種變形)。廣場和公園在紙上的平面圖是會騙人的——有時候它們明明充滿了變化，但是幾乎看不出任何意義，因為它們低於眼睛的水平線，或是因為它們經常重覆而使得視覺效果打折扣。

或許在複雜之中最重要的元素是集中。一個典型優質的小公園裡面，通常都會有中心點——至少有一個主要的交叉路和暫停點，一個高潮。有一些小公園或小廣場本身就是中心，它們的複雜來自邊緣的微小差異。

人們也會努力嘗試幫公園創造中心和高潮，即使情勢不利。有時候是不可能的。長條型的公園，像是紐約非常不成功的羅斯福夫人公園和許多河濱公園，就經常被設計成一長條刻模般的重複形式。羅斯福夫人公園有四個一模一樣的紅磚「休閒」區，等距的沿著公園一字排開。使用者能拿它們做什麼呢？人們愈是前後移動，感覺就愈像在同一個地方，就像在磨坊裡踏步。這也是住宅計畫同樣的失敗設計，幾乎無可避免，因為大部分的住宅計畫基本上都是重複功能的刻模子設計。

人們在使用公園的中心時可以有創意的用法。紐約華盛頓廣場中心的噴水池就有一些非常有創意和活潑的使用者。記得很久以前，噴水池中央有一個噴水的鐵製裝飾物，現在只剩下水泥的池子。一年之中大半時間是乾的，池子的邊緣有四階逐漸上升的台階，構成離地大概幾呎高的石墩。事實上，這是一個圓形競技場，一個圓形的劇院，這也是噴水池被使用的方式，完全搞不清楚誰是

演員、誰是觀眾。每一個人都同時身兼演員和觀眾，儘管有一些人
比其他人更加投入：有吉他演奏者、歌唱家、一群追逐的小孩、即
興的舞者、做日光浴的人、聊天的人、來賣弄的人、照相的人、觀
光客，還有混在這群吱吱喳喳人群中聚精會神讀書的人——不是因
為沒有選擇，而是因為東邊安靜的椅子幾乎半荒廢了。

　　市府官員定期會設計維護改善的計畫，讓公園的中心種滿花草
並圍上籬笆。用來描述這種做法的老台詞是「讓土地作公園用
途」。

　　那是一種不同的公園使用形式，合乎地方的正當性。但是對於
鄰里公園而言，最好的中心是給人用的舞台。

　　對於人們而言，陽光是公園環境的一部分*，在夏天，陽光當
然也會被遮到。一棟橫跨在公園南側，大量遮蔽日照角度的高聳建
築物對公園是很傷的。里滕豪斯廣場，儘管有許多優點，在這一方
面就相當遺憾。例如在十月一個好天氣的午後，公園大約有三分之
一的部分是空無一人的；一棟新蓋公寓大樓的龐大陰影覆蓋之處，
人跡全無。

　　雖然建築物不應該遮住公園的陽光——如果我們的目標是鼓勵
充分使用公園的話——但是在設計上，公園周遭有建築物的出現是
很重要的。建築物會包圍公園，讓空間產生明確的形狀，這在城市
的景緻上，似乎是很重要的事情，它讓公園成為一種正面的特徵，
而不是無關緊要的殘餘。人們沒有被建築物周圍殘餘的空地所吸
引，相反的，人們表現得好像被這些空地所拒絕。當人們遇到這些
空地時，他們甚至會捨空地而就街道。這種情形可以在一條忙碌的

---

*　[譯注]在台灣，情形可能剛好相反。有適當的遮蔭會是公園成功與否
　　的一個關鍵要素。

街道被一個住宅計畫阻斷時看到。芝加哥一位不動產的分析師，理查·尼爾森(Richard Nelson)，在看城市人的行為作為不動產經濟價值的線索時，指出：「在一個溫暖的九月午後，匹茲堡市中心的梅隆廣場(Mellon Square)裡面有數不清的使用者。但是在同一個下午，將近兩小時的時間裡，卻只有三個人使用市區通道中心(Gateway Center)的公園——一個老婦人在織毛衣、一個流浪漢和一個無法辨識身分的人，他用報紙遮住臉在睡覺。」

通道中心是一個在一大片空地上散布著辦公大樓與旅館建築的光輝城市計畫。它沒有梅隆廣場周圍那種多樣化的程度，但是在一個陽光普照的午後，它周遭環境的多樣性也不致於差到讓公園的使用者少到只有四個人而已(尼爾森先生自己也算一個)。城市公園的使用者當然不是在尋找建築物的舞台，他們在尋找自己的舞台。對他們而言，公園是前台，建築物只是背景，而不是倒過來的。

充滿了一般性的公園的城市並不足以證明其正當性，即使該區生氣勃勃。這是因為有一些公園不論在位置、規模、或形狀上，都不足以成功地滿足前面我討論到的公共庭院的功能。它們在規模或是景緻的多樣性等方面也不適合作為主要的都會公園。那麼這些公園該怎麼處置呢？

有一些公園如果夠小的話，至少可以做好一件事情：單純地滿足人們的視覺享受。一個街道交會的三角形的小空地，這在大部分的城市會被柏油鋪平，或是圍上小樹籬和擺上幾張板凳，變成什麼都不是，只會積灰塵的空地。在舊金山，這樣的地方就會被圍成一個人們無法進入，但是有潺潺流水、樹林扶疏和鳥叫蟲鳴的世外小桃源。你也不需要走進去，因為你的眼睛可以帶你深入這個步履無法進入的世界。舊金山給人一種非常翠綠和從都市的水泥塵世中紓

解的印象。然而舊金山是一個非常擁擠的城市，而且很少有土地被用來傳遞這樣的印象。這種效果的產生主要是從小塊的密集植栽而來，加上舊金山的許多綠化是垂直的——窗台上的小盆栽、樹木、藤蔓、覆蓋在「荒廢」的斜坡綠地等——使得整體的效果更佳。

紐約的神奇公園（Gramercy Park）利用視覺效果克服一個困窘的情況。這座公園原來是一個座落在公有土地上，用籬笆圍起來私人庭園；公園的財產權屬於對街的住宅大樓，要有鑰匙才能夠進入。因為它有美麗的樹木、良好的維護和一種迷人的氣氛，它成功地提供過路行人一個愉悅視覺的地方。對大眾而言，這樣就有正當性了。

但是，沒有結合其他用途，純粹用來愉悅視覺的公園，就定義上而言就是眼睛看得到的地方；而且，又就定義而言，這種公園最好是小而美，因為要發揮功效，就必須做得漂亮和密集，不能草草了事。

公園最麻煩的問題是座落在無人經過，也沒有人想經過的地方。一座處於這種狀態之下的城市公園，深受公園本身良好規模所苦（在這種情況下還真是一種折磨），就像一家大型商店座落在不好的經濟區位上的情況一樣。如果這種商店可以被適當地加以拯救，就必須大量依靠商人所謂的「需求商品」（demand goods）上面的力量，而不是仰賴「衝動性購買」（impulse sales）的銷售。如果需求商品能夠帶來足夠的顧客，那麼一定會有相當比例的衝動性購買，隨之而來。

從公園的觀點來看，什麼是需求商品呢？

我們可以從一些有問題的公園得到些許暗示。東哈林區的傑佛遜公園（Jefferson Park）就是一個例子。它由幾個部分構成，表面上看來最重要的部分是打算作為一般鄰里社區之用——相當於商品銷售術語裡面的衝動性購買。但是公園裡的每一件事情都不利於這個

項目。它的位置是在社區裡較偏僻的邊緣，有一邊靠著河流，另一邊則被一條交通繁忙的大馬路所孤立。公園內部的規劃大部分是長條形、孤立的步道，缺乏有效的中心。在外人眼裡，看起來好像被惡意地遺棄；在當地人眼中，這是社區衝突、暴力和恐懼的焦點。自從1958年一個夏天的夜晚，一名遊客在公園被一群青少年殘酷地謀殺之後，從此大家紛紛走避，不敢接近公園。

然而，在傑佛遜公園裡面幾個分離的區塊中，有一個區塊就很巧妙地逆轉回來。那是一個大型的戶外游泳池，但是顯然還不夠大，因爲有時候人多到水滿出來。

看看柯里爾斯岬公園，它是東河公園綠地（East River Parklands）的一部分，我在一個好天氣的日子裡，發現草地和板凳上總共只有18個人。在柯里爾斯岬公園的一角，有一座不怎麼特別的球場，但是就在同一天，公園裡面大部分的人都聚集在球場。在數英畝無義意的草地上，柯里爾斯岬公園另外還有一個音樂台。每年六次，在夏天的夜晚，會有數以千計的下東區居民會湧入公園來欣賞音樂會的系列演出。一年共有18個小時，柯里爾斯岬公園會活過來，並深受人們喜愛。

雖然在數量上非常有限，而且在時間上太斷斷續續，但是在這裡我們看到需求商品的作用。然而，事情很清楚，人們不是爲了一般或是衝動性的公園使用而到公園裡來，而是爲了某些特殊的需求商品而來。簡言之，如果一個一般性的城市公園無法受到自然和附近密集的多樣性的支持，就必須將一般性的公園用途改爲特殊性的公園。有效的多樣化使用會吸引一連串多樣化的使用者，必須有計畫地引進公園。

唯有經驗和嘗試錯誤能夠告訴我們，對於任何有特殊問題的公園而言，那些多樣化的活動組合可以有效地發揮需求商品的功效。

但是，在這裡我們可以對這些需求商品的元素，做一些一般化的猜測。首先，一個反向的推論：壯麗的視野和美麗的造景無法作為公園的需求商品；或許它們「應然」，但是實際上卻不然。它們只能作為附屬品。

在另一方面，游泳池可以作為需求商品，釣魚池也是，尤其是當它附帶販賣魚餌和出租小船時。球場也是。嘉年華，或是像嘉年華的活動，都是 [6]。

＊　　　＊　　　＊

音樂(包括錄音的音樂)和戲劇也可以作為需求商品。由於輕鬆地引進文化生活是城市歷史任務的一部分，令人好奇的是，公園很少在這方面有什麼作為。如同《紐約客》在對1958年中央公園免費的莎士比亞季的評論時指出，這是一個可以再全力加把勁的任務。

> 公園的舒適、天氣、顏色和燈光，還有人們單純的好奇，就把大家都吸引進來；有些人從來沒有看過現場的戲劇表演。數以百計的人，一再回來參加類似的活動；我們認識的一位友人說，他遇到一群黑人小朋友，他們說他們已經看過五次《羅密歐與茱麗葉》。

6　卡爾·曼寧格(Karl Menninger)醫生，陶比格曼寧格精神診所的負責人，在1958年一場關於城市問題的會議中演說，討論能夠對抗破壞性意志的活動類型：他舉出的活動類型有（1）大量地和許多其他人接觸；（2）工作，包括勞動；（3）暴力遊戲。曼寧格相信城市提供很少暴力遊戲的機會。他特別舉出經過證實有效的活動類型包括積極的戶外運動，像嘉年華和娛樂場的保齡球和射擊在城市裡只有很偶然的機會才有(例如時報廣場)。

> 許多這些被改變的人的生活已經被擴大和豐富；美國
> 未來的戲劇觀眾人口也是。但是像這種剛接觸戲劇的
> 觀眾，當他們有一兩塊閒錢在手上的時候，是不會主
> 動付費買票來看這些他們甚且還不知道會有趣的表演。

　　這顯示一件事情，大學的戲劇科系(學校附近常有死寂、有問題的公園)可以嘗試把戲劇和公園結合在一起，而不必採取劃定地盤的敵對政策。哥倫比亞大學正採取一個建設性的步驟，在晨曦公園規劃一些運動設施，讓大學和社區使用──已經有幾十年人們害怕和不敢靠近這座公園。增加一些其他的活動，像是音樂或是表演，也可以把一個可怕的鄰里負債變成一項傑出的鄰里資產。

　　缺乏小型公園活動的城市可以提供小型的「需求商品」。有些「需求商品」可以從人們如果無法擺脫某些事情時，會嘗試做些什麼，觀察得知。例如，靠近蒙特利爾(Montreal)的一家購物中心的經理發現，他們有一個裝飾性的水池，每天早上都很奇怪地變得髒兮兮的。打烊之後，他偷偷地監視。發現小朋友溜進來用池子裡面的水，清洗他們的腳踏車。洗腳踏車的地方(在人們有腳踏車的地方)、出租和騎腳踏車的地方、種菜的地方、用舊木材搭建小屋和帳蓬的地方，通常都是會被城市排擠出去的活動。今天來到我們城市的波多黎各人，沒有地方可以在戶外烤豬，除非他們可以找到一個可以作為這種用途的私人庭院。但是在戶外烤豬，以及一起舉行的派對，可以像許多城市居民後來發現他們喜歡的義大利街道嘉年華，一樣有趣。放風箏是另外一個不起眼，但是是有人喜歡的小活動。它顯示可以設置放風箏的場地，還有同時兼賣風箏製作材料，以及現場製作風箏的地方。在溜冰場被排擠出城市之前，在北方的城市有許多池塘，溜冰是深受大眾歡迎的活動。紐約的第五大道在

三十一和四十八街之間，過去曾經有五個熱門的溜冰場，其中有一個離現在洛克斐勒中心的溜冰場只有四條街的距離。人工的溜冰場讓我們可以重新發掘城市溜冰的樂趣。在紐約、克里夫蘭、底特律和芝加哥等相同緯度的城市，人工溜冰場可以將溜冰季節延長到半年。或許每一個城市區域可以享有和使用戶外溜冰場，如果它有的話，同時也提供一群入場的觀眾。的確，設置在許多不同地方的相對小型的溜冰場，會比大型集中的溜冰場更文明和愉快。

這些事情都需要錢。但是今日的美國城市，在開放土地理所當然是好的和數量等同於品質的迷思之下，反而把錢浪費在太大、太多、太粗糙、位置太差，以及因此太呆版和太不方便使用的公園、遊戲場和住宅計畫上面。

城市公園和人行道一樣，都不是抽象的概念，或是優點累積和價值提升的自動產生器。他們代表和實際、有形的使用不可分割的東西，因此和城市地區以及這些使用的效果也是不可分割的——不論好壞。

一般性的公園可以，也的確，增加鄰里的許多吸引力。人們會被許多其他的用途所吸引。如果人們發現沒有其他許多用途因而覺得沒有吸引力時，那麼這些公園會讓鄰里更失望，因為人們會誇大公園的呆板、危險和空虛。一個城市越成功地混合每天街道上日常使用和使用者的多樣性，它的人們就會愈成功、愈輕鬆(和愈經濟)的給予區位良好的公園生命和支持，而公園也會回敬鄰里優美和愉快。

第六章

都市鄰里的使用

　　鄰里(neighborhood)是一個聽起來像是情人般的字眼。作爲一個感情用事的概念，「鄰里」對都市計畫是不利的。它造成人們試圖將都市生活扭曲成模仿城鎮或是郊區生活的形態。感情用事和甜美意圖的結合取代了良好的常識(good sense)。

　　一個成功的都市鄰里是一個能夠完全跟得上它的問題的地方，所以它不會被這些問題給毀了。一個不成功的都市鄰里是一個被它的缺點和問題淹沒的地方，它在這些缺點和問題面前顯得手足無措。我們的城市包含了各種不同程度的成功與失敗，但整體而論，我們美國人是不擅長處理都市鄰里的，一方面這可以從諾大的灰暗地帶一長串失敗的累積看到，另一方面則是可以從重建城市中的地盤得到驗證。

　　有一種流行的想法，認爲某種好的生活的試金石會創造出好的鄰里——學校、公園、整齊的住宅等等。如果眞的是這樣的話，那麼生活也太簡單了！用一種非常簡單的好的物質環境來控制一個複雜、頑劣的社會，是一個多麼迷人的想法。在眞實生活裡，因果關係並沒有那麼簡單。因此，有一個匹茲堡的研究顯示，藉由比較兩個地區之間的青少年犯罪率，一個是尚未清除的貧民窟，另一個是新建的住宅計畫，本來以爲較好的住宅品質和社會狀況的改善之間會有一個明顯的相關，但是結果卻很尷尬的發現，住宅情況改善地

區的青少年犯罪率反而比較高。這表示改善住宅品質會增加犯罪率嗎？當然不是，那是表示還有其他事情可能比住宅更重要。而且，這也表示好的住宅和好的行為之間，不單是直接的簡單關係。這個事實是整個西方世界的歷史神話，整個文獻資料的整理，還有每一個人的觀察發現，早就該弄清楚的事情。良好的住宅，作為住宅本身就是有用的好處。但是當我們試圖虛偽地證明它在社會或是家庭生活上會產生奇蹟，那是在愚弄自己。萊因哈德・尼布爾(Reinhold Niebuhr)稱這種特殊的自我欺騙是「用磚瓦救世界的學說」(The doctrine of salvation by bricks)。

對學校的看法也是一樣的。好的學校的確重要，但是它們被證明和拯救不好的鄰里及創造優質的鄰里之間是無關的。一個好的學校建築也不能保證好的教育。學校，就像公園，比較是容易受到鄰里影響的產物(以及較大的政策之下的產物)。在不好的鄰里，學校會被帶到毀滅的境界，不論從實質或是社會面來看，都是如此；成功的鄰里則會為學校而戰，進而改善它們的學校[1]。

我們也不能推論中上階級的家庭會創造出比較好的鄰里，貧窮的家庭就不可能。例如，波士頓北區的貧窮人家，西格林威治村河岸鄰里的貧窮人家，還有芝加哥屠宰場區的貧窮人家(無獨有偶的，這三個地區在它們的城市規劃者眼中，都被視為無望的地區)，都創造出非常好的鄰里：鄰里的內部問題日漸減少，而非與

1　在曼哈頓上西城區的一個非常失敗的地區，當地的社會因為毫不留情的剷除夷平、住宅計畫的興建和驅趕人民等因素的推波助瀾而分崩離析，在1950到1960期間，學校每年學生的變動率高達50%。有16所學校，平均甚至超過92%。很難想像，不論官方或是民間如何努力，即使是一個容忍力很強的學校，在這麼不穩定的鄰里也不可能做得好。在任何一個學童變動率這麼高的鄰里，再好的學校也會無以為繼，這也包括那些有好的住宅品質，但是不穩定的鄰里在內。

日俱增。同時，曾經一度是上流社會優雅和平靜所在的巴爾的摩美麗的優塔地(Eutaw Place)、文化薈萃的紐約晨曦高地，還有綿延數哩單調、高尚的中產階級的灰暗地帶，一樣產生不好的鄰里，它們的冷漠和內部問題與日俱增，而非日漸減少。

追求高標準的物質設施，自以爲有潛力、沒問題的人口，或是小城鎮的鄉愁回憶等都市鄰里的試金石，都是浪費時間、無濟於事的東西。它們忽略了問題的根本，問題在於都市鄰里在社會和經濟上做了哪些對城市本身有幫助的事情，以及它們如何去做？

如果我們認爲都市鄰里是一個自我治理的世俗機構，那麼我們就應該在一些具體的事情上面思考。我們在都市鄰里的失敗，最終就是地方自我治理的失敗。若是成功，也必是地方自我治理的成功。我是指最廣義的自我治理，包括正式和非正式的社會自我治理。

大城市對於自我治理的需要和所需的技巧，和小鎮不同。例如，和陌生人之間的所有問題。把都市鄰里視爲一種都市自我治理或是自我管理的機構，首先必須拋棄一些正統，但是無關(適用於小型聚落而非城市)的社區概念。我們第一個需要拋棄的理想鄰里念頭是一個自給自足，或是內向的鄰里單元的概念。

不幸的是，正統的規劃理論深信都市鄰里應該是舒適和內向的這種理想。在單純的基本型態之下，理想的鄰里是一個由7000人組成的單元，適足以支持一個國民小學和一般購物及社區中心等設施。這個鄰里單元又可以進一步合理地劃分成更小的單元，以符合兒童遊戲及管理，還有家庭主婦閒聊的需求。雖然這個「理想」很少眞正被實現，但是它幾乎是所有鄰里更新計畫、所有的住宅計畫，還有許多現代的土地分區使用，以及當今建築與規劃系所的學生習作時，一個共同的出發點。日後他們會將他們對於這個想法的順應加諸在未來的城市身上。到1959年爲止，單單是紐約市，就有

50萬的人口已經住在這種鄰里規劃的改造物裡面。這個將都市鄰里視為一個孤島，對內轉向自我的「理想」，是奠定我們今日生活的重要因素。

要知道為什麼這是一個愚蠢，甚至對城市有害的「理想」，我們必須辨識出這些稼接到城市的編造想像和小鎮生活之間的根本差異。在一個5000到10000人口的城鎮裡，如果你到大街上（相當於規劃鄰里的商業設施或是社區中心），你會碰到工作的同事、以前的同學、教堂的教友、小孩的老師、曾經賣東西給你或是幫你服務過的人、認識的朋友、熟人，或是一些你認得、有名望的人。在這個有限的小鎮或是村莊，人們之間的關係讓彼此保持不斷的交叉，最後讓這個7000人或是更大一點的城鎮，甚至於某些程度大到變成一個小城市，得以運作並且成為一個基本上有凝聚力的社區。

讓5000到10000的人口住到一個大城市裡，除非在極不尋常的情況下，否則這些人之間不會產生這種渾然天成的自然交叉關係。城市的鄰里規劃，不論它的意圖多麼愜意，都不能改變這個事實。如果可能的話，它的代價將是把城市裂解成幾個小城鎮的集合。而且嘗試這麼做的代價，即使只是作為一個被誤導的目標，將會把城市變成一些相互猜忌和敵視的地盤。這種鄰里規劃及其各種順應的「理想」，還有許多缺點[2]。

2　即使是為了安頓一個大約7000人口的理想人數的古老理由——可以支撐一個國民小學——在應用到大城市時還是顯得愚蠢。我們只要問下列問題就可以發現：什麼學校？在美國的城市，教會學校的註冊人數，比起公立學校的有過之而無不及。這表示假設一個鄰里加起來應該要有兩所學校，而整個鄰里的規模也應該變成兩倍？或是鄰里的人數不變，但是學校的規模應該減半？而且為什麼是國民小學？如果學校是鄰里規模的試金石，為什麼不是國民中學？一般而言，城市的國中比小學更麻煩。從來都沒有人問「什麼學校？」的問題，因為上述想法並不符合現實。學校是一個有說服力的，而且通常是抽象的藉

後來有一些規劃者，尤其是哈佛大學的雷金納德・愛薩克斯（Reginald Isaacs），開始大膽質疑這種大城市裡面的鄰里概念是否有意義。愛薩克斯指出，都市人口是移動的。他們可以，也的確會從整個城市(甚至更遠的範圍)做任何選擇，從工作、牙醫、休閒，或是朋友，到商店、娛樂，甚至孩子上學唸書的學校。愛薩克斯說，城市人並不會緊守著一個鄰里的地方習性。他們爲什麼要呢？城市的重點不就是廣泛的選擇和豐富的機會嗎？

這的確是城市的重點。而且，都市人這種非常自由的使用和選擇正是大多數城市文化活動和各種特殊行業的基礎。由於它可以從一個很廣闊的範圍裡吸引技術、原料、顧客和客戶，因此彼此之間可以有極大的差異，不只是市中心，還有城市的其他地區也可以發展自己的專長和特色。用這種方式在城市中選擇，城市企業也因此提供都市人在工作、商品、休閒、想法、接觸和服務等各方面更多的選擇。

不論都市鄰里是什麼，或不是什麼，或是不管它們有什麼用處，或是假裝它們有這些用處，它們的特質不能完全對城市裡面各種使用的流動性和易變性採取反制的行動，而不會在經濟上削弱它們作爲其中一部分的城市整體。對於都市鄰里而言，在經濟上和社會上無法自給自足是自然且必要的──正因爲它們是城市的一部分。當我們還用小城鎮的鄰里當模範來想像鄰里是一種自給自足的單元時，愛薩克斯指出都市鄰里是無意義的這種說法是對的。

但是因爲所有的都市鄰里無可避免的天生外向，我們都忘了都

(續)───────────
　　口，用來定義來自想像城市的夢想的某種單元的規模。除了作爲預防
　　規劃者陷入知識混亂的一種架構之外，它並沒有存在的理由。可以確
　　定的是，埃伯尼澤・霍華德的模範城市是這種想法的先驅，但是它一
　　直存在的原因是它填補了知識的真空。

市人沒有鄰里也可以非常和睦地相處。即使是都市化最徹底的市民也會在乎他居住的街道和地區的氣氛，不論他有多少需求是從外地獲得滿足；而都市人的基本生活，有相當程度是依賴鄰里提供日常生活所需。

讓我們假設（經常也是如此）都市的鄰居之間除了比鄰而居之外，沒有任何共同之處。即使如此，如果他們沒有好好照料那塊比鄰而居的地方，連那個地方也會招致失敗。不會有精力充沛、好心的「別人」來接管或取代地方化的自我管理。都市鄰里沒有必要提供人們人工化的城鎮或是村莊生活，如果把這件事情當成目標的話，那是既愚蠢又沒有建設性。然而，都市鄰里爲了文明的自我管理，的確需要一些方法。這是問題之所在。

將都市鄰里視爲自我治理的機構，在我看來只有三種鄰里是有用的：(1)城市整體被視爲一個鄰里；(2)街坊鄰里：(3)在最大型的城市裡面由10萬人口以上構成的大型、副城規模的地區（districts）。

這些不同類型的鄰里各有不同的功能，但是彼此之間以極其複雜的關係互補。無法說哪一種鄰里比其他兩種重要。要在任何一種鄰里上持續成功，這三者都需要。但是我認爲在這三種鄰里之外，還有其他鄰里的阻撓，使得成功的自我治理變得窒礙難行。

這三種鄰里當中最明顯的就是城市整體，雖然它很少被稱爲鄰里。我們一定不能只看到城市裡面較小的部分，卻忘記或是小看這個母體社區。這是大部分公共資金的來源，儘管它最終是來自聯邦或是州政府的金庫。這是大部分管理決定和政策制定的地方，不論決策品質的好壞。這也是一般福利和其他非法利益經常相互衝突的地方，不論是公開的或是私下的。

　　再者，在城市裡我們會看到重要的特殊利益的社團和壓力團體。整體城市的鄰里是人們可以找到戲劇、音樂或其他藝術等特殊興趣的同好和聚會的場所，不論他們住在哪裡。這是人們投身特定職業及生意，或是關心特定問題，交換意見和開始行動的地方。薩金特・佛羅倫斯(P. Sargant Florence)教授，一位英國在都市經濟方面的專家，曾經寫道：「我的經驗是，除了像牛津、劍橋那種知識分子特別的聚集地之外，一個百萬人口的城市才可能有我需要的二、三十個左右志同道合的朋友！」這聽起來的確有些傲慢，但是佛羅倫斯教授在這一點上面所言不虛，假如他希望他的朋友聽得懂他說的話的意思。當聯合福利住宅的威廉・科克(William Kirk)和亨利街福利住宅的侯海倫(Helen Hall)，這兩人在紐約相距數哩之遙，還有《消費者聯盟》(*Consumers' Union*)的編輯，一家位於好幾哩之外的雜誌社，另外還有來自哥倫比亞大學的研究員，以及一個基金的信託人員，共同研究個人和社區在低所得的住宅計畫中，如何被高利貸分期付款的掮客給毀了的問題，他們聽得懂彼此在說些什麼。而且，他們還可以把每個人不同的特殊知識和信託基金結合起來，對這個問題更加了解，同時也找到反擊的方法。當我的姊姊蓓蒂(Betty)，一個家庭主婦，幫她小孩就讀的一所曼哈頓的公立學校設計一個計畫，讓英文好的家長協助不懂英文的家長輔導他們孩子的家庭作業時，這項計畫成功了。而相關的知識也流入城市整體中具有特殊利益的鄰里；結果，有一天晚上蓓蒂到布魯克林區的貝德福—斯特伊弗桑特(Bedford-Stuyvesant)一帶，告訴一群約有十名左右的家長會會長，這個計畫是如何成功的，她自己也學到一些新的事物。

　　一個城市的整體性，在凝聚具有共同利益社群的人們上面，是城市最大的資產之一，或許是最大的資產。而且，一個城市地區需

要的資產之一就是人們可以接近城市整體的政治、管理和特定利益的社群。

在大部分的大城市裡，我們美國人在創造屬於全市、有用的鄰里方面，做得還算不錯。有類似或是相關興趣的人，還滿容易找到同好。的確，一般而論，這在大城市裡面會最有容易做到（洛杉磯除外，它在這方面糟透了，而波士頓則相當令人感動）。而且，就如《財星》雜誌的西摩・佛里古德(Seymour Freedgood)在《爆炸的大都會》(*The Exploding Metropolis*)一書中所言，大城市的市政府在許多事情上面是有能力和精力充沛的，這比只從這些城市許多失敗的鄰里在社會和經濟等表面上的推論要好得多。不論我們會有什麼可怕的弱點，從城市整體的上層來形成鄰里，絕對不會缺乏能力。

在鄰里尺度的另外一端是城市的街道，以及它們所形成的微型社區，像我居住的哈德遜街就是一個例子。

在本書的前幾章我用了冗長的篇幅討論城市街道自我治理的功能：人們如何交織出公共監視的網絡以保護陌生人和他們自己；形塑小型、日常公共生活的網路以產生信賴和社會控制；以及幫助和教養兒童養成負責任和包容的城市生活。

城市的街坊鄰里在自我治理上還有另外一項功能，而且是非常重要的一項功能，那就是當有街道無法處理的嚴重問題發生時，它必須能夠有效的召喚援助。有時候援助必須來自鄰里尺度的另外一個極端，也就是城市整體。這是一個有待進一步討論的問題，我現在先不處理，但是請讀者不要忘記。

街道自我治理的功能是微不足道的小事，卻是不可或缺的。雖然有許多實驗的社區鄰里，但是熱鬧、有活力的街道，不論是經過規劃或是未經規劃，都是無可取代的。

　　一個城市的街坊鄰里的規模要多大才能夠發揮作用？如果我們看到成功的街坊鄰里如何在眞實生活中建立網絡，就會發現這種問題是毫無意義的。因爲不論在哪裡，街坊鄰里都沒有起點和終點可以將它們界定成一個明確的單元。即使在同一個地方，對於不同的人而言，也會有所差異。因爲有一些人會走得比較遠些，比較常出來走動，或是認識的人比其他人多。的確，街坊鄰里的成功有絕大部分是來自它們和其他角落之間的重疊、交織和改變。這對使用者在經濟和視覺變化上，是一種比較有用的手段。紐約市的住宅公園大道(Residential Park Avenue)似乎是鄰里單調的一個極端例子，好像因爲它是一個長條形、孤立的街道才會變成這個樣子。但是公園大道的住宅區的街坊鄰里是從公園開始，一直到轉角，並且延伸到另一端的轉角才結束。它是一整個包含許多多樣性交織而成的一個街坊鄰里的一部分，而不是一個狹長的條狀地帶。

　　可以確定的是，有許多邊界明確的孤立的街坊鄰里。因爲長條形的街廓在實質環境上都是孤立的。特別孤立的街坊鄰里並不是我們的目標；通常它們只是失敗的特徵。紐約大學人際關係研究所的丹‧多德森(Dan W. Dodson)博士在描述曼哈頓西城一個長條形、單調和自我孤立的一個地區的問題時，指出：「每一條街道看起來都像一個擁有不同文化的不同世界。許多受訪者除了他們居住的那條街道之外，並沒有鄰里的概念。」

　　歸納該地區的無能之處，多德森博士評論道：「鄰里的現況顯示，當地的居民已經喪失集體行動的能力，或是他們在對市政府和社會機構施壓要求解決社區生活的一些問題之後，只能引頸期盼。」多德森博士觀察到，街道的孤立和無能之間，關係密切。

　　簡言之，成功的街坊鄰里並非獨立的單元。它們是實質、社會和經濟的連續體——雖然只是小規模，但是就像麻繩的細若游絲的

纖維可以捻成一條粗壯的繩索一樣。

當我們的城市街道的確在商業、一般生活、使用和趣味上有足夠的頻率去孕育連續的公共街道生活時，就證明我們美國人有自我治理街道的足夠能力。這種能力最常在貧窮的地區，或是一度是貧窮人家的身上看到。但是擅長發揮功能的的街坊鄰里也經常——並非曇花一現——在持續受歡迎的高所得地區出現，例如曼哈頓東城從50街到80街之間的地區，或是費城的里滕豪斯廣場附近。

可以確定的是，我們的城市相當缺乏具備都市生活的街道。相反的，我們有太多飽受「單調凋敝」之苦的地區。然而，有許多城市街道一直默默在努力執行它們謙卑的工作，除非它們遭遇無法解決的都市問題，例如許多城市整體應該提供的設施長期遭到忽略，或是受到有計畫的規劃政策影響，鄰里社區的地方人士力量太薄弱，難以招架等問題。

現在讓我們來看看有助於自我治理的第三種鄰里形態：地區（district）。我認為這是我們一般而言最弱和最糟糕的部分。我們有許多有名無實的地區名稱，但卻很少發揮作用。

一個成功的地區的主要功能在於媒合在政治上缺乏權利，但是不可或缺的街坊鄰里和強而有力的城市整體。

那些必須為城市負責的高層人物，忽略了許多事情。這是無法避免的，因為大城市實在太大、太複雜了，以致於很難從任何有利的位置——即使是從高層的有利位置——或是從個人的觀點，來理解這些細節；然而細節是最根本的。有一個來自東哈林區的市民團體，在獲知一場市長和市府官員的重要會議時，準備了一份文件重新細數了遙遠的上層決策（當然，大部分都是善意的）對地區所帶來的災難。他們在文件中加入下列評論：「我們必須指出，作為一個

在東哈林區居住或工作的人，從日常接觸所產生的許多看法都和⋯⋯那些只是驅車經過或是每天在報章上讀到，甚至經常只是坐在市中心的辦公桌上，就做出決策的看法，非常不一樣。」我在波士頓、芝加哥、辛辛那提和聖路易，都聽過相同的話。這是在我們所有的大城市裡面，一再聽到的抱怨。

地區必須幫忙將城市的資源下放到街坊鄰里需要的地方，它們也必須幫助街坊鄰里將眞實生活的經驗轉換成城市整體的政策目標。它們還必須協助地區用文明的方式維持可使用的狀態，不僅是爲當地居民所用，還要爲其他來自全市各地的人所用——包括工作者、顧客和訪客。

要達成這些功能，一個能發揮功效的地區必須大到足以作爲城市整體生活的力量之一。在規劃理論中的「理想」鄰里，對於這個角色而言是毫無用處的。一個地區必須大到一個程度才有力量和市政府抗衡，太小的話就沒有用處。可以確定的是，和市府抗衡絕非地區的唯一功能，或是最重要的功能。然而，就功能而言，這是界定一個地區規模的好定義。因爲有時候地區有必要做這件事情，同時也因爲當地區內的人民深受威脅時，如果地區缺乏和市府對抗的力量和意願——而且要獲得勝利——它也不太可能具有這個力量和意願去對抗其他嚴重的問題。

讓我們針對街坊鄰里，回到前面我暫時擱置未處理的一個問題：依靠良好的街坊鄰里去尋求援助的工作，來解決對街坊鄰里而言太大而無法處理的問題。

當問題超過城市街道單獨能夠行使的力量時，再也沒有比這種狀況更無助的了。舉例來說，在1956年時有人在曼哈頓西城的市區兜售麻醉藥品，結果呢？發生這件事情的街道，有居民在全紐約市各地工作，他們在當地和其他地方都有朋友。就街道本身而言，有

一些聚集在門階前還算活絡的公共生活，但是並沒有鄰里的商店和固定的公共人物。他們和地區鄰里沒有關聯；的確，除了地區的名稱之外，根本沒有地區鄰里這回事。

當海洛因開始在其中一棟公寓販售之後，就有一批海洛因的毒蟲開始滲透進入這條街道——不是搬進這裡生活，而是來找門路。他們需要弄錢去買毒品。結果是攜械搶劫和搶奪像瘟疫般地在當地蔓延開來。人們在星期五的薪餉日時，開始害怕回家。有時候在夜裡會有可怕的叫聲，嚇壞當地的居民。開始有一些街上的小混混對毒品上癮，而且有愈來愈普遍的趨勢。

當地的居民大部分是誠實善良的市民，他們已經盡力而為。叫了許多次的警察。有人提議去找相關負責的人，並且向麻醉藥品管理局報告。他們告訴管理局的警探，在什麼地點、什麼時間和有什麼人在交易海洛因，還有毒品供應的大致日期。

事情除了繼續惡化之外，沒有什麼改變。

在一個大城市的諸多嚴重問題當中，一個無助的街頭小抗爭，又算得了什麼呢？

警察有收受賄賂嗎？誰知道？

缺乏地區鄰里，不知道誰關心這些地方問題和誰使得上力，居民們已經在他們所知的範圍之內，盡力而為了。為什麼他們沒有去找當地的民意代表，或是和政治團體聯繫呢？在這條街上，沒有人認識那些人（一個市議員大概有11萬5000個選民），也沒有人認識和這些人熟識的人。簡言之，這條街道就是沒有任何地區鄰里的聯繫，更遑論一個能發揮地區鄰里功效的有效聯繫。那些住在這條街上而且有能力處理這些問題的人，看到這條街道的情形顯然沒救了，也就索性搬走了。街道便陷入混亂和野蠻。

在發生這些問題的時期，紐約市有一位能力強、有幹勁的警政

署長，但是沒有人能夠聯繫到他。缺乏來自街道的有效情報和來自地區的壓力，警政署長也有相當程度的無助。由於這個落差，許多上層的好意無法下達，同時下層的聲音也無法上達。

有時候城市不是潛在的援手，而是街道的敵人。除非街上住著極具影響力的市民，否則通常是孤立無援。在哈德遜街，我們最近就碰到這個問題。曼哈頓區公所的工程師決定把我們這裡的人行道縮減10呎，這是愚蠢的市政計畫例行的道路拓寬工程。

街上的居民大家竭盡所能。印刷工人暫停他的工作，把有緊急期限的案子抽掉，趕印星期六早上要用的陳情文件，好讓不用上課的小朋友，幫忙發放。來自相互重疊的不同鄰里的人們把陳情書散發到更遠的地方。聖公會和天主教兩所教會學校，將陳情書交給學童帶回家。我們在這條街道和鄰近的地方收到1000份的簽名連署；這些簽名代表了大部分直接受到影響的人的心聲。許多生意人和住戶寫信陳情，另外有一個有代表性的團體，推派代表晉見民選的區長。

但是只靠我們自己，很難有成功的機會。我們群起反對正當化的街道治理的一般政策，我們反對一項對某些人而言是一大筆財富的道路工程，而該項合約早就簽訂了。我們在拆除之前事先知道這個消息，純粹是運氣。沒有舉行公聽會，就技術上而言，這只是一項路肩的調整。

最初我們得到的答覆是，計畫不可能變更；人行道必須縮減。我們需要力量來支持我們這種小人物的抗爭，而力量就來自我們的地區——格林威治村。的確，我們抗議的主要目的之一，雖然不是表面上的目的，就是用戲劇化的方式顯示在地區的層次有一個議題爆發了。由地區的組織通過快速的解決方案比街道的意見表達更能傳遞我們的聲音。我們的代表安東尼・達波里托（Anthony Dapolito）被任命爲格林威治村組織的理事長，還有我們的代表裡面出力最多

的人，並不全都是我們街道的人，還有其他街道的人；有些代表是從格林威治村地區的另外一頭選出來的。他們大力的推動，正因為他們代表地區的民意，還有民意的製造者。有他們的幫忙，我們才贏得勝利。

如果沒有這些支持的力量，大部分的城市街道很難回擊——不論麻煩是來自市政府或是其他人為因素的缺點。沒有人喜歡徒勞無功。

我們得到的幫助讓我們街上的一些人覺得，當別人也需要幫忙時，有責任去幫助其他的街道，或是去協助更一般性的地區問題。如果我們漠視這些責任，那麼下次我們需要幫忙時也會得不到援助。

地區有效扮演將街道的情報向上傳遞給可能有助於轉換成都市政策的中介角色。相關的例子，不勝枚舉。但是下面的這一則例子就足以說明：在本書撰寫之際，紐約市應該正在改革他們對毒品上癮的整治方案，同時市政府也向聯邦政府施壓，希望擴大和改革整個整治工作，並增加其在防堵從國外走私麻醉藥品進口方面的努力。幫助推動這些提議的研究和議論並沒有勞動到一些神秘的「別人」。第一個要求改革和擴大街頭整治工作的人，並不是我們的官員，而是從像東哈林區和格林威治村這樣的地區的壓力團體。被逮捕的名單上只看到吸毒的受害者，而販賣毒品的人卻不受影響的依然公開販售。這種可恥的做法被這些壓力團體爆料公開，而不是由官員，更不是由警察提出來的。這些壓力團體仔細研究這些問題、施壓要求改善，並且努力不懈，這正是因為他們和街坊鄰里的經驗直接接觸。在另一方面，像上西城那種被遺棄的街道的經驗，除了叫人趕快離開之外，從來都沒有教導人們任何事情。

人們會想，或許可以從不同、個別的鄰里聯合起來成為地區。紐約市的下東城就嘗試用這種模式形成一個能發揮功效的地區，同

時也因此獲得慷慨的補助。正式的聯邦系統似乎在大家同意的一些事情上,例如施壓要求成立醫院,就運作得非常成功。但是許多當地城市生活的重大問題卻備受爭議。例如,在本書撰寫之際,下東城聯合的地區組織結構,包括試圖保衛他們的家園和鄰里不會被鏟除夷平的居民,同時也包含合作計畫的開發者和各種商業利益,後者希望政府運用公權力驅逐這些居民。在這些案例中,這種真正的利益衝突──正是掠奪者和獵物之間的古老衝突。設法自救的人花了許多力氣,試圖讓包含他們敵人在內的委員會採行他們所提的解決方案並簽署同意函,卻徒勞無功!

在重大的地方問題上酣戰的雙方,需要將地區範圍之內全部團結的力量,用來對他們想形塑的市府政策或是他們想影響的決策,施加壓力(否則就沒有效果)。他們必須就有效制定決策的事情,對彼此和對官員展開攻擊,因為這是勝利之所繫。任何這些藉由沒有負責政府決策職權所在的無效的階層和委員會的決策提案,將對抗者導向分化其力量和削弱其努力的方式,都會敗壞政治生命、市民的效力和自我治理。這會變成自我治理的遊戲,而不是玩真的。

例如,當格林威治村在和市府對抗以保護其公園──華盛頓廣場──不讓高速公路攔腰截斷時,大多數人的意見是一面倒地反對高速公路。但是,不是所有的意見都一致;在贊成興建高速公路的一方有許多顯赫的人士,他們在地區上的一些區(sections)*裡面,位居領導地位。他們自然會設法將這場抗爭維持在區的組織之內,市政府也是如此。大多數人的意見就會在這些戰術過程中被逐漸消磨,也就無法獲勝。的確,大多數人的意見是逐漸的在消退,直到這件事情被雷蒙‧魯比諾(Raymond Rubinow)點醒,他住在別的地

---

* 　〔譯注〕區(sections):美國的土地制度,每一平方哩劃為一區。

方，但是剛好在我們這個地區工作。魯比諾協助我們成立一個緊急的聯合委員會，一個真正打破其他組織界線的地區組織。能發揮功效的地區，尤其是市民，必須會自己運作事情。讓有爭議的事情在地區的層級中共同尋求共識，否則就不會有結果。地區不是用聯邦方式運作的小公國團體。如果地區得以運作成功，它們是以大到足以影響決策的力量和意見的整體方式在運作。

我們的城市有許多像孤島一樣的鄰里，小到不足以構成地區。它們不只是受到規劃荼毒的計畫住宅鄰里，還包括許多未經規劃的鄰里。這些未經規劃、很小的鄰里單元是在歷史過程中逐漸發展而成的，通常是一些特殊族裔的領域。它們發揮很好和很強的街坊鄰里的功能。因此對從鄰里內部產生的社會問題和腐敗掌握得很好。但同時，在對抗由外部產生的社會問題和腐敗時，這些太小的鄰里和街道也很無助。由於缺乏力量，因此在公共設施與服務的改善上，常被欺瞞。人們無力改變房屋抵押貸款者在地區上貸款催收的黑名單，這是即使有令人印象深刻的地區力量也難以對抗的問題。如果他們和附近鄰里的人發生衝突，雙方都無力改善這種僵局。的確，孤立讓這些關係進一步惡化。

可以確定的是，有時候一個太小以致於無法展現功能的地區，可以透過一個非常有影響力的個人或是重要的機構，獲得所需要的力量。但是，當這種鄰里的市民利益和這些大人物或是重要機構的利益相衝突時，就是他們得為上述力量的「免費」禮物付出代價的時候。他們在市府決策的辦公室裡面是無法擊敗這些大人物的，因此也無法教導或是影響這些人。例如，附近有大學的鄰里居民就常遭遇這種無助的窘況。

不論一個地區有無足夠權力潛力，它是否會變成一個有效和能夠自我治理的民主機構，主要端視這個太小的鄰里能否克服它們的

孤立狀態。對於地區和裡面的抗爭者而言，它主要是一個社會和政治問題，同時也是一個實質環境的問題。試圖單獨地對一個比地區規模還小的都市鄰里進行實質規劃，是一個值得一試的想法，但是它必須推翻自我治理，太過感情用事或是太家長式作風的提議，都是無濟於事的。當小鄰里因為居民的社會分層非常明顯時，而使得其實質環境的孤立更趨顯著，就像住宅計畫中居民因為住宅價格不同而被貼上標籤，這種政策是非常不利於城市的自我治理和自我管理。

城市的地區能夠展現真正力量的價值(但是街坊鄰里並沒有喪失它作為一個極小的鄰里單元)，並不是我的創見。它們的價值在經驗上不斷被重新發現和展示。幾乎每個大城市都有一個像這樣能發揮效力的地區。還有更多的地區，在面臨危機的時候，偶爾會展現地區的功能。

這並不意外，一個合理有效的地區通常會隨著時間，自然產生相當的政治力量。它最終也會產生一連串，有能力同時在街道和市區規模，以及市區規模和城市整體發揮力量的人。

如何矯正我們在發展有功能的地區時常犯的嚴重失敗，是城市行政變革的重大問題之一，目前我們還不需要深入探討。但是，我們同時也需要放棄有關都市鄰里的傳統規劃理念。規劃和分區理論中的「理想」鄰里，一方面因為規模太大以致於無法像街坊鄰里一樣產生具有能力或意義；另一方面規模太小，以致於無法像地區一樣運作。它什麼都不適合。甚至不適合作為一個出發的起點。就像放血的醫學信仰，在找尋了解的過程中，走偏了方向。

如果顯示在真實生活能發揮自我治理功能的是城市整體、街道和地區等幾種類型的鄰里，那麼對於城市能發揮功效有關鄰里的實

質規劃應該針對下列目標：

一、促進活潑熱鬧和有趣的街道。

二、設法讓街道的組織，盡可能在潛在的副城市的規模和權力的地區之中，保持連續的網絡。

三、讓公園、廣場和公共建築成為街道組織的一部分；用它們來強化和連接街道組織的複雜性和多元使用。它們不應該被用在彼此孤立的不同用途之上，或是局部地區鄰里的單獨使用。

四、強調大到足以作為一個地區的功能認同。

如果前三項目標都順利達成，那麼第四項目標也就自然水到渠成。理由是：除非人們生活在一個平面的地圖世界，只有極少數人能夠認同或是關心一個稱為地區的抽象概念。否則，大部分人會認同城市裡面的某一個地方是因為我們使用它，相當貼近地認識它。我們的雙腳踏遍該地，並且變得依賴它。任何人會變得如此的理由大多是因為當地在有用、有趣或是便利上的與眾不同，因此形成一種吸引力。

幾乎沒有人會自願在相同和重複的地方一再旅行，即使只要花費極小的體力[3]。

3　在東哈林區的傑佛遜住宅(Jefferson Houses)，許多人在計畫住宅裡已經住了四年，但從來沒有正眼看過社區中心。社區中心位於計畫住宅的死角（所謂的死角，是指缺乏城市生活，放眼看去，盡是公園）。在計畫住宅中住在其他區塊的人，沒有充分的理由需要從住家走到那裡，實在找不出理由。社區中心那一塊地區，看起來幾乎全都一樣。下東城葛蘭德街福利住宅(Grand Street Settlement)的執行長朵菈・坦能鮑姆(Dora Tannehbanm)訴說鄰近的一個計畫住宅裡面住在不同大樓裡面的人的事：「這些人不覺得他們之間有什麼共同點。他們表現得好像住在計畫住宅其他區塊的人是住在不同的星球上。」視覺上看起來這些計畫住宅是同一個單元。但是功能上就不是這麼回事。表面

差異，而非複製，有助於交叉使用，也因此人對於地區的認同不局限在他所在的街道。單調則是交叉使用和因此產生的功能整合的敵人。至於地盤，不論是否經過規劃，在地盤之外的人，對於地盤或是地盤裡面包含的東西，不可能感受到自然的認同。

使用的中心點會出現在活潑熱鬧和多樣化的地區，就像發生在較小規模的公園裡面的使用中心，如果它們同時也包含一個位於中心裡面具有象徵性的地標的話，這樣的中心特別有助於地區的認同。但是中心本身不能肩負地區認同的重責大任；還必須遍植不同的商業和文化設施，還有不同的景緻。在這樣的組織之下，實質的障礙，例如大型的交通幹道、太大的公園、大量的機構聚集，在功能上都是破壞性的。因為它們會阻礙交叉使用。

以絕對的標準而言，多大才是一個能夠發揮功能的地區？我曾經給地區下過一個功能性的定義：大到足以和市政府對抗，但是不會大到街坊鄰里無法吸引地區的注意和相挺。

以絕對標準而言，這表示在不同的城市有不同的規模，部分得視城市整體的規模而定。在波士頓，當北區的人口到達3萬人時，它已經有足夠的地區力量。但是，現在它的人口只有一半左右，部分是在消除貧民窟的減少住宅密度的健康過程中所形成，部分則是來自開築高速公路的無情切斷地方的不健康過程。雖然北區還是非常凝聚，但是它已經喪失非常重要的集體力量。而像波士頓、匹茲堡，或是甚至費城這樣的城市，只要有3萬人可能就足以形成一個地區。在紐約或是芝加哥，3萬人的小地區根本不足以成事。芝加哥最能發揮功效的地區，後院（the Back-of-the-Yards）*，大約有10

（續）————————————————————————
是會騙人的。

* ［譯注］芝加哥的後院地區（Back-of-the-Yards），是指位於屠宰廠周圍的地區。由於芝加哥早期是美國最大的家畜市場集散地，當地的屠宰

萬人口。根據地區議會議長的說法，該區的人口還在增長當中。在紐約，格林威治村算是小的地區，但是因為善用其他優勢，所以很有活力。它大約有8萬個居民，另外還有12萬5000左右的工作人口（其中有六分之一的人住在格林威治村）。紐約的東哈林區和下東城，雙雙試圖創造出能發揮效力的地區，各有20萬左右的人口，它們需要那麼多人。

當然，地區除了大量人口以外，還需要其他特質才能夠產生效力——尤其是良好的溝通和高昂的士氣。但是人口規模至關緊要的原因在於，儘管大部分的時候只是暗示，它們代表選票。只有兩個最終的公共力量在形塑和掌控美國的城市：選票和金錢的掌控。如果要說得好聽一點，我們可以稱它們為「公共意見」和「公共支出」，但是說穿了就是選票和金錢。一個能發揮功效的地區——透過它的媒介，街坊鄰里——具有其中的一項力量：選票的力量。透過選票，單單這一項，就可以有效地影響由公共金錢支持的力量，不論是好是壞。

羅伯特‧摩西斯，他傑出的辦事能力在於他深諳此道，巧妙地運用公共資金和人民選舉出來並且仰賴這些人代表他們的利益的民意代表周旋。當然，這是另外一種假借民主政府之名，令人覺得悲傷的老故事。利用金錢的力量有效的反制選票力量的藝術，可以被誠實的公共行政人員有效的運用，也可以被純粹代表私人利益的不誠實民意代表所利用一樣。不論是哪一種情況，當選區被分化成無效的權力單元時，要誘惑或是推翻候選人是最容易的。

在大的城市地區的那一端，我知道沒有大於20萬人口的地區還

（續）——————————————

　　場業規模也是全國之冠，有許多人在屠宰場工作，也形成一些屠宰行業相關的社區。

可以像一個地區那樣有效的運作。在任何情況下，地理範圍都是限制實際人口的局限。在眞實生活裡，自然演進、能發揮功效的最大地區規模大約是1.5平方哩[4]。或許這是因爲任何事情規模太大之後就不利於地方方便有效的交叉使用和地區政治認同所仰賴的功能性的認同。在一個非常大的城市，人口因此必須夠密集才能夠成爲成功的市區；否則，即使有足夠的政治力量也絕對無法和重要的地理認同相調和。

地理規模的觀點並不表示城市可以直接在地圖上劃出一個一哩左右的區塊，用邊界來定義地區的範圍，然後地區再營造生活。地區並不是由地理的區塊產生的，而是由交叉使用和生活所形塑而成的。而我們之所以要考慮地理規模和地區限制的原因在於：一定有某些種類的事物，不論是自然或是人爲的，會對交叉使用形成實質的障礙。寧可一個區域的範圍大到足以發揮地區的功效，也不要因爲太小而切斷足以維持地區連續性的活動。地區存在的事實在於什麼是內在的，內在使用的連續和重疊，而不是使用的盡頭或是它們在空中鳥瞰的形狀。的確，受歡迎的城市地區，除非有實質的障礙阻擋，否則它的邊界也會同時擴展。一個被充分阻絕的地區，在經濟上也會喪失對城市訪客的刺激。

鄰里規劃的單元，只能由它們的組織和生活，以及它們所產生的複雜交叉使用來界定，當然和正統的規劃理論相衝突。這兩個規劃概念的差異在於一個是處理複雜、活生生且能夠決定自己命運的有機體；另一個是處理固定、了無生氣且只能夠看顧現有狀態的住宅區。

4　芝加哥的後院是我所知道有關這項法則的唯一例外。這個例外的案例或許在別的事情上會給我們一些有用的啓發。在這裡還無關緊要，將留待本書後面討論到有關管理的問題時再做處理。

在思考地區的必要性時，我並不想給人一種印象，讓人誤以為能發揮功效的地區在經濟、政治或是社會上是自給自足的。它當然不是，也做不到，就像街道無法自給自足一樣。地區也不能彼此複製；每一個地區都不一樣，也應該如此。城市不是複製的城鎮的集合，一個有趣的地區要有它自己的特徵和專長。它會吸引外面的人（除非如此，否則就沒有真正都市經濟的多樣性），同時當地人也會到外地探求各種機會。

也沒有必要維持地區的自給自足。在芝加哥的後院地區，在1940年代以前大部分負擔生計的人都在地區裡面的屠宰場工作。在這個例子裡，這的確和地區的形成有關係。因為這裡的地區組織是工會組織的延續。但是當這些居民和他們的子女陸續離開屠宰場的工作之後，他們就投入整個大城市的生活之中。除了剛畢業的青少年，大部分的人現在都在當地之外的地方工作。這些移動並沒有削弱地區；巧合的是，該地區變得更茁壯了。

同時在這個過程中發揮正面作用的因素是時間。在城市裡，時間是自給自足的替代品。在城市裡，時間是最根本的。

使一個地區發揮功能的交叉使用是既不模糊也不神秘。這是由一群特定人士之間的實際關係所構成，他們彼此之間除了共處一個地理區域之外，並沒有太多的共同點。

在城市地區裡面的鄰里基礎之上，最早形成的關係是那些街坊鄰里和人際之間，有其他共同之處以及共同屬於某些組織的關係——教會、親師會、同業組織、政治團體、地方市民組織、推動健康或其他公益的募款委員會、某某同鄉會（在波多黎各人之間非常普遍，就像早期的義大利移民一樣）、地主協會、街區改進協會、抗議聯盟等，不勝枚舉。

仔細觀察一個大城市相對確立的地區，就會發現有許多組織，

多半是小型的，多到讓人眼花撩亂。費城再發展機構的委員會成員之一戈爾迪‧霍夫曼(Goldie Hoffman)夫人決定做一個實驗，仔細檢查費城一個大約一萬人口，即將更新的一個小區塊裡面，究竟有多少組織和機構。讓她和其他人覺得驚訝的是，共有19個之多。小型和特殊利益的組織在城市裡像樹幹上的枝葉般地成長，顯現出生命的堅韌和頑強。

然而，形成一個有效地區的關鍵階段不僅止於此。一組相互交織，但是不同的關係必須繼續成長；換句話說，在人們之間有實際的關係，通常是一些領袖們，他們會將他們的地方公共生活擴大到街坊鄰里和特定的組織和機構之外，和那些根基及背景都屬於不同選區的人，建立關係。這些跳躍的關係在城市裡，比在自給自足的聚落裡面的不同小群體人際之間類推、近乎強迫性的跳躍連結更偶然。一般而言，或許是因爲和偶爾在全市性的特殊利益或興趣團體相逢，而後將這種鄰里關係帶進地區鄰里的規模相比，我們更擅長於組織全市性的同好鄰里。例如在紐約許多的地區網絡就是這樣開始的。

相對於整個地區人口而言，只需要相當少的跳躍連結的人，就可以把地區結合得很像一回事。一百個人左右就可以開創出一個十萬人規模的地區。但是這些人要有時間找到彼此，有時間嘗試適當的合作關係──還要有時間讓他們自己在各種小型的地方和特殊興趣的鄰里裡面生根。

當我和我姊姊剛從一個小城市搬到紐約時，我們過去常玩一種我們稱之爲傳話(Messages)的遊戲來消遣娛樂。我想我們是想用一種不引人注目的方式，從我們封閉的小天地裡面去領略外面那個令人不知所措的大世界。遊戲的辦法是任意挑兩個不相干的人──例如一個在澳洲所羅門群島(Solomon Islands)的職業介紹人和一個在

伊利諾州洛克島(Rock Island)的修鞋匠——假設其中一個人必須透過口耳相傳的方式把消息從一個人口中傳到另外一個人耳中；我和姊姊就曾各自想出一種可行或至少有可能的人際鏈結，透過這些人成功地傳遞消息。誰想出來的傳話的鏈結最短，而且有說服力，誰就獲勝。例如，職業介紹人會和他村裡的村長說，村長可能和來採購椰乾的商人說，商人則跟路過巡邏的澳洲警官說，警官跟即將前往墨爾本的一個人說等等。在另外一頭，修鞋匠可能聽到教區的神父說起這件事情，神父是從市長那邊聽來的，市長則是從州議員處聽來的，州議員從州長那邊聽來的等等。我們很快就可以信手拈來一大堆傳話的人，但是傳話的過程可能非常冗長。這種情形直到我們開始有羅斯福太太的加入之後才開始改變。羅斯福太太認識一些最不可能認識的人，所以她可以一下子跳過很多中間的傳話者，馬上就把兩個人連起來。整個世界也突然變小了。這也讓我們的遊戲變得枯燥無味，不久之後也就停止了。

一個城市地區也需要一些他們自己的羅斯福太太——他們認識許多不可能認識的人，因此可以去除許多不必要的一長串冗長溝通（這在真實生活中不會發生）。

福利住宅的主任經常是開始這一類地區跳躍連結系統的人，但是他們只能在適當的時機去拓展；他們不能擔負整個責任。這些連結需要信賴的成長，合作的成長，至少在一開始，傾向偶發和暫時的合作；它還需要人們有相當的自信支持，或是對於地方問題的充分關心。在東哈林區，在可怕的地區崩潰和人口變動之後，一種有效的地區正在逐漸重整以對抗不公不義的事情。在1960年時，共有52個組織團體參與一場向市府施壓的會議，告訴市長和14位首長地區的願望。這些組織包括教會、親師會、住宅和福利團體、市政團體、住宅承租人協會、同業公會、政治團體，還有地方各級民意代

表。有58個人專門負責促成這項會議，並制定相關政策；其中包括各行各業，還有各種不同種族的人士——黑人、義大利人、波多黎各人，以及各種說不出名稱的種族。這代表了許多跳躍式的地區連結。它得花上好幾年的時間和技巧才能讓五、六個人建立這樣的網絡，而這個過程只是發揮效果的初始階段而已。

　　一旦一個良好、堅強，包含各種跳躍連結的網絡在一個大城市地區施展開來，這個網絡就可以相對順利地擴大，並且交織出各種有彈性的新模式。有時候，這種發展的跡象是發展出一種新的組織，大致是地區性的，爲了特定目的所形成的暫時組織[5]。但是要持續運作，一個地區網絡需要滿足三個前提：某種形式的開始；一個有充分人數可以被確定是使用者的實質地區；還有時間。

　　這些形成跳躍連結的人，就像那些在街道和特殊利益組織形成小型連結的人，都不是那些在規劃和住宅計畫中被用來代表人們的統計數字。有許多理由可以說明統計的人數是一種虛構的想像，其中一個理由是在統計中人們被認爲是可以無限相互取代的。但是真實的人們是獨特的，他們花費了生命中的許多年月和其他特殊的人建立重要的關係，這是完全無可取代的。這些關係一旦被切斷，他們就被摧毀，無法成無有效的社會人——有時候是暫時的，有時候是永遠的[6]。

5　在格林威治村，很明顯的，這些組織的名稱都特別長。例如：關閉華盛頓廣場緊急救援之外所有通道的緊急聯合委員會；地下室住宅承租戶緊急委員會；傑佛遜市場大廳時鐘啓用鄰里委員會；擊敗西村提案並提出正確提案的村聯合會。

6　有些人似乎可以像那些可以相互取代的統計人數一樣，任意離開某個地方並且在另外一個地方，完全一樣的重新開始，然而他們必須屬於我們其中一個相當同質和內生的游牧社會。像小威廉・懷特（William H. Whyte Jr.）在《組織人》（*The Organization Man*）一書中所描繪的披頭世代，或是正規陸軍軍官和他們的家人，或是住在郊區外派的資

在都市鄰里，不論是街道或是地區，如果有太多逐漸成長的公共關係在一夕之間突然崩潰瓦解，就會孳生各種災難——這些災難、不穩定和無助感，有時候是時間也永遠無法彌補的。

《紐約時報》一個系列文章「動盪世代」(The Shook-Up Generation)的作者哈里遜‧索爾茲伯里(Harrison Salisbury)，在關於城市關係及其崩潰的關鍵議題上說得好。

> 即使是一個貧民窟〔他引用一個牧師的說法〕，當它維持相當時日之後，就會建立起社會結構，同時這會促進有助於解決公共問題的更大穩定、更具領導力和更多的行動。
>
> 但是當一項貧民窟的清理計畫進入一個地區之後〔索爾茲伯里繼續說〕，它不只剷除破敗的房子，它還將人們趕出家園。它拆除教堂。它摧毀地方上的生意人。它把鄰里的律師送到市中心的新辦公室，並且把社區原本緊密相連的友誼和團體關係弄得難以修復。
>
> 它將舊時代的居民從他們破敗的公寓或是普通的住宅中趕出去，迫使他們另外找一個陌生的新地區。而且它讓一個鄰里一時湧進成千上萬個新面孔……。

大部分是為了拯救建築物，偶爾也會拯救部分的人口但是卻將地方其餘的人口一起打散的更新計畫，也有非常類似的結果。急忙將穩定的都市鄰里所創造的高價值轉資本化的大量集中的私人建築，也是一樣。據估計，在1950到1960年間，大約有1萬5000個家

(續)───────────────

遷的商人家庭等。

庭因爲這種手段從紐約的約克維爾地區被趕出去；事實上，所有的人都是不情願、被迫離開的。同樣的情形也發生在格林威治村。的確，如果我們的城市還有任何可以發揮功能的地區，那可眞是奇蹟了，而不是少得可憐。首先，現在相對有太少的城市地方在實質環境上非常適合形成具有良好交叉使用和認同的地區。在這些才開始或是還太軟弱的地區，誤導的規劃政策就永遠的將它們腰斬、打亂。原本能夠有效捍衛自己免於因爲規劃造成崩潰的地區，最終還是被那些旨在奪取這些社會稀有珍貴資產，欠缺規劃的淘金熱所踩躪踐踏。

當然，一個好的都市鄰里可以將新來的人吸納融入，不論是自己選擇的新住民或是偶然遷入的移民。它還可以保護相當數量的過境人口。但是，如果當地的自我治理機能夠發揮功效的話，這些居住人口的增減必須循序漸進。任何一個潛在的人口流動都必須是一個能夠建立鄰里網絡的連續人口流動。這些網絡是城市無可取代的社會資本。這種資本一旦喪失，不管是什麼原因造成的，伴隨它而來的收入就會消失，除非有新的資本緩慢且偶然地累積，否則將永遠無法恢復。

有一些城市生活的觀察家注意到，強而有力的都市鄰里經常是由少數族裔組成的社區——尤其是義大利、波蘭、猶太或是愛爾蘭的社區——進而推測，是否一個凝聚的族裔基礎是都市鄰里能夠作爲一個社會單元的必要條件。事實上，這意味著只有歸化的美國公民（hyphenated-Americans）才有能力在大城市裡維持地方的自我治理。我覺得這種想法太荒謬了。

首先，這些在種族上一致的社區並不是永遠像外人看起來那麼團結凝聚。我再引用芝加哥的後院地區爲例，它主要的人口組成是中歐人。但是中歐有各種不同的種族，至少有五、六種以上不同的

教會。這些團體之間的敵意和對立是一個最嚴重的缺陷。格林威治村的三個土委部分原來分別是源自於當地的義大利社區、愛爾蘭社區和一個屬於美國雅各教派的社區(Henry Jamesian patrician community)。族群的凝聚力在這些地區的形成上或許扮演一部分的角色,但是它無助於銜接地區的交叉使用——這項工作在多年以前就由一位非常傑出的福利住宅主任瑪莉‧西姆戈維契(Mary K. Simkhovich)展開。今天這些老社區的許多街道都已經將幾乎來自世界各地的不同種族都融入它們的鄰里。它們也吸收同化了許多中產階級的專業人士及其家人。雖然現在還有迷思認為這些中產階級需要僑郊區「與共感」的保護孤島,但是這些人證明他們在任何街道和地區,都可以生活得很好。有一些在下東城表現得最好的街道(在它們被拆除之前),大家都稱呼它「猶太區」,但是如果以實際投入街坊鄰里的人而言,它事實上包含超過40種以上不同族裔的人。紐約最成功的鄰里是東城的市中心,裡面包含了一些很棒的社區,幾乎全部是高所得的人,而且除了美國人之外,根本無從區別任何族裔。

其次,當具有種族凝聚力的鄰里發展並趨於穩定時,除了種族認同之外,它們還有另外一項特質,就是包含許多定居(stay put)的人。我想它的重要因素絕對不僅只是種族認同。通常在這些人搬進來之後,都得花上許多年的時間,才能讓這些居民達到穩定、有成效的鄰里。

這裡好像有一個弔詭:要在一個鄰里之內維持足夠的定居人口,一個城市必須有雷金納德‧愛薩克斯所說的使用的流暢和流動性,也就是本章前面所提,當他在質疑鄰里對城市而言是否有重要意義時所提到的觀點。

經過一段時間，人們會更換工作和工作地點，改變或是擴大它們在外面的朋友和興趣，改變家庭的規模，收入可能會增加或減少，甚至會改變品味。簡言之，他們在生活，而不只是存在。如果他們生活在多樣而非單調的地區──尤其許多實質改變可以不斷被適應的地區──如果他們喜歡這個地區，他們在上述改變之後還是可以定居在這裡。不像有些人，當他們的所得和休閒生活改變（或是非常特殊）時，他們就必須由低所得的地區搬到中所得的地區，接著再搬到高所得的郊區，或是在某一個小鎮的人必須搬到另外一個城鎮或城市，去尋找不同的機會。都市人不需要爲了這種理由搬來搬去。

在城市裡，各種機會的集合，以及可以利用的機會和選擇的流動性，是有助於，而不是損傷，都市鄰里的穩定資產。

然而，這項資產必須被強調。如果地區因爲單調而變得只適合非常狹隘的特定所得、品味或是家庭狀況時，則是拋棄這些可貴的資產。鄰里對固定、看不見個人身體的統計人口的通融，就是對不穩定的通融。人在鄰里裡面，作爲統計人口，可能維持相同。但是人在鄰里裡面，作爲眞實生活的人，則完全不同。這些地方是永遠的驛站（way stations）。

*　　　*　　　*

在本書第一部分的結尾，我要強調大城市獨特的資產和優點，以及他們的弱點。城市要成功，和其他事情一樣，必須善用它的資產。我曾經試圖指出，城市裡能做到這些事情的那些地方，以及他們是如何辦到的。然而，我的意思並不是說，我們因此就應該例行化和表面化地複製那些展現出城市生活片段的長處和成功之處的街

道和地區。這是不可能辦得到的，有時候只是變成建築的復古癖。
而且，即使是最好的街道和地區，都還有需要改善的地方，尤其是
在舒適方面。

　　但是如果我們了解城市行為背後的原則，我們可以善用潛在的
資產和優點，而不是背道而馳。首先我們必須知道我們想要的一般
結果——而需要知道的原因是因為需要知道城市生活如何運作，例
如，我們必須知道我們需要活潑熱鬧、使用良好的街道及其他公共
空間，以及我們為什麼想要這樣的空間。雖然這是第一步，但是只
知道我們想要什麼，顯然還不夠。下一步需要檢驗城市在另外一個
層次上是如何運作：在經濟上如何為城市的使用者創造活潑熱鬧的
街道和地區。

第二部

城市多樣性的條件

第七章

多樣性的產生器

分類電話簿告訴我們一項有關城市的重要事實：城市是由無數的部分所構成，而每一部分也都是由多樣性(diversity)所構成。多樣性對於大城市而言是自然的。

詹姆士・鮑斯偉爾(James Boswell)在1791年寫道：「我經常想像倫敦對於不同的人而言是多麼不一樣的地方，用這種方式來自我娛樂。那些只局限在某些特定追求的狹窄心胸的人，只會透過那個單一的媒介來看事情……但是聰明睿智的人，則會主動出擊，正如領略人類生活的各種多樣性，對其冥想則是無止盡的。」

鮑斯偉爾不只給城市下了一個很好的定義，他還碰觸到城市的一個大問題。人們很容易就落入一次只用一種用途來想像城市的陷阱。的確，只是這種做法——一種使用接著一種使用的城市分析——已經變成規劃習慣使用的伎倆。對於各種使用類型的發現，集合在一起之後就構成「廣泛、整體的圖像」。

這種方法所產生的整體圖像的用處就像瞎子摸象所拼湊出來的圖像一樣。大象動來動去，摸出來就產生葉子、蛇、樹幹和繩子等連在一起的圖像。人類自己創造的城市，實在消受不起這些嚴肅的無稽之談。

要了解城市，我們就必須徹底處理使用的結合或混合作為一種基本現象的議題，而不是只見到個別的使用。我們已經在鄰里公園

的例子中看到這些事情的重要性。公園很容易——而且太容易——被視爲一種單獨的現象，並且就用，例如，每多少人有多少公園面積的方式來評量公園是否適當。這種取徑告訴我們有關規劃的一些方法，但是完全沒有告訴我們任何有助於了解鄰里公園行爲或價值的事情。

混合使用，如果它複雜到足以維持城市的安全、公共接觸和交叉使用，有賴許多組成元素的多樣性。所以，有關都市計畫的第一個問題——我認爲這是到目前爲止最重要的問題——就是：城市如何在它們整個領域之內產生足夠的混合使用——足夠的多樣性——來維持它們自己的文明？

對「單調凋敝」加以討伐和去了解爲什麼它對都市生活具有破壞性，都是很好的事情。但是，責難並沒有跨得太遠。想想看我在第三章時所提到的，巴爾的摩那個有美麗人行道公園的街道所碰到的問題。我住在那條街上的朋友，科爾斯區特斯基太太的推論非常正確。她認爲公園附近需要有一些商店，給公園的使用者一些便利。可以預期，不方便和缺乏公共街道生活只是這裡單調的住宅區的兩個副產品而已。危險是另外一個問題——天黑之後人們會害怕街道。有一些人連白天也會害怕因而待在家裡，因爲這裡曾經發生過兩起白天的攻擊事件。再者，這個地方缺乏商業選擇和任何文化的趣味。我們可以清楚地看到它的單調有多麼事關重大。

但是說了這些，又如何呢？當地欠缺的多樣性、便利、趣味和活力都不會因此而湧現，因爲在這個地區經營需要有利可圖。例如，如果有人要在這裡做一個小生意，那就不夠明智。它賺不了錢，沒辦法糊口。希望這裡會冒出熱鬧的都市生活，簡直就是在做白日夢。這裡是一個經濟沙漠。

當我們在看單調的灰暗地帶、住宅計畫或是市政中心時，儘管

很難相信，但是事實上大城市是多樣性的自然產生器，還有各種新企業和新想法的孵育器。而且，大城市是無數各式各樣小型企業自然的經濟歸宿。

在有關城市企業的多樣性和規模的主要研究剛好是有關製造業的研究，尤其是《大都會的解剖學》（*Anatomy of the Metropolis*）一書作者雷蒙・佛農(Raymond Vernon)和薩金特・佛羅倫斯等人的研究，他們曾經檢驗美國和英國城市對製造業的影響。

在特徵上，城市愈大，它的製造業也就愈多樣，它的小型製造業的數量和所占的比例也越高。主要的原因，簡言之，是大企業比小企業自給自足的程度高，能夠維持大部分它們自己所需的技術和設備，可以擁有自己的倉庫，然後可以找到比較大的市場，不論市場位於何處。這些大企業沒有必要待在城市裡面，儘管有時候位於城市裡面會比較有利，但通常待在城市以外的地區會更有利。至於小型的製造業，每件事情都剛好相反。通常它們必須仰賴自身以外許多不同的供應商和技術，它們必須在市場所在之處服務一個狹小的市場，它們必須對市場的快速變化非常敏感。沒有城市，它們根本無法存在。依賴城市其他企業的多樣性，它們本身也增添的那個多樣性。最後一點是必須牢記的重點。城市的多樣性本身會容許並刺激更多的多樣性。

在製造業之外的許多情形也類似。例如，當康乃狄克綜合壽險公司（Connecticut General Life Insurance Company）在哈特福德(Hartford)的外緣設立了一個總部之後，除了一般的工作空間和廁所，以及醫務室之類的設施，它也只不過讓當地多增加了一家大型的雜貨店、一間美容院、一座保齡球館、一家簡餐店、一家電影院和一些休閒空間。這些設施本來使用效率就不高，大部分時間都是閒置的。它們需要補貼，不只是因為它們是某種註定賠錢的行業，

而是因爲它們的使用非常有限。然而，它們需要彼此競爭員工，還要設法留住人。一家大公司可以奢侈地吸收這些天生沒有效率的設施，和它們的其他利益平衡。但是小公司沒有辦法這麼做。如果它們想用相同，甚至更好的條件吸引員工，它們就必須位於一個熱鬧的城市環境，那麼它們的員工就可以找到他們所想和所需的便利和選擇。的確，爲什麼戰後大公司從城市裡大張旗鼓地要出走，最後變成大部分只是口頭說說的其中一個理由，就是郊區土地的成本差異，以及空間大多被每一個工作人員需要更大的設備空間所吃掉，這在城市裡面根本不需要，員工和顧客也不會支持。爲什麼這些企業會留在城市，和小型廠商一樣，是因爲它們的員工，尤其是主管，需要和企業以外的人士密切而且面對面的接觸——包括小廠商的人士在內。

城市提供給小型企業的便利，在零售業、文化設施和娛樂等方面，一樣顯著。這是因爲都市人口大到足以支持在這些事情上面的多樣性和選擇。我們也再一次看到大型企業在較小的聚落裡的好處。例如，城鎮和郊區是大型超級市場的自然歸宿，但是並不適合雜貨店生存，適合標準的電影院和汽車電影院，卻不適合其他類型的電影院。就是因爲沒有足夠的人去支持更廣泛的多樣性，儘管可能有人(但是人數太少)會被吸引過來。然而，城市會是超級市場和標準電影院的自然歸宿，同時也是熟食店、威尼斯麵包坊、外國雜貨店、藝術電影院等落腳的地方。所有的商店都可以共存，標準的和奇怪的，大型的和小型的。如果在城市裡發現熱鬧和受歡迎的地方，小型的一定比大型的多 [1]。就像小型的製造業，這些小型的企

---

[1] 在零售業，這個趨勢尤其明顯。芝加哥的房地產分析師理查·尼爾森，在研究戰後20個市中心的零售趨勢時發現，大型的百貨公司通常銷售下滑；連鎖的複合店則業績持平；小型和特殊的商店則銷售業績

業如果失去城市的舞台，將無法在其他地方立足。沒有城市，它們就無法存在。

城市產生的多樣性，不管是哪一種，事實上是因為城市裡有許多人緊密地聚在一起，他們又包含了許多不同的品味、技能、需求、供給和狂熱。

即使是標準，但是小型的生意，像是只有一個服務員的五金行、雜貨店、糖果店和酒吧等，在城市熱鬧的地方都有許多生意欣榮的例子。因為有足夠的人可以在短暫、方便的片刻去光顧，接著這些便利和鄰里的個人特質會變成這些企業所擁有的一大特色。一旦它們無法被這些緊密、短暫的片刻所支持，它們就失去這項優勢。在一個既定的地理範圍之內，當地半數的人無法支持當地兩倍距離之內的半數企業。當距離的不便因素開始介入，小型、不同和個人的企業就開始凋零。

當美國從一個鄉村和小鎮的國家變成一個都市國家，企業也變得更多，不只是就絕對數量而言，同時也是就比例而言。在1900年時，美國總人口中平均每1000人有21個非農業的獨立企業。在1959年時，雖然在這段期間有許多巨大的企業成長，總人口中平均每千人有26.5個非農業的獨立企業。伴隨著都市化，大企業變得更大了，但是小企業的數量也更多了。

當然，小和多樣，並不是同義詞。城市企業的多樣性包含各種不同的規模，但是，很多樣並不表示小的元素所占的比例高。一個

（續）——————————————————

增加，同時店家的數量也增加。在城市之外，這些小型及各種都市類型的企業難以真正競爭；但是對於大型和標準類型的企業而言，它們在城市之外的自然歸宿，在大型和標準裡面相對容易競爭。這種情形正好發生在我住家附近。原本是格林威治村最大的百貨公司華納梅克（Wanamaker's），關門之後搬到郊區，同一時間在百貨公司原址附近，小型和特殊的商店則迅速蓬勃地發展起來。

熱鬧活潑的城市景觀，大部分是因爲它有許多的小元素的集合，才會變得活潑熱鬧的。

　　對城市地區重要的多樣性，絕非僅限於牟利的企業和零售商業，因此顯然我太強調零售業了。然而，我並不這麼認爲。商業的多樣性本身，對城市而言具有無比的重要性，在社會上和經濟上都是如此。我在本書第一部分所提及的多樣性的使用，直接或間接都和爲數眾多、便利和多樣性的城市商業有關。但是不僅止於此。當我們發現一個城市在商業上多采多姿，我們會發現它也包含其他類型的多樣性，包括文化機會的多樣性、景觀的多樣性，以及人口和其他使用者豐富的多樣性。這不只是巧合。產生不同商業的同一個實質和經濟條件，和其他城市多樣性的產生和出現，是息息相關的。

　　雖然城市可以被公允地稱爲多樣性的自然經濟產生器和新企業的自然經濟孵育器，但是這並不表示城市的存在會自動產生多樣性。城市會產生多樣性是因爲它們形成各種使用有效的經濟池聚。如果它們無法形成這種使用的池聚，它們不會比小型聚落所能產生的多樣性好到哪裡。雖然城市和小型聚落不同，需要社會多樣性的事實，也是相同的。在這裡，最值得我們注意的事實是，城市在產生多樣性上的不均衡。

　　例如，在波士頓北區、紐約的上東城、舊金山的北灘—電報丘等地居住和工作的人，可以使用和享受大量的多樣性和活力。到這些地區來的訪客，幫助也不小。但是這些訪客並沒有替這些地區創造多樣性的基礎，他們也沒有在大城市裡面許多零星分布，有時候出人意料，具有多樣性和經濟效率的地方創造多樣性的基礎。這些訪客在一些已經精力旺盛的存在的東西中尋找，然後前來分享，因此也進一步支持這些多樣性。

　　在另外一個極端，大的城市聚落，除了停滯和最終對地方的極

度不滿之外，沒有因為這些人的存在而產生任何東西。這並不表示這些人是不一樣的人，比較呆板，不懂得欣賞活力和多樣性。他們之中經常包括許多研究者，試圖在有些地方，或是任何地方，找出這些屬性。但是，他們的地區有一些狀況；有時候是缺乏觸發地區人口在經濟上互動，以及幫助形成有效的使用池聚的能力。

　　顯然都市人口可以浪費的潛力並沒有人數的限制。例如紐約有150萬人口的布朗區(Bronx)。該區極度缺乏活力、多樣性和吸引力。它當然有忠實的居民，大部分依附在「老鄰里」零星散布的小小繁榮的街道生活，但是幾乎不夠。

　　單單就有趣的餐廳，這項對城市的舒適和多樣性而言的簡單事情，布朗區的150萬居民就是沒有辦法產生。一本旅遊指南書籍《紐約的地方和樂趣》(*New York Places and Pleasures*)的作者凱特‧西蒙(Kate Simon)，她描述了數百家餐廳和其他商業設施，尤其是在城市裡面出乎意料或是隱匿的地方。她並不闊綽俗氣，喜歡介紹便宜的發現給讀者。但是儘管西蒙小姐非常努力，他就是必須放棄布朗區，因為實在找不出什麼有趣的地方。在對該區兩個大都會的景點，動物園和植物園，致敬之後，他很難建議動物園以外其他任何一個可以用餐的地方。他可以提供的一個可能性，就是附上下列的道歉：「附近地方很可悲地變成一個無人之地，當地的餐廳需要一點小裝潢，但是欣慰的事情是知道……布朗區最好的醫療技術很可能就在附近。」*

　　唉！這就是布朗區，真遺憾它是這個樣子；真為那些現在住在那裡的人感到悲哀；也為將來要搬進那個地區繼承當地缺乏經濟選

---

　　*　[譯注]譯者臆測正是因為布朗區的治安不好，所以醫療刀槍傷的技術就因為經驗豐富而提昇。

擇的人感到悲哀；還有爲整個城市感到悲哀。

如果布朗區是一個令人惋惜的城市潛力的浪費，那麼想想一個對於整個城市而言更令人洩氣的事實，那就是整個大都會地區的多樣性和選擇，少得可憐。事實上，整個底特律的都市地區和布朗區一樣，沒有活力和多樣性。它被一圈又一圈失敗的灰暗地帶所圍繞。即使是底特律的市中心，也無法產生令人尊敬的多樣性。它了無生氣而且單調，晚上七點之後幾乎空無一人。

當我們主張相信城市多樣性代表意外和混亂，當然它不規則的產生看起來就代表一種神秘。

然而，產生城市多樣性的條件，很容易就可以在多樣性蓬勃發展的地區，藉由觀察它爲什麼可以在這些地方蓬勃發展的經濟理由，輕易得知。雖然結果很複雜，還有產生這些結果的因素爲數眾多，但是這個複雜性是根據有形的經濟關係而來的，原則上他們比可能產生的複雜的都市混合要簡單得多。

在城市的街道和地區要產生充沛的多樣性，有四個不可或缺的必要條件。

一、地區，而且盡可能是它內部的許多部分，必須滿足至少一項主要功能，最好超過兩項功能。這些功能必須確保人們會在不同的時間和因爲不同的目的到室外，並且能夠使用許多共同的設施。

二、大部分的街廓必須夠短；也就是說，街道必須經常有轉彎，機會也會比較多。

三、地區必須將不同年代和狀況的建築物加以混合，包括相當比例的優質老房子，因此它們必須產出的經濟收益就會不同。這個混合必須相當細緻。

四、不論人們聚集的目的爲何，必須有足夠密集的人口，包括

　　單純的居住人口。

　　這四個條件是本書要強調的重點。這四個條件的結合可以產生使用的有效經濟池聚。在這四個條件之下，每一個城市地區都會產生不同的多樣性。不同地區之間差異可能有許多原因；但是，當這四個條件一旦發展起來(或是在真實生活中可以有效管理，最接近完全發展的情況之下)，一個地區應該就能夠實現它的最大潛能，不論它仰賴的是哪一個條件。會妨礙實現潛能的障礙必須加以移除。多樣性可能不會廣泛到有非洲的雕塑、戲劇學校，或是羅馬尼亞的茶室，但是像雜貨店、陶藝學校、電影、糖果店、花店、藝術表演、移民俱樂部、五金行、餐廳等等，可能都有很好的機會。有了這些，都市生活也會有最好的機會。

　　在接下來的四章，我將逐章分別探討產生多樣性的這些條件。我之所以要逐一單獨討論這些條件，純粹是為了方便探討，而不是因為任何一項條件，或是其他三項條件，可以獨立存在。這四個條件的缺一不可的結合，是產生城市多樣性的必要條件；缺乏其中任何一個條件，都會有損一個地區的潛力。

第八章

需要混合主要用途

條件一：地區，而且盡可能是它內部的許多部分，必
須滿足至少一項主要功能，最好超過兩項功能。這些
功能必須確保人們會在不同的時間和因為不同的目的
到室外，並且能夠使用許多共同的設施。

一個成功的都市街道，人們必須在不同的時間出現。這是從很
小的尺度加以考量的時間，一整天中的每一個小時。我在討論街道
的安全性和鄰里公園時，已經解釋過它們在社會意義上的必要性。
現在我要指向它們的經濟效果。

你可以回憶之前讀到的，鄰里公園需要那些鄰近公園、但是彼
此目的不同的人，否則公園只會被零星地使用。

大部分零售服務業仰賴顧客就像公園仰賴一整天進進出出公園
的使用者一樣。但是有一點不同：如果公園閒置，對公園和整個鄰
里都不好，但是公園不會因此消失。但是如果零售服務業一整天大
部分的時間都閒著，那麼它們可能會消失。或者，更精確地說，在
大部分這種情況下，一開始它們就不會出現，商店和公園一樣，需
要使用者。

為了舉一個人們在一天的時間當中展開來的經濟效果的小例
子，我請各位回想一個城市街道的景象：哈德遜的街道芭蕾。這個

連續的運動（它給街道帶來安全），依賴基本混合使用的經濟基礎，在實驗室、肉類包裝工廠、倉庫的工人，加上各種小型製造業、印刷廠、其他小型工業和辦公室的工作人員，在中午給所有這些用餐地點和其他許多商業帶來生意。我們住在這條街的居民，以及街上純粹住宅的部分，只能支持我們自己少量的商業，但是數量相當少。我們擁有比我們「該得到的」更多的方便、熱鬧、變化和選擇。在這附近工作的人，為了我們住戶，也擁有比他們「該得到的」更多的變化。我們在經濟上無意識的合作，共同支持了這些事情。如果附近失去這些工業，對我們居民而言將會是一場災難。許多無法靠住戶獨撐的行業，也會消失。或是這些工業失去我們居民，企業無法只靠工作者而存活，也會消失[1]。

如上所言，工作者和居民合在一起，能夠產生比各自存在加起來的總和帶來更多的效果。如果這個地方是垂死的，那麼我們能夠支持的企業，在傍晚時會吸引更多的居民出來到人行道上。而且，用不太誇張的方式，它也會吸引除了當地的居民和工作者之外的群眾。它會吸引一些希望在自己的鄰里找到一些機會的人們，就像我們經常希望從我們的鄰里找到機會一樣。這個吸引力會讓我們的商業在這三種不同人口組成比例之下曝光在一個更大、更多樣的人口群中：在街道上有一家賣複製畫的店，一家出租潛水器材的店，一家頂級比薩的分店，和一家宜人的咖啡屋。

有很多人使用的街道，以及人們的使用平均分配在一天裡面的不同時段，是兩碼子事。我會在後面用另外一章來處理人數的問題；在這個階段，最重要的就是要了解人數本身，和人們平均分布

1　然而，請記住，使用者將一天的時間展開的因素只是產生多樣性的四個必要因素其中的一個。不要認為它本身就能解釋所有的事情，即使它是一個基本因素。

在不同時段之間的差異。

時間分布的重要性在曼哈頓市中心的頂點看得尤其清楚，因爲這是一個深受使用者的時間分布極端不均衡之苦的地區。在這個包含華爾街在內的地區，約有40萬人在此就業，鄰近有法律和保險大樓、市政辦公室、部分聯邦和州政府的辦公室、一群碼頭和貨運的辦公室，以及一些其他的大樓。另外還有一些數量不定，但是爲數眾多的一些其他人士，會在上班時間來訪，大部分是商業和政府的公事。

這對一個小到區內每一個部分和其他部分幾乎都可以步行相通的地區而言，是相當龐大的人數。在這些人當中，這些使用者代表許多對於餐飲和其他商品的日間需求，更別談其他文化服務。

但是這個地區在提供服務和舒適上，相較於需求的比例而言，簡直糟透了。它的餐廳和服飾店相較於需求而言，在數量和變化上都明顯不足。這個地區過去有全紐約最好的五金行，然而前幾年因爲無法達成營業目標而關門歇業。區內還有全市規模最大和歷史最悠久的食品專賣店；但最近也關門大吉了。曾經有一段時間，區內有幾家電影院，但是後來變成遊手好閒之徒睡覺的地方，最後也消失了。這個地區的文化機會是零。

這些不足在表面上看起來可能微不足道，卻是一種殘缺。一家接著一家廠商搬到混合使用的中曼哈頓地區(它現在已經變成曼哈頓的市中心)。正如一位不動產的掮客所言，否則它們的人事部門無法找到或留住那些能拼得出「鉬」(molybdenum)*的員工。這些損失，接著嚴重的破壞該區一度非常有助於面對面的商業接觸的便

---

* ［譯注］「鉬」(molybdenum)：一種稀有金屬元素的名稱，原子序42。

利，所以現在有一些律師事務所和銀行搬了出去，以便和那些已經搬走的客戶保持密切的聯繫。這個地區在它的主要功能上——提供管理總部——已經變成二流的，這是它原來優勢地位和用處的基礎，以及存在的理由。

同時，在形成下曼哈頓壯觀天際線的摩天辦公大樓的外圍，是一圈停滯、衰敗、空缺和退化的產業。想想這個弔詭：這裡有許多人，而且是那些非常渴望和珍惜城市多樣性的人，所以很難，甚至不可能，阻止他們跑到別的地方去獲取他們想要的東西。但是當地緊貼著這個需要的，是一大片多樣性成長所需的方便和空曠的地方。到底是哪裡出錯了？

要知道哪裡出了錯，只需要隨便踏進一家普通的商店，然後觀察在午餐時間的忙亂景象和其他時間的單調之間的對比，就可以了解。只要看看五點半過後，還有星期六、星期天整天，都像死城一樣寂靜，就明白了。

《紐約時報》引述一位服飾店的售貨員的話說：「我清楚地知道，當正午過後幾分鐘，人們就像浪潮般地湧入。第一波的人潮大約是從中午到下午一點左右。」《紐約時報》的記者接著解釋：「然後有一個極短暫的喘息時間。在一點鐘過後幾分鐘之內，就有第二波人潮湧入。」然後呢？雖然報紙沒有說，但是大約兩點鐘左右，整家店就進入一片死寂的狀態。

消費者企業在這裡做生意必須集中在一天的兩三個小時裡面，一個星期大約是10到15個小時。這種程度的低度使用對任何一家廠商而言，都是極度缺乏效率的。有一些行業，利用徹底剝削中午時段的粗暴經營，可以涵蓋他們的管銷費用，甚至還有一些利潤。但是它們的數量必須夠少，才能夠在承載範圍之內，大撈一筆。餐廳也是靠午餐和午茶的生意維生，而不是午餐和晚餐。如果餐廳的數

量相對實在太少，它們就會在黃金時段做高周轉率的生意。這樣怎麼可能為那些40萬的工作人口增加便利和舒適呢？太難了！

毫不意外的，紐約市立圖書館接到來自這個地區惱人的電話，遠比其他地區多——當然，主要是在中午時段——問道：「請問紐約市立圖書館在這裡的分館地址？我找不到。」沒有，夠典型吧！如果有的話，很難蓋到足以應付午餐時間大排長龍的那種規模，或許在五點鐘過後，又沒有辦法滿足當地在其他時段只有小貓兩三隻的規模。

除了這種忙亂景象的行業，其他零售服務業可以，而且也都盡可能的讓它們的管銷費用離譜的低。這是大部分還沒有關門大吉的那些有趣、有文化和不尋常的地方，如何設法生存的方式，這也是它們多半位於老舊和衰敗的出租公寓裡面的原因。

代表下曼哈頓的一些商業和財務利益，曾經連續好幾年和紐約市合作，努力準備計畫書和開始更新這個地區。他們根據正統的規劃信仰和原則進行。

他們推論的第一步是好的。他們面對麻煩的事實，也面對麻煩的一般性質。下曼哈頓市區協會（Downtown-Low Manhattan Association）準備的小冊子裡面說：「漠視威脅下曼哈頓經濟健康的事實，就是接受長期建立的商業和活動出走，搬到他們能夠找到較好的工作條件，和對他們的員工而言，更能令人接受和便利的環境。」

而且，這本小冊子顯示，它隱約了解需要將人分散到一天不同的時段裡面的重要性，因為小冊子裡面說：「居住人口可以刺激發展購物設施、餐廳、娛樂場所和車庫設施，這些設施被證明在白天時對工作人口也有極高的使用價值。」

但是，它也只是隱隱約約的了解，計畫本身並沒有真正對症下

藥。

　　當然，住宅人口有被放進提案的計畫裡面。它占據相當大的面積來興建計畫住宅、停車場和空地，但是住人口這方面——正如小冊子裡面所言——大概只占日間人口的百分之一。這麼小的一群人口要發揮多麼巨大的經濟力量啊！如果它必須達成支持「購物設施、餐廳、娛樂場所……等白天的工作人口也高度期盼地使用」，那麼這是享樂主義(hedonism)多麼神奇的功績啊！

　　當然，新的居住人口只是計畫中的一部分。其他的部分，則會加劇惡化現有的問題。他們有兩個做法。第一，他們還試圖引進更多白天的工作使用——製造業、國際貿易中心、巨大的新的聯邦辦公大樓等。第二，準備提供額外的工作用地、住宅計畫和相關的高速公路使用的土地清除——除了空的建築物和衰退的工作使用之外——會清除許多這些還在服務當地工作人口的低管銷成本的服務和商業。在範圍(以及數量)上對工作人口而言已經太貧乏的設施，會因此近一步萎縮，這是增加更多的工作人口和毫無意義的居住人口的副產品。已經不方便的情況，會變本加厲到無法忍受的地步。而且，這些計畫會喪失讓這些原本相當適合的服務有近一步發展的機會，因為在以經濟的房租孵育新企業的情況下，已經不會有空間讓它們繼續存在。

　　下曼哈頓真的已經遭遇非常嚴重的麻煩，但是傳統規劃例行的推理和解決方式只會使問題更加複雜。要怎麼做才能**有效**解決這個地區的使用者在時間上的極端不均衡？什麼是問題的根源呢？

　　居民，不論如何引進，都不能有效地幫助解決問題。這個地區白天的使用已經這麼密集了，即使是在可能範圍之內的最高密度，居民在比例和數量上都太少而欠缺效率，使得他們對於地區的經濟貢獻顯得不成比例，杯水車薪。

　　在規劃引進新的可能用途時，如果它的目的是要解決地區的根本問題，那麼第一步要弄清楚引進的東西是要達成什麼目標。

　　引進的東西顯然要在地區最需要平衡的時間上造成最多人的出現：下午的中段(兩點到五點之間)、傍晚、星期六和星期天。唯一可能聚集大到足以造成差別的人數，大概是上述時段的大量訪客。這意味著是觀光客加上城市本身的許多人，在休閒的時候會一再地來到此地。

　　不管是什麼東西吸引新注入的人群，它未必能夠吸引在地區裡面工作的人。但是至少這些設施的出現不能讓他們感到無聊或厭煩。

　　而且，這些推定的使用，受到新時段使用者刺激的新增的企業和設施，可以產生它們適應所需的自由和彈性，但不能完全取代原有的建築物和地方。

　　最後，這些新的用途應該和地區的特性一致，絕對不能彼此違拗。下曼哈頓密集使用、讓人興奮、戲劇性的特性，是它最大的資產之一。還有什麼比下曼哈頓七橫八豎的摩天大樓，就像一個被水面烘托、直入雲霄的城堡，更戲劇性、更浪漫的呢？大樓形成像巨大鋸齒般及峽谷般的感覺，多麼壯觀。把這些壯觀的城市景觀，用單調無聊和統一的東西加以稀釋，是多麼野蠻的作風啊(現在住宅計畫所代表的野蠻作風)！

　　這裡到底有什麼可以吸引遊客在閒暇的時候，例如週末，來訪呢？不幸的是，在過去幾年裡幾乎每一個對遊客有獨特訴求的東西，在計畫中有可能被從這個地區根除的東西，都已經被連根剷除了。過去位於曼哈頓島頂點的砲台公園(Battery Park)裡面的水族館，是公園裡面的吸引人的重點，現在已經被移走，並且在科尼島(Coney Island)*重建，一個最不需要水族館的地方。一個有點奇怪

但是活力十足的小型亞美尼亞鄰里(那裡有居民是因為它作為一個觀光遊憩景點的獨特性)被一個隧道入口的閘門、材料和大桶子所根除，現在旅遊手冊和報紙的婦女版介紹遊客到布魯克林區去尋找它們的殘餘和一些特別的小店。到自由女神像的遊艇所吸引的遊人，還不如超級市場結帳的隊伍。公園當局設在砲台公園的點心攤的吸引力，比起學校的自助餐廳好不到哪裡。位於紐約最熱鬧的位置，砲台公園本身被弄得像是養老院的空地。到目前為止，任何依照規劃放進地區裡面的東西(以及更多規劃擬定的其他東西)，都彷彿向人宣告：「走開！別煩我。」沒有一樣東西是說：「來吧！」

　　還有很多事情是可以做的。

　　水岸本身是第一個可以吸引休閒人群的資產浪費。在適當的地方應該設立為一個大型的海洋博物館——固定停放著可以擺放標本和珍奇生物的船艦，裡面擺著任何地方可以看得到和飼養得最好的收藏。它會在下午時段為地區帶來觀光客，在週末和假日時，還會有來自城裡的遊客和居民。它在夏天的傍晚，應該是一個很棒的地方。海岸的其他特點應該作為碼頭和環島旅遊的重點；這些景點應該用藝術裝點得更璀璨和更有海洋的味道。如果沒有海鮮餐廳和其他有趣的東西，那我只能乾啃自己的龍蝦乾了！

　　那裡應該要有相關的吸引人的有趣事物，不是設置在海邊，而是在島上，在街道交織的街廓當中，以便遊客可以輕鬆的更深入該地區。例如，應該興建一座新的水族館，而且是免費入場的，不要像科尼島那種收費的水族館。一個有八百萬人的城市應該可以支持兩座水族館，而且負擔得起免費展示魚兒吧！那個大家迫切需要的

---

*　　[譯注]科尼島(Coney Island)位於紐約長島的一所大眾化的海岸遊樂場。

市立圖書館分館應該要建，而且不是一般書籍流通的分館，而是包含各種海洋和金融知識的專館。

以這些吸引人的有趣事物爲基礎的特殊活動，應該集中在傍晚和週末；還要加入收費低廉的戲劇和歌劇表演。一位城市的出版人和學生，傑森‧愛普斯坦(Jason Epstein)，他用歐洲城市的實驗當借鏡，仔細思考有助於下曼哈頓的可能做法，建議設置一個圓形劇場，就像巴黎的劇場。如果建成的話，這個劇場比可怕的增加更多的製造工廠，徒占空間卻又無助於市區所需維持的優勢，對長期的商業價值會提供更有效的經濟支持。製造工廠的出現，對城市其他真正需要製造工廠的部分，反而是一種剝奪。

當這個地區在傍晚和週末活絡了起來，我們可以期待會有一些新的住宅使用會同時出現。下曼哈頓本來就有許多老房子，雖然破舊，但是基本上還是吸引人的，到時候就會像其他地方，當有人生活的時候，就會被重新使用。在尋找既特別又有活力的房子的人，就會把它們挖掘出來。然而，像這樣子居住在這個地區，必須是彰顯地區多樣性的結果，而不是構成多樣性的原因。

我建議要增加以吸引休閒時間爲基礎的用途，是否顯得輕率和所費不貲呢？

那麼想想下曼哈頓市區協會和紐約市共同研擬要增加更多的工作地方、住宅計畫和停車場，以及在週末時可以把住宅計畫裡面的人送出城的高速公路等計畫所需花費的成本吧！

依據規劃師他們自己的估計，這些事情得花費10億美金的公共和私人資金！

目前，下曼哈頓這種人們的使用沒有平均分布在一天的不同時段的極端情況，說明了一些可以同樣應用在其他城市地區的穩健原則：

　　沒有一個鄰里或地區，可以輕視要把人平均分布到一天不同時段的必要性，不論它多麼有規模、優越或有錢，或是不論因為哪一種原因而聚集了稠密的人口，否則將會有損它產生多樣性的潛力。

　　再者，一個經過精密計算以滿足單一功能的鄰里或地區，並且具有那個功能表面上所需要的任何東西，不論這個功能是工作或是其他目的，如果它只是局限在那一個功能上面，似乎無法真正提供鄰里或地區所需要的東西。

　　除非一個缺乏將人們平均分配到一天不同時間的地區計畫，能夠真正找到問題的癥結，否則計畫能做的事情，最多也不過是把舊的不景氣換成新的不景氣而已。或許有一陣子看起來會清爽一點，但是花了那麼多錢只得到這麼一點東西，實在太不值得了。

　　到現在應該很清楚，我討論的是兩種不同的多樣性。第一種，主要用途(primary use)，是那些本身會因為它們的駐在而把人吸引到一個特定的地方。辦公室和工廠就屬於這種主要用途。住宅也是。有些娛樂、教育和休閒的地方也是主要用途。就某個程度(也就是，有相當比例的使用者)而言，博物館、圖書館和美術館也是，但不全然都是。

　　有時候主要用途可以是不尋常的。在路易士維爾(Louisville)，從大戰時期就是一個打折和零碼樣品鞋的大市場，最後發展成大約有30家鞋店集中在一條街的四個街廓裡面。《路易士維爾快報期刊》(*Louisville Courier-Journal*)的房地產編輯，也是先進的都市設計師和規劃評論家，葛雷迪‧克雷(Grady Clay)，報導這個地區的櫥窗和倉庫裡面大約有50萬雙鞋子。克雷先生寫信告訴我：「它位於一個灰暗地帶的裡面，然而一旦有話傳出去，來自各地的顧客就會蜂擁而入。所以你可以看到來自印第安納波里

(Indianapolis)、納許維爾(Nashville)、辛辛那提的購物者，還有開著凱迪拉克(Cadillac)大轎車的批發商。我曾經想過這些問題。沒有人曾經規劃這樣的成長。也沒有人鼓勵這種成長。事實上，最大的威脅是來自斜對角穿越而過的快速道路，市政府似乎完全沒有人關心它。我希望能激起一些興趣……」

如同這個例子所顯示，你不能光憑推想的重要性的表面印象或其他跡象，來評斷一個主要用途作爲吸引人的東西的效果。有一些讓人看起來印象深刻的外觀，實際上表現並不好，中看不中用。例如，費城市立圖書館的總館，位居宏偉的文化中心裡面，但是它所吸引到的使用者，比其他三個分館還少，其中包括一個坐落於栗子街(Chestnut Street)市中心商店群中，具有吸引力但是其貌不揚的分館。像許多文化事業一樣，圖書館是主要用途和方便使用的結合，當有效的結合這些屬性時，成效最佳。就規模和外觀，還有藏書量而論，總館的大樓是比較重要的；但是就它作爲一個城市用途的元素而言，小的分館反而比較重要，比外觀還重要。當人們試圖了解主要的混合使用如何發揮功效，永遠需要從使用者的角度去看它的表現。

任何一種主要用途，不管是什麼，如果本身要作爲城市多樣性的創造者，是相對比較沒有效果的。如果它和另外一項，能夠在同一個時段吸引人們來到街上的主要用途結合，也不會有什麼成果。實際上，我們甚且不能稱它們是不同的主要用途。然而，當一個主要用途有效的和另外一個在不同的時間能夠將人們吸引到街上的主要用途結合，那麼它們在經濟上就有刺激效果：一個有次要多樣性(secondary diversity)的活躍環境。

對企業而言，次要多樣性是指因應主要用途的出現而產生，爲了服務那些被主要用途吸引而來的人。如果這個次要多樣性只服務

單一的主要用途，不管是哪一種，它注定是無效的[2]。混合服務的主要用途，則注定是有效的，而且，如果產生多樣性的其他二個條件也有利時，成果會非常豐碩。

如果一個街道使用的分布，在一天裡面不同時候消費者的需求和品味分配得當時，可以湊出各種都市獨特和專門的服務及商店，這是一個自我建立的過程。使用者的池聚，越是複雜地混合，也會因此越有效。就會有越多的服務和商店必須將顧客設定成各種不同的人口，也因此會有更多的人被吸引而來。在這裡，有必要再做另外一個區別。

如果次要用途夠活躍，而且有不尋常或獨特之處，它似乎可以，也會，藉由自身的累積，將自己變成主要用途。人們就是衝著它來的。這就是發生在好的購物中心，甚至，舉一個比較卑微的例子，我們哈德遜街的狀況。我不想小看它的可能性，它對一個城市街道和地區，甚至城市整體的經濟健全，有極大的影響。它對城市使用的流動性、較多的選擇、在街道和地區的有趣和有用的特徵差異，都是事關重大的。

然而，次要多樣性本來就很少能完全變成一種主要用途。如果它要維持效力，然後整個活力、生命開始成長和改變，它就必須維持混合主要用途的基礎——人們因為固定的理由分布在一天裡面的不同時段。這對市區的購物而言，也是一樣的。它會發生的原因，

2　例如，只服務住宅這種主要用途的購物中心，有和下曼哈頓類似的麻煩，只是在時間上倒過來。因此，許多這種購物中心在早上是不開門的，但是晚上照常營業。《紐約時報》引述一位購物中心的管理階層的話：「現在的情況是，如果你在中午的時候用加農砲轟打任何一家購物中心，都不會有人受傷。」只服務單一的主要用途是注定無效的，這也是為什麼大部分的購物中心只能支持標準化、高周轉率的企業的理由之一。

基本上是因爲其他混合的主要用途，當事情變得極端不均衡時，這些主要用途就會萎縮(即使只是緩慢的萎縮)。

我好幾次提到，如果要產生多樣性，那麼主要用途就必須有效地混合。如何讓它們有效地混合呢？當然，它們必須和其他三個刺激多樣性的條件相結合。除此之外，主要用途的混合本身也要有效地執行。

首先，有效是指，人們在不同的時間使用街道，必須實際使用相同的一條街道。如果人們的路徑彼此分離，或是中間有所間隔，那麼實際上並沒有混合。就城市街道的經濟效果而言，差異的相互支持只是幻想，或是有時候只被視爲不同使用接鄰的抽象想像，除了用在地圖上之外，毫無意義。

其次，有效是指，在不同時間使用相同街道的人們，必須在他們當中涵蓋會部分使用這些相同設施的人。各種人都會出現，但是在某一個時間爲了某一個目的出現的人，不能和其他爲了另外的目的在別的時間出現的人，完全區隔開來。有一個極端的例子，就是紐約的大都會歌劇院(the Metropolitan Opera)所在的地方和對街一個低所得的公共住宅計畫共用一條街道時，它們的接鄰是毫無意義的——即使那個地方是爲了讓相互支持的多樣性能夠成長。這種無望的經濟意外很少在城市裡面自然出現，但是卻經常被都市計畫引入。

最後，有效是指，一個街道一天裡某些時候人群的混合，必須和一天裡面其他時間到那裡的人們之間，有合理的關係。我在討論下曼哈頓端點地區的計畫時，已經指出這一點。有人曾經觀察到，活潑熱鬧的市區通常都有住宅延伸進去，而且和市區緊密相連，這些居民享受並且協助支持夜間的使用。到目前爲止，這是一個正確的觀察，因爲這個優點，許多城市冀望市區的住宅計畫能帶來奇

蹟。但是在眞實生活裡，當這樣的結合活絡起來時，居民是市區白天、晚上和週末均衡使用，非常複雜的池聚的一部分。

同樣的，把幾千個工作人口注入幾十萬的居住人口中，不論在數量或是任何重要的特殊點上，都難以產生令人感受得到的均衡使用。在一大群戲院當中的一棟孤立的辦公大樓，就現實而言，是微不足道的。簡言之，從主要用途的混合來看，是混合的人群每天作為相互支持的經濟池聚的一般表現，才眞正算數。這才是重點，這是一種有形、具體的經濟效果，不是虛無飄渺的「氣氛」效果。

我曾經仔細思考過市區(downtowns)的問題。並不是因為在城市的其他地方不需要主要用途的混合。相反的，它們需要。市區(或是城市裡面使用最密集的地點，不管它們是不是稱為市區)混合使用的成功，和城市的其他部分可能的混合使用，是有關係的。

我仔細思考市區的問題，有兩個特別的理由。第一，主要用途的混合不只是我們市區典型的重要錯誤，而且經常是唯一損失重大的基本錯誤。大部分大城市的市區都滿足——或是至少在過去滿足——產生多樣性的四個必要條件。這是它們為什麼能夠成為市區的原因。今天，典型的市區還是可以符合其中三個必要條件，但是已經變得太專注在工作方面，而且在上班時間之後，能留住的人太少了(我會在第十三章討論相關的理由)。這種情形在規劃的術語中，多少已經正式化。不再稱呼「市區」，而是改稱 "CBD's"，也就是中心商業區(Central Business Districts)。一個遵從其名稱過日子，並且眞的用它來稱呼的中心商業區，是一個失敗之作。很少有市區像下曼哈頓的端點地區，那樣不均衡的發展。大部分市區，除了工作人口之外，在上班時間和星期六，都有許多日間的購物人潮。但是許多市區都已經開始朝向不均衡的方向發展，而且它們不

像下曼哈頓有那麼多可以重新復甦的潛在資產。

強調有主要用途混合市區的第二個理由是關心它們對城市其他部分的影響。或許每個人都知道，一個城市基本上是仰賴它的經濟核心（heart）。當一個城市的中心停滯不景氣，或是崩潰瓦解時，那麼城市作爲一個社會鄰里的整體，也就開始受苦：應該聚在一起的人，因爲失敗的中心活動，也就不會聚在一起。應該交會的想法和資金，通常會巧合地發生在有中心活力的地方，也就無法交會。都市公共生活的網絡出現它們承受不起的斷裂。沒有一個強而有力，而且包容（inclusive）的中心，城市會變成只是彼此獨立的利益的集合。它難以在社會、文化和經濟上，產生比不同的部分加起來更大的東西。

所有的這些考慮都很重要，但是在這裡我想到的是強而有力的市中心對其他地區獨特的經濟效果。

我曾經指出，當最複雜的使用池聚形成時，城市得以孵育的特殊利益才能夠最有效和最確切地運作。從這些企業的孵育器中，年輕的經濟新兵可能——在眞實的生活中確實會——在後來將它們的力量轉移到城市的其他部分。

這種遷移曾經被威斯康辛大學土地經濟系的理查·拉特克利夫（Richard Ratcliff）教授詳細地描述過。拉特克利夫教授說：「當它留下眞空時，去中心化（decentralization）是退化和衰敗的徵兆。去中心化是向心力的產物時，它是健康的。大部分某種城市功能向外遷移的發生是被推離城市的中心，而不是被拉引到外圍的地方。」

拉特克利夫教授指出，在一個健全的城市，比較不密集的使用會不斷被比較密集的使用所取代[3]。「人工誘導的擴散是另外一個

3　這個過程是可能非常極端的，而且是自我毀滅的。但那是另外一個層

問題，它具有喪失整體效率和生產力的危險。」

在紐約，如同雷蒙·佛農在《大都會的解剖學》一書中所言，曼哈頓島專為白領工作而設的密集發展區域已經把製造業者推向其他市區（當城市的製造業者壯大到可以自給自足時，它們會搬到郊區或小鎮，但是不論郊區或小鎮，在經濟上還是依賴有孵育效果的生產地方，也就是密集的大城市）。

像其他的城市多樣性一樣，被多樣性孵育器排擠出去的用途和企業有兩種類型。如果被排擠出去的是服務那些被主要用途吸引而來的人的次要多樣性，它們就必須找到可以讓多樣性蓬勃發展的其他地方——具有主要用途和其他因素混合的其他地方——否則只有衰敗，甚至死亡。如果它們可以找到適合的地方，那麼它們的遷移，對城市而言，是一種機會。它們幫助提昇及加速形成一個更複雜的城市。例如，這是從哈德遜街外對我們產生的影響之一。這是賣浮潛設備的人、賣複製畫和畫框的人，還有頂下一家空店做雕塑的人，他們所在之地。他們是從更密集的多樣性產生器所滿溢出來的行業。

雖然這種遷移是有價值的（如果他們不是因為缺乏足夠的經濟沃土而迷途的話），它比起被密集的中心擠出去的主要用途的遷移，顯得比較不重要，也不是那麼根本。因為主要用途，例如製造業，從無法再容納任何新生東西的池聚中被迫向外遷移時，它們可以成為迫切需要像工作這種主要用途的地方，主要的混合使用的池聚。

一位土地利用的經濟學家，賴瑞·史密斯（Larry Smith），曾經巧妙地把辦公大樓稱為棋子。他說他曾經這麼告訴一位試圖用新辦

(續)────────────────

　　面的問題，我會在本書的第三部分處理，現在暫時可以忽略不管。

公大樓的夢想計畫來重振太多而不切實際的地點時，說：「你的棋子已經用完了。」所有的主要用途，不論是辦公室、住宅，或是音樂廳，都是城市的棋子。那些彼此移動步伐不同的棋子必須協調運用，以達成更大的效益。但是城市的建築物和棋子有一項差異：建築物的數量並沒有被規則定死。如果好好部署，它的數量會增生。

在市區，公共政策無法直接灌注在服務下班之後的人們，以及活化和協助提振地方精神的私人企業。也沒有一種公共政策，不論是哪一種命令，可以強迫這些用途留在市區。但是間接的，公共政策可以用它本身的棋子，以及那些容易感受到公共壓力的企業，在適當的地方當作導火線，鼓勵這些用途的成長。

位於紐約市五十七街的卡內基音樂廳(Carnegie Hall)，就是這一類導火線的最佳範例。雖然當地的街廓太長是一個嚴重的缺陷，但是音樂廳對街道產生很好的作用。卡內基音樂廳的出現，在夜晚的時候爲街道帶來密集的使用，也適時地產生另外兩個需要夜間營業的其他用途——兩家電影院。由於卡內基音樂廳是一個音樂中心，它促使許多小型的音樂、舞蹈和戲劇工作室及練習室的出現。這些都是混合在一起的，而且也和住宅交織在一塊——附近有兩家飯店和許多公寓，裡面住著各式各樣的房客，包含許多音樂家和音樂教師。因爲有小型的辦公室，向東和向西延伸另外有大型的辦公大樓，所以這條街在白天也有作用。最後因爲兩個時段的輪流使用能夠支持次要的多樣性，後來也變成另外一項吸引人的事物。使用者分散在不同的時段，當然會刺激餐廳的出現，這裡就是整個餐廳的情形：有一家精緻的義大利餐廳、一家華麗的俄羅斯餐廳、一家海鮮餐廳、一家義大利咖啡館、幾家酒吧、一家美式自助餐(Automat)、幾家冷飲店，還有一家漢堡店。在這些餐廳之間，你可以有地方買到舊錢幣、老珠寶、新舊書籍、高檔皮鞋、美術用

品、精緻的帽子、鮮花、美食、健康食品、進口巧克力等。你還可以買到古董的迪奧(Dior)洋裝和最新的貂皮大衣，或是租到英國的跑車。

在這個例子裡面，卡內基音樂廳就是一個重要的棋子。和其他的棋子和諧地發揮功效。在這整個鄰里裡面可以想得到，最具破壞性的計畫就是摧毀卡內基音樂廳，用另外一棟辦公大樓加以替代。這正是即將發生的事情，因為紐約市決定把所有這些令人印象深刻的文化棋子拿掉，然後把它們通通塞進一個叫做林肯表演藝術中心(Lincoln Center for the Performing Arts)的規劃孤島。由於非常頑強的市民壓力的政治介入，卡內基音樂廳在千鈞一髮之際被搶救下來。但是它以後不再是紐約愛樂的家，因為樂團即將從這個普通的城市中自我淨化，搬到林肯表演藝術中心裡面。

現在這種可憐的規劃方式，盲目地摧毀一個城市現有的使用池聚，同時自動促成一些新的停滯不景氣的問題，這是不用大腦思考追逐新夢想的結果。棋子——而且是受到公共政策或公共壓力能夠設置在市區的夜間使用的棋子——應該用來強化及擴展既有的活力，同時在策略性的地點，幫助平衡現有使用時間不均衡的問題。紐約市的中城(midtown)*，許多地方在白天有密集的使用，但是到了晚上就呈現一片死寂，正需要像林肯中心想拿掉的那種棋子的幫助。以中央車站(Grand Central Station)和五十九街之間的公園大道為中心，向外延伸的新辦公大樓正是這樣的地方。中央車站南邊也是。以三十四街為中心的購物區也是。許多一度熱鬧的地區，在失去過去帶來吸引力、受歡迎和高經濟價值的主要用途的混合之後，已經悲慘地沒落。

---

* 　[譯注]也就是原本商業區(downtown)和住宅區(uptown)的交界地帶。

　　這是爲什麼像文化中心或是市政中心這類的計畫，除了一般令人覺得悲哀地使自己不均衡的發展之外，它們對城市產生的效果，眞是悲劇。它們將其使用——經常是密集的夜間使用——和城市最不能沒有它們，否則就會生病的部分，分隔開來。

　　波士頓是美國第一個爲自己規劃淨化的(decontaminated)文化區的城市。1859年，一個呼籲「文化保存」的機構委員會訂定一個致力「專門符合教育、科學和藝術特性的機構」的路線。這個舉動剛好和波士頓作爲一個美國城市裡面現場文化領先者開始長期、緩慢的沒落之途相吻合。我不知道將許多文化機構從普通城市的普通生活中確實的隔離和淨化，是否眞的是引起波士頓文化沒落的原因，或是它只是被其他無可避免、造成沒落的原因所矇蔽的一種徵候。但是有一件事情是千眞萬確的：波士頓的市區已經因爲嚴重缺乏主要用途的良好混合，尤其是夜間使用和現場(不是博物館或是從前那種)藝文活動的良好混合，而深受其苦。

　　對那些有爲大型文化事業募款問題的人士而言，有錢人會比較願意，也比較大方捐款給像紀念館之類的大型、淨化的文化孤島，而不願意將錢捐給設在城市街道裡面，單一的文化機構。這是導致紐約林肯表演藝術中心計畫的思維邏輯之一。有關募款的事情，我並不清楚；然而，令人訝異的是，專家們已經行之有年的告訴這些同受啓蒙的有錢人，計畫建築是唯一有價值的城市建築。

　　在市區的規劃師，以及和他們一起工作的商業團體當中，有一個迷思(或是藉口)，認爲美國人晚上都在家裡看電視或是參加學校的親師會。這是當你在辛辛那提問到有關他們的市區時，人們會告訴你的話。市區到晚上幾乎是一個死城，而白天也只是奄奄一息。但是辛辛那提一年有將近50萬人次過河到肯塔基州的柯溫頓(Covington, Kentucky)，去享受一般而言算是昂貴的夜生活，儘管

後者也有它自己不均衡發展的弊病。「人們不出門」也是在匹茲堡被用來解釋市區死城的藉口[4]。

在市區，匹茲堡停車管理處的停車場在晚間八點的使用率只有10%到20%，除了中心的梅隆廣場的停車場，如果附近的飯店有什麼活動的話，停車場的使用率可以達到50%(像公園和商店，如果使用者在時間上沒有均勻地分布，停車和交通設施就注定沒有效率和浪費)。同時，在市區之外三哩遠的一個叫做奧克蘭(Oakland)的地區，它的停車問題反而是不敷使用。一位停車管理處的官員解釋：「當一群人才從那個地方離開，另外一群人又接著進來。真是頭痛！」這是很容易理解的事情。奧克蘭有匹茲堡交響樂團、市民輕歌劇團、小劇團、最熱門的餐廳、匹茲堡運動協會、兩家大型的俱樂部、卡內基圖書館的總館、一間博物館和幾間美術館、歷史學會、施賴納清真寺(Shriner's Mosque)、梅隆學院、一家最受歡迎的宴會飯店、希伯來青年會(Y. M. H. A.)、教育委員會的總部，以及所有的大型醫院。

由於奧克蘭擁有相當高比例的休閒時間和工作之餘的使用，它也不是均衡地發展。而匹茲堡，不管是在奧克蘭或是工作的市區，並沒有好的地方足以密集的產生大都會基本的次要多樣性。就像它現在這個樣子，市區就是標準的商店和膚淺的多樣性。比較細緻的商業多樣性的確存在，如果要在奧克蘭和匹茲堡的市區選擇的話，奧克蘭顯然是比較好的選擇。但是因為奧克蘭遠離一個大都會中心應該具備的有效的使用池聚，所以它也不夠活躍，是比較邊緣的。

匹茲堡會陷入這種雙重不均衡的過程是因為一個房地產的業

4　另外一個藉口，是略帶驕傲的生意人的説法，那就是「我們有像華爾街那樣的市區」。顯然，他們沒有聽説過有關華爾街困難之處的鄰里新聞。

者，法蘭克・尼古拉(Frank Nicola)。他在50年前，也就是城市美化運動的時期，開始推動在一個牧場清新的草地上，設立一個文化中心。他有一個很好的開始，因為卡內基圖書館和藝術中心都接受申利土地持有(Schenley land holdings)捐贈的土地。匹茲堡的市區在當時的任何情況下都不是適合這些建設且具有吸引力的地點，因為匹茲堡整天瀰漫著灰濛、煙霧和煤渣。

然而，現在的匹茲堡市區，對休閒用途充滿了潛在的吸引力，這要感謝由艾爾亨利聯合會(Allegheny Conference)的商人們所領導的大規模清除。理論上，市區只有白天一個使用時段的不均衡狀態應該可以很快地獲得部分解決，因為有一個市民大禮堂、後來還加入一個音樂廳和百貨公司，都緊鄰市區興建。但是，早期那個從市區淨化的牧場和文化的精神，依然盛行。每一個在現行的市區服務這些計畫的設施──高速公路的幹道、帶狀公園、停車場等，都只是確保他們的配合會維持它們在地圖上，作為一種抽象符號的出現，而不是讓人們在不同的時間能夠出現在同一條街道上，活生生的經濟事實。美國城市的市區並非神秘的沒落(因為它們的落伍)，也不是因為它們的使用者被汽車引導到別的地方，而是在誤以為這是有秩序的都市計畫，將休閒使用及工作使用加以區分的具體政策的好意之下，被輕率地謀殺了。

當然，主要用途的棋子不能只考慮到把人分散到一天裡面的不同時段就隨意擺放，卻忽略使用本身的特殊需求──對使用而言，那裡才是適當的好位置。

然而，這種恣意而為，實在沒有必要。我經常會讚嘆地提到有關城市複雜的內在秩序。混合使用本身的成功，有部分原因就在於這種秩序之美，而這種混合獨特和專門的元素的成功，是會趨向和

諧，而非衝突。我已經在本章中舉出一些有關這種利益一致（或是呼應）的例子，也隱約觸及一些其他問題。例如，為下曼哈頓規劃新的工作用途不僅會增加當地的基本問題，同時還會造成新來的工作者和官員在經濟上單調，並且不方便的都市環境。現在我要用一個例子來說明，當一個城市生命力的自然秩序活躍時，上述做法可能產生的相當複雜的負面效果。

我們可以將它稱為法院和歌劇院的例子。45年前舊金山開始建造一座市政中心，從那個時候起就問題不斷。這個市政中心位於離市區不遠的地方，意圖將市區拉引過來。果不其然地趕走了活力，取而代之圍繞其周圍的是了無生氣、人為造成的衰敗景象。除了其他隨意設置在市政公園裡面的設施之外，這個中心還包括歌劇院、市政府、公共圖書館，以及各種市政辦公室。

現在，假設歌劇院和圖書館是棋子，它們可以怎麼幫助這個城市？它們的使用分別都和密集使用的辦公室和商店密切地連接。這對這兩棟建築物本身而言，還有它們協助建立的次要多樣性，也是一個比較適合的環境。歌劇院，如同它現在的樣子，則是孤零零地站在那裡，享受離它最近的鄰近設施，位於市政府背面的市民就業服務處的等候室，不相干的便利之處。而圖書館的靠牆，正好是流浪漢流連的陋巷。

不幸的是，像這種事情，一個錯誤會導致接二連三的錯誤。在1958年，市政中心裡面有一個位置被選來當作刑事法庭的建築物。這是一個合乎邏輯的地點，容易辨識，就在距離其他市政辦公室不遠的地方，也方便律師還有律師附近的相關服務。但是人們也承認，法院必定會在它附近催化像保釋房及沒品味的酒吧之類的次要多樣性。那怎麼辦呢？把法院放在市政中心附近或裡面，法院就可以靠近其中一些和它們有工作關係的建築物嗎？但是刑事法庭的環

境沒必要被鼓勵放在歌劇院附近吧！附近莫可名狀的破爛景象已經
夠不適合的。

每一個試圖解決這種荒謬困境的替代方案，也必然不盡理想。
最後的解決方案就是把法院遷移到遠處一個不方便的地方，不論這
意味著什麼，但是歌劇院被從「市民」生活以外的進一步污染中，
獲得解救。

這個惱人的混亂並不是從城市作爲一個有機體和各種特殊用途
之間的衝突產生，大部分都市計畫的混亂也不是從這一類的矛盾而
來。這些混亂的原因在於，城市的秩序和個別使用的需求之間，任
意衝突的理論。

這個不適當理論的重點——在上面這個例子中是美學理論——
是如此的受到重視，而且一直和城市正確的主要混合不搭軋。在這
裡我要進一步探討這個案例的意涵。

在過去幾年一直是華盛頓特區美術委員會異議分子的一位建築
師，埃爾伯特・皮茨(Elbert Peets)，就把這種衝突描述得很好。雖
然他講的是華盛頓特區的情形，但是也適用在舊金山和其他許多地
方的麻煩：

> 我的感覺是，錯誤的原則會刺激〔目前華盛頓城鎮計
> 畫的〕重要面向。這些原則是從歷史發展而來，而且
> 已經獲得習慣性和既得利益的支持。指導華盛頓建築
> 成長的忙碌的人們，毫不遲疑的接受這些原則——然
> 而，我們一定不能如此。
> 簡言之，事情是這樣的：政府的資金被抽離城市；政
> 府的建築物集中在一起，但是卻和城市的建築物分
> 開。這不是朗方(L'Enfant)*的想法。相反的，他竭盡

　　所能的結合這兩者，讓它們為彼此服務。他將政府的
　　建築物、市場、國家協會的會址、學術機構和國家紀
　　念碑散布在整個城市有利設置建築物的地點，他讓城
　　市的每一部分都給人首都印象的意圖非常清楚，這在
　　情感和建築判斷上，都是很好的。
　　從1893年芝加哥博覽會之後，產生一種把城市視為一
　　個榮耀的紀念堂，並且和「讓步」（Concessions）的世
　　俗及混亂地區截然劃分的建築意識形態⋯⋯在這個程
　　序中，沒有證據感覺到城市是一個有機體，一個值得
　　擁有自己的紀念堂和友善相處的母體（matrix）⋯⋯這種
　　損失是社會的，也是美學的⋯⋯

　　人們可能信口開河，說這是兩種對立的美學眼光，是品味的問
題，誰還能夠在品味上加以爭辯呢？但是，這是一個比品味更根本
的問題。其中一種眼光——加以分類區隔的「紀念堂」（courts of
honor）——和城市的功能與經濟需求，以及它的專門用途，相互牴
觸。另外一種眼光——把城市和個別的建築焦點讓日常的母體緊密
圍繞——則是和城市的功能行為，協調一致[5]。

　　每個城市的主要用途，不論它是像紀念堂般的宏偉建築或是具
有特殊的樣貌，都需要和「世俗的」城市緊密結合，以實現它的最
大利益。在舊金山的法院需要一種和次要多樣性交織的母體。歌劇

---

*　　[譯注]皮爾・朗方（Pierre L'Enfant）：法國藝術家及工程師，美國獨
　　立之後受華盛頓總統所託，於1791年負責規劃首都華盛頓特區的都市
　　計畫。

5　　在第五大道和四十二街之間的紐約市立圖書館就是這種建築焦點的例
　　子；在格林威治村中央的舊傑佛遜市場則是另外一個例子。我相信，
　　每一位讀者一定熟悉城市母體中具有紀念物性格的個別建築焦點。

院則需要另外一種和次要多樣性交織的母體。城市的母體本身需要這些不同的用途，因爲它們的出現會有助於形成城市母體。再者，一個城市母體需要它自己比較不壯觀的內部混合(對那些簡單的心思而言則是一種混雜)，否則它就不會是母體，而是像住宅計畫一樣，「世俗的」單調，這不會比舊金山市政中心那種「神聖的」單調，更有道理。

當然，任何原則都會被那些不了解它如何作用的人任意及破壞性的應用。朗方的建築焦點和周圍的日常城市母體不相干的美學理論，可以利用將主要用途分散的方式加以應用——尤其是那些具有宏偉外觀的紀念建築物——不論它們之間需要的是哪一種經濟或是其他關係。朗方的理論值得推崇之處，不在於和功能抽離的抽象視覺物，而在於它能夠被應用，並且能夠和諧地適應眞實城市的眞實建物。如果這些功能的需求被加以考慮和尊重，那麼將分類區隔及孤立的用途加以榮耀化的美學理論，不論是「神聖的」或是「世俗的」，就不可能再被應用。

在純粹或是大部分是住宅用途的城市地區，可以培養的主要用途愈是複雜、多樣，就愈好。就像市區一樣。但是在這種住宅區所需要的棋子，是工作的主要用途。就如同我們在里滕豪斯廣場或是哈德遜街看到的例子，這兩種主要用途可以契合得非常好。街道在白天的時候對居住而言是死的，但是因爲有工作的人口而甦醒過來；就工作而言是沒有作用的晚上，也因爲有居住的功能而活絡起來。

把住宅和工作分離開來的願望已經深入人心，它需要花一點力氣來看看眞實的生活，才會了解缺乏工作混合的住宅區在城市裡面並不走運。在《紐約先鋒報》(*New York Herald Tribune*)裡面有一

篇由哈里・阿什莫爾(Harry S. Ashmore)執筆，討論黑人貧民窟的文章，引述一位哈林區的政治領袖的話：「白人喜歡哈林區的輕鬆悠閒，就把它從我們手中奪走。畢竟，哈林區的房地產是這整個地區裡面，最吸引人的。我們這裡有山丘和河流的景觀，交通便捷，它是附近唯一沒有任何工業的地區。」

只有在規劃理論中，哈林區才變成一個有吸引力的房地產。從白人的中、上階層開始進駐之後，哈林區就不再是一個城市裡面能夠發揮功能及經濟活躍的住宅區。不論誰住在那裡，它未來也不可能是，除非它在其他實質環境的改善之外，在它的住宅延伸範圍之內還有良好、健康的工作混合。

在住宅區的主要工作用途不會因為人們如此希望就輕易產生，它比次要多樣性還不容易產生。除了允許和間接鼓勵，在正面的讓工作用途融入城市裡面缺乏和需要工作的地方，公共政策能做的事情並不多。

但是在任何情況下，正面策略的嘗試並非最急迫的第一要務，也不是在需要活力的灰暗地帶最有成果的努力方式。首要的問題是那些已經有工作存在，但是失敗的住宅區中，善用任何工作及其他主要用途的棋子。在路易士維爾的樣品鞋市場，它雖然是一個奇怪的例子，就為這種機會主義大聲抗議。在布魯克林區的許多地方，還有布朗區的部分地方，事實上，幾乎所有大城市內城的灰暗地區，都是如此。

你如何隨機地利用既有的工作地點，然後開始發展呢？你如何把它們和住宅融合在一起，形成街道使用的有效池聚呢？在這裡我們必須區分典型的市區和遭遇麻煩的住宅區。在市區，缺乏足夠的主要混合，通常是最嚴重的基本缺陷。但是，在大部分的住宅區，尤其是大部分的灰暗地帶，缺乏主要混合通常只是其中的一項缺

陷，有時候還不是最嚴重的。的確，是很容易找到工作和住宅混合的例子，但是這無助於產生多樣性或是活力。這是因為大部分城市的住宅區，有的街廓實在太大了，或是在興建時是一次完工，所以即使當建築物已經有了一些年歲，還是沒有辦法克服這個原始缺陷，或是只是很普通的因為缺乏足夠的人口數量。簡言之，它們就是在產生多樣性的四個條件裡面，有一些缺點。

第一個問題不應該是擔憂足夠的工作數量要從何而來，而是要去確認，在住宅區裡，有哪些已經存在的，而且是作為主要用途的元素，被浪費掉了。在城市裡面，你必須從既有的資產上面著手，然後才能開創出更多的資產。要思考如何讓工作和住宅混合，以產生最大的效用。在它們存在，或是被允許存在的地方，有必要也去了解產生多樣性的其他三個部分。

然而，在接下來的三章的討論裡面我打算這麼說：在這四個產生多樣性的條件裡面，有兩項是代表解決灰暗地帶麻煩的簡單問題——老的建築物通常已經出現在做它們能做的事情；另外需要的額外街道也不會太難取得（和我們已知浪費金錢在大規模的土地清理比較，這只是小問題）。

然而，如果缺乏另外兩個必要條件——主要多樣性的混合和足夠的住宅聚集——的話，會比較難以創造。合理的做法是，至少從這兩個條件裡面已經存在，或是相對容易促成的其中一項，開始著手。

最難處理的都市地區是缺乏工作注入的灰暗住宅地區，它缺乏高密度的住宅區。正在失敗或是已經失敗的地區的麻煩，不在於它們有什麼（這永遠可以被視為開始著手的基礎），而是它們缺乏什麼。除非開始朝向主要混合的其他灰暗地區先獲得滋養，還有市區因為一天當中使用人口的分布的改善而重新獲得活力，否則有最嚴

重和最難以供應的欠缺的灰暗地區，很難獲得協助，重獲生機。當然，不論在城市的任何部分，一個城市愈是成功的產生多樣性和活力，最終，它在城市的其他部分，邁向成功之途的機會也會愈高——最後，也包括那些最不被看好先開始的部分。

毫無疑問地，有良好的主要混合，並且成功地產生城市多樣性的街道和地區，應該被好好的珍惜，而不是因為它們的混合而被輕視，並且被試圖將這些不同的部分分開、摧毀。但是不幸的，傳統的規劃者似乎只把這些受歡迎和有吸引力的地方，視為一種難以拒絕的邀約，讓他們得以運用正統都市計畫破壞性和單純的目的。給他們足夠的聯邦基金和足夠的權力，規劃者可以用更快的速度，摧毀這些在未經規劃的地區能夠成長的主要混合，因此城市基本的主要混合反而更加減少了。的確，這是當今正在發生的事情。

第九章

需要小街廓

> 條件二：大部分的街廓必須夠短；也就是說，街道和
> 機會必須經常有轉角。

短街廓的優點很簡單。

想像有一個人住在長街廓的情形，例如曼哈頓介於中央公園西 (Central Park West)和哥倫布大道(Columbus Avenue)之間的西八十八街。他必須向西走大約800呎才能到達哥倫布大道的商店或是公車站牌，向東則要走到公園搭地鐵或是不同方向的公車。他極可能好幾年來都不曾走進八十七街和八十九街裡面。

這就會有大麻煩。我們已經看到孤立、分離的街道鄰里在社會上容易造成孤立無援。這位仁兄有各種理由不相信八十七街和八十九街，或是那裡的人們，和他有任何關聯。若要相信他們之間有任何關係，他就必須超越他日常生活的一般證據。

就他所在的鄰里，這些自我孤立的街道的經濟效果是同樣緊縮的。街上的人們，還有相鄰街道的人們，只有在他們細長、分離的路徑交會成一股人潮時，才能夠形成一個具有經濟效果的池聚。在這個例子裡，能夠發生有經濟效果的使用池聚最近的地方是哥倫布大道。

同時因為哥倫布大道是附近成千上萬人從停滯、狹長、背水的

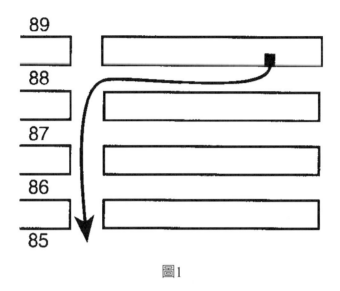

圖1

街道走出來，交會形成使用池聚的唯一場所，哥倫布有它自己的那種單調——無止境的商店和令人沮喪清一色的標準化商業設施。就地理層面而言，在這附近商業可以生存的街道正面太少，不管它們需要哪一種類型或尺度的支持，或是對人們而言自然方便的規模（從使用者觀點來看的距離），因此必須結合。哥倫布大道就好像在一條陰森可怕、單調黑暗的長街廓裡面——極度的枯萎單調，在很長的間隔之間，突然跑出來一條炫目的裂痕。這是典型失敗城市的地區安排形式。

　　當然，一條街道的正常使用者和另外一條街道的正常使用者之間，維持著明顯的實質區隔。例如，在過去15年裡，我固定到離哥倫布大道不遠的八十六街看牙醫。在這段期間，雖然我曾經在哥倫布大道南北向的徘徊，或是在中央公園西，南北向的徘徊，但是就是從來不曾使用西八十五街和西八十七街。非常不方便，也完全沒

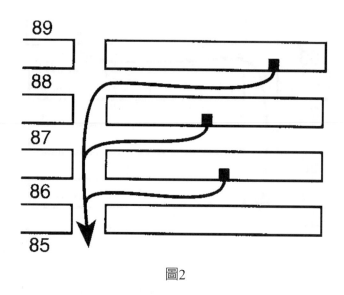

圖2

有理由這麼做。如果看完牙醫之後要帶孩子到位於哥倫布大道和中央公園西之間，西八十一街上面的天文館，下面就是我唯一可行的直接路徑：先往下走到哥倫布大道，然後再轉進八十一街。

　　讓我們假設，這些很長的東西向街廓中間有一條額外的街道穿過──不是那種超大街廓計畫(super-block projects)的貧乏無趣的步道*，而是事情得以開展和成長的經濟活躍地點，有建築物的那一種街道：人們可以買東西、吃飯、逛街、喝飲料的地方。有了這一條額外的街道，這位住在八十八街的仁兄就不必老是走那一條單

＊　[譯注]規劃師克拉倫斯・史坦(Clarence Stein)於1928年在新澤西州雷特朋(Radburn)率先施行的一種鄰里規劃。將住屋環繞公園配置，並且面向公園與步道，背面的囊底路與收集道路則供汽車使用，形成人車隔離的「超大街廓」。

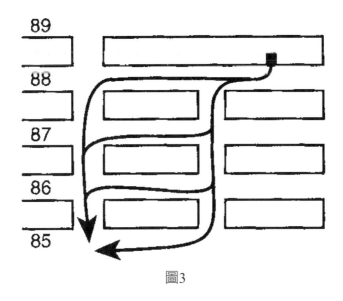

圖3

調、一成不變的路線到固定的地點。他會有幾種不同的路徑可以選擇，整個鄰里也會確實開放給他使用。對於住在其他街道，還有那些住在靠近哥倫布大道附近，朝向公園或是朝向地鐵站的人，情況也是相同的。這些路徑就不會相互孤立，而是會彼此混合和融合。

　　可行的商業地點的供應，還有它們位置的分布與便利性，都會大量增加。如果住在八十八街裡面的人，有三分之一的人支持一個類似我們這裡轉角的伯尼雜貨店一樣的書報攤或是鄰里的雜貨店，而且同樣的情形也出現在八十七街和八十九街，那麼他們就有可能也在多出來的轉角的地方設置一家雜貨店。如果這些人們除了單獨的一條人潮之外，無法在附近匯聚他們的支持，那麼這樣的服務分布、經濟機會和公共生活，也就根本不可能產生。

　　在這些很長的街廓裡，即使人們因為相同的主要理由出現在鄰里裡面，彼此也會因為被分得太開，以致無法形成複雜的城市交叉

使用池聚。在涉及不同的主要用途的地方，長的街廓也會以相同的方式阻礙有效的混合。它們自動將人們分成不常交會的不同路徑，即使在地理上非常接近的不同用途，在實際的效果上彼此也會被區隔開來。

　　把這些長的街廓的停滯和一條額外的街道可以帶來的活絡用途加以對比，並非無稽之談的妄想。有一個這種轉變的現成例子，那就是洛克斐勒中心。它位於第五大道和第六大道之間，占據三條長的街廓。但是洛克斐勒中心還有一條額外的街道。

　　我請熟悉當地狀況的讀者想像一下，如果沒有那一條南北向的額外街道——洛克斐勒廣場——的話，會是什麼情形。如果中心的建築物沿著兩邊的街道一路從第五大道和第六大道延伸下去，那就

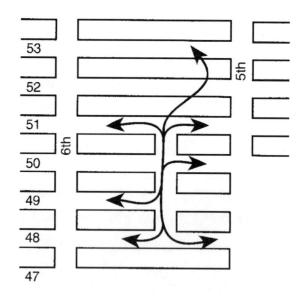

圖4

不會有人來使用了。不可能的。它只會有一群自我孤立的街道聚集在第五和第六大道。在其他方面，最具藝術氣息的設計也不會結合在一起，因為那是活絡的使用路徑的混合，而不是同質的建築，將都市鄰里結合成都市使用的池聚，不論這些鄰里主要是工作或是住宅用途占優勢。

向北，洛克斐勒中心活絡的街道氣氛逐漸遞減，但是一直延續到五十三街才停止，因為那裡有一個阻礙通行的大廳和拱廊商場，人們把它們當成街道的延伸。往南，使用池聚的連續性到四十八街就突然停止。緊鄰的四十七街則是自我孤立的使用形態。當地大部分是以批發為主的街道(珠寶批發的中心)，一個和全紐約最大的景點之一，在地理位置上這麼接近的地方，竟然會有這麼邊緣使用方式的一條街道。就像八十七街和八十八街的使用者一樣，四十七街和四十八街的使用者，可以好幾年都沒踏進對方的街道裡面。

長街廓，就其本質而言，會阻礙城市提供給孵育和實驗許多小型或是特殊企業的潛在優勢，因為這些企業依賴更大通過的大眾所形成的交叉地帶，來吸引顧客和客戶。長的街廓也會變成阻礙城市的混合使用(如果不只是地圖上的虛構)，它必須依賴不同的人，因為不同的目的在不同的時間出現，但是使用相同街道的原則。

在曼哈頓幾百條長街廓裡面，不到八到十條，可以自然地隨著不同時間而活躍或產生吸引力。

觀察格林威治村滿溢的多樣性和受歡迎程度是在哪裡開始、哪裡結束，是獲益良多的。格林威治村，房租持續上漲，從25年前預言家一直預測格林威治村北邊曾經一度受人歡迎的切爾西(Chelsea)會復甦起來。這個預言似乎挺合乎邏輯的，因為切爾西的位置、它的混合使用和建築物的形態，還有單位土地面積的住宅密度，幾乎都和格林威治村一模一樣，它甚至有工作和住宅的混合。但是這個

復甦一直沒有實現。相反的，在它自我孤立的長街廓的阻礙之下，切爾西日漸凋敝，大部分地區沒落的速度可能比它在其他部分的再開發速度更快。今天它已經大規模的進行貧民窟的清除動作，而且在這個過程中賦予更大、更單調的街廓(規劃的僞科學似乎總是神經兮兮地決定仿效失敗的經驗，而不是成功的經驗)。同一時間，格林威治村向東邊的自我擴張以及它的多樣性，向外設法穿過一個工業區裡面的小縫隙，確實遵照短街廓和活躍的街道使用的方向前進，甚至穿越看起來和切爾西一樣，不是那麼有吸引力或適合的建築物。這種向某個方向移動和在另外一個方向停止的發展，既非反覆無常，亦非神秘難測，更不是「混亂的意外」，這是在什麼對城市的多樣性和在經濟表現上有益的，什麼是有害的事情上面，最具體的回應。

另外一個在紐約不斷被提起的「不解之謎」是，爲什麼西城在沿著第六大道的高架鐵路拆除之後，並沒有刺激太多改變，也沒有增加多少受歡迎的程度。但是爲什麼東城沿著第三大道的高架鐵路拆除之後，卻造成極大的改變，並且大幅增加當地受歡迎的程度。漫長的街廓造成西城經濟的畸形發展，這在愈靠近曼哈頓島的中心地區，就愈明顯，此地是實際和應該形成西城最有效的使用池聚的地方，它的確有這個機會。相反的，短的街廓就發生在東城朝向曼哈頓島中央的地區，剛好是最有效的使用池聚最可能形成和擴散的地點[1]。

1　從第五大道向西走，前三個街廓，還有第四個街廓的有些地方，除了在百老匯(Broadway)有一個斜角的交叉路之外，都是800呎長。從第五大道向東走，前四個街廓的長度從400到420呎不等。在七十街，隨便選一個曼哈頓島被中央公園一分爲二的地方，在中央公園西和西城大道，長達2400呎的一直線的建築物之間，只有兩條街道相交。在東側，相同長度的建築物從第五大道一直延伸到第二大道附近，但是卻

理論上，東城在六十、七十到八十幾街的短街廓地區，幾乎都是住宅區。值得注意的是，當地有一些像是書店、美容院或是餐廳等特別的商店，如何頻繁和適當的插進靠近轉角的位置，是有好處的。在西城，相同的地方就無法支持書店的存在，也從來都沒有過。這不是因為它後來不滿及繞跑的人口都討厭閱讀，也不是因為他們太窮買不起書。剛好相反，西城有許多知識分子，而且一直以來都是如此。它可能和格林威治村一樣，是賣書的「天然」市場，可能比東城更適合作為一個賣書的「天然」市場。但是由於它的長街廓，西城在實質環境上從來都沒有能夠形成支持都市多樣性、活躍的街道使用所需要的複雜池聚。

一個《紐約客》的記者，觀察到人們嘗試在第五大道和第六大道之間這個漫長的街廓中，尋找一個額外的南北向的通道。他一度試圖看看是否能夠從三十三街到洛克斐勒中心之間，連結出一個街廓中間的替代小徑。藉由穿過街廓的商店和大廳，還有四十街圖書館後面的布萊恩特公園(Bryant Park)，他發現一個從九個街廓中找出捷徑的合理方式，雖然這條路徑有一些不尋常。但是另外四條街廓，他必須在籬笆前躊躇、爬過窗戶或是用好話哄騙管理員，才得以通過。最後，他必須鑽進地鐵的通道，才順利解決穿越最後兩條街廓的問題。

在成功和有吸引力的城市地區，街道是永遠不會消失的。剛好相反，只要有可能的地方，街道的數量就會倍增。因此，在費城的里滕豪斯廣場還有哥倫比亞特區的喬治城等地，曾經一度是街廓中間背面的巷子，現在都變成建築物正面的街道，使用者把它們當作

（續）──────────
　　有五條交會的街道。具有五個交叉路口的東城，遠比只有兩個交叉路口的西城受歡迎。

街道使用。在費城，這些地方經常也包括商業使用。

在其他城市裡面的長街廓，有著和紐約差不多的缺點。在費城有一個鄰里，位於一個介於市區和都市重要的公共住宅計畫交界地帶的地區，地主就是眼睜睜地讓那些建築物倒塌。這個鄰里的無望和許多原因有關，包括接近充滿崩解和危險的重建地區，但是它顯然並未受惠於自己的實質結構。費城的標準街廓是400呎(在巷道變街道的街廓距離減半的地區，是全市最成功的地區)。在這個崩解的鄰里，在原來的街道設計當中有一些「街道的浪費」(street waste)被除去；所以這裡的街廓有700呎長。當然，從開始之初，它就停滯不前。在波士頓的北區，那裡有很棒的「浪費的」街道和活躍的交叉使用，曾經在官方不支持和財政的反對之下，很英勇地自我去貧民窟化成功。

有太多的城市街道是「浪費的」的這種迷思，一個正統規劃信奉的真理之一，當然是來自田園城市和光輝城市的理論家，他們責難將土地用在街道的做法，因為他們希望土地能夠合併成計畫的大牧場。這種迷思尤其具有破壞性，因為它在知識上會干擾我們看到其中一個，最簡單、最沒有必要和最容易矯正停滯與失敗的理由的那種能力。

經常以一種誇張的方式出現的超大街廓，容易產生長街廓的所有無能；即使它們裝飾了行人步道或是林蔭大道，結果還是一樣。因此，在理論上，讓街道具有合理的間隔，人們才得以穿越。這些長街廓毫無道理，因為沒有好的理由讓一個需要跨越地區的人來使用它們。單單就從這裡到那裡，各種景觀改變的消極層面而言，這些長街廓的路徑都毫無意義，因為這些景觀基本上是完全一樣的。這種情況和《紐約客》的記者在第五大道和第六大道之間注意到的情況，剛好相反。在那裡人們試圖找出他們需要，但是欠缺的街

道。在計畫住宅裡，人們傾向避免林蔭大道和任意交叉的林蔭大道。

　　我提出這個問題，不只是要再一次譴責計畫住宅規劃的不當之處，而且是要顯示頻仍的街道和短的街廓是極具價值的，因為它們讓都市鄰里的使用者可以複雜地組織他們需要的使用方式。頻仍的街道不是目的本身，它們是達成目的的手段。如果那個目的——產生多樣性，並且催化規劃者之外眾人的計畫——被太具壓迫性的分區，或是太僵化的建設而預先排除多樣性的彈性成長所阻礙，那麼短街廓也無法達成重大的成果。像主要用途的混合一樣，頻仍的街道，只是因為它們的表現形式，能夠有效幫助多樣性的產生。它們發揮作用的手段(吸引沿著街道的使用者的混合)和它們可以幫助達成的結果(多樣性的成長)，息息相關。這些關係是相互影響的。

第十章

需要舊建築

條件三：地區必須混合不同年齡和狀況的建築物，包括相當比例的舊建築。

城市非常需要舊建築，沒有它們，可能就無法發展出有活力的街道和地區。但是我所說的舊建築，不是像博物館那種老建築，也不是指回復到非常良好和昂貴的狀態的那種老建築維修復原——雖然它們也是精緻和美好的元素——而是其他許多簡單、平凡、廉價的舊建築，包括一些傾圮的舊房子。

如果一個城市地區只有新建築，那麼可以存在的企業自然只限於那些可以負擔這些高成本新建築的一些企業。這些占據新建築的高昂成本，可以用租金或是業主對營建的資金成本支付利息或攤銷的方式來分攤。然而，不論這些成本如何回收，它們終究必須回收。因此，負擔營建的企業必須能夠承擔一個相當高的管銷成本——比舊建築更高的成本。要能夠支持這麼高的管銷成本，企業必須是(a)高利潤，(b)受補貼。

如果你看看現況，你會發現通常只有大規模、高周轉率、標準化或是受到高額補貼的事業才負擔得起新建的成本。連鎖店、連鎖餐廳和銀行，會採取新建的方式。但是鄰里的酒吧、小書店和當舖，會選擇舊建築。超級市場和鞋店經常選擇新建築；好的書店和

古董店則很少使用新建築。受到大量補貼的歌劇院和博物館，經常採用新建築；但是一些非正式的藝術提供者——例如藝術工作室、書廊、樂器行和美術用品社等，這些只要一張桌椅就可以搞定的低獲利的後室（backrooms）經營——則會使用舊建築。或許比街道和鄰里的安全和公共生活所必要，還有它們的便利和特質能否受到重視，更重要的是，有數以百計的一般企業，可以在舊建築中成功的經營，卻被新建築高昂的管銷成本，無情地扼殺了。

對於各類創新的想法——不論最終多麼賺錢或是其中有些想法最後證明是如何成功——我們沒有這種餘裕在高經濟成本的新建築中碰運氣地嘗試錯誤和實驗。舊的想法有時候可以採用新的建築，新的想法必須使用舊建築。

即使是能夠在城市中支持新建房子的企業，在它們周遭也需要舊建築。否則它們作為一個吸引人的整體事物或是整體環境，在經濟上會太局限——因此在功能上也會太局限，以致於無法變得熱鬧、有趣和便利。在城市裡面任何一個地方，豐富的多樣性代表著高收益、中收益、低收益和無收益企業的混合。

老舊的建築對於一個城市地區或是街道的唯一害處就只有老舊——每一件東西變老和磨損所造成的缺陷。但是在這種情況下，都市地區不會因為全然老舊而失敗。剛好相反。這個地區是因為它的失敗才全然老舊。由於某些理由，它所有的企業或居民無法支持新的建築。或許，等他們成功之後有能力新建房子或是修復舊宅，這些老舊的建築物已經無法留住當地的居民或企業；他們成功之後就離開當地，到別的地方發展。當地也無法吸引新的居民或企業進來；人們看不到這裡有什麼機會或是吸引人的地方。在一些例子裡，這種地區可能在經濟上太過貧瘠，因此在別處經營成功的企業，就在當地新建或是重整它們的處所，卻沒有在這個地區賺到足

夠的錢來做相同的事情 [1]。

就營建而言，一個成功的都市地區會變成一種持續穩定獲利的地方。有一些舊建築，會逐年被新蓋的建築物所取代──或是修復到一種相當於重建的程度。因此，經過許多年之後，會不斷有不同年齡和類型的建築物混合進來。當然，這是一種動態的過程，曾經一度在整個建築群中是新的建築物，最後也會變成建築群中的舊建築物。

我們在這裡面對的，和我們在混合的主要用途中面對的問題一樣，都是時間的經濟效果。然而，我們在這裡面對的時間經濟學，不是一天裡面以每個小時計算的時間，而是以幾十年和世代來計算的時間經濟學。

時間讓一個上一代高成本的建築物在下一代變成低廉的建築物。時間會償還原始的資金成本，而這個折舊可以反映在建築物需要產生的收益裡面。對某些企業而言，時間讓某些結構變成無用之物；這些無用的結構對於其他企業可能是有價值的東西。時間可以讓在一個世代有效率的經濟空間，在另外一個世代變成昂貴奢侈的空間。在某個世紀是普通的建築物，到了另外一個世紀就變成有用的寶貝。

舊建築混合新建築的經濟必要性並非戰後，尤其是1950年代之後，因營建成本高漲所產生的奇怪現象。當然，大部分戰後興建的建築物必須產生的收益和大蕭條之前的建築物所必須產生的收益，

1　另外還有一些理由和天生、內在的缺陷有關。然而，還有一個爲什麼有些都市地區不斷老化的原因，這個原因和天生的缺陷無關。這個地區可能被房屋貸款的業者以某種整體的方式列入黑名單，就像波士頓北區曾經歷過的。這種用冷酷無情、搾乾方休的殘酷手段來毀滅一個鄰里，是稀鬆平常和極具破壞性的。但是，我們現在面對的情況是，影響一個城市地區能夠產生多樣性和維繫力量的固有的經濟能力。

差異極大。在商業使用的空間，即使舊的建築物可能比新建築物蓋得更好，甚至所有建築物的維修成本包括舊建築在內都提高了，每平方呎的營運成本還是會差到一倍到兩倍。回到1890年到1920年代，舊建築是城市多樣性的基本元素。當今天的新建築變舊之後，我們還是需要舊建築物。不論營建的成本本身多麼穩定或是變化無常，這在過去、現在和未來，都是成立的。因為一個折舊的建築物比起一個還沒有回收資金成本的建築物，所需要的收益會比較少。持續升高的營建成本，只會更加提昇我們對舊建築物的需求。由於上升的建物成本提高了支持新蓋建築物在金錢上成功的一般門檻，可能這也使得整個城市街道或是地區當中，需要有較高比例的舊建築。

　　幾年前，我在一個都市設計的研討會上，演講有關城市裡面商業多樣性的社會需求。我的話很快就從設計師、規劃者和學生身上以一種口號的形式傳回來（當然不是我發明的）：「我們必須留空間給轉角的雜貨店。」

　　剛開始我覺得這一定是演講的迴響，代表整體的一部分。但是，很快地我開始收到住宅計畫和更新地區的計畫書和草圖，裡面還真的每隔一個區段就留一些空間給轉角的雜貨店。這些計畫都附帶一封信，寫著：「你看，我們把你的話都聽進心坎裡了！」

　　這個雜貨店的花招，是一個薄弱和自以為在施捨的一種城市多樣性的概念，可能適合上一個世紀的村莊，但是很不適合今日熱鬧的城市地區。事實上，單獨存在的小雜貨店，在城市裡面通常都經營得不好。它們經常是灰暗地帶停滯和不夠多元的標記。

　　然而，設計者的這些好意，不只是剛愎自用的蠢事。或許，他們已經是在既有的經濟條件之下，竭盡所能了。在計畫裡某地的一

個郊區型態的購物中心和這個轉角雜貨店是他們唯一可以寄望的。因爲這整個設計想像的是一整片新蓋的建築物，或是新建築物混合著廣大、預先安排好的修復計畫。任何活躍的多樣性，事先就被居高不下的管銷成本排除在外（由於主要用途的混合不夠充分，以及因此產生顧客在一天裡面不均衡的分布，會讓未來的遠景變得更糟）。

即使是單獨存在的雜貨店，如果它們眞的開成的話[2]，可能很難變成設計者預想的那種輕鬆自在的企業。要負擔高昂的管銷成本，它們必須(a)受到補貼——由誰補貼，以及爲什麼補貼？(b)轉換成例行化、高周轉率的大型商店。

一次大量興建的建築物，對於提供廣泛的文化、人口和商業的多樣性，本來就缺乏效率，更別提商業的多樣性，可能更沒有效率。這種情形可以在紐約的斯特伊弗桑特城（Stuyvesant Town）看到。在1959年，也就是斯特伊弗桑特城的商業地帶，開始經營的10年之後，原來構成商業空間的32家店面，有7家已經空著或是作爲不合乎經濟效用的用途（只單獨當作儲存或是櫥窗展示之類的用途）。這表示有22%的店面沒有使用，或是低效使用。同時，隔一條馬路之後的街道，那邊有各種不同屋齡和狀況的建築物混合在一起，共有140家店面。其中有11家店面是空著或是不合乎經濟效益的使用，也就是只有7%的店面未使用或是低效使用。事實上，這兩個地方的差別，比表面上看到的差異更大。因爲在老街這邊空著的店面，大部分是小的店面，在街道上的寬度只占不到7%的比例。這在住宅計畫那一邊的情形，就不一樣了。整個地區生意好的

2　當必須面對房租的經濟現實時，它們通常會從計畫中被剔除，或是無限期地被暫緩。

這邊是不同屋齡混合在一起的地方，而且有相當高比例的顧客是來自斯特伊弗桑特城，即使這些顧客必須穿越又寬又危險的交通幹道才能夠到達這裡。連鎖店和超級市場也體認到這個現實，它們在新舊建築混合的街區設立了新的分店，而不是頂下住宅計畫裡面空出來的店面。

目前，在城市地區同一時期興建的建築物，有時候會受到保護，避免遭受更有效率和更能因應市場變化的商業競爭。這種保護——也就是商業壟斷——在規劃界被認為是非常「進步的」。希爾協會(Hill Society)在費城的更新計畫，透過使用分區，防止開發者的購物中心遭受整個城市地區的競爭威脅。費城的規劃者甚至為當地擬出一個「餐飲計畫」，也就是提供一個壟斷性的餐廳折扣給整個地區裡面的一家連鎖餐廳。其他餐廳的食物，一概不准進入！芝加哥一個叫做「海德公園—肯伍德」的更新地區，為裡面一個郊區型態的購物中心幾乎保留所有的商業壟斷，使它得以成為主要計畫開發者的財產。在華盛頓特區西南的一大片再發展地區，主要的開發商似乎同時也在為自己掃除主要的競爭對手。這個計畫的原始規劃是想像一個集中、郊區型態的購物中心，加上散布在四周的便利商店——也就是我們的老朋友，孤立的轉角雜貨店的花招。一位購物中心的經濟分析師預測，這些便利商店可能導致需要負擔比較高管銷成本的主要、郊區型態的購物中心生意減少。因此，為了保護購物中心，便利商店便從計畫中被剔除。因此，替代城市的例行化的壟斷包裹，用「有計畫的購物」的名義，加以蒙混欺騙。

壟斷規劃可以讓原本沒有效率和不景氣的經營，獲得商業上的成功。但是它無法用某種神奇的方法，創造出和城市多樣性相當的事情。它也不能取代城市裡混合著不同屋齡的建築物，以及隨之而來的不同的管銷成本的那種渾然天成的效率。

　　建築物的年齡、有用性，或是令人滿意的程度，是一件相對的事情。在一個有活力的城市地區，對那些可以選擇的人而言，沒有什麼建築物會因爲太老舊，以至於無法使用──或是最終被一些新的建築物所取代。在這裡，舊建築的有用性，不只是建築物的傑出或是魅力的原因。在芝加哥的後院地區，那些經過日曬雨淋、沒什麼特別，甚至傾圮荒廢到只剩下骨架的房子，不會因爲狀況太糟以至於無法誘惑人們拿出積蓄或是鼓動人們借貸，來使用這些空間──因爲這是一個人們達到有機會選擇留下或離開的成功之前，不會輕易離開的鄰里。在格林威治村，幾乎所有的舊房子都不會被在熱鬧地區尋找便宜房子的中產階級家庭，或是在尋找金雞蛋的修繕者所輕視。在成功的地區，舊建築反而會「向上過濾」（filter up）。

　　另外一個極端的例子是發生在邁阿密海灘，在那裡像小說般的幻想是最好的治療，十年的飯店就被認爲是老舊過時的建築，因爲其他的飯店都比較新。嶄新還有它表面上富足的光彩，是一個深受珍惜的商品。

　　許多城市的居民和企業並不需要新的建築物。現在我寫作本書所在的建築物裡面，還有一家有健身房的健康俱樂部、一家專門爲教會做裝潢的廠商、一個激進的民主黨改革俱樂部、一個自由黨的政治俱樂部、一個音樂社團、一個手風琴家協會、一個販售郵購馬黛茶（maté）*的退休進口商、一個銷售紙張，同時也負責寄送馬黛茶的人、一家牙醫診所、一家教水彩的畫室，還有一個製作服裝道具珠寶的人。在我搬進來之前不久才離開的房客中，有一個出租禮服的人、一個當地的工會，還有一個海地的舞蹈團。對於像我們這一類的人，根本就沒有新建築的容身之地方。我們最不需要的就是

────────────

＊　［譯注］馬黛茶（maté）：一種巴西、巴拉圭所產製的茶葉。

新建築 [3]。我們所需要的，也是大多數其他人需要的，是在活躍地區裡的舊建築；以沿一些的舊建築就可以讓這個地區更活躍。

在城市裡面，新的住宅建築也未必真正的好。新的城市住宅建築有許多缺點；而各種優點上面的價值，或是因著某些缺點而來的懲罰，會因為個人不同的看法，而有所差異。例如，有人偏好有錢的大空間(或是比較省錢，但是一樣大的空間)，而不喜歡袖珍玲瓏的小房間。有人喜歡聲音無法穿透的實心牆；這是老舊建築物的一個優點，是新公寓所不及的，不論這是每個月14美元一個房間的公共住宅，或是每個月95美元一個房間的豪華住宅 [4]。有一些人寧可用部分的勞動和辛勤來改善生活條件，並且是選擇對他們而言最重要的部分來改善，而不是毫無選擇、不計成本地改善。同時，在去貧民窟化的貧民區，那裡的人們是自願選擇留下來的，隨便都可以看到許多普通的老百姓是如何用色彩豐富、明亮和裝潢的設施，把原本深沉、陰暗的空間改裝成令人愉快和有用的房間，也聽說有人在臥房裝設空調和抽風機，或是有人把沒有用的隔間拿掉，甚至有人把兩間公寓打通成一間。混合舊建築，連帶著混合生活成本和品味，是獲得居住人口的多樣性和穩定性，也是維持企業多樣性的基本原則。

沿著大城市的人行道，我們可以發現最令人推崇和最愉快的景象是舊房子和新建築之間的巧妙融合。街屋的客廳改成手工藝品的展示間，馬廄改成住房、地下室變成移民俱樂部、倉庫或是酒廠變

3　是的，我們最不需要的事情是一些合夥主義(paternalist)的估量，看我們是否夠格住進烏托邦夢想城市裡面受補助的住宅。

4　在一幅由紐約最昂貴的再發展計畫中，抗議的房客所畫的漫畫裡面，一位太太問到：「親愛的，你確定這個爐子是我們住在華盛頓廣場村的51項令人興奮的理由的之一嗎？」丈夫回答道：「親愛的，你得大聲點，我們的鄰居正在沖馬桶，我聽不到！」

成劇院、美容院變成雙拼公寓的一樓、倉庫變成中國食品的工廠、舞蹈學校變成宣傳單的印刷廠、修鞋店變成有彩繪玻璃的教堂——窮苦人家的著色玻璃——肉舖變成餐廳：這些都是有活力和回應人類需求的城市地區，不斷在發生的各種微小改變。

想想最近被路易士維爾藝術協會修復，改建成劇院、音樂房、藝廊、圖書館、酒吧和餐廳等非營利空間的歷史。它一開始時是一個當時流行的運動俱樂部，後來變成一個學校，然後變成一家乳製品公司的牛棚，接著變成機車駕駛學校、進修和舞蹈學校，然後又變回運動俱樂部、藝術工作室，接著又變成學校、鐵匠的工作坊、一間工廠、倉庫，現在則是整修成一個藝術中心。誰能夠預測或提供未來一連串的希望和計畫呢？只有缺乏想像力的人才會以爲他可以；也只有狂妄自大的人才會想要這麼做。

這些在城市舊建築裡面不斷的改變和置換之間，只有在表面的意義上才能被稱之爲轉換或替代(makeshifts)。它其實是一種在對的地方被發掘的原始素材，它被一種除此之外，否則不可能產生的方式所使用。

將城市的多樣性視爲無法無天，是一種極需要被取代的可悲想法。在帕克卻斯特(Parkchester)的一大片中等所得的布朗區住宅計畫中，受到保護，免受未經授權或是在住宅計畫裡面自然增生的商業競爭的威脅的標準化和例行化的商業(還有它們空蕩的店面)之外，還有一群受到人民支持，但是被遺棄的群眾。在住宅計畫角落的外圍，有一些住宅計畫裡面的居民明顯需要的東西：快速貸款、樂器、相機交換、中國餐館、零碼衣服等，可怕地叢聚在一座加油站延伸出來的柏油路兩旁。有多少需求尚未獲得滿足呢？當混合的建物年齡被同一個時間興建的經濟僵屍所取代時，因爲它天生的缺乏效率以及隨之而來某種「保護主義」的需求，人們想要的東西就

會變成一種陳腐。

城市需要有舊建築的混合來培育主要多樣性和次要多樣性的混合。城市尤其需要舊建築來孵育新的主要多樣性。

如果孵育得夠成功，建築的收益就可以提升，的確也經常是如此。例如，葛雷迪‧克雷就曾經指出，在路易士維爾的樣品鞋市場就可以觀察到這種情形。他說：「當鞋市場開始吸引購物者的時候，房租還很低。一間20×40呎的商店，每個月的租金大概是25到50美元。現在已經漲到大約75美元左右。許多後來變成城市裡面重要資產的企業，都是從又小又窮的情況起家，最後終於發展到可以負擔得起修復或是新建的營運成本。但是，如果沒有對的地方和低收益的空間作為開始的話，這個成長的過程，是不會發生的。」

在需要孵育較好的主要混合的地區，必須大量依賴舊建築，尤其在開始實際催化多樣性的時候。舉例來說，如果紐約的布魯克林要孵育它所需要足夠的多樣性，還有吸引人和熱鬧的程度，就必須充分利用結合住宅和工作的經濟優勢。沒有這些主要用途的結合，而且是有效和相當集中的比例，很難看出布魯克林如何催化它對次要多樣性的潛在影響。

布魯克林區在吸引尋找適當地點的大型製造業方面，無法和郊區競爭，至少到目前為止還無法做到，而且當然不是用郊區的遊戲規則來擊敗它們。布魯克林區擁有非常不一樣的資產。如果要從住宅—工作的主要混合當中產生最大的效益，它必須先依賴孵育工作的企業，然後盡可能地穩住它們。當企業穩定之後，必須將它們和集中的住宅人口，還有短的街廓，充分結合。讓這些企業的出現能夠完全發揮作用。它越是充分利用這些企業的出現，工作的用途也就越容易穩固。

但是要孵育這些工作用途，布魯克林區需要舊建築，需要舊建築在當地達成任務。因爲布魯克林區就是一個孵育器。然而，每年有越來越多的製造業者離開布魯克林，搬到其他地方，比從其他地方搬到布魯克林區的工廠還多。但是布魯克林區的工廠數量，還是持續增加。一篇由布魯克林普拉特學院（Pratt Institute）的三名學生[5]共同撰寫的一篇論文，爲這個弔詭的現象，提供了一個很好的解釋：

> 這個秘密是，布魯克林區是工業的孵育器。小型企業經常在此創業。或許幾個機械工厭煩了替別人工作的生活，於是乎在後面的車庫就開始自立門戶。他們開始繁榮和成長，很快地成長到車庫無法容納，於是就搬到一個租來的頂樓庫房；接下來就自己買下一棟建築物。當他們成長到規模太大，必須自己蓋廠房的時候，很有可能他們就搬到皇后區（Queens）或是新澤西州的納索（Nassau）。但是同時，也有二、三十家，甚至上百家像他們當初一樣的小廠商，會在布魯克林區設立。

當他們能夠自己蓋廠房的時候，爲什麼要搬走呢？除了那些新成立的工廠需要的必備條件——舊建築和接近各種廣泛的技術勞工和零件供應——之外，至少有一個原因，那就是布魯克林區對製造業提供太少的吸引力。另一個原因是，爲工作需求所作的規劃努力太少，甚至沒有——例如，大量的金錢挹注在供應私人汽車進出城

5　分別是史陶特・柯恩（Stuart Cohen）、史丹利・科根（Stanley Kogan）和法蘭克・馬塞利諾（Frank Marcellino）。

市的高速公路上面；卻沒有想到將錢投資在使用城市舊建築的製造業，它們的貨車進山需要用到的快速道路、碼頭和鐵路[6]。

和我們大部分在沒落的城市地區一樣，布魯克林區有比它真正需要還要多的舊建築。換一種說法，它的許多鄰里有很長一段時間，缺乏逐漸增加的新建築。但是如果布魯克林要建立在它的既有資產和優勢之上的話——這是成功的城市建築可以成功的唯一途徑——在這個過程中，許多均勻散布的舊建築，是必要的。改善之道必須來提供產生多樣性所需要的條件，而這種多樣性目前已經喪失，但絕不是大規模的剷除舊建築。

我們可以在生活的四周看到，從計畫住宅開始興建之後，許多都市鄰里衰敗的例子，已經大幅湧現。這些鄰里生活一開始經常都是受歡迎的地區；有時候它們還是從純正的中產階級開始的。每一個城市都有這種在實質環境上同質的鄰里。

就產生多樣性的角度而言，通常就是這種鄰里在每一個方面都有缺陷。我們不能完全在它們最明顯的不幸上面，去責怪它們無法有效持續發揮力量和停滯不前：那就是，建築物都是同一個時期興建的。然而，這的確是這種鄰里的缺陷之一，而且不幸的是，它的

6　傳統上認為是今天城市裡面阻止企業因為生意擴展而必須興建房舍的土地成本，相較於營建成本以及幾乎其他的所有成本，它所占的比例已經穩定的降低了。例如，當時代企業(Times Inc.)決定要在曼哈頓的中心，一個最昂貴的土地上蓋房子的時候，它根據一堆理由作出這個決定。其中一個理由是，光是員工每年搭乘計程車的錢，如果和到不方便的位置相比的話，就比土地的營運成本還高！《建築論壇》的史蒂芬‧湯普森(Stephen G. Thompson)就曾經觀察到(但是並未出版)，再發展的補貼常常使得城市的土地成本比大樓的地毯費用還低。要讓城市的土地成本比地毯成本高得有道理，城市必須是一座城市，而不是一個機器或是一座沙漠。

效果在這些建築物完成之後，還會持續很久。

當這種地區是嶄新的時候，它無法提供城市多樣性的經濟機會。因爲這個原因和其他因素，單調的實際懲罰很早就在鄰里之間留下烙印。當建築物眞的變舊變老之後，它們唯一有用的城市屬性就是低價值，但是光是這一點本身，是不夠的。

同一個時期一起蓋起來的鄰里，通常在許多年裡面，它的實質環境很少改變。這個很少改變的實質環境，一旦眞的發生改變，那是最糟糕的——少數零散、破爛的新用途，零零落落地逐漸蔓延開來。人們把這些少數零散的差異，視爲一種徹底改變的證據，甚至是改變的原因。打擊凋敝！他們惋惜鄰里已經改變了。鄰里顯示出無法自我更新、自我賦予生命、自我修復，或是讓新的世代自我追尋的一種奇怪的無能。鄰里已死！事實上，從鄰里誕生時它就是死的，只是沒有人察覺到，直到屍臭味被發現爲止。

在修復和打擊凋敝的忠告失敗之後，最後到了該做決定的時候了。所有的東西都必須掃除，讓新的循環重新開始。如果它們可以「更新」成在經濟價值上和新建築相當的情況，或許有一些舊建築可以被留下來。一個新的屍體又被陳列出來。味道還聞不出來，但是它已經是死的，無法不斷地調整、適應和置換那些構成生活過程的東西。

爲什麼這個前途黯淡、注定失敗的循環需要一再重複，實在沒有道理。如果檢查這樣的地區，看看產生多樣性的其他三個條件是否欠缺，然後把那些欠缺的條件盡可能的更正過來，這時候有一些舊建築就眞的得去除：額外的街道必須加進來、人口的集中程度必須提高、新的主要用途的空間必須找出來，包括公共和私人的空間。但是，一個包含舊建築在內的良好混合必須維持，保留下來之後舊建築就不再只是代表過去的衰敗或失敗。對於各種中、低或是

無收益的多樣性而言，它們就會變成地區需要和有價值的庇護所。在城市裡面新建築的經濟價值是可以被取代的，只要花比較多的營建經費就可以取而代之。但是舊建築的經濟價值是無法隨意被取代的，它是被時間創造出來的。對於熱鬧的都市鄰里而言，多樣性的經濟是必須加以繼承並持續維持的重要前提。

第十一章

需要集中

> 條件四：不論人們聚集的目的為何，必須有足夠密集
> 的人口，包括單純的居住人口。

幾百年來，或許每一個曾經想到過城市的人都會注意到，似乎在人群的集中和他們能夠支持的專業性之間，有某種關聯。例如，山繆・強森(Samuel Johnson)早在1785年就曾經就這個關聯，告訴鮑斯偉爾：「稀疏四散的人們得以維生，但是日子過得很苦，物資不足……只有人口集中在一起才能產生便利。」

觀察者總是在新的時代和新的地方，重新發現這種關係。因此，在1959年，亞利桑那大學商學院的教授約翰・丹頓(John H. Denton)，在研究美國的郊區和英國的「新市鎮」之後，得到的結論是這類地方必須靠近城市，以獲得文化機會的保障。「根據他的發現」，《紐約時報》報導，「缺乏足夠的人口密度，會難以支持相關的文化設施。丹頓教授說……分散發展產生稀疏分布的人口，能在郊區存活下來唯一有效的經濟需求也就是大多數人的需求，而那些唯一的商品和文化活動也是因應那些大多數人的需求而產生的」等等。

但是強森和丹頓教授說的是大量人口的經濟效果，而不是從稀疏分布的人口逐漸累加的人口數目。他們似乎說到一個重點，那就

是人口集中的疏密程度，關係重大。它們比較的是我們稱為高密度和低密度的效果。

　　集中——或是高密度——和便利以及其他多樣性的關係，應用在市區就很容易明瞭。每個人都知道有大量的人口集中在市區，而且，如果不是的話，那麼市區也就無法成形——更別提市區的多樣性了。

　　但是集中和多樣性的關係，在以住宅為主要用途的都市地區就很少被考慮到。儘管當地街道、公園和商店的使用者當中，有相當高的比例是當地的居民。如果沒有集中的居住人口幫忙的話，那麼在人們居住的地方和人們有需要的地方，可能沒有多少便利和多樣性。

　　當然，一個地區的住宅(就像其他任何土地利用)需要其他主要用途的輔助，所以在街上的人們因為(在第八章解釋過的)各種經濟理由，才會在一天當中分散到不同的時段。如果這些其他用途(工作、娛樂等等)要有助於集中的話，它們必須密集的使用都市土地。如果它們只是占據實質空間卻沒有什麼人，那麼它們和多樣性及熱鬧也就沒啥關係。我想這是無需太多解釋，就能明白的事情。

　　然而，相同的觀點在住宅上也是同等重要。城市住宅在土地利用上也要密集，不只是因為土地成本的問題。另一方面，這並不表示每一個人都可以或是應該被放進電梯公寓裡面生活——或是其他某種住宅類型裡面。這種解決方式會因為阻礙其他的發展方向而扼殺了多樣性。

　　住宅密度對於許多都市地區，還有它們未來的發展，是如此重要，但是很少被認為是都市活力與熱鬧的因素。因此，我將用這一章來探討城市集中的問題。

　　在正統的規劃和住宅理論裡面，高密度的住宅可謂惡名昭彰。

它們被認爲是導致各種困難和失敗的原因。

但是，至少在我們的城市裡，這個想像的高密度和麻煩之間的關聯，或是高密度和貧民窟的關聯，並不正確。如果任何人願意不厭其煩的看看眞實的城市，就會明白。這裡是一些例子：

在舊金山，住宅密度最高的地區——以及住宅土地上建築物覆蓋率最高的地區——是北灘—電報丘。這是一個受歡迎的地區，在大蕭條和二次世界大戰後的幾年間，它就持續及穩定地爲自己去貧民窟化。另一方面，舊金山主要的貧民窟問題發生在一個稱爲西厄迪遜(Western Addition)的地區，一個持續沒落，而且已經遭到大規模清理的地區。西厄迪遜(當它還是很新的時候，曾經是一個好地方)的住宅單元密度，就密度和貧民窟的關係而言，比起北灘—電報丘和目前還頗受歡迎的俄羅斯山丘(Russian Hill)及諾布丘(Nob Hill)的密度還低。

在費城，里滕豪斯廣場是唯一同時日漸改善和擴展其邊緣地帶的地區，它也是唯一沒有被指定要更新或是清理的內城地區。它有全費城最高的住宅密度。費城北部的貧民窟展現出一些這個城市目前最嚴重的社會問題。它們平均的住宅密度是里滕豪斯廣場的一半。在費城有更嚴重衰敗和社會失序現象的許多地區，它們的住宅密度甚且不及里滕豪斯廣場的一半。

在紐約的布魯克林區，一般人們最喜歡、最受歡迎和日漸改善的鄰里地區是布魯克林高地(Brooklyn Heights)；它在布魯克林區裡面是住宅密度最高的地區。布魯克林許多失敗或是衰敗的灰暗地帶的住宅密度只有布魯克林高地的一半，甚至不到。

在曼哈頓，最流行的東城的中城(midtown)四周，還有格林威治村四周的口袋型地帶，這些地區的住宅密度和布魯克林高地核心地帶的密度相同。但是可以觀察到一個有趣的差異。在曼哈頓，非

常受歡迎的地區,它的特徵是高度的熱鬧和多樣性會聚在這些最流行的口袋型地帶。在這些受歡迎的口袋型地帶,住宅密度甚至更高。另一方面,在布魯克林高地,流行的口袋型地帶,鄰里的住宅單元密度快速下降,熱鬧和受歡迎的程度也隨之下降。

在波士頓,如同本書第一章導論中所提及的,它的北區已經自己去貧民窟化,而且是整個城市裡面最健全的地區,它是波士頓住宅密度最高的地區。而羅克斯伯里區(Roxbury,一個已經持續沒落一個世紀的地區),它的住宅密度大概只有北區的九分之一[1]。

1　這裡是這些例子的密度數據,代表每英畝住宅土地上住宅單元的數量。當兩個數據並置的時候,代表平均居住密度的範圍(這一類的資料通常都用這種方式表示)。在舊金山:北灘—電報丘,80-104,和俄羅斯山丘及諾布山丘差不多,但是在北灘—電報丘地區,建築物占據的住宅用地較多;西厄迪遜,55-60。在費城:里滕豪斯廣場80-100;費城北邊的貧民窟,大約40;典型有麻煩的街屋鄰里,30-45。在布魯克林:布魯克林高地,125-174(核心地區),核心地區外圍的大部分地區,75-124,再外圍的地區陡降到45-74;布魯克林沒落或是有麻煩的地區,像是貝德佛—斯特伊弗桑特(Bedford-Stuyvesant),有一半的地區是75-124,另一半地區是45-74;紅岬(Red Hook)大部分地區是45-74;布魯克林有一些沒落的地區低到15-24。在曼哈頓:東城的中城附近最流行的口袋地帶,125-174,在約克維爾上升到175-254,格林威治村最流行的口袋地帶,124-174,外圍的部分上升到175-254,並且相當平均穩定,去貧民窟化的義大利舊社區上升到大約255;在波士頓:北區,275;羅克斯伯里,21-40。
　　波士頓和紐約的數據是都市計畫委員會的測量和製表;舊金山和費城的數據則是規劃或再發展部門人員的估計。
　　雖然所有的城市都迷戀住宅規劃裡面小尺度的密度分析,但是令人訝異的是,他們對於非計畫地區的密度資料,很少有正確的數據(有一位住宅計畫的規劃主任告訴我,他看不出來有任何理由需要研究那些資料,除非它們要被拆除,才需要知道重新安置時間題會有多大!)。據我所知,沒有城市曾經研究構成成功及受歡迎的鄰里平均的密度組成,還有地區性逐棟建築物的密度變化。當我問到這位規劃部門的主任,有關當地最成功的市區,特定小規模的密度變化時,他

　　規劃文獻裡面所指的過度擁擠的貧民窟，是高密度住宅的蝟集地區。但是愈來愈典型的美國的眞實生活裡面，過度擁擠的貧民窟卻是低密度的單調地區。在加州的奧克蘭，最糟糕和最廣泛的貧民窟問題是在一個由200多個街廓構成的地區，裡面大多是獨棟、單戶或雙戶的住宅。根本不夠密集到有資格被稱爲眞的都市密度。克里夫蘭問題最嚴重的貧民窟是一個只有一平方英里左右，和奧克蘭的貧民窟類似的地方。今天底特律大部分是由無止境的低密度的失敗之地所構成的地區。紐約的布朗區，這個幾乎可以作爲城市絕望象徵的灰暗地帶，在紐約是屬於低密度的地區；在東布朗區的大部分地區，住宅密度遠低於全市的平均(紐約的平均住宅密度是每英畝淨住宅土地有55個住宅單元)。

　　然而，也不能因此遽下結論，說城市裡面高住宅密度的地區就很好，沒有問題。並不然。如果假設這就是所要的「唯一」答案，那就太過簡化問題了。例如，上西城糟透的失敗地區切爾西，還有哈林區的大部分地區，都在曼哈頓。它們的住宅密度和格林威治村、約克維爾，還有東城的中城等高密度的地區差不多。曾經一度超級流行的河畔大道(Riverside Drive)，現在麻煩纏身，住宅密度還是很高。

　　如果我們假設人口的集中和多樣性的產生之間的關係是一個簡單、直接的數學關係，那麼我們就無法了解高密度和低密度的不同效果。這個關係的結果(強森博士和丹頓教授都用一種簡單、粗糙的形式來說)也深受其他因素的影響；其中三個因素就是前面三章

(續)───────────────
　　抱怨：「很難把那種市區概括化或法則化。」很難，甚至不可能把這種地區概括、法則化的理由正是因爲它們本身在組織上很少「法則化」或是「標準化」。這些構成元素的變化無常和多樣性是有關成功的城市地區最重要，但也是最被忽略的事實。

討論的主題。

　　如果多樣性受到其他不足之處的壓制或是阻礙，那麼不管仕宅
集中的密度有多高，都不足以產生多樣性。有一個極端的例子，在
被收編的住宅計畫當中，不論住宅的集中密度有多麼高，都不足以
產生多樣性，因為多樣性在任何情況之下，都已經被排除在外了。
相同的效果，儘管原因不同，也會發生在未經規劃的都市鄰里，例
如當地方的建築物太過標準化或是街廓太長，或是當地除了住宅之
外，沒有其他的主要用途。

　　然而，密集的人口依然是活絡的城市多樣性的必要條件之一。
而且接著意味著，在人們居住的地區，住宅用地上有密集的住宅集
中。如果大部分的人不住在那裡，那麼影響多樣性的多寡，以及它
們發生的地點，都無關宏旨。

　　為什麼傳統上低密度的城市會有好的名聲，但是並沒有充分的
事實根據，以及為什麼高密度的城市有壞名聲，同樣也沒有事實證
明，那是因為高住宅密度和住宅過度擁擠常被混淆。高住宅密度表
示單位面積土地上有大量的住宅；過度擁擠表示一棟住宅裡面住的
人太多(對於它所居住的房間而言)。這和土地上有多少數量的住宅
無關，就像在真實生活裡面，高密度和過度擁擠無關一樣。

　　我需要簡單釐清一下高密度和過度擁擠兩者的混淆，因為它會
妨礙我們了解人口密度所扮演的角色。而這是我們從田園城市的規
劃一路繼承下來的另外一個迷惑。田園城市的規劃者看到貧民窟裡
面的土地上有太多住宅(高密度)，同時也看到個別住宅裡面有太多
人(過度擁擠)，因此未能辨別過度擁擠的房間的事實和密集的建成
土地完全不同的另一個事實。總之，他們同時憎恨這兩者，把這兩
件事情混為一談，就像早餐裡面的火腿蛋(其實是火腿和雞蛋)。因

此，今天住宅專家和規劃者才會脫口說出「高密度和過度擁擠」
(high-densityandovercrowding)[*]的詞句，好像它們本來就是一個
字。

改革者常用來協助他們推展住宅十字軍計畫的統計伎倆——每
英畝的人口數量的原始數據——更加深了混淆的程度。這些威脅的
數據從來都沒有告訴我們每英畝有多少住宅和多少房間，而且這些
數據是來自一個麻煩纏身的地區——幾乎也都是如此——它震耳欲
聾的意涵是，在表面上，這些人口的高度集中，代表者一些可怕的
事情。事實上，有可能是四個人擠在一個房間，或是被掩蓋貧困眞
相的淡化虛飾，都有可能，但其實並不相干。在波士頓的北區，每
英畝住宅土地的淨人口數量是963人，死亡率(1956年數據)是千分
之八‧八，而肺結核的死亡率是每萬人中○‧六。同時，波士頓南
區每英畝住宅土地的淨人口數量是361人，死亡率是千分之二十
一‧六，而肺結核的死亡率是萬分之十二。因此，說這些數據顯示
在南區每英畝土地有361人而非1000人，是一件非常錯誤的事情，
簡直荒謬至極。事實比這複雜許多。但是如果把一個每英畝住宅人
口密度高過1000人的貧窮地區當作例子，說這個數據是可鄙的，這
也是非常荒謬的。

就是這種在高密度和過度擁擠之間典型的混淆，讓一位偉大的
田園城市規劃者，雷蒙‧歐文爵士，把一本和過度擁擠無關，但是
實際上是和低密度住宅的超大街廓有關的書名訂爲《過度擁擠，一
無是處》(*Nothing Gained by Overcrowding*)。截至1930年代，教導
有關這兩者的區別，還是將人在住宅裡面的過度擁擠和以爲土地上
面住宅的「過度擁擠」(也就是城市住宅密度和土地覆蓋率)，視爲

---

[*]　[譯注]原文就是把這幾個字連在一起。

相同的事情。當像是劉易士‧孟福德和凱薩琳‧波爾等觀察家，注意到有一些非常成功的都市地區有高密度的住宅和土地覆蓋率，但是個別住宅或是單一房間裡面的人數並不太多的時候，他們採取的方針是(孟福德後來依舊採行)，認為這些住在這種受歡迎的地區的幸運兒其實是住在貧民窟，只是他們不夠敏感，以致無法得知和埋怨。

住宅的過度擁擠和高密度的住宅地位並未被發現同時存在。波士頓北區、格林威治村、里滕豪斯廣場和布魯克林高地等地，對它們所在的城市而言，都是高密度的地區。但是除了極少的例外，並沒有過度擁擠的現象。波士頓南區，費城北部和紐約的貝德佛—斯特伊弗桑特等地，住宅密度低多了，但是它們的住宅經常都是過度擁擠的，也就是一間住宅裡面擠了太多的人。今天我們反而比較容易在低密度的地區，而非高密度的地區，發現過度擁擠的現象。

在我們的城市執行貧民窟的清理，通常和解決過度擁擠的問題，沒有什麼關係。正好相反，貧民窟的清理和更新，反而會加深過度擁擠的問題。當舊的建築物被新的計畫住宅取代的時候，住宅密度通常都控制得比原來還低，所以在一個地區之內的住宅數量也比以前少。即使維持相同，甚至比以前稍微高一點的住宅密度，所能安置的人數會比遷移出去的人少，因為被趕出去的多半是過度擁擠的人口。結果是別的地方過度擁擠的情況反而加劇，尤其當被迫遷移的人口是有色族群時，他們找不到太多的棲身之所。所有抑制過度擁擠的城市，都只在它們自己的管轄範圍內執行，但是當這些城市的重建計畫迫使過度擁擠的情況在其他地方發生，這些法規其實是難以真正落實的。

理論上，人們可能會以為，在都市鄰里中產生多樣性所必須的人口高度集中，可以存在於不會過度擁擠的高住宅密度或是過度擁

擠的低密度地區。在這兩種情況下，某個地區的人口數量是一樣的。但是在眞實生活裡，結果並不相同。在人口和住宅數量相當的情況下，多樣性得以產生，人們也可以對獨特的鄰里事物的混合，產生關聯和忠誠度，而不會對建築物的交叉使用，產生破壞性的力量——每個房間裡面人數太多所造成的擁擠。多樣性和它的吸引力在人口和住宅數量相當的情況下，和可容忍的居住條件相結合，就會有更多人選擇留下來。

在美國，住宅或是房間裡面的過度擁擠，幾乎永遠是貧窮或是被歧視的象徵，它也是許多容易陷入非常貧窮或是變成住宅歧視的受害者，通常兩者兼具，那種令人生氣和氣餒的傾向之一(但只是其中之一)。的確，低密度住宅裡面的過度擁擠，比高密度地區的過度擁擠，更令人沮喪，並具破壞性。因爲在低密度住宅的地方，比較少可以作爲消遣和逃避，同時也可以作爲在政治上回擊不正義和受忽略的公共生活。

每一個人都討厭過度擁擠，而且那些必須忍受過度擁擠的人，對此更是痛恨。幾乎沒有人是自願過那種過度擁擠的生活。過度擁擠的鄰里，不論是低密度或是高密度，當它被有選擇的人們住成不擁擠的情況時，通常都是不成功的鄰里。人們選擇離開，隨著時間慢慢變得不擁擠的鄰里，或是已經好幾個世代維持不擁擠的鄰里，在人們有選擇的時候，同時能夠吸引和維持人們的忠誠度，通常是成功的鄰里。圍繞在我們城市的一大片密度相對低的灰暗地帶，不論是衰敗被遺棄或是衰敗和過度擁擠，都是大城市典型低密度失敗的重要徵兆。

那麼城市住宅的適當密度，究竟是多少？

這個問題的答案，有一點像林肯(Lincoln)在回答下列問題的答

案一樣。「人的腳應該要多長才適當呢？」林肯說：「長到可以踩得到地就夠了。」

同樣的道理，適當的城市密度是表現的問題。它們不是某個面積的土地上應該安置多少人才理想(生活在某種順從和想像的社會)的抽象概念。

密度太低或是太高，都會阻礙，而不是鼓勵，多樣性。這個在表現上的缺點是為什麼住宅密度會太低或是太高。我們看待住宅密度應該和看待卡路里或是維他命的方式一樣。數量是否適當，是看它們的表現。至於怎麼樣才適當，要視情況而定。

讓我們先從低密度這一頭開始了解。一般來說，為什麼某一種密度在某個地方表現良好，但是在別的地方，就表現不佳呢？

每一英畝六個住宅單位以下的超低密度，在郊區非常成功。這種密度之下的平均單筆土地面積是70×100平方呎以上。當然，有一些郊區的密度會高一點。每英畝有10個住宅單元的平均單筆土地面積大約是50×90平方呎，這對郊區生活而言是一種擠壓。但是，在良好的基地計畫之下，好的設計和純正的郊區位置，可以構成一個郊區或是合理複製的郊區。

每英畝10到20個住宅單元，會產生一種方正土地上獨棟或是雙拼住宅，或是具有相對寬敞的院子或綠地的寬面街屋所構成的半郊區(semisuburb)[2]。這些住宅，雖然容易變得單調，但是如果和城市生活隔離，例如，位於城市的外緣，倒也安全舒適。它們不會產生城市的活力或是公共生活——它們的人口太稀疏——也不會有助於維持城市人行道的安全。但是可能也不需要它們做這些事情。

2　在嚴格的田園城市規劃裡面，它理想的住宅密度大約是每英畝12個住宅單元。

然而，圍繞在城市周圍的這種住宅密度是一個不好的長期賭注，註定會變成灰暗地帶。當城市繼續成長，原本這些半郊區還算吸引人的特色及功能逐漸喪失。當它們被深深地捲入和埋進一個城市裡面，當然也就喪失原來和郊區或是鄉村之間，在地理上的親密性。不僅如此，它們還喪失對於無法相互「融入」彼此私人生活的那些人，在經濟上和社會上的保護，以及喪失對於城市生活某些問題的免疫力。它們被城市和城市的一般問題所吞沒，但是又沒有城市的活力來對抗這些問題。

簡言之，只要它們的住宅和鄰里不屬於大城市日常生活的一部分，是有足夠的理由支持平均每英畝20個住宅單元以下的住宅密度，並且維持這樣的住宅密度。

超過這些半郊區的密度，城市生活的現實幾乎無法避免，即使只是短暫的一段時間。

在城市裡（要記住，不是自給自足的城鎮生活），每英畝20個住宅單位以上，表示在地理上比鄰而居的人們，彼此之間都是陌生人，而且永遠都是陌生人。不僅如此，從別的地方來的陌生人也很容易在當地出現，因爲附近還有其他差不多密度，甚至更密集的鄰里。

突然之間，一旦超越半郊區的住宅密度，或是某個郊區的位置被捲入城市，就會出現完全不同的聚落形式——一個現在有各種不同的日常工作要處理，以及需要不同處理方式的聚落，一個可能缺乏某種資產，但是可能擁有其他不同潛在資產的聚落。從這個觀點來看，一個城市聚落就是需要活力與多樣性。

然而，不幸的是，高到足以帶來天生的都市問題的住宅密度，無論如何都不必然足以產生城市的活力、安全、便利和趣味。因此，在半郊區的特色和功能喪失，與活絡的多樣性和公共生活得以

興起的兩點之間，有一個我們稱之為「不上不下」（in-between）密度的大城市密度範圍。它們既不符合郊區生活，也不符合城市生活。一般而言，這種密度只會產生問題。

依據定義，這種「不上不下」密度向上延伸到某一點之後，真正的城市生活就會開始活絡，同時它的建設性力量也開始產生作用。這個點會隨情況改變。在不同的城市會有所不同。即使在相同的城市，也要視住宅能從其他主要用途得到多少幫助，以及它的活力和獨特性能吸引多少來自地區之外的使用者而定。

像費城的里滕豪斯廣場和舊金山的北灘—電報丘，這兩個享受到混合使用和吸引外來使用者巨大財富的地區，顯示大約在每英畝100個住宅單元的住宅密度，可以維持地區的活力。另一方面，在布魯克林高地，這樣的密度顯然不夠。當平均的密度降到每英畝100個住宅單元以下，它的活力也隨之下降 [3]。

我只能找到一個住宅密度低於每英畝100個住宅單位，但是仍然有活力的都市地區，那就是芝加哥的後院地區。它可以算是一個例外，因為在政治上這個地區獲得了原本只有密集的住宅地區才有

3　有一些規劃理論家一方面提出都市多樣性與活力的呼籲，一方面提出「中間」密度的處方。例如，在1960至1961年冬季號的《地景》（*Landscape*）期刊，劉易士‧孟福德寫道：「現在城市的偉大功能是……允許，事實上是鼓勵和誘惑，在所有人、不同階級和族群之間，最大可能限度的聚會、遭遇和挑戰的數量，如此就能提供社會生活劇碼的行動舞台，大家輪流扮演觀眾和演員的角色。」然而，在下一段的文字中他將每英畝200人的都市地區密度修訂增加為500人（本書的強調），並且建議「將公園和花園的整體設計納入一部分的住宅裡面。人口密度要低於每英畝100人，或是不包含兒童的話，每英畝125人。」每英畝100人的密度相當於每英畝25～50個住宅單元。像這種都市密度和「中間」密度，只能在理論上加以合併；但事實上，在產生城市多樣性的經濟學上，兩者並不相容。

的利益。以其「不上不下」密度，它毋寧有足夠的人在大城市裡面發揮力量，因為它在功能上的地區範圍，除了地名之外，在地理上遠超過其他地區。它充分利用特殊的技巧和鋼鐵般的政治力量來獲得它們需要的資源。但是即使是後院地區，也有招致視覺單調、狹小不便和擔心詭異的陌生人等，那些事實上總是和「不上不下」密度扣連在一起的傾向。後院地區正在逐漸增加它的人口密度，以照顧地區人口的自然增加。要逐漸增加密度，正如同它現在正在發生的情況一樣，絕對不是在廉價出售這個地區的社會和經濟資產。正好相反，它在強化這些資產。

要從功能性的角度來回答，這些「不上不下」密度在什麼地方停止，我們只能說，當它用於住宅的土地密集到足以做好生產活絡的城市的主要和次要多樣性的工作時，那麼這個地區就得以擺脫「不上不下」密度的範圍。一個在某個地方足以達成這個目標的住宅密度，在別的地方可能太低。

數據的回答比不上功能性的回答(不幸的是，它可能比來自生活那種更真實和更細緻的報告，更能讓教條主義者覺得震耳欲聾)。但是我的判斷是，在其他各方面都最適合產生多樣性的情況下，能夠擺脫不上不下「中間」密度的數據大概在每英畝100個住宅單元左右。通常，我認為每英畝100個住宅單元可能太低。

假設已經擺脫會製造麻煩的「中間」密度，讓我們回頭來思考會產生活力的城市密度。也就是城市的住宅密度「應該」多高？

顯然，如果目標是熱鬧、有活力的都市生活，那麼住宅的密度應該盡可能高到能夠刺激一個地區潛在最大的多樣性。為什麼要浪費一個城市地區和一個城市人口的潛力，而不去創造有趣和活潑的都市生活呢？

然而，接下來密度如果高到某一點，不管是因為什麼原因，它反而會抑制而非刺激多樣性。正因為這種事情的確會發生，所以重點在考量多高的住宅密度會太高。

住宅密度如果太高會開始抑制多樣性的理由如下：在某一個密度水準以上，為了要遷就土地上為數眾多的住宅，必須展開建築物的標準化。這是關鍵的重要因素，因為建築物的年齡和類型的豐富多樣和人口、企業以及景觀的多樣性，都有直接的關聯。

在各式各樣的城市建築裡面，有某種類型的住宅總是比其他類型的住宅，在增加土地上面的住宅效率方面，成效較差。一棟三層樓的建築在相同的土地面積上，只能放進比五層樓的建築物少的住宅單元；五層樓能夠容納的住宅單元，又比十層樓少。如果你想繼續往上增加，那麼在一個固定面積的土地上能夠容納的住宅單元數量，將會相當驚人——就像科比意把重複的摩天大樓放進公園裡面，所顯現的都市計畫一樣。

但是這種把住宅堆疊在有限土地面積上的做法，並沒有太積極地進行，也從未真正發揮過功效。在建築物當中，必須給多樣性留一些餘地。否則所有那些低於最高效率的變化，都會被排擠出去。最高效率，或是任何接近最高效率的東西，意味著標準化。

在任何一個地方或時代，在既有的法規、技術和財務狀況之下，某種將住宅堆疊在土地上的方式，通常會是最有效率的方式。例如，在某個地方和某個時期，狹窄的三層樓的街屋，顯然是把城市住宅堆疊在土地上最有效率的答案。當它們把其他的住宅形式排擠出去之後，帶來的是一片單調情景。在另外一個時期，較寬敞的五層或是六層的樓梯公寓則是最有效率的。當曼哈頓的河畔大道蓋起來的時候，12層或14層樓的電梯公寓顯然是最有效率的堆疊方式。以這種特殊的標準化作為基礎，曼哈頓最高住宅密度的地帶，

於是就這樣誕生了。

在今天，電梯公寓是在一定面積的建築土地上堆疊住宅最有效率的方式。在這種類型之下，還有一些最有效率的亞型，例如，那些爲低速電梯興建的高層建築，通常這是指12層的樓房，還有那些運用強化混凝土的高經濟效益的房子(這種高度就需要仰賴起重機技術的進步，所以樓層的高度每幾年就會向上提升一點。在本書寫作之時，最高的住宅是22層樓)。電梯公寓不只是把人堆疊在同一塊土地上最有效率的方式，在非常不利的情況下，就如同低所得住宅計畫的經驗所顯示的，這種做法也可能是最危險的方式。但是在某些情況下，它們棒極了。

電梯公寓並不是因爲它是電梯公寓本身才標準化的。任何三層樓以上的房子，本身就會產生標準化。電梯公寓唯有當整個鄰里幾乎都以此作爲唯一的住宅方式時，才會產生標準化——就像三層樓的房子，當它們幾乎是鄰里裡面唯一的住宅方式時，才會產生單調的標準化。

沒有單一的方法能夠理想地安置整個都市鄰里的住宅；只有兩種或是三種方式也不盡理想。變化越多越好。當建築的多樣性在範圍和數量上減少時，人口和企業的多樣性也會傾向穩定或是減少，而不是增加。

要協調建築物的高密度和多樣性，並不容易，卻需要嘗試去做。我們將會看到，反城市的規劃和使用分區，事實上會妨礙協調的產生。

受歡迎的高密度的城市地區，在它們的建築物當中會有相當程度的變化——有時候是無窮的變化。格林威治村就是這種地方。它設法讓當地的住宅密度維持在每英畝125至200個住宅單位，而沒有產生建築物標準化的情形。這些數據是從各種住宅類型的混合平均

而來，包括單一家庭的房子、公寓住宅、出租公寓和各種小型的公寓套房，還有各種不同屋齡和面積的電梯公寓。

格林威治村可以協調這麼高密度的住宅和這麼豐富的多樣性的原因，是因為有相當高比例的住宅土地上面(稱為淨住宅面積)，蓋滿了建築物，很少空地。在格林威治村的大部分地區，估計覆蓋在建築用地上面的建築物平均約占60%到80%的比例，剩下20%到40%的土地作為院子、庭院之類的用途。這是相當高的建蔽率(ground coverage)。在土地利用上它是如此的有效率，因此它可以容許在建築物身上，有相當程度的「無效率」。它們大部分不需要高效率的堆疊。但是，即使如此，平均密度還是相當高。

現在假設只有15%到25%的建築用地上面蓋了房子，其餘75%到85%的土地保持開放，不蓋房子。這種數據在住宅計畫裡面是稀鬆平常的事情，它們廣闊的開放土地在都市生活裡面是這麼地難以控制，同時產生許多空缺和麻煩。更多的開放土地意味著更少的建築空間。如果開放土地由40%倍增到80%，那麼可以用來蓋房子的土地面積就減少了三分之二！這時候原本有60%可以蓋房子的土地，就只剩下20%的土地能蓋房子。

當有這麼多土地空著時，就把建築物堆疊在土地上的觀點而言，土地利用本身是「無效率」的。當只有20%到25%的土地可以蓋房子時，就變得沒有調整的餘裕。建築物的密度一定得非常低。或者，在有限能夠蓋房子的土地面積上，就必須很有效率的堆疊。在這種情況下，是不可能協調高密度和多樣性。這時候，高樓層的電梯公寓，就變得無可避免了。

曼哈頓的斯特伊弗桑特城住宅計畫的密度是每英畝125個住宅單元，這對格林威治村而言，是偏低的。為了適應斯特伊弗桑特城這麼密集的住宅，當地的建蔽率只有25%(換句話說，就是有75%的

開放土地），住宅必須是最嚴格的標準化模式，一排一排完全相同，大規模的電梯公寓住宅。比較有想像力的建築師和基地規劃師，或許可以設計出比較不一樣的建築安排，但是這些差異大概跳脫不了表面的差異。數學上的不可能，讓天才本身也無法在這麼低的建蔽率和這麼高的住宅密度上，能有多少眞正的變化。

亨利・惠特尼(Henry Whitney)，一位建築師兼計畫住宅的專家，曾經利用公共住宅和幾乎所有聯邦補助的更新計畫要求的低建蔽率，想出許多在理論上結合電梯大廈和低矮建築物的可行方法。惠特尼先生發現，不論你如何切割土地，實質上都無法提升偏低的都市密度(到每英畝40個住宅單位以上)而不把所有的住宅加以標準化，頂多除了一小部分的住宅之外——除非提升建蔽率，也就是說，除非減少開放土地的比率。在低建蔽率的土地上，每一英畝100個住宅單元甚至無法產生樣板的多樣性——如果要避免不適合的「不上不下」密度，這個密度可能是一個最低的下限。

低建蔽率——從地方的分區使用到聯邦法令，不論是用什麼手段實施——和建築物的多樣性以及有活力的城市密度之間，無法彼此相容。在低建蔽率這方面，如果密度高到有助於產生城市的多樣性，住宅密度自動就會變得太高，以致於無法容許多樣性的存在，這是一種內在矛盾。

然而，假設建蔽率偏低，那麼究竟一個鄰里的住宅密度可以高到多高，而不會犧牲鄰里，使得它的住宅被標準化呢？相當程度，這得視這個鄰里從過去到現在有多少變化，以及如何變化而定。過去既有的變化是現在(事實上還有未來)新的變化得以添加上去的基礎。一個從過去就已經有三層樓或是五層樓出租公寓的標準化的鄰里，不會因爲現在多增加了一種住宅類型就獲得一個充分和良好的變化範圍，也不會因此就創造出一個較高的住宅密度，並且徹底改

變。最糟的狀況可能是過去完全沒有任何基礎：只有一片空地。

根本無法預期真的會有不同類型的住宅，或是其他建築物，可以在任何單一時間被加進來。想像它們可以，只是一廂情願的想法。建築物有不同的流行趨勢。在流行背後有經濟和技術的因素，而且這些流行在任何單一時間排除在城市住宅建築裡面所有的可能性，除了少數真正不同的建築之外。

在住宅密度太低的地區，只要在不同及分散的地點同時增加新建築，密度就能提升，而且變化也會增加。簡言之，住宅密度——還有因為這個目的引進的新建築——應該是逐漸地增加，而不是突然、巨幅地增加，然後接下來的幾十年，全無動靜。逐漸和持續增加住宅密度的過程，同樣也會增加多樣性，因此也可以容許高密度，卻不會產生標準化的問題。

最高密度究竟可以高到多高，而不至於產生住宅的標準化，最後當然是受限於土地，即使土地的建蔽率非常高。在波士頓的北區，高住宅密度平均是每英畝275個住宅單元，其中包含相當程度的變化；但是這個好的組成，是以某些建築物背後有相當高比例的土地密度過高作為代價，換取而來的。在過去，很多建築物是小街廓的後院和中庭加蓋的第二層建築。事實上，這些內部建築只增加相對有限的密度，因為它們通常都是狹小低矮的建築。而且它們在各種情況下也稱不上錯誤；但相反地作為一種巧合的怪胎，它們卻是很迷人的。這個問題來自數量太過龐大。隨著當地增加的一些電梯公寓住宅——波士頓北區缺乏各式各樣的住宅——街廓裡面的開放空間可以略為增加而不減損地區的住宅密度。同時地區裡面各種住宅的類型也增加了，而不是減少。但是如果偽城市的低建蔽率必須伴隨著電梯公寓的出現的話，這種情形根本不可能辦到。

我懷疑，如果沒有全面性地住宅標準化，波士頓北區的住宅密

度可能會超過每英畝275個住宅單元。對於大部分的地區——在缺乏波士頓北區那種特殊和長期繼承不同的建築類型的情況下——會造成標準化的密度下限一定更低，大概每英畝200個住宅單元左右。

現在我們必須把街道拉回討論的議題。

對於高密度時的多樣性所必須要有的高建蔽率，尤其是當建蔽率接近70%時，會變得讓人難以忍受。在沒有和頻仍的街道交織在一起的土地上，高建蔽率會讓人無法忍受。具有高建蔽率的長街廓，會使人窒息。頻仍的街道，由於它們在建築物之間的開口，可以彌補街廓裡面高建蔽率的壓迫感。

在任何情況下，如果要產生多樣性的話，頻仍的街道都是必要的。因此它們作爲伴隨高建蔽率的附屬品，其重要性在於強化這個需求。

然而，如果街道是充裕的，而不是稀少的，那麼以街道形式存在的開放土地就會增加。如果我們在一個熱鬧的地方增加公園，我們也是增加另外一種開放空間。而且如果非住宅的建築物在住宅區中充分融合的話(如果主要用途充分混合的話，必然也是如此)，也會達到類似的效果，也就是那一區的住宅和居民在總量上會減少。

這些措施的結合——更多的街道，在熱鬧地方的熱鬧公園，各種非住宅建築的融入，還有住宅本身豐富的變化——創造出一個和可怕到沒有喘息地步的高密度和高建蔽率，效果截然不同。但是這種結合也創造了一些，和有大量住宅空地「紓解」的高密度住宅，截然不同的效果。這些結果差異極大，因爲我提到的每一種其他措施，所提供的不只是「紓解」高建蔽率。每一項措施都用它們獨特和必要的方式，對一個地區的多樣性和活力作出貢獻，因此可以從

高密度中產生一些有建設性的東西。

認為城市需要高住宅密度和高建蔽率，就如同我所主張的，在傳統上被視為是比和大白鯊站在同一邊，還不如。

自從霍華德檢視了倫敦的貧民窟，並且作出要拯救人民，就必須放棄城市生活的結論之後，事情就改變了。相較於都市計畫和住宅改革，在其他更有活力領域中的進步，例如醫學、衛生和流行病學，以及營養和勞工立法等，都徹底改善了曾經一度和高密度的都市生活密不可分的危險和惡劣情況。

同時，在大都會地區(中心城市，還有它們的郊區及附屬城鎮)人口的持續成長，占現在總人口增加97%的比例。

芝加哥大學人口研究中心的主任，菲力浦・豪澤(Philip M. Hauser)博士說：「預測這個趨勢會持續下去……因為這種人口的聚集，代表我們社會到目前為止設計出來最有效率的生產和消費單元。我們的標準都會地區(Standard Metropolitan Areas)的規模、密度和擁擠，遭到一些城市規劃者的反對，卻也是我們最珍貴的經濟資產之一。」

豪澤博士預測，在1958年和1980年之間，美國的人口將增加5700萬(假設出生率降至1942-44年的水準)到9900萬(假設比1958年的出生率高出10%)。如果維持和1958年相同的出生率，人口增加將會達到8600萬。

實際上，這些成長的人口都會聚集在都會地區。當然，許多人口增加是直接來自城市本身，因為大城市不再是像它們不久之前一樣，是消耗人口的地方。它們現在已經變成產生人口的地方。

人口的增加也會出現在郊區、半郊區和單調的新「中間」地帶──從單調、缺乏活力、「不上不下」密度的內城，擴散而來。

　　或是我們可以利用這個都會地區的成長，同時，至少在部分地區，我們可以開始建設目前受到「中間」密度拖累，不適當的都市地區──併同其他可以產生多樣性的條件，將它們建設到這些人口的集中，可以支持具有特色和活力的城市生活的程度。

　　我們的困難不再是如何將人口密集地留在都會地區，並且避免疾病、惡劣的衛生條件和剝削童工等問題的蹂躪。繼續從這些面向去思考問題，是時代錯亂。我們今天的困難毋寧是如何將人口留在都會地區，同時避免鄰里的冷漠和無助所伴隨而來的破壞性。

　　解決之道不能仰賴在整個大都會地區規劃新的、自給自足的城鎮或小城這種無謂的嘗試。因為我們的都會地區已經充滿了沒有組織和渙散的地方，它們過去曾經一度是相對自給自足和整合的城鎮或小城。從它們被拉進都會地區複雜的經濟體系的那一天起，由於它們具有工作、休閒、購物地點的多重選擇，它們也開始失去原來的狀態，還有社會、經濟和文化上，相對的完整性。我們不可能兩者兼具：結合20世紀的都會經濟和19世紀的孤立城鎮或是小城生活。

　　由於我們面對的事實是大城市和都會的人口，大者恆大。我們面對的工作是如何聰明地發展真正的都市生活和增強都市的經濟力量。試圖否認我們美國人是生活在都市經濟裡面的城市人的這個事實，是很愚蠢的事情──而且在這個否認的過程中，我們都會地區的鄉村地帶也在不斷地減少，過去十年間平均每天損失3000英畝的土地。

　　然而，理性未必統治世界，理性在這裡也未必有效。只因為密度高就將像波士頓北區這種高密度的健全區域視為絕對的貧民窟或絕對是壞區域，是非常不合理的教條。這種教條是現代規劃者難以接受的。如果被接受也是因為沒有兩種完全不同看待人口密集集中

問題的方式，而且這兩種方式不是從本質帶有強烈感情色彩的。

聚集成大城市那種規模和密度的人口集中，必要時可以被視為一種自然而然的必要之惡——這是一個普遍的假設：少量的人類是可愛的，大量的人類是有害的。在這種觀點之下，接下來，就認為人口的集中應該設法降到最低：把人數盡可能地減到稀少，除此之外，則是以郊區的草皮和小鎮的恬靜作為想像的目標。接著又認為，因為大量集中的人口自然產生的活潑變化，應該被壓抑、隱藏，以及打壓成類似那種稀疏、比較溫順的多樣性，或是稀少人口所代表的那種徹底的同質性。再接下來，又認為這些令人困惑的人口——這麼多人聚集在一起——應該盡可能適當和安靜的加以分類和隱藏起來，就像對待現代生產雞蛋的養雞場裡面的母雞一樣。

在另一方面，人們聚集成城市的規模和密度可以被視為有正面良好的意義，這是基於人們想要的這一個信念，因為它們是無窮多樣性的來源，因為它們在有限的地理範圍裡面，代表非常豐富和活躍的差異和可能性，其中許多差異是既特殊又難以預料，是極其珍貴的。在這種觀點之下，大量人口聚集在城市裡面，不應該只被單純地視為一種實質的事實。而是應該被當作一種資產加以珍惜，同時因為它們的出現額首稱慶：在需要活絡的都市生活的地方，增加它們的集中程度。除此之外，並以可以看得到的熱鬧公共街道生活作為目標。同時，在經濟上和視覺上，盡可能適應和鼓勵各種變化。

思想體系，不論它們試圖多麼客觀，都有潛在的情感和價值基礎。現代的都市計畫和住宅改革的發展，在情感上，是奠基在普遍不情願接受城市的人口集中是一件好事，而這種有關城市人口集中的負面情緒，讓規劃在知識上變得愈來愈槁木死灰。

沒有一種對於都市或是都市設計有利的規劃，不論是經濟或人

口規劃，可以來自認爲密集的都市人口本身是不好的這種情緒性假設。在我看來，它們是一項資產。我們的任務是促進都市人口的城市生活，希望住宅的集中能夠既密集又多樣，提供都市人口一個發展城市生活的好機會。

第十二章

多樣性的迷思

「混合使用看起來好醜。它們造成交通阻塞。它們招致破壞性的用途。」

這是造成城市打擊多樣性的一些嚇唬人的言論。這些想法助長形成城市的分區（zoning）法規。它們幫助城市重建成現在這種貧乏、僵化和空洞的樣子，找到合理化的藉口。它們阻礙了只要提供有利的環境，就可以真正鼓勵多樣性成長的規劃。

在城市裡面，不同用途的複雜混合，並不是一種混亂的形式。正好相反，它們代表的是一種複雜和高度發展的秩序。截至目前為止，本書探討的每一件事情都在顯示，這些混合使用的複雜秩序如何發揮作用。

然而，即使各種建築物、用途和景觀的複雜混合是成功的都市鄰里所必需的，究竟多樣性是不是也是傳統規劃知識和文獻所指責的醜陋、互斥用途和壅塞？

這些我們以為的缺點是根據不成功的地區印象而來的。它們的多樣性並不是太多，而是太少。他們想出穿插一些破爛的小本生意的那種單調、邊邊的住宅區願景。他們想出像資源回收的垃圾場和二手車場那種低價值土地利用的願景。他們還想出誇張炫耀、蔓延不止的商業願景。然而，這些願景裡面沒有一種情況代表了活躍的城市多樣性。剛好相反，這些事情正代表了鄰里的老邁，豐富的多

樣性不再增長，甚至隨著時間消逝。它們代表了發生在半郊區的事情，當這些地方被捲入城市時，本身並沒有成長，也沒有表現出在經濟上成功的都市鄰里該有的樣子。

那種由混合的主要用途、頻仍的街道、不同年齡和成本的建築物的混合，以及使用者的密集集中等結合而成的豐富的城市多樣性，並不會有傳統規劃僞科學假設的那種伴隨著多樣性而來的缺點。以下我將說明爲什麼城市的多樣性不會有那些缺點，以及這些缺點其實是幻覺，就像所有煞有其事的幻想一樣，會干擾我們處理現實情況。

首先，讓我們來思考多樣性看起來醜陋的想法。當然，任何東西做得很糟，看起來就會醜陋。但是這種想法還有其他含意，暗指城市多樣性的使用，在外觀上本來就是雜亂的；它也暗指有同質戳記的地方，看起來較順眼，或是在某個程度上，比較順應令人愉快或是秩序的美學處理。

但是在眞實生活中，同質或是非常接近的用途，具有令人困惑的美學問題。

如果用途的同質性被率直地呈現出來——同質性——看起來就會顯得單調。表面上，這種單調可能被視爲一種秩序，不論它有多貧乏。但是很不幸的，在美學上它也同時具備了嚴重的失序：沒有傳遞方向的失序。在戳記著單調和重複相同的地方行走，彷彿到處都一模一樣。南北相似，東西不分。就像站在大型的住宅計畫的土地上，東西南北看起來都一樣。需要在不同的方向有差異——而且是許多差異——讓我們能夠產生方向感。缺乏這些對於方向和移動的自然標示，從頭到尾完全相同的景觀，或只是點綴性的有那麼一點差異，人們會因此感到非常困惑。這是一種混亂。

除了一些住宅計畫的規劃者和公式化的房地產開發者，通常每一個人都認為這種單調太過壓抑，不能作為追求的目標，

相反的，事實上在同質用途的地方，我們經常發現在建築物當中有用心設計出獨特和差異之處。但是這些設計出來的差異，也造成美學上的困擾。因使用差異而造成的本質的不同，在這些建築物和環境裡是缺乏的，因此這些設計就只是為了表現不同而不同。

早在1952年時，《建築論壇》的編輯道格拉斯‧哈斯克爾(Douglas Haskell)，就用「千篇一律的建築」(googie architecture)一詞，仔細描述過這個現象裡面一些比較顯而易見的情形。千篇一律的建築可以被視為是在馬路兩側商業地帶，同質化和標準化的企業最茂盛的景象：像熱狗形狀的熱狗攤；像甜筒狀的冰淇淋攤等。這些是試圖靠表現主義(exhibitionism)的力量，在類似的商業鄰居中展現獨特和不一樣，但是事實上還是相同的明顯例子。哈斯克爾先生指出，希望看起來特別(雖然真正並不特別)的相同衝動，也出現在一些比較複雜的營建工程上面：奇怪的屋頂、奇怪的樓梯、奇怪的顏色、奇怪的招牌，還有任何奇怪的東西。

哈斯克爾先生最近曾經觀察到，類似表現主義的徵兆，也出現在原本以為是尊貴的建設上面。

的確如此：在辦公大樓、購物中心、市政中心、機場航廈等。哥倫比亞大學建築系的尤金‧雷斯金(Eugene Raskin)教授，在1960年《哥倫比亞大學論壇》(*Columbia University Forum*)夏季號一篇名為「論多樣的本質」(On the Nature of Variety)的論文裡指出，建築真正的變化，不在使用不同的顏色或素材。

> 可以使用對比的形式嗎？〔他問道〕到其中一家大型
> 購物中心(我想到的是紐約州西郤斯特郡〔Westchester

County〕的高仕郡〔Cross County〕購物中心，但是你
也可以自己)走一趟，就可以徹底了解：雖然有板石、
斜塔、圓圈和飛躍的階梯，充斥整個基地，但是結果
卻給人地獄折磨般似的，令人毛骨悚然的相似感。他
們或許會用不同的手段去觸弄你，但是只帶來痛
苦……

例如，當我們建造一個裡面全部(或幾乎全部)都在做
生意賺錢的商業區，或是裡面每一個人都深深需要家
庭生活的住宅區，或是一個專注在金錢和商品交換的
購物區——簡言之，裡面的人類活動只包含一種元
素，那麼建築是不可能達成有說服力的變化——和人
的變化的已知事實有關的說服力。設計師或許在顏
色、素材和形式上加以變化，直到他技窮為止，但也
只是再一次的證明，藝術是人們無法欺騙的媒介。

在一條街道上或是一個鄰里裡面的用途越同質，要用不一樣的
方式來尋求變化的誘惑也就越大。洛杉磯的威爾希爾大道(Wilshire
Boulevard)，就是一個不斷利用大手筆的方式，嘗試在綿延數哩單
調的辦公大樓上，在表面上設計成不一樣的例子。

但是洛杉磯的這樣街景上並不獨特。儘管對於洛杉磯的這種情
形嗤之以鼻，舊金山也因為相同的理由，在它整齊劃分的購物中心
和住宅開發的都市外圍，看起來相去不遠。克里夫蘭的尤克里德大
道(Euclid Avenue)，過去被許多評論家認為美國最美麗的街道(在
過去，它基本上是一個擁有豪華宅邸和寬闊空地的郊區街道)，現
在被理查·米勒(Richard A. Miller)在《建築論壇》中義正辭嚴地嚴
屬批評為，最醜陋和最沒有組織的城市街道之一。在轉換成徹底的

都市用途時，尤克里德大道已經變成同質的單調景觀：又是辦公大廈，又是表面上叫囂著不同外觀的一團混亂。

都市用途的同質性造成一個不可避免的美學困境：同質性應該讓它看起來就像它本身的同質和明顯的單調嗎？或是它應該嘗試不要讓自己看起來那麼同質，只要設法吸引別人的目光，不管這樣是不是沒有意義和混亂的差異？在城市的偽裝之下，這其實是同質化的郊區有關美學分區的熟悉老問題：分區應該要求外觀的一致性，或是應該禁止同一性？如果要禁止同一性，那麼該如何界定什麼樣的設計沒有遵照這樣的規範？

當一個都市地區在使用功能上是同質的時候，這也構成城市美學的困境，而且比郊區還嚴重，因為建築物在一般的都市景觀中占有更重要的份量。這對城市而言是一個荒謬的困境，而且沒有好的答案。

在另一方面，使用的多樣性，儘管經常未被妥善處理，但的確提供了呈現真正內容差異的可能性。因此這些多樣性在視覺上可以變成有趣和有刺激作用的差異，而沒有欺騙、表現癖，或是過多的虛幻。

紐約的第五大道在四十街和四十五街之間，充滿了多樣性，有大大小小的商店、銀行建築、辦公建築、教堂、機構等。它的建築物表現出使用上的差異，還有建物年齡的差異、技術以及歷史品味上的差異。但是第五大道看起來並沒有散亂、零碎或是爆炸般的感覺[1]。第五大道上建築物的對比和差異主要來自使用內容的差異。

1　它唯一看起來礙眼和沒有組織的元素是四十二街轉角的一群看板。它們其實用心良苦，我在寫這本書的時候，看板上面寫著一些勸告人們應該多禱告、儲蓄和打擊青少年犯罪等良言醒語。它們能夠發揮多少改革的力量，令人存疑。但是它們讓第五大道的景色從圖書館這邊看

它們在感官和性質上，也就呈現出對比和差異。整體搭配得宜，並不會顯得單調。

紐約公園大道上，新的辦公室建築延伸的這一頭，在內容上就比第五大道標準化。公園大道的優點是在辦公大樓當中，有幾棟大樓本身是現代建築的大師作品[2]。但是使用的同質性或是建物年齡的同質性，在美學上對於公園大道有幫助嗎？正好相反，公園大道的辦公街廓在外觀上毫無章法，堆疊在無聊之上，在混亂的建築上的任性，遠比第五大道還要明顯。

有許多包含住宅用途在內的城市多樣性的例子，結果非常成功。費城的里滕豪斯廣場、舊金山的電報丘、波士頓北區的部分地區，都是很好的例子。一小群的住宅可以彼此相似，甚至一模一樣，但是不會造成單調的景象，只要他們不要超過一個短街廓的規模，也不要在隔壁立刻重複就好。我們把這一群建築視爲一個和相鄰的住宅形態或是其他不同的用途，在內容和外觀上不一樣的單元。

有時候用途的多樣性結合建物年齡的多樣性，甚至可以解除一些超長街廓單調無聊的魔咒——而且因爲有眞正本質的差異存在，因此不需要浮誇的表現癖。紐約的十一街，在第五大道和第六大道之間就是一個具有這種多樣性的好例子。它是一個深受人們喜愛，在街上行走，會感到既高貴又有趣的街道。沿著它的南側向西延伸，有一棟14樓的公寓房子、一座教堂、七棟三樓的房子、一棟五樓的商店、13棟四樓的房子、一棟九樓的公寓、五棟一樓有餐廳和酒吧的四樓房子、一棟五樓公寓、一座小墓園，和一棟一樓有餐廳

（續）————

　　過去，顯得凋零枯萎，是無庸置疑的。

2　這些大師建築包括利佛之家(Lever House)、西格蘭大樓(Seagram)、百事可樂大樓(Pesi-Cola)和聯合碳化大樓(Union Carbide)等。

的六樓公寓；在北側，一樣向西延伸，有一座教堂、一棟裡面有托
兒所的四樓房子、一棟九樓公寓、一棟八樓公寓、五棟四樓房子、
一棟六樓的住宅俱樂部、兩間五樓公寓、另外一棟非常不一樣年代
的五樓公寓、一棟九樓公寓、一棟新社會研究學院(New School for
Social Research)的新增建築，它在一樓有一座圖書館，還可以看到
內部的庭院，一棟四樓房子、一棟一樓有餐廳的五樓公寓、一棟在
一樓有糖果店和書報攤的三樓公寓。儘管這些建築物幾乎都是住宅
用途，但是其中也穿插了其他十種不同的用途。即使是純粹的住宅
建築本身，也包含許多不同的科技和品味的時期，還有許多不同的
模式和生活成本。它們有一排由看起來平凡、謙遜的外觀所構成的
顯著差異：一樓的高度不一、不同的出入口和人行道的安排等。這
些差異的產生，事實上是直接來自於建築物是不同的種類和年代的
事實。這個效果是既寧靜又不自覺的。

　　還有更有趣的視覺效果，同樣也無需表現癖或其他的虛飾，就
可以讓城市建築物的混合產生比十一街更根本的差異。城市裡面大
部分的地標和焦點——我們需要更多像這樣的地方，而不是愈來愈
少——來自與其背景非常不同的對比用途，也因此原本就不一樣的
外觀會輕鬆自在地出現在此，產生因為差異所造成的戲劇和對比效
果。當然，這就是皮茨所說的(詳見第八章)，當他主張紀念碑式或
是高貴的建築物應該被安置在城市的母體裡面，而不是被區分而且
抽離開來，和其他原本就類似的鄰居一起被擺到「紀念堂」裡面。

　　在城市的混合使用裡面，即使是微不足道的小元素之間的天生
差異，在美學上也不應該被嗤之以鼻。它們可以傳遞對比、移動和
方向等愉悅感，而不至於強迫膚淺化：和住宅混合在一起的小工
坊、工廠建築，我每次去魚市場買魚時都會讓我心曠神怡的市場邊
的畫廊，還有在市區另外一頭，姿態傲慢的美食商店和愛爾蘭新移

民會來打聽工作機會的那種粗俗的酒吧，和平地對比和共存在一起。

雷斯金說得好，在城市建築景觀中眞正的差異表達出

> ……人性模式的交織。它們充滿了人們在做不同的事情，在景象上有著不同的理由和不同的目的，而建築反映及表達了這些差異——它是內容的一部分，而不只是形式。有人性（being human）和人類（human beings）是讓我們覺得最有趣的地方。在建築領域，正如同在文學和戲劇裡面，是人類變化的豐富性賦予人類環境活力和色彩……
>
> 想像一下單調的危害……在我們的分區法規裡面，最嚴重的錯誤在於它們容許整個地區只有單一用途的事實。

在尋找視覺的秩序時，城市在三個大的選項裡面，有兩種選擇是毫無希望的，只有一種選擇是有希望的。第一種選擇是讓一個同質的地區看起來同質，而獲得令人沮喪和失去方向的結果。第二種選擇是試圖讓一個同質的地區，看起來不要太同質，而獲得粗俗和不誠實的結果。或者是第三種選擇，讓這個地區更具有多樣性，同時因爲眞實的差異而充分表現出來，至少最糟的情況就只是讓人覺得有趣，但是最好的時候會令人非常愉快。

如何在視覺上好好地適應城市的多樣性，如何在視覺上顯示它是一種秩序的形式，並且尊重其自由，是城市美學的中心議題。我會在本書的第十九章處理這個問題。現在，重點是：城市的多樣性不是天生醜陋的。那是一個錯誤的概念，而且是一個最愚笨的想

法。缺乏多樣化的城市，一方面讓人覺得沮喪，另一方面則會產生粗鄙的混亂。

*　　　*　　　*

多樣性真的會引起交通阻塞嗎？

交通阻塞是車輛引起的，不是人們本身。

在人口稀疏的地方，而不是人口密集的地方，或是多樣化的使用不常發生的地方，任何一個特殊的吸引力，都會引起交通阻塞。像診所、購物中心或是電影院，都會帶來交通的集中──而且在往返這些地方之間的路徑，也會帶來大量的交通。要到這些地方，只能使用汽車。在這種環境之下，即使是國民小學，也可以代表交通阻塞，因為兒童必須被載到學校。缺乏各式各樣不同多樣性的集中，為了滿足各種需求，只好把人們放進汽車裡面。因為道路和停車所需要的空間，讓各種事情散布得更遠，導致更廣泛地使用汽車。

當人口稀疏分布時，這種情形是可以容忍的。但是當人口大量集中或是連續分布時，大量的交通會破壞其他的價值和便利，就變得難以容忍。

在密集、多樣化的城市地區，人們依然步行，這在郊區和大部分的灰暗地區，幾乎是不可能的事情。在一個地區裡面，各種多樣性差異和細緻的程度越高，步行也越普遍。即使是從外地開車或是搭乘大眾運輸到達一個熱鬧、多樣化的地區，人們在到達之後，就開始步行。

城市多樣性真的會招致破壞性的使用嗎？是否允許一個地區裡

面所有(或是幾乎所有)各種不同的使用，就是具有破壞性呢？

要考慮這個問題，我們需要考慮幾種不同的使用——其中有一些的確是有害的，有一些則是傳統上認爲有害，但是實際上並非如此。

有一種具有破壞性的使用類型，其中資源回收場就是一個例子。它對於一個地區普遍的便利、吸引力和人群的集中，並無助益。這些用途對於土地的需求，還有對於美學的容忍度都太高，但是卻沒有什麼回報。二手車的停放場也是屬於這種類型，另外廢棄或是閒置的建築物，也是如此。

或許每一個人(除了這些標的物的業主之外)都同意這種用途是凋敝的。

但是這並不表示回收場之類的用途因此就是伴隨城市多樣化而來的威脅。成功的都市地區從來不會星羅棋布地布滿了回收場，但這不是為什麼這些地區成功的原因。剛好相反，它們沒有回收場，是因為它們的成功。

像回收場和二手車場等阻絕、占據空間和低經濟效益的用途，在已經貧乏和失敗的地方像野草般的蔓延開來。它們在人們足跡罕至、周圍吸引力太低，以及周圍缺乏高價值空間競爭的地方萌生。它們的自然歸宿是灰暗地區和城市的衰敗地帶，在那些地方，多樣性和活力的氣焰較低。如果所有的管制都從住宅計畫的林蔭大道解除，那麼這些死亡、使用不足的地方就會找到它們自然的經濟場所，回收場和二手車場就是從這種地方冒出來的諸多用途之一。

回收場所代表的問題比打擊凋敝的問題更深沉和複雜。光是叫喊「移除它們！它們根本不應該在那裡！」是無法達成什麼具體成效的。問題在於如何在城市地區培育出能夠讓土地更能獲利、合乎邏輯的土地利用的經濟環境。如果做不到，那麼這些土地還是可能

作為回收場之用，這樣畢竟還有某些用處。其他的用途很少能夠成功，包括像是公園或是學校操場等公共用途，它們失敗的原因正在於它們吸引力和周遭的多樣性所依賴的經濟環境，實在是遭透了。回收場所代表的這一類問題，簡言之，不是靠擔憂多樣性或是加以壓制就可以解決，而是需要為多樣性激發和培育肥沃的經濟環境。

第二種使用類型是在傳統上被規劃者和分區專業者認為有害的用途，尤其是當它們和住宅區混合在一起時，這個類別包括酒吧、劇場、診所、商業和製造業。其實這並不是一個會危害城市的使用類別，認為這些用途應該嚴加管制的說法，來自它們在郊區和原本就單調、危險的灰暗地帶所產生的效果，而不是來自它們在有活力的城市地區所產生的結果。

在灰暗地區，稀疏和零碎的非住宅用途並沒有太大的好處，可能反而有害。因為灰暗地區並沒有具備處理陌生人的能力——或者是在這種事情上，自我保護。然而，這個問題的產生，是因為在單調和黑暗盛行之地，多樣性實在太微弱了。

在熱鬧的都市地區，那裡有被觸發了的豐富的多樣性，這些用途不會造成傷害。不管是直接貢獻安全、公共接觸和交叉使用，或是因為它們支持了具有這些直接效果的其他多樣性，這些用途當然都是必要的。

工作用途顯示另外一種嚇人的東西：高聳的煙囪和飛揚的灰渣。這些東西當然是有害的，但是這並不表示密集的城市製造業（它們大部分都沒有產生這種令人討厭的副產品）或是其他工作用途，就必須和住宅隔離。的確，必須用分區和隔離的辦法來對付黑煙和臭氣的觀念是很荒謬的。空氣是不會了解分區疆界之所在，針對排煙或是臭氣的法規，才是重點。

在過去，對於規劃者和分區專業者而言，在土地使用中最大的

檢測就是漿糊工廠。「你會希望住家附近有一家漿糊工廠嗎？」這就是決定性的關鍵。我不知道爲什麼會是漿糊工廠，或許那時候漿糊代表死馬或是死魚死蝦之類的東西，然後這種說法就會讓善良的小老百姓害怕而停止思考。我家附近曾經有過一家漿糊工廠。那是一間小型的磚造建築，卻也是那個街廓裡面最乾淨的地方之一。

今天，漿糊工廠已經被另外一個可怕的東西所取代，「葬儀社」被拿出來當作羞辱的例子；顯示，如果缺乏管制，它們就會悄悄地溜進住家附近。停屍間或是葬儀社，似乎無害。或許在熱鬧、多樣化的城市鄰里和在生活當中，死亡的提醒不會像是覆蓋在垂死的郊區街道上的黑布。令人好奇的是，主張嚴格使用管制的人，似乎也同樣堅決反對有生命綻放在城市裡面。

在格林威治村有一個街廓，不論在吸引力、趣味性和經濟價值上，都節節攀升。我在寫這本書的時候，這條街上剛好有一家葬儀社，而且已經有好多年的歷史。它讓人覺得討厭嗎？顯然它沒有妨礙到把錢投入這條街上修繕房屋的家庭，也沒有妨礙到把錢投資在開設或是整建店面的生意，也沒有妨礙到建商推出高租金的公寓[3]。

死亡應該是都市生活裡面不會被注意到，或是不能提到的部分的這種奇怪想法，早在一個世紀以前的波士頓，當城市的改善者主張將波士頓市區教堂裡小型的舊墓園移除時，顯然就已經熱烈地爭辯過這個議題。波士頓有一個叫托馬斯‧布里奇曼(Thomas

---

3　這個獨特的街道無獨有偶地被認爲是一個當地良好的居住街道，也的確這條街道無論實際上或外觀上真的以居住爲主要用途。但是它另外還有一些什麼用途呢？我在寫這本書的時候，在住宅之外還有：葬儀社、一間房地產的辦公室、兩家洗衣店、一家古董店、一個存放款的合作社、三間醫生的辦公室、一座教堂和(合併的)集會所，在教堂和集會所後面還有一個小劇場、一家美容院、一個配音室、五家餐廳和一棟神秘的建築物，可能是學校、工廠或是復健中心，不知道。

Bridgman)的人，他的看法普遍受到大家的認同，有下面的說法：「埋葬死人的地方，如果它有任何影響的話，是在德行和宗教上……它的聲音是對愚行和邪惡不斷的譴責。」

我能找到葬儀社在城市裡面的唯一害處，是在理查·尼爾森（Richard Nelson）寫的《零售業的選址》（*The Selection of Retail Locations*）裡面。尼爾森利用統計資料，證明人們到葬儀社時，習慣上不會和上街購物之類的事情合在一起。因此，在葬儀社附近，並沒有額外的零售優勢。

在大城市的低所得鄰里裡面，例如紐約的東哈林區，葬儀社可以有，通常也的確有，正面和建設性的力量。這是因為葬儀社有一個想當然爾的從業人員。像藥劑師、律師、牙醫師和牧師，殯葬從業人員在鄰里裡面代表的是尊嚴、企圖心和知識等特質。他們是典型的公共人物，在地方的市民生活裡面相當活躍。他們最後還經常步入政壇。

像許多正統的規劃一樣，因為這些用途而產生的傷害，似乎沒有人先問下列的問題就毫不懷疑的接受了。「為什麼它有害？它是如何造成傷害的？又是什麼樣的傷害呢？」我懷疑還有什麼比缺乏豐富的多樣性更能傷害一個都市地區合法的經濟用途（還有少數的非法用途）。再也沒有什麼凋敝的形式，比極度的凋敝更讓人絕望的了。

說了這麼多，最後我要提出一種使用的類型，除非它們的位置被加以管制，否則它們在有豐富多樣性的都市地區，依舊是有害的。這些用途可以細數得出來：包括停車場、大型或是載重的卡車調度場、加油站、大型的戶外廣告[4]，還有一些行業，它們有害的

4　通常如此，但並非絕對。如果紐約的時代廣場沒有大型的戶外廣告，

原因不是因爲它們的本質，而是因爲在某些街道上，它們的規模不對。

這五種有問題的用途，它們的獲利能力(不像回收場)都足以負擔，也都積極尋找熱鬧、多樣化的地區。但同時它們也經常是使街道荒廢的元兇，在視覺上，它們和街道並不協調，而且占地廣大，以至於很難——甚至不可能——在街道的使用或街道的外觀上，給人有秩序的印象。

前四種有問題的使用，它們的視覺效果比較容易看見，也比較好想像。由於它們使用的類別，使得它們使用本身就是問題。

然而，我提到的第五種有問題的使用就不一樣，因爲它的問題在於規模，而不是類別。在某些街道，任何不成比例的占據街道正面的大型設施，在視覺上就會變成瓦解和破壞街道的兇手，儘管是相同類別，但是較小規模的使用就不會造成傷害，反而是一種資產。

例如，許多城市的「住宅街道」，在住宅之外也容納了各種商業和工作用途，只要每一個單一用途所占據的街面，不要比一般住宅的面寬大，它們就可以合得來。實際上，這些用途是相容的。街道有一種視覺的特色，它是一致的、有秩序的，以及有變化的。

但是在這樣的一條街道上，如果突然出現一個龐然大物，占掉街面的相當比例，是會讓街道看起來要爆炸的樣子——會飛起來變成碎片。

這個問題和用途，通常在土地使用分區所講的用途無關。例如，一家餐廳或是小吃店，一間雜貨店、一家家具店、或是一家印刷打字行，都可以和這條街道合得來。但是完全相同的用途——例

(續)———————————————————
　　可能就很難想像時代廣場會是什麼模樣了！

如一家大型的快餐店、一家超級市場、一個大型的木工廠，或是一個大型的印刷廠——會造成視覺的大災難（有時候是聽覺的大災難），因為它們的規模完全不同。

這樣的街道需要管制，以防止它們受到完全恣意發展的多樣性，可能帶來的破壞。但是需要管制的並不是使用的類別，而是街面容許某一種用途的規模。

這是非常明顯和普遍存在的都市問題，人們以為它的解決之道一定是分區理論關心的課題之一。但是分區理論甚至沒有意識到這個問題的存在。在我寫這本書的時候，紐約市的規劃委員會正在召開一場公聽會，研擬有關整體分區最新、最進步的對策。全市相關的組織和個人都被邀請來研究新提議的分區類別，看大家對於哪一條街道應該要劃分成哪一種類別的使用，有什麼好的建議。總共有好幾十種使用類別，每一種類別都小心謹慎的加以區分——這些通通和城市地區多樣性使用的真實問題，毫不相干。

當這樣一種分區理論的解決方案背後——不只是它的細節內容——需要徹底檢視和重新思考時，你還能提出什麼建議？這種可悲的情況引發了許多荒唐的策略討論，例如，在格林威治村的市民組織。許多受人鍾愛和歡迎的住宅區的街道，混合及散布著一些小型的設施。它們一般而言是從現行的住宅分區獲得豁免的例外使用，或是根本違反分區使用的規定。每個人都喜歡它們在這條街上出現，它們受到歡迎也毫無疑問。爭論反而是圍繞在新的分區規則中，哪一種使用分區最不會和真實生活的需求相互扞挌。每一種使用類別的缺點都不容輕忽。有關反對這種街道上面的一種商業使用類別的爭論是，雖然它會允許街道資產的小型用途，但是它也容許合乎使用類別的其他用途，不管它的規模如何；例如，大型的超級市場也被允許，而居民非常害怕它，對這種街道而言，它太過龐

大，會破壞街道現有的特色。在住宅的使用類別裡面，這個爭論持續存在，小型設施的滲入和過去一樣，會違反使用分區的規定。反對住宅類別的爭辯在於，有人可能眞的嚴格遵守，把「不符合」的小型使用強制排除在外！而正直的市民，眞心懷抱著他們鄰里的市民利益，卻嚴肅冷靜地坐待分區法規所提供最具建設性的自我陷害。

上面所提到的困境是既急迫又眞實。例如格林威治村有一條街道，最近就有一個規範與上訴委員會（Board of Standards and Appeals）的案例，正好就是這樣的問題。在這條街上有一家麵包店，本來只是小型的零售生意，後來生意興隆，成長爲一個大型的批發商，於是就申請使用分區的豁免，以便再進一步擴張（頂下隔壁大型洗衣店的店面）。這條街道長久以來就被劃定爲「住宅」使用，最近還自己主動提升分區使用的標準。許多屋主和承租的居民，在與日俱增的榮譽感和關心街道的情況下，決定反擊這件申請豁免的請求。他們失敗了。他們當然失敗，因爲整個案子本身就模糊不清。帶頭反對麵包店申請豁免的一些人，他們擁有或是居住在這些一樓有非住宅使用的財產上，所以不論就實際使用或是同情的角度而言，本身就和「住宅」的分區使用類別相衝突——就和這個相對較大的麵包店一樣。然而，正因爲這條街上有許多小規模的非住宅使用，而且數量與日俱增，所以這條街道在住宅上的吸引力和價值也隨之水漲船高。街上的人們都知道，這些小型的非住宅使用，是上天的恩賜，它們讓街道變得有趣和安全。這些非住宅使用包括一間房地產的辦公室、一家小型的出版社、一家書店、一家餐廳、一個畫框店、一間家具店、一個賣舊海報和複製畫的海報店、一家糖果店、一家咖啡店、一個洗衣店、兩家雜貨店和一個小型的實驗劇場。

我問反對麵包店取得分區豁免的其中一個帶頭者，他也是這條

街上改建住宅的主要業主之一，在他的想法裡，麵包店的做法會有損他財富的價值；隨著麵包店的擴張，它會逐漸去除這條街上其他的「非住宅」使用。他回答，第一個方案比較具有破壞性，但是又說「那種選擇不是很荒謬嘛！」

是很荒謬！在傳統的使用分區的理論之下，這樣的街道是很反常的一團謎。從商業分區的問題來看，它也是一團謎。一個城市的商業分區已經變得越來越「進步」(也就是模仿郊區的情形)，人們開始強調「地方便利商店」、「地區購物」等等之間的區別。紐約最新的解決方案囊括了所有的這些想法。但是你要怎麼去分類麵包店的這條街道呢？它結合了最單純的地方便利(例如洗衣店和糖果店)、地區的吸引力(例如家具店、畫框店和咖啡店)，還有全市性的吸引力(例如劇場、畫廊、海報店等)。它的混合是獨特的，但是它所代表的是未加以分類的多樣性，並不是最普通的。所有熱鬧、多樣化的都市地區，充滿了活力和驚奇，存在於郊區商業之外的另一個世界裡面。

城市的街道並不需要街面規模的分區管制。許多街道，尤其是作為住宅及其他用途之用的大型或是立面寬大的建築占大多數的地方，可以同時有大型和小型企業的混合，而不會顯得快要爆炸和瓦解，也不會在功能上顯得太過集中於單一用途上面。第五大道就有這種大型和小型企業的混合。但是那些需要規模分區的城市街道就非常需要這樣的限制，不只是因為它們本身的緣故，而是因為如果街道有一致的風格和特色，還可以增加城市景觀的多樣性。

雷斯金在一篇談論多樣性的文章中指出，都市分區中最大的缺點就是它容許單調。我認為他的看法相當正確。或許都市分區的第二大缺點是它忽略了使用的規模，這也是一個重要的考量，或是把使用的規模和類別，加以混淆。一方面這會導致街道在視覺上(有

時候是功能上)的崩解，另一方面則會導致無法區辨要區分或是隔離的究竟是哪一種用途，不論它們的規模或是實際效果是什麼。很不幸地在某些地方，多樣性本身因此被無謂地壓制，而不是有限制地加以彰顯。

當然，有豐富多樣性的都市地區會迸出奇怪、不可預期的用途和特殊的景觀。但這不是多樣性的缺點。這是多樣性存在的意義，是多樣性的一部分。它的發生是城市應該遵循的任務之一。

哈佛大學的神學教授保羅・蒂利希(Paul J. Tillich)觀察到：

> 究其本質，都會提供了只有旅行才可能給予的東西；也就是，陌生的事物。由於陌生導致質疑和破壞熟悉的傳統，它將理性提升到極致的重要地位……再也沒有比所有全體論的權威，嘗試要將陌生的事物摒除在他們的主體之外，更能證明這個事實……大城市被切成薄片，加以觀察、洗滌和平等化，陌生的神秘和人們的批判理性，雙雙從城市中被剔除。

這種想法對於那些推崇和享受城市的人而言，是很熟悉的。雖然它通常沒有表達得這麼強烈。《紐約的地方和樂趣》(*New York Places and Pleasures*)一書的作者，凱特・賽門，也抱持相同的看法。她說：「帶小朋友到葛蘭特(Grant's)〔餐廳〕……他們可能會碰到原本不可能碰的，以及可能永遠不會忘記的人。」

受歡迎的城市指南書籍的存在，還有他們強調的探索、好奇和差異，正好說明了蒂利希教授的觀點。只是因為，當城市是由每一個人所共同創造時，也唯有如此，城市才有能力提供東西給每一個人。

第三部

沒落與再生的力量

第十三章

多樣性的自我破壞

到目前為止，我的觀察和結論可以歸納如下：美國城市裡，我們需要各式各樣的多樣性，複雜的混合相互支持。我們需要這樣的多樣性，城市才能夠正常和建設性的運作，這樣子城市人才能夠維持(和進一步發展)他們的社會和文明。公共和半公共的機構對於其中有助於構成城市多樣性的一些事業，負有責任——例如：公園、博物館、學校、禮堂、醫院和部分的辦公室及住宅等。然而，大部分城市的多樣性是無以數計的個人和私人組織，在公共行動的架構之外，因為許多不同的想法和目的，還有不同的規劃和設計，所共同創造出來的產物。都市計畫和都市設計的主要責任，應該是將城市發展成——就公共政策和公共行動可以做的事情而言——配合公共事業的蓬勃發展，適合大量非官方的計畫、想法和機會繁榮發展的地方。如果都市地區具備了混合良好的主要用途，進出頻仍的短街廓、不同年齡的建築物的細緻組合，還有高度集中的人口，那麼它們就會變成適合經濟及社會發展的多樣性地區，並發揮最大的地方潛力。

在接下來有關沒落和再生的幾個章節，我打算思考幾個能夠影響城市裡面多樣性的成長及其活力的重要力量，不論這些影響是好的影響或是壞的影響，只要一個地區不要因為缺乏產生多樣性的四個必要條件而受到阻礙。

　　這些力量，在危害的方面，包括：在城市裡面非常成功的多樣性有自我破壞的傾向；城市裡面大量單一的元素(其中有許多是必要或是有利的)產生壞死影響的傾向；人口的不穩定造成反制多樣性成長的傾向；以及公共及私人資金過多或不足，以至於妨害發展和改變的傾向。

　　當然，這些力量是相互關聯的；在改變城市的所有因素裡面，彼此都是息息相關的。只是，就每一個影響城市改變的力量分別加以檢視，是有可能，而且是有用的。要承認和了解這些力量的目的是要試圖擊敗它們，或者——最好是——把它們轉化成建設性的力量。除了影響多樣性的成長本身，這些力量有時候也會幫助或是妨礙產生多樣性的基本條件的引進。如果不考慮這些因素，即使是爲了增進城市活力的最好規劃也會事倍功半。

　　在這些強而有力的影響力量裡面，第一個就是城市裡面的傑出成功有自我破壞的傾向——純粹就是成功的結果。在本章我將探討多樣性的自我破壞，這個力量，在它的其他影響效果之外，會造成市區不斷的移轉和變動它的中心。這是創造曾經極盛一時的都市地區的力量，也是要爲許多內城地區的停滯和衰敗負責的力量。

　　多樣性的自我破壞可以發生在街道，在有活力的小節點，在一群街道，或是在整個地區。如果是最後一種情形，後果最爲嚴重。

　　不論自我破壞是以哪一種形式發生，大致而言，情況如下：一個多樣性的混合使用在城市裡面的某個地點變得非常成功和受歡迎。由於這個地點的成功，它無疑是奠基在活絡和有吸引力的多樣性之上，對於空間的激烈競爭就在這個地點展開。就像經濟的流行一樣。

　　在這場空間競爭裡面的贏家，只代表共同創造成功的諸多用途

的其中一小部分。其中少數一、兩樣在這個地點中變得獲利最高的用途就會一再被複製，壓制並排擠獲利能力較低的使用形式。如果有許多人，因爲受到便利和趣味的吸引，或是被它的活力和令人興奮的魅力所迷惑，選擇在當地居住或是工作，那麼同樣地，在這場競爭中的獲勝者，會形成一小群很狹隘的使用人口。由於有許多人想擠進去，因此那些擠得進去並且能夠待下來的人，將會由所需支付的費用來做篩選。

以零售獲利能力爲基礎的競爭，最容易影響單一街道。以工作或是生活空間的吸引力爲基礎的競爭，最容易影響一群街道，甚至整個地區。

因此，在這個過程中，一兩樣或是少數幾樣的用途，最後會勝出。但是這個勝利是虛妄的。因爲一個在經濟上和社會上相互支持，同時也是最複雜和最成功的有機組織，正被這個過程所摧毀了。

從此，這個地點就會被那些爲了競爭中獲得最後勝利以外的使用目的而來的人逐漸揚棄——因爲其他使用目的已經不復存在。在視覺上和功能上，這個地方變得更單調。人們在一天當中未能均勻散布的經濟劣勢，可能隨之而來。在這個地方，即使是最占優勢的主要用途，它的適宜性也會逐漸下降，就像曼哈頓市區作爲管理和辦公用途的適宜性，因爲同樣的理由而下降。隨著時間的消逝，一個曾經成功和曾經是激烈競爭目標的地方，逐漸消退並邊緣化。

在我們的城市中，可以看到許多經歷過這種過程，並且在垂死中喘息的街道。其他現在正處於這個過程的街道，也可以看到這些舉動。在我住的地方附近，也就是格林威治村的主要商業街道，第八街，就是這種情形。35年前，它還是一個默默無名的街道，當時其中一個主要的地主，查爾斯‧艾布拉姆斯(Charles Abrams)(他恰

巧是一個非常有前瞻性的規劃和住宅專家)，在街上蓋了一家小型的夜總會和一家在當時而言極不尋常的電影院(這種爲了獲得良好螢幕視覺效果的狹長禮堂，還有它的咖啡座和親切的氣氛，從此就被廣爲沿襲)。這些娛樂獲得非常大的成功。它們在晚間和週末吸引了更多的人，進入這條街道，彌補了白天路過人群的不足，因此幫助刺激了便利商店和一些專門商店的成長。當然，這些用途本身，在白天和晚上也開始帶來更多的人潮。就如同我在前面的章節提到過，像這種兩個時段的街道，對於餐廳而言，在經濟的考量上是開店的好地方。第八街的歷史，證實了這種情形。各種餐廳在此快速的成長。

在第八街所有行業裡面，最後餐廳變成單位營業面積獲利最高的生意。自然而然，第八街就有越來越多的餐廳。同時，第八街和第五大道交會的轉角，原本有夜總會、畫廊和一些小型的辦公室等多樣性的用途，也被銀行和非常單調、昂貴的公寓，排擠出去。在這整段歷史當中，唯一不尋常的因素是艾布拉姆斯本人。不像大部分的地主，他們可能沒有仔細思量過這些事情的含意，或是看到面臨成功之後必須擔憂的理由，艾布拉姆斯沮喪地看著書店、畫廊、俱樂部、手工和專門的商店，一家接著一家地被排擠出去。他看到新奇的點子在其他街道上陸續發生，但是越來越少新奇的點子在第八街上出現。他看得出來，有一些移動是有助於其他街道獲得活力和多樣性，但是他也看到，第八街本身開始緩慢而且持續的去多樣化。他了解到，如果這個過程完全按照上述邏輯發展下去，第八街最後一定會擱淺，因爲受歡迎的地方已經被移到別的地方了。基於整條街道的策略部署，艾布拉姆斯在他自己的許多房地產中，開始審愼地尋找能夠增加餐廳以外的混合使用的承租人。但是通常他得非常努力地尋找，因爲他們必須相當程度地接近目前餐廳的高營收

能力。這樣的考量縮減了許多可能性——即使是純粹商業用途的可能性。對於第八街的多樣性及其長期成功的潛在最大威脅，簡言之，就是那些任其自由發展的卓越成功。

　　附近的另一條街道，第三街，有一個更嚴重的類似問題。由於另外一種篩選的機制，這一條延伸好幾個街廓的街道，非常受到觀光客歡迎，最早是受到當地咖啡屋、鄰里酒吧，還有——在一開始的時候——炫目的夜總會等波希米亞式的生活所吸引，這些用途都混合在一個舊義大利社區和藝術家聚集的鄰里商店和住宅生活裡面。在它們15年來所占的範圍之內，晚上的訪客是當地混合使用的一個有利因素。它們幫助創造的活力是當地住宅的部分訴求，也是吸引遊客的重點。現在夜間景點過度占據整條街道，也過度占據整個地區的生活。一個擅長處理和保護陌生人的地區，它們聚集了太多的陌生人，對於任何有感知的都市社會要能夠泰然的處理而言，這都是一種不負責任的態度。複製最賺錢的使用會破壞它本身吸引力的基礎，就如同在城市裡面，不成比例地複製和誇大某些單一用途所做的事情一樣。

　　我們習慣性地把街道和街道鄰里想像為功能區分的不同用途——例如娛樂、辦公、住宅、購物等。的確，有些街道就維持了這樣的形式，但是這還是得靠它們保持相當程度的成功才有可能。例如，因為服飾購物的次要多樣性而變得非常賺錢的街道，服飾購物幾乎變成當地的唯一用途。當人們逐漸離棄和忽視其他次要目的時，該地就開始逐漸沒落。如果恰巧一條街道的街廓又太長，這又會進一步阻礙它成為有複雜交叉使用的池聚，對於使用者的篩選和所導致的不景氣，就被強調出來。而且，如果這樣的街道座落在一個整體而論被篩選成只剩下單一主要用途的地區——例如工作區——那麼幾乎沒有改善和轉化的希望。

　　多樣性的自我破壞，可以出現在非常成功的活動地點，也可以沿著街道延伸。過程都是一樣的。例如，費城的栗子街和大街（Broad Street）的交會地點，在幾年前是栗子街購物和其他活動的重點地帶。這個十字路口的四個轉角被房地產業者稱爲「百分百地點」（100 percent location），它是讓人又羨慕又嫉妒的地方。其中一個轉角被銀行占據。其他銀行也買下並入主其他三個轉角，儼然也占據了這個百分百地點。從那個時候開始，這個地點就不再是百分百地點了。今天這個十字路口是一個橫亙在栗子街上的死穴，而大量的多樣性和活動則被推到更遠的地方。

　　這些銀行犯了一個錯誤，這個錯誤和我認識的一個家庭在鄉下購地蓋房子的一樣。曾經有許多年，當他們還沒有錢蓋房子的時候，他們一家人會定期到這個基地上去看一看，並且在小山丘上野餐，這是這個基地上最吸引人的特徵。這一家人非常喜歡想像自己永遠在那裡的景象，所以當他們最後有錢蓋房子的時候，就把房子蓋在小山丘上。但是這時候，小山丘也就不見了。他們不明白，當他們自己取代小山丘時，他們就破壞和失去了這個美麗的景色。

　　街道（尤其是短街廓的街道）有時候能夠經得起大量複製成功的用途，或是在沒落和停滯一段時日之後，自然而然地自我重生。如果周遭的地區能夠維持豐富和強而有力的多樣性的用途——尤其是主要用途多樣性強而有力的潛在基礎，是有可能逃脫自我破壞的命運。

　　然而，當整個街道鄰里以及整個地區，開始過度複製獲利最高和最有名氣的用途時，問題就嚴重多了。

　　有關這種災難式篩選區分的明顯證據，可以在許多城市的市區看到。波士頓市區不同時代的歷史中心，就像許多考古層一樣，變

成一層一層不同用途的化石，每一層都缺乏主要用途，每一層都停滯不景氣。波士頓的規劃委員會，在分析市區的土地使用之後，用顏色把不同的用途標示出來　　某一種顏色代表管理和金融辦公室，另一種顏色代表政府用地，另外還有購物、娛樂等不同用途的顏色。不景氣的地區也在地圖上用一種顏色，但是有深淺不一的程度，加以標示。另一方面，在市區的另外一頭，也就是後灣(Back Bay)和市民花園(Public Gardens)交會的轉角地帶，在地圖上用一種不太一樣的圖例——紅黃斜線——標示出來。這個區塊太過複雜，以致無法根據特定的用途來標示，所以用一種特殊的圖例來標示，代表「混合」使用。這是波士頓市區裡面，現在還像一個活的城市，持續改變、成長的地方。

　　像波士頓這種區分用途的市區鄰里的連續帶，一般會被模糊地認為是市中心遷移所留下的遺跡。它們被視為市中心移到其他地方的結果。但並非如此。這些一叢一叢的過度複製反而是市中心遷移的原因。多樣化被成功的複製排擠出去。除非它們獲得良好的融資重新開始，或是它們不斷地保持成功(很少這種情形)，否則新點子就會流入次佳的位置；因此，次佳變成最好的，繁榮一陣子，最後也被本身極度成功的大量複製所破壞。

　　在紐約，市區的用途區分早在1880年代就已經被紀錄傳誦在當時的一首歌謠裡面：

> 從第八街往下走，男人賺錢。
> 從第八街往上走，女人花錢。
> 這是偉大城市的樣子，
> 從第八街往上走，從第八街往下走。

偉拉・凱薩(Willa Cather)在《我的死敵》(*My Mortal Enemy*)一書中寫道,麥迪遜廣場終於輪到變成一個多樣化的密集中心時,是這樣描述的:「麥迪遜廣場當時處於分岔路口;它有雙重性格,一半商業,一半社會,商店在南,住宅在北。」

凱薩小姐發現混合和「雙重性格」的特徵,當它接近巔峰並保持平衡時,就永遠被標記成一個非常成功的中心。但是,混合並不能代表「分歧點」。它反而是東西交會的「匯聚點」。

現在是一個擁有大量辦公室,以及相較於過去曾經享有的商業活動而言,微不足道的黯淡、沒落地區的麥迪遜廣場,過去在擁有舊麥迪遜廣場花園(現在被一棟商業大樓所取代)時的極盛時期,實在是棒極了。從此紐約再也沒有這麼文雅、這麼迷人和這麼吸引人的大型集會場所,因為紐約再也沒有一個大型集會場所,會位於這樣一個混合良好的有吸引人和昂貴的中心點。

當然,麥迪遜廣場最後的篩選區分和長期的沒落,並不是一個孤立的事件。它是一個更大的移動的一部分,由許多對成功的混合使用所施加的經濟壓力累積組合而成。在比麥迪遜廣場更大的尺度上,這些空間競爭的壓力持續將多樣性打散在整個市區當中;結果市區本身在移動,讓擱淺的地區遺落在後。

一個移動的市區,通常會隨著它過度複製的叢塊,留下空無的外圍口袋地區,而且有最密集多樣性的新組合則跳過此區,在別的地方發展起來。這些口袋地區或是邊緣的長條區塊容易從此變得空無一物,因為靠近它們的被篩選過的叢塊,在一天裡面能夠提供的人群分布效果極差。這裡只有空間,但是沒有刺激使用空間的東西。

這種由於過度複製所導致地區多樣性的自我破壞,顯然也發生在倫敦,因為它有著和使美國市中心移動的相同力量。1959年一本

英國的期刊，《城鎮規劃學會期刊》(*Journal of the Town Planning Institute*)，一月份有一篇探討倫敦中心區的規劃問題的文章，裡面提到：

> 經過多年之後，現在多樣性已經離開西提區(the City)〔倫敦的銀行和金融業的辦公中心〕。當地眾多的日間人口，到了晚上只剩下5000人左右的夜間人口。發生在西提區的情況也發生在西區(the West end)。許多公司在西區有辦公室的要求是為了讓客戶和顧客有飯店、俱樂部和餐廳的便利，以及讓員工有商店和公園的便利。如果這個過程繼續發展下去，這些優勢很快就會被搶走，西區將會變成一個充滿了辦公大樓的荒涼之地。

很可憐的是，在我們美國城市裡面，很少有非常成功的住宅區；大部分的都市住宅區一開始就不具備產生豐富多樣性的四個基本條件。因此，追隨成功而來的自我破壞的例子多半發生在市區。但是有相對少數成為非常有吸引力和非常成功，能夠產生多樣性和活力的城市住宅區，最終也會受到和市區一樣的自我破壞的力量的影響。在這種情況下，許多人想住在這些變得適合蓋房子賺錢的地點，但是需求的數量遠遠超過當地可以供給的數量，所以只有最能夠負擔得起的人，才能夠進駐。這些人通常是沒有小孩的人士，同時今天他們也不只是一般付得起最高價錢的人，而是能夠且願意為最小空間付出最高代價的人。為這一小群獲利的人口所蓋的住宅倍增，但卻是以其他用途和其他人口作為代價。傳統家庭類型的住戶被排擠出去、不同的景觀被排擠出去、負擔不起新建成本的行業也

被排擠出去。這個過程現在在格林威治村、約克維爾和曼哈頓東城的中城地區，正在快速地發展。在這些地方過度複製的用途和在市區的中心地帶過度複製的用途不同，但是它們的過程相同，發生的原因相同，還有最後的結果也相同。令人喜愛和深具吸引力的小山丘是被它的占有者所破壞，是被占有的動作所破壞。

我所描述的過程一次只會發生在一個小的地區，因為它只是過度成功的結果。然而，這個過程的破壞力量比當時發生的地理範圍還要大，而且更嚴重。這個確實發生在非常成功的地點的自我破壞過程，讓我們的城市很難在非常成功之後更上一層樓，結果經常是步入沒落。

再者，非常成功導致沒落的途徑，讓這個過程對於城市產生雙重的破壞性。在新的建設和狹隘的複製某些用途的同時，一個地方的相互支持也遭受破壞。事實上也因為這些過程的出現而剝奪了其他地方，那些會增加多樣性及強化相互支持，而不是減損這些特質的地方。

因為某種原因，銀行、保險公司和高級辦公室一直是以這種貪婪、雙重破壞者的方式操作。看看銀行和保險公司聚集的地方，你經常也會看到一個多樣化的中心被取代，一個有活力的小山丘被夷平。你會看到一個榮景不再，或是正在朝此路邁進的地方。我猜測這種奇怪的情形是因為兩個事實。一方面這種組織是保守的。保守主義，應用在選擇城市裡面的區位選擇，表示投資在已經確定成功的地方。對於那些最看重眼前既成成果的人而言，要看到可能會破壞成功的投資，需要看到很遠以後的事情──或許因為不明瞭為什麼有些城市地區會成功，有些地區不會成功，因此弄不清楚哪些地方有成功的潛力。另一方面，這些組織都很有錢，因此能夠擊敗大

部分的對手得到他們所想要的空間。定居在山丘上的願望和能力，在銀行、保險公司和高級辦公室身上，是最有效果的結合——它們早就有銀行和保險公司的貸款了。就相當程度而言，它們彼此非常接近的便利是很重要的，這在許多其他城市活動上面，也是一樣的。但是這很難說明這些強大的組織取代多樣性成功組合的確切方向和程度。一旦一個地點因為過度複製工作用途而導致遲滯不前時（以其他用途作為代價），其他比較活躍的企業就會準備離開這個不再那麼有吸引力的方便聚集之所。

　　然而，如果只在不同的都市用途之中選擇某一種用途，即使是非常成功的用途，將會產生誤導。有太多的其他用途施加相同的經濟壓力，結果都空歡喜一場。

　　我認為，把它視為城市本身的功能失調，可能會更有助益。

　　首先，我們必須了解，多樣性的自我破壞是由成功而不是失敗所引起的。

　　其次，我們必須了解這個過程和導致成功的經濟過程是相同的延續，而且是成功不可或缺的一部分。多樣性是由於經濟的機會和經濟的吸引力，才會在一個城市地區成長。在多樣性的成長過程中，相互競爭的空間使用被排擠出去。所有，或是至少部分的都市多樣性成長，是以一些其他用途為代價。在這個過程中，有一些特殊的用途也會因為它們對於土地使用產生的經濟報酬太低，而被排擠出去。如果這些特殊用途是資源回收場、二手車場，或是廢棄的建築物，我想這是有益的；這的確是有益的。在多樣性的成長階段，許多新的多樣性的產生不只是以特殊的低收益的用途為代價，同時也是以複製已經存在的用途為代價。當多樣性增加時，同質性就降低。對於空間經濟競爭的結果，就是多樣性淨值的增加。

　　在某一個階段，多樣性的成長已經到飽和，新用途的增加變成

主要是既存的多樣性之間的競爭。相對少的幾種用途變得更少,甚至沒有了。這種情形表示一個活動和多樣性的中心已經到達巔峰。如果增加的眞的是某些不同的用途(就像第一個在費城的轉角設置的銀行),那麼多樣性的淨值,就沒有減損。

然後有一個過程,在一段時日之內是健康和有益的功能,但是在關鍵時刻不能自我修正,結果變成功能失調。我想到的比喻是一種錯誤的回饋。

在電腦和自動化機械的發展中,大家都很熟悉電子迴路的概念,其中機器的一個動作或是一連串的動作的最終產品,是一個修正或是引導到下一個動作的信號。人們相信由化學而不是電子控制的類似的回饋過程,也會修正細胞的一些行爲。在《紐約時報》的一篇報導中,如此解釋:

> 在細胞的環境中出現一個最終產物,引起一種機制讓最終產物趨於緩慢或是停止動作。威斯康辛大學醫學院的范・波特(Van R. Potter)博士把這種細胞的行爲模式稱爲「有智慧的」。相反的,一個細胞如果產生甚至連自己也不需要的物質而沒有任何回饋機制,而且還是繼續原先的行爲模式的話,這種細胞就像「白痴」一樣。

我想上面的最後一句話,對於因爲多樣性的成功而自我破壞的城市地點,是一個貼切的描述。

讓我們想像成功的城市地區,因爲它特殊和複雜的經濟及社會秩序,而有這種形式的缺陷。在創造成功的城市的時候,我們人類創造了神奇的事物,但是我們卻遺漏了回饋的機制。我們該對城市

做些什麼，以彌補這個缺漏呢？

✻　　　✻　　　✻

　　我懷疑我們能夠提供給城市什麼相當於眞正的回饋系統，能夠
自動發揮作用，完美無瑕的東西。但是我想我們可以用不完美的替
代品，達成許多成果。

　　問題在於阻止一個地方過度的複製，然後把它們引導到其他不
至於過度複製，而是健康地增加多樣性的地方。這些其他地方可能
距離遙遠，也可能就在附近。但是在任何情況下，它們都不是隨意
決定的，而是必須被安排在該項用途有最好的機會去維繫成功的地
方——也就是，比一個註定要自我破壞的地方有更好機會的地方。

　　我想這個移轉的工作可以藉由三種方式加以鼓勵，我稱之爲：
多樣性分區；公共建築的堅定；還有競爭移轉。茲扼要說明如下。

　　多樣性分區必須被視爲和一般一致性的分區不同的東西，但是
就像所有的分區一樣，它都是壓制性的。有一種多樣性分區的形式
在某些城市地區大家已經相當熟悉：防止拆毀具有歷史價值建築物
的管制。這些建築物已經和周遭的環境不一樣了，所以要分區保持
它們的特殊性。比這個概念更進一步的想法在1959年時由格林威治
村的市民團體提出，並且獲得紐約市的採行。也就是在某些街道，
建築物高度的上限被大幅地降低。大部分受到影響的街道已經存在
有許多高度超過新訂標準的建築物。這並不是新辦法不合乎邏輯的
證據，而正是爲什麼要訂定新標準的原因：所以剩下較低矮的建築
物就不會被過度複製、比較值錢的高層建築物進一步所取代。同
時，同質性也被分區排除——或是事實上，讓差異被區分進來——
即使是用最有限的方式，同時也只在幾條街上實施。

審慎的多樣性分區的目的不應該是爲了凍結它們所支持的條件和用途。相反的，這種做法的重點在於確保改變或是替代，當它們發生時，不會過度集中在單一用途。通常這表示限制不能有太多的建築物太快被取代。我想一個非常成功的都市地點所需要的多樣性分區的特別計畫，或是它和不同計畫的結合，應該會和威脅到一個地方自我破壞的特殊形式，很不一樣。然而，原則上直接針對建物年齡和建物面積的分區管制是一個合理的手段，因爲住宅類型的多樣性通常會反映在使用和人口的多樣性上面。一個被密集複製的辦公大樓或公寓所包圍的公園，尤其是在公園的南側，或許可以區分劃定爲低矮建築的區域，因此達到一石二鳥的功效：保護公園在冬天有充分的陽光照射，同時間，至少在某個程度上，間接保護周遭用途的多樣性。

所有這些多樣性分區——由於它的眞正意圖是要防止過度複製最賺錢的用途——都需要租稅調整的配合。土地被阻止移轉到有立即獲利潛力的用途，需要在租稅上反映這個事實。在一個房地產開發上設一個上限（不論使用的手段是控制建築物的高度、數量、歷史或是美學價值，或是其他手段），然後讓這種房地產的評價反映附近不相干，但是獲利性更高的已開發的房地產的價值的做法，顯然不切實際。的確，因爲鄰居獲利能力增加而調高對於城市房地產的評價，在今天是一個迫使過度複製一再發生的強大力量。即使面臨意圖直接阻止複製的管制措施，這股壓力還是會持續地迫使過度複製的情形繼續存在。提高城市稅基的做法，完全無法開發每一個基地短期的稅收潛力，卻會破壞整個鄰里長期的稅收潛力。提高一個城市稅基的方式是擴展城市成功地區的數量。一個穩健的城市稅基是強大的城市吸引力的副產品，而它的必要元素之一是在地方稅收上有相當數量細緻、審愼和仔細計算的變化，以穩定多樣性並防

止它的自我破壞。

　　第二個可以用來阻止任意的複製成功用途的潛在工具，我將它稱之為公共建築物的堅定。是指公共和準公共的事業體，應該為它們的財產採取類似查爾斯·艾布拉姆斯為他在第八街的房地產所採取的私人政策。艾布拉姆斯以尋求其他用途的方式來反擊餐廳在它的財產上面過度複製的問題。公共和準公共機構應該一開始就將它們的建築物和設施設在能夠有效增加多樣性的地區（而不是複製它們鄰居的模式）。然後，不論房地產因為周遭的成功而變得多麼有價值（如果他們的位置良好，那麼它們自己也有功勞），也不論想複製周遭成功的用途而希望出價取代的價碼有多高，在它們的使用角色上，都應該保持堅定。這對全體市民和對市政成功具有啟發作用的機關而言，是一個大智若愚的政策——和執行多樣性分區辦法以小搏大的租稅政策類似。一個位於黃金地段的紐約市立圖書館，對於那個地點的貢獻遠大於複製鄰近用途因而獲利的價值——因為它在視覺上和功能上是如此的不同。當來自市民的壓力說服紐約的市政府貸款給一個準公共的機構，讓它能夠從原本打算將卡內基音樂廳賣給附近複製用途的私人業主手中買下來時，卡內基音樂廳因此得以維持原來音樂廳和禮堂的用途，一個混合的主要用途因此被穩住。簡言之，公共和具有公共精神的機構，當金錢在它們周圍滾來滾去，並且乞求滾過它們身上時，可以藉由在周圍不同的用途當中維持堅定不移，而非常有助於穩定多樣性。

　　這兩種手段，包括多樣性分區和公共用途的堅定，都是防止多樣性自我破壞的防禦行動。換句話說，它們是可以抵抗經濟壓力陣風吹襲的防風林，但是很難期待它們能夠承受持續強力的壓力，而依然屹立不搖。任何形式的分區，任何形式的公共建築政策，還有任何形式的租稅評價政策，不論多麼具有啟發性，在強大的經濟壓

力之下，終究是要讓步。通常如此，或許通常它們也願意讓步。

因此，在這些防禦性的手段之外，還有另外一項手段：競爭移轉。

人們普遍相信一件事情，那就是美國人憎恨城市。我猜應該是美國人憎恨失敗的城市。但是從事實來看，我們當然不討厭成功和有活力的都市地區。正好相反，有許多人想利用城市，有許多人想在城市裡面工作或居住，或是拜訪城市，城市的自我破壞因而發生。在用金錢扼殺了成功的多樣性組合的時候，我們或許用同樣的仁慈扼殺了成功和有活力的城市。

簡言之，對於熱鬧和多樣化的城市地區，需求遠大於供給。

如果非常成功的城市地點必須承受得起成功自我破壞的力量——而且如果防禦抵抗自我破壞的微小價值要是一個有效的微小價值——那麼供給多樣化、熱鬧和有經濟活力的城市地點，就必須大量增加。這樣我們就回到供給**更多**，在經濟上具有城市多樣性必要的四個基本條件的城市街道和地區。

當然，在任何一個時刻，總是會有一些具有最豐富的多樣性、最受歡迎，同時也最容易受到當時最賺錢的複製行為所破壞的地區。然而，如果其他地點在機會和趣味上並未落後太多，而且還有其他地點要迎頭趕上，那麼這些地點就可以提供最受歡迎的競爭移轉。它們的拉力還會受到在最受歡迎的地區複製阻礙的強化作用，這是競爭移轉必要的附屬物。但是一定要有競爭的拉力，即使那只是一個較小的拉力。

如果當一個競爭的地點，輪到它變得非常成功到需要城市給它回饋的信號時，那麼它應該要求並且設法防止過度的複製。

當一個城市地點開始表現得像一個「白痴」時，也不難發現。當這個質變開始發生的時候，任何熟悉非常成功的城市地區的人都

知道，那些使用這些開始在消失的設施的人，或是樂於見到這些設施存在的人，非常清楚他們依戀的那個地方的多樣性和趣味性正在惡化。他們非常清楚，某一類的人口正在被排擠出去，還有人口的多樣性也變得狹隘——尤其是當他們自己也被排擠出去時。他們甚至在許多這些結果充分實現之前就已經知道，只要把想像或是眼前的實質改變投射在日常生活和日常景象上就知道。某個地區的人們談論著發生的不幸，他們早在慢半拍的地圖和為時已晚的統計指出之前，就知道多樣性自我破壞的事實和效果。

追根究底，非常成功的自我破壞的問題，是有活力、多樣化的城市街道及地區的供給，如何維持和需求之間穩定關係的問題。

第十四章

邊界真空的詛咒

在城市裡面大量的單一用途有一個共同的特質。它們會形成邊界(borders)，而邊界在城市裡面通常會製造破壞性的鄰居。

一個邊界──一個單一大量的領域的使用，或是其延伸──形成一個「普通」城市的地區邊緣。邊界通常被視為被動，或是平凡無奇的東西，就只是邊界。然而，邊界卻有積極的影響力。

鐵路的軌道是邊界的典型例子，它在很早以前也代表一種社會的邊界──「軌道的另外一邊」──一種偶然和小城鎮，而不是大城市，有關的意涵。在這裡我們不去管受到邊界劃分地區的社會意涵，而是要關心邊界在它們立即的城市周遭，實質的功能和效果。

在鐵路軌道的例子裡，在軌道的某一邊的地區可能比軌道的另一邊來得好，或是來得差。但是在實質上做得最糟糕的地方，一般而言是直接在鐵道邊上的地方，而且兩邊都差不多。只要有多樣化和有活力的事情在鐵道的某一邊發生，只要有取代老舊用途的事情發生，最可能在這個區塊之外發生，而且是朝向遠離鐵軌的方向。我們很容易就在城市裡面的鐵道兩側發現低價值和衰敗的區域，除了直接、實際使用軌道本身或是鐵道兩側的建築物之外，似乎都為區內所有事情所苦惱。因為我們經常可以看到一些沒落和衰敗的元素，奇怪的是，在一段時間裡有一些人卻覺得適合將新建築，甚至有企圖心的建築，放進沒落的區域。

　　沿著鐵道有凋敝傾向的區域，通常被解釋為每天火車經過的噪音和灰塵，以及鐵道整體環境不佳的結果。然而，我認為這些不利的缺點只是部分原因，甚至是比較不重要的原因。為什麼它們一開始沒有被鼓勵不要在這些地方發展呢？

　　再者，我們也看到同樣的凋敝問題也發生在城市的水岸地區。通常沿著水岸邊緣的情況會比沿著鐵道邊緣嚴重。但是水岸不是天生吵雜、骯髒和令人難以苟同的環境。

　　這也很奇怪，為什麼緊鄰在大城市裡面大學校園、城市美化的市政中心、大型的醫院用地，甚至大型公園周邊的近鄰，特別容易傾向凋敝，以及為什麼這些地方經常容易變得遲滯不前——這是凋敝的前兆，即使它們沒有遭受實質的衰敗。

　　如果傳統的規劃和土地利用的理論是正確的，而且如果安靜和乾淨真的有正面的效果，那麼這些令人失望的區域應該在經濟上非常成功，在社會方面也非常有活力才對。

　　儘管鐵路軌道、水岸，校園、快速道路、大型停車場和大型公園等，在許多方面都不一樣，但是它們彼此之間也有許多共通之處——至少從它們傾向存在於垂死或是沒落周圍這一點來看，確實如此。而且如果我們看看城市事實上最吸引人的部分——也就是吸引活生生的人——我們發現這些幸運的位置很少落在立即接鄰大量單一用途的區域裡面。

　　作為城市的鄰里，邊界的根本問題在於，它們對於大部分城市街道的使用者而言，容易形成死路。對於大多數的人而言，它們代表障礙。

　　結果，接鄰邊界的街道就是一般使用的終點。如果這條街道是人們在「普通」城市地區一條線上的終點，同時也沒有獲得在這個單一用途邊界疆域之內人們的使用的話，也就是沒有足夠的使用

者，它就註定要變成一個垂死之地。這個垂死之地，還有進一步的影響。由於很少人使用緊鄰邊界的街道，結果連接鄰的街道也很少使用(有時候連平行的街道也是如此)。它們無法獲得朝向邊界方向走去，順便經過的人群，因為很少人跨越邊界。如果這些緊鄰的街道因此變得太空，同時因此變得人們走避唯恐不及，那麼和它們接鄰的街道也會較少被使用。這些情況會延續下去，直到有一個來自有強烈吸引力的地區的密集使用的力量，出來反制。

因此邊界傾向在緊鄰它們的地方形成使用的眞空。或是換一種說法，由於在一個地方大規模的過度簡化城市的用途，它們也傾向簡化人們賦予鄰近地方的用途，而這種用途的簡化——意味著較少的使用者，他們在附近具有較少的不同目的和目的地——會回頭影響邊界本身。對於經濟活動而言，簡化的範圍裡面愈是貧乏，使用者就愈少，這個範圍之內的經濟活動又更貧乏。某種崩解或是向下沉淪的過程，就此展開。

這是嚴重的，因為為著不同目的而出現實際和連續的人群混合，是保持街道安全的唯一方法。它也是培育次要多樣性的唯一方法。更是鼓勵地區在地方形成個別、自我孤立的鄰里或地域的唯一方法。

抽象或是更間接支持不同的都市用途(儘管有幫助，卻是另外一個層面的事情)並不能達成這個目的。

有時候沒落的過程，它的視覺證據就如圖像一樣明顯。在紐約下東城的部分地區就是這個樣子；在夜間更是明顯。在大規模、低所得的住宅計畫裡面，黑暗、空曠土地的邊界上，街道黑漆漆的一片，空無一人。除了住宅計畫的居民支持的少數商店之外，商店都大門深鎖，許多房子空著無人使用。你沿著住宅計畫的邊界一條街挨著一條街的向外移動，慢慢地才會發現有一點活力，有一點亮

光，但是要經過許多條街道之後才會看到經濟活動逐漸增強，人來人往也才比較活躍。邊界的眞空每年似乎都會多侵蝕一些空間，落在兩個這種邊界之間的鄰里或是街道如果近得靠在一起，邊界對邊界，那根本就是死亡。

有時候新聞報導會詳細和生動地報導這個衰敗的過程——例如《紐約郵報》就報導了一則1960年2月發生的事情：

> 在東一七四街164號柯恩(Cohen's)肉舖的殺人事件。星期一晚上的命案不是一個孤立的事件，而是一連串沿街竊盜和持槍搶劫的高峰……一個雜貨店的老闆說，自從跨越布朗區的快速道路工程開始從這條街道穿越之後，麻煩事就開始降臨這個地區……原本開到晚上九點、十點的商店，七點就打烊了。很少顧客在天黑之後敢冒險出門，所以店家覺得犯不著為那麼一點點生意開那麼晚……這件謀殺案對附近一家雜貨店的老闆衝擊最大，他照樣營業到晚上十點。他說：「我們嚇死了，我們是唯一開到這麼晚的商店。」

有時候我們可以推論這種眞空的形成，也就是當報紙廣告登出一則嚇死人的便宜貨時——十個房間的磚造房屋，最近重新整修過，有全新的管線，僅售12000美元——地址指出它的位置：在一個大型住宅計畫和快速道路的交界。

有時候邊界的主要效果只是不安全的人行道從一條街道到另外一條街道的逐漸擴散。紐約的晨曦高地就有一條狹長鄰里地帶，一邊靠著校園的邊界，另外一邊則接鄰一個狹長的河岸公園。這個狹長地帶又進一步受到插入的一些機構的干擾。你到這個地帶的每一

個地方，很快就會被帶到邊界。這些邊界地帶到了傍晚時分，大家最避之唯恐不及的地方就是公園。但是逐漸的，而且幾乎察覺不到，對於這個地帶不安全的抱怨，影響越來越大。時至今日，只有在有一條街道的單側，到了夜晚還有一些孤單的腳步聲。這條單側有人的街道是百老匯的延伸，跨越了佰大校園死寂的周邊；即使它逐漸失去這個狹長地帶的大部分地區，當地還是會被另外一個邊界給占據。

但是在大部分的情況下，邊界真空都沒有什麼戲劇性的事情。就是欠缺活力，整個情況也被視為理所當然。在約翰·奇佛(John Cheever)的小說《沃普蕭紀事》(*Wapshot Chronicle*)中，有一個關於邊界真空特徵的描述：「來到公園北邊，你進入一個看起來似乎凋敝的鄰里——沒有什麼太大的困擾，只是不舒服，就像長青春痘或是有口臭，整個地區氣色不佳——沒有色彩、疤痕累累，還有到處都少了一點特徵。」

邊界使用不足的確切理由，不一而足。

有些邊界讓穿越它們的路程，變成一種單調的事情，澆滅了使用的熱情。住宅計畫就是這種例子。住宅計畫裡面的人會往返穿越邊界(通常，只在邊界的一邊或兩邊有屈指可數的人數)。但是附近的人們，大部分都嚴守在邊界的這一頭，把邊界視為使用盡頭的一條線。

有些邊界會阻止跨越兩邊的交叉使用。有火車通行的鐵道、快速道路和水道的障礙，是最常見的例子。

有些邊界在兩邊都有交叉跨界使用的情形，但是僅限於白天，而且為數極小，或是在一年的某些時間裡面，交叉使用會數量銳減。大型公園就是這種例子。

還有其他使用不足的邊界，因為形成邊界的大量單一元素相對

於它們所擁有的廣大範圍而言，具備了非常低的土地使用強度。有大型空地的市政中心是常見的例子。我在寫這本書的時候，紐約市的規劃委員會正試圖在布魯克林區設置一座工業園區，並宣布這座園區占地100英畝，裡面的工廠大約可以雇用3000名的員工。每一英畝30名員工的密度，對於都市的土地利用來說，使用強度太低了。而100英畝造就了寬闊的周邊，這樣的事業會讓周圍的邊界使用不足。

不論是哪一種原因引起的，這必然的結果就是大規模或是延伸出去的周邊很少被使用(很少活生生的人在使用)。

邊界真空的現象讓都市設計師感到困惑，尤其是對那些真正珍惜城市的活力和多樣性，同時不喜歡死亡和沒有特色擴散蔓延的都市設計師而言。他們有時候推論，邊界是一種強化使用強度的有形手段，賦予城市一個形體，明確的形式，就像中世紀的城牆一樣明顯的效果。這是一個有說服力的想法，因為有些邊界毫無疑問地有助於集中，進而強化都市地區。舊金山和曼哈頓的水域障礙都有這種效果。

還有，即使一個主要的邊界集中了城市的使用強度，就像上述的例子一樣，沿著邊界的地帶本身很少反映那個使用強度，也沒有蓄積足夠的使用強度。

我想，如果我們把所有的都市土地區分成兩類，將會有助於我們了解這種「保護」行為。第一種類型，可以稱為一般土地，是讓人們得以步行其上的一般公共通行之用的土地。這是人們可以在上面自由行動的土地，可以選擇從這裡走到那裡，再從那裡走回這裡的土地。這類土地類型包括街道、小型公園，有時候也包括建築物的大廳，當它們被當作街道使用時。

　　第二種類型的土地，可以稱爲特殊土地，通常不是讓人們作爲通道在上面自由行走的土地。它上面可以有房子，也可以沒有；它可以是公有地，也可以不是；它可以讓人們實際接近，或者不准人們接近。這都不是重點，重點是人們會繞道而行，而不是直接穿越。

　　讓我們先來思考這種特殊的土地。假設它剛好位於一般公共步行的土地中間。它是一個地理的障礙，因爲人們被禁止接近它，或是它和人們無關。

　　用這種方式看一個城市所有的特殊土地，對於一般土地的使用而言，都是一種干擾。

　　但是換一種方式來看，這個特殊土地可以對一般土地的利用有極大的貢獻。特殊土地提供人們到那裡去的誘因，不論是居住或是工作的地點，或是吸引人們到那裡從事其他目的的活動。如果沒有城市的建築物，人們就不會使用城市的街道。

　　這兩種土地都有助於通行。但是這兩種土地之間總是有某種緊張關係存在。在特殊土地的兩種角色之間，總是有一股拉扯的力量：一方面是對於一般土地使用的貢獻者，另一方面是這種使用的干擾者。

　　對於這個原則，市區的商人早就一清二楚，而且用他們的話來解釋，最容易了解。只要在市區的街道有一個重大的「死穴」（dead place）出現，它就會引起步行到那裡，還有在城市裡面使用那個地點的強度下降。有時候人潮驟減的程度在經濟上太過嚴重，在「死穴」的某一邊生意會變差。這樣的一個「死穴」可能眞的是一個眞空。也許是某種鮮少使用的紀念碑式的東西，也許是一個停車場，或者只是一群銀行，它們在下午三點過後就一片死寂。不論它們實際上是什麼，這個死穴的角色，也就是作爲一般土地的地理障

礙的角色，戰勝了它作爲一般土地貢獻者的角色。這股緊張關係被削弱了。

一般土地可以吸收和略去大部分特殊土地的死穴效果，尤其是當這些死穴的規模不大時。特殊土地和一般土地之間取捨的強度變化是必要的，因爲小型、安靜的地點和漸強的商業地點，是街道和地區多樣性的必要結果和考量。

然而，如果特殊土地變成一個無比的障礙時，這兩種土地之間的緊張關係可以完全一面倒，通常無法省略或補償。作爲一個阻礙使用選擇的實質障礙，它減少了多少一般土地的使用？它還回去給一般土地多少使用者的補償？這個等式如果沒有好的解答，通常意味著在一般土地上面的眞空。問題不在於爲什麼使用強度應該受到保護，如果它無法到達好的鮮明的邊界的話。相反的，問題在於爲什麼我們應該期待它會受到這樣的保護，以便確保某種使用強度呢？

除了傾向在附近的一般土地上產生這些眞空地帶之外(還有因此非常不利於多樣性或社會活力滋長的不正常爛地方)，邊界把城市切割成一片一片的。它們把「普通」城市的鄰里瓜分到邊界的兩邊。在這方面，它們的行爲剛好和小型公園相反。小型公園，如果受歡迎的話，就會把不同的鄰里縫合起來，把人混合起來。邊界也和城市街道的行爲相反，城市街道通常是把分屬兩邊的領域和使用縫合起來，把使用者混合在一起。邊界和許多讓人印象深刻，但是較小規模的使用，表現得恰恰相反，否則，這些用途和邊界還有一些共通之處。例如：火車站和它周圍環境的互動關係就和鐵道不同；一個單一的政府建築和鄰里互動的方式也與大型市政中心和鄰里互動的方式不同。

　　邊界本身造成的拆散或是分割城市效果，不是永遠有害的。如果邊界兩邊的地方大到足以形成一個強而有力的都市地區，有夠大和夠多樣的使用及使用者的池聚，那麼邊界的分離效果就比較無害。的確，邊界也可以有正面的用途，人們可以用它作爲指引方向的工具，在腦海裡構成一張城市的地圖，從地方的角度來了解地區。

　　當地區(如同本書第六章所描述的)被邊界一分爲二或是切割肢解，使得被拆散的鄰里軟弱無力，同時具有副城規模的地區在功能上無法彰顯，那麼就會有問題。由主要的高速公路、機構、住宅計畫、校園、工業園區，或是任何大量使用特殊土地所形成的邊界，經常用這種方式將城市割裂得破碎不堪。

　　在誤以爲無謂的邊界建築是城市裡面進步的秩序的錯誤理解之下，就像我們現在的所作所爲，了解邊界的缺點，應該有助於將我們從製造不必要的邊界之中拯救出來。

　　然而，這並不表示所有用邊界把城市劈開和用眞空地帶把自己圍起來的所有機構或設施，都要被視爲城市的敵人。正好相反，它們其中有許多對於城市而言，顯然是有利和重要的。大城市需要大學、大型醫學中心，還有具有都會吸引力的大型公園等。一個城市需要鐵路；城市可以利用水岸做經濟用途和營造舒適的環境；城市也需要快速道路(尤其是供貨運之用)。

　　重點不是要輕蔑這些設施，或是貶抑它們的價值。相反的，重點是要承認它們是混合使用的恩賜。

　　如果我們能夠反制它們的破壞效果，這些設施本身會得到較好的服務。如果它們被單調、空虛，甚至衰敝所圍繞，那麼對它們大部分而言，而不是對使用它們的人而言，就不是恩賜。

＊　　　＊　　　＊

　　我想，最簡單的矯正方式，就是邊界可以順理成章地鼓勵擴人使用它們的周邊。

　　例如，以紐約市的中央公園為例。在公園的東側，有幾個在公園周邊或公園內部，密集使用的例子(大部分是在白天使用)——動物園、大都會藝術博物館、模型船的水池等。在公園西側的邊緣，有一個奇怪的穿透現象，它尤其引人注意的是在夜間，由使用者自己創造出來的現象。這是一個特殊的穿越公園的交叉路，人們一致同意把它變成傍晚和夜間遛狗的通道，因此散步的人，或是其他任何想進來公園的人，都可以進來，而且覺得安全。

　　然而，公園的周邊——尤其是在西側，有一條延伸得很長的空地，它在許多邊界地方產生很糟糕的真空效果。同時，在公園的深處充滿了只能在白天使用的設施，不是因為這些東西的性質，而是它們所在的位置。西洋棋館(它看起來像一個荒廢的車庫)就是一個例子。旋轉木馬是另外一個例子。警衛為了他們自身的安全，冬天下午早在四點半就把人趕離公園。而且，這些設施除了深沉和醜陋的建築外觀之外，它們深入公園的位置也顯得沒有生氣。它竟然能夠讓一個很棒的旋轉木馬看起來像是迷途哀傷的樣子，真是了不起，這就是中央公園。

　　像這些公園的用途就應該放在大型公園的邊界，並且設計成連接公園和緊鄰的街道。它們可以屬於街道的世界，或是在另一面，屬於公園的世界，讓它們的雙重生命，顯得更迷人。它們不應該被設計成阻斷公園的邊緣(那真是太糟糕了)，而應該是密集和有吸引力的邊界活動的焦點。它們的夜間使用應該被鼓勵。它們的規模不需要太大，三、四個下棋的簡易建築，每一個都有不同的特色和背

景，圍繞在大型公園的周圍，遠比一個四倍大的西洋棋館好。

也需要靠街道的另外一側──靠近城市的這一側──來打擊公園的眞空。我們總是聽到把奇奇怪怪的用途引入大型都市公園的建議。不斷有商業化經營的壓力。其中有一些建議眞的很莫名其妙，例如在中央公園設立一個新咖啡屋的提議，就在紐約引起許多爭議。這可以比喻成，這是一個邊界線的案例，實際上，也是如此。許多這種半商業或是商業的用途，在公園的邊界是屬於城市那一邊的用途，被放在那裡就是要強化來來往往的交叉使用和跨界監視產生的戲劇效果。它們通常應該和公園這邊的邊界用途合作：有一個例子就是將公園的溜冰場，放在公園的邊界，跨過街道，在城市的這一頭，就有一家咖啡屋，溜冰的人可以在那裡喝點冷飲和休息，而且可以從室內和室外的加高平台看到對面溜冰的人。同樣的，溜冰場和咖啡屋沒有理由不能在傍晚和夜間使用。在大型公園裡面騎腳踏車並沒有問題，但是出租腳踏車的地方，可以設在城市的這一側。

簡言之，重點是要找出邊界線的案例，然後也發明新的邊界線，讓城市的這一側歸城市，公園的那一側歸公園，但是這兩邊的合作關係要明顯、有活力和夠頻繁。

這個原則已經被麻省理工學院規劃系的副教授，也是《都市意像》（*The Image of the City*）一書的作者凱文・林區（Kevin Lynch），在另外一個關聯中清楚地加以陳述。林區寫道：「邊界（edge）可能不只是一個主要的障礙，如果允許一些視覺或是行動的穿透──如果邊界和兩邊的區域有一些深刻的結構關係的話。於是它就會變成一個接縫，而不是一個障礙，是一個交換的界線，沿著這條線將兩個區域縫合在一起。」

林區談論的是有關邊界的視覺和美學問題，而完全相同的原則

也可以應用在邊界引起的許多功能性問題上面。

　　如果大學將校園的用途針對校園周邊一些戰略位置的社會大眾加以規劃，同時在校園的周邊放上適合人眾觀看和有興趣的束西作為一種開放的景觀——而不是將校園隱匿起來，那麼大學至少可以讓部分校園更像接縫，而不是障礙。在一個非常小的尺度上，紐約的新社會研究院，由於它是一個非常小的機構，就曾經在一個包含圖書館在內的新增建築上這麼做。這座圖書館就是街道和學校的小「校園」——也不過就是一個很吸引人的合院——之間的橋樑。圖書館和街景在視覺上都具有開放和戲劇性的效果，對於街道而言，是一個令人覺得愉快和有活力的景物。城市裡面的大型大學，就目前我所看到的，並沒有想到或是想像它們是很獨特的設施。通常它們會假設自己是像修道院或是鄉村那樣的地方，懷舊地拒絕被移植，或是其他有一些大學會假裝自己是辦公大樓（它們當然也不是）。

　　水岸可以變得更像是接縫，而不是今日普遍呈現的樣子。通常用來拯救衰敗的水岸真空的方式是用公園取代，然後公園就變成邊界的元素——通常也如大家所預料的，令人討厭的缺乏使用——而這個做法又讓真空效果向內陸逼近。重點在於掌握問題產生的源頭——在水岸的地方，然後設法讓水岸變成接縫。作為工作用途的水岸，經常是很有趣的，不應該被無限延伸的一般景觀所遮蔽，而水景本身也不應該被城市的陸地所遮蔽。這樣的延伸應該被設計成有小型、甚至隨興的公共開放所穿透的，非常亮麗或是可供觀賞的作品和水上交通之用。在我住的地方附近有一個舊的開放碼頭，緊鄰一個衛生局的焚化爐和運垃圾的平底船的停泊處。人們利用這個碼頭釣魚、做日光浴、放風箏、修補汽車、野餐、騎腳踏車，還有叫賣的冰淇淋和熱狗攤子，向過往的船隻招手和閒扯等等（由於碼

頭不屬於公園處,所以沒有人被禁止任何事情)。在炎炎夏日的傍晚或是慵懶的夏天週末,你再也找不到一個比它更令人愉快的地方。但是不時有垃圾車把垃圾倒入在河邊等候的平底船,空氣中瀰漫著垃圾的氣味和垃圾車的聲音。這不是什麼賞心悅目的事情,但卻是碼頭上還樂於接受的事情。每一個人都爲之著迷。在河岸兩邊持續進行的工作(裝貨、卸貨、靠岸)需要在適當的地方有開口,而不是將它們隔離起來,讓河岸兩邊沒有什麼事情可看。像是划船、參觀船隻、釣魚和游泳,只要是適合的地方,都有助於在水和土地之間麻煩的邊界,形成一個縫合的接口,而不是障礙。

試圖將有一些邊界轉換成接縫,會是徒勞無功的。快速道路和交流道就是最好的例子。再者,即使在大型公園、校園,或是水岸的情況下,要克服邊界的障礙效果,只可能在周邊的部分地方有效。

我想,在這些案例裡面,反擊眞空的唯一方法就是依賴附近特別強而有力的反制力量。這表示在邊界附近人口集中的密度要夠高(和多元),接近邊界的街廓要特別短,同時潛在的街道使用要特別流暢,主要用途的混合要夠豐富;還有,建築物年齡的混合,也是一樣。這或許無法爲邊界本身帶來太密集的使用,但卻有助於將眞空縮小在一個範圍之內。靠近中央公園東側,麥迪遜大道的大部分地區,都是反制公園邊界眞空的力量。在公園的西側,就沒有這麼緊密的反制力量。在公園的南側,只要有人行道對著公園,就有反制的力量。在格林威治村,反制的力量讓水岸眞空逐漸退卻,部分原因是因爲當地的街廓非常短──在有些地方只有160呎──它讓活力比較容易散發出來。

要運用反制力量來對付必要的城市邊界,這表示:必須盡可能

用多一點的城市元素來建造有活力、混合使用的領域，並且盡可能讓這些城市元素變成沒有必要的邊界。

住宅，不論是接受補貼的計畫住宅或是一般住宅，主要的大型建築、禮堂、政府建築、大部分的學校、大部分的都市產業和所有的都市商業，在適合的環境之下都要融洽地混合，以構成複雜的混合城市的組織本身的一部分。當這些元素被從混合的組織當中抽離出來，孤立成大量單一使用的形式，它們不只會導致不必要的邊界，而且，在從城市混合的元素當中抽離之後，它們留下更少可以作為創造反制力量的素材。

規劃的徒步街道設計，如果把行車和停車的可怕邊界丟進原本就微小和脆弱的保護地帶，所製造的問題會比解決的問題更多。但這是用在市區的購物街道和更新地區的「市中心」的一種流行的規劃想法。設計城市的交通計畫和幹道系統，而沒有先去了解城市本身如何運作的危險之一就是：這些計畫，在最好的意圖之下，會注入無止境的邊界真空和使用的中斷，而且在這些地方會造成最大和最無謂的傷害。

第十五章

貧民窟和去除貧民窟

　　貧民窟及其人口的問題，是彼此強化、似乎無窮境的受害者（永遠擺脫不了）。貧民窟是惡性循環。假以時日，這些惡性循環會讓城市的整體運作身陷其中，不可自拔。四處擴散的貧民窟甚至需要更多的公共資金——不只是更多的公共融資來改善或穩定貧民窟的狀況，而是需要更多的錢來解決益形擴大的退卻和退化。當需求愈來愈大，資金的成長卻愈來愈少。

　　我們當前的都市更新法規，試圖用直接掃除貧民窟及其人口的方式來打破這種惡性循環的環結，並且用住宅計畫加以取代，以產生更高的租稅所得或是用較少的公共投資來找回比較沒有問題的人口。這個方法失敗了。在最好的情況下，它會將貧民窟從一個地方移轉到另外一個地方，增加本身的困難和崩解。在最壞的情況下，它會摧毀有建設性和改善社區存在，以及需要鼓勵而不是破壞的鄰里。

　　在淪落成貧民窟的鄰里推行的打擊凋敝和保護運動，因為它試圖用捨本逐末的方式來解決問題，所以貧民窟的轉移失敗了。有時候即使是占據貧民窟轉移者心中的症狀，主要都是先前遺留下來的問題，而不是目前或是未來病態的重大徵兆。

　　對待貧民窟及其居民的傳統規劃方式是完全父權式的。父權主義者的問題在於他們想產生不可能的複雜改變，而且他們採取的是

膚淺至極的手段。為了克服貧民窟的問題，我們必須將貧民窟的居民視為能夠理解其自身利益並且採取行動的人，他們常是如此。我們需要去理解、尊重並且奠基在這些存在於貧民窟本身的再生力量。這是遠遠超過試圖以一種更好的生活施惠於人，而且這種做法也和目前規劃界和政府的所作所為，大不相同。

當然，惡性循環很難釐清。正因為它們以極其複雜的方式交叉連結，因果之間變得混亂而難以辨別。

但是有一種關鍵的特殊環結，如果它被打破（而要打破它，不是只提供較好住宅的簡單事情），貧民窟也就自然去除。

在一個永遠的貧民窟（perpetual slum），其中一個關鍵的環結是有太多人太快搬離此地——同時還有許多人夢想著趕快脫離此地。如果要讓其他克服貧民窟的努力能夠產生一點作用的話，這是必須被打破的環結。在波士頓的北區、芝加哥的後院地區、舊金山的北灘等地，還有我住的格林威治村，它先前是貧民窟但是現在已經去除貧民窟了，這個環結事實上已經被打破而且保持斷裂。如果只有少數幾個美國城市的貧民窟曾經試圖打破這個環結，我們可能會懷疑這可不可以作為寄託希望的所在。這些地方可能會變來變去。更重要的是，有許多貧民窟的鄰里，正在展開去除貧民窟（unsluming）的動作，但是並沒有被注意到，經常不被鼓勵，甚至遭到破壞。紐約東哈林區的部分地方早就開始去除貧民窟，但是一開始時因為缺乏所需要的資金，因而未受到鼓勵；然後這件事情減緩了去除貧民窟的過程，卻沒有逆轉貧民窟的狀況，大部分的鄰里都被直接破壞掉了——被那些住宅計畫所取代，而這些住宅計畫也呈現只有貧民窟才有的問題。在下東城已經展開去除貧民窟的許多地區，都被摧毀了。我所在的鄰里，從1950年代初期到現在，只因為市民能夠和市政府對抗，因為官員面臨這個地區吸引了有錢的新住民，這個令

他們難堪的證據──儘管去除貧民窟地位的症狀可能是當地發生的
有建設性的改變當中，沒有被注意到的最微不足道事情，所以才能
從可怕的都市截肢中被搶救下來 [1]。

　　賓州大學的社會學家赫伯特・甘斯（Herbert Gans），在1959年2
月曾經於美國規劃學會（American Institute of Planners）的期刊中，對
於未被承認爲去除貧民窟狀態的貧民窟地區，也就是波士頓的西
區，在它被摧毀的前夕，提出嚴肅和尖銳的描述，他指出，儘管西
區被官方視爲「貧民窟」，但是更正確的描述應該是「一個穩定、
低租金的地區」。甘斯寫道，如果一個貧民窟被定義爲「因爲它的
社會環境被證實有製造問題和病態本質」的地區，那麼波士頓的西
區就不是一個貧民窟。他說當地居民和這個地區有很緊密的連結，
具有高度發展的非正式社會控制，事實上有許多居民將他們的公寓
或是裝潢加以現代化或改善──這些都是去除貧民窟狀態的貧民窟
的典型特徵。

　　弔詭的是，去除貧民窟是視貧民窟裡面保留的多少貧民窟的人
口而定。它是看一個貧民窟裡面，是否有相當數量的居民和生意
人，覺得繼續留在當地奮鬥更有利和更實際，或是他們覺得實際上
非搬到別的地方不可而定。

　　我用「永遠的貧民窟」，來指那些不會隨著時間在社會和經濟
方面加以改善，或是稍有改善但是不久之後又退回原狀的地區。然
而，如果產生城市多樣性的條件能被引進一個貧民窟的鄰里，而且
如果有任何跡象顯示去除貧民窟有受到鼓勵而不是受到阻撓，我相
信貧民窟不會是永遠的貧民窟。

1　　在1961年，紐約市事實上又一次嘗試用市政和聯邦的資金來將我們
　　「更新」成一個空虛的僞郊區。當然，整個鄰里強烈的反對。

　　一個永遠的貧民窟無法留住足夠的人口以去除貧民窟，這是一個早在貧民窟本身開始之前就有的特徵。有一個不切實際的想法認為，貧民窟在形成過程中會心懷不軌地壓制健康的城市組織。再也沒有比這個更偏離事實的想法了。

　　遠在有形的凋敝可以被看到之前，一個初期貧民窟的第一個徵兆就是停滯和單調。單調的鄰里無可避免地會被它們有活力、有企圖心和富有的市民，以及比較年輕，可以離開的人所拋棄。它們當然無法吸引有選擇的新住民搬進來。再者，除了那些選擇性的離棄和選擇性的缺乏有活力的新血，這種鄰里最終會容易遭到它們非貧民窟的人口突然且大量地離棄。為什麼會如此的原因先前就已經陳述過了；沒有必要再重複單調的極度凋敝是如何為城市生活帶來大量的不便。

　　今日，導致貧民窟在一開始有機會形成的非貧民窟人口的大量撤離，有時候會被怪罪是因為靠近另外一個貧民窟(如果那是一個黑人的貧民窟的話，更是如此)，或是因為當地住有黑人家庭，就像以前許多貧民窟的形成，有時候都被怪罪是因為裡面有，或是鄰近義大利、猶太或是愛爾蘭家庭。有時候人們的離棄是怪罪住宅太舊或是太破爛，或是像是缺乏遊戲場、太接近工廠等模糊和普遍的缺點。

　　然而，所有的這些理由都無關緊要。在芝加哥，你可以看到離湖畔公園只有一兩個街廓，而且遠離少數族裔聚落的鄰里，裡面充滿了綠意，安靜到令人背脊發涼，房子也是高大壯觀，甚至豪華炫麗。在這些鄰里可以清楚的看到離棄的符號：「出租」、「租」、「空屋」、「長、短期雅房出租」、「歡迎租屋」、「臥房出租」、「裝潢房屋出租」、「未裝潢房屋出租」、「公寓出租」等等。這些建築物難以吸引城市的居民，因為有色族群的市民被殘酷

地擠在過度擁擠的住宅裡面，並且被殘酷地過度索價。這些建築物正在跪地求饒，因為它們只租售給白人——而白人有許多選擇，不稀罕住在這裡。這個特殊的僵局有一個受益者，至少就目前而言，那就是內地鄉下的貧窮移民，他們的選擇不多，同時對於城市生活的熟悉程度也不夠。他們接收的是一種奇怪可疑的利益：繼承不適合城市生活，以致最後拒絕比這些人更世故和更有能力的居民的那種單調和危險的鄰里。

當然，有時候要推翻一個鄰里人口的陰謀的確存在——在房地產業者這方面，他們會先大鬧一番，接著向驚慌失措的白人屋主以低價買進，然後再以離譜的高價賣給長期有強烈住宅需求和老是被推來推去的有色族群。但是即使如此，這個詭計也只在停滯和沒有活力的鄰里奏效(當引進的有色居民整體而論比他們取而代之的白人更有能力，在經濟上也更有辦法時，有時候這種鬧劇會陰錯陽差的改善一個鄰里的狀態；但是這種剝削的生意有時候反而會導致一個因非常混亂而過度擁擠的鄰里取代一個冷清寂寥的鄰里)。

如果沒有貧民窟的居民或是可憐的移民來繼承城市的失敗，那麼被那些有選擇權的人遺棄的衰圮的鄰里，問題或許會更嚴重。這種情形可以在費城的部分地方發現，在那裡，「高貴、安全和整齊」的住宅在不景氣的鄰里裡面空著。另一方面，原來居住在這裡的居民搬到新的郊區鄰里，這些地方除了它們還沒有被城市吸納進來之外，本質上和原來的地方並沒有太大的差別。

在今天，很容易看到在某些地方有新的貧民窟形成，以及典型的單調、黑暗和不夠多樣的街道，因為這個過程正在發生。一個更難被理解的事實是：缺乏活力的都市風格通常是貧民窟的初始特徵。有關貧民窟改革的經典文獻並沒有告訴我們這一點。這類文獻——林肯·史蒂芬斯(Lincoln Steffens)的《自傳》是一個好的例

子——聚焦在已經克服它們初始(但是同時也碰到一些麻煩)的貧民窟身上。當一個集中、吵鬧的貧民窟在一個時間點上被及時的拆出來時，有一個很深遠的合意認為一個貧民窟，它過去是，現在是，將來也一定是貧民窟，除非它徹頭徹尾地被掃除。

我住的這個已經去除貧民窟狀態，但是原先是貧民窟的地方，在20世紀初期就是一個蝟集之地，而且它的幫派，哈德遜除塵幫(Hudson Dusters)，在全市可謂名聲響亮。但是它的貧民窟名聲，並不是來自這些風光的事情。幾乎是一個世紀之前的事了，這條街下去不遠的幾個街廓之外聖公會教堂的歷史，訴說著這個貧民窟形成的經過。這附近曾經是一個有農場、村莊街道和避暑之家的地方，後來逐漸被快速成長的城市吸納進去。有色族群和歐洲的移民圍繞在鄰里四周；不論在實質環境或是社會關係上，整個鄰里都沒有處理他們出現的心理準備——顯然就像現在的半郊區沒有準備好的狀況，是一樣的。在這個安靜的住宅區之外——從照片上看來，這是一個迷人的地方——一開始有一些被大家庭遺棄的零星住宅，留下來的那些大家庭最後也驚慌失措地大舉離開。聖公會的教堂建築也遺棄給三一教會，他們接手之後作為收容湧入繼承這個半郊區的貧民之用的專責教會。之前的聖公會則在更接近上城的地方，一個無法想像的單調、安靜的新的住宅鄰里，重新建造教堂；這個地方現在是哈林區的一部分。這些歷史並沒有告訴我們，這些漂流者要在哪裡建造下一個貧民窟的前身(preslum)。

貧民窟形成的原因，以及它們發生的過程，在過去幾十年裡並沒有什麼改變。唯一新的改變是不合適的鄰里，會被更快速的拋棄，而新的貧民窟也比汽車普及和政府擔保房屋貸款以促進郊區開發之前的貧民窟，散布得更遠和更稀疏。面對鄰里當時所呈現伴隨都市生活而來的一些無可避免的情況(例如陌生人的出現)，對於選

擇離開的那些家庭而言,要離開一個地方並不是那麼容易的事情,
但是沒有一個自然的方法將這些情況轉化成資產。

在一個貧民窟形成之初,它的人口數量或許會出奇的高。然
而,這並不是受歡迎的徵兆。正好相反,這表示住宅變得過度擁
擠;之所以如此是因爲人們沒有選擇,被貧窮和歧視逼得走投無
路,才會擠在這裡,當地自然也就變成不受歡迎的地區。

住宅單元的密度本身未必會增加。在舊貧民窟,因爲出租住宅
的興建,密度的確會增加。一般而言,住宅密度的增加,不會改善
過度擁擠,反而是總人口數在已經是高住宅密度的地區,再大量增
加人口。

一旦一個貧民窟形成之後,構成貧民窟的遷徙模式就容易持續
下去。就像在貧民窟之前的遷徙狀況,有兩種人口移動發生。成功
者,包括那些只是稍微過得去的人在內,持續的搬出去。但是當整
體人口開始有基本的收入時,另外還有期間性的大量移出。這兩種
人口移動都具有破壞性,尤其是後者。

過度擁擠的情形,這是人口不穩定的症狀之一,繼續發生。它
持續發生的原因不是因爲過度擁擠的居民繼續留在原地,而是因爲
他們搬走了。有許多具有得以克服過度擁擠的經濟條件的人,選擇
脫離此地,而不是改善他們在鄰里之內的居住環境。他們很快就被
其他目前沒有經濟選擇的人所取代。在這些情況下,建築物自然非
常快速的破損。

一個永遠的貧民窟裡面的居民經常是以這種方式在更換。有時
候人們認爲這種更換划不來,因爲經濟因素的移出和移入經常伴隨
著族群的改變。但是人口的移動發生在所有的永遠的貧民窟裡面,
即使有些地方在族群上維持不變。例如,在一個大城市裡面的黑人

貧民窟，像是紐約哈林區的中央地帶，可能很長一段時間還維持是黑人貧民窟，但是在人口上則遭遇大量和選擇性的人口變動。

當然，不斷有人離開會留下更多等待被填補的空屋。他們留下一個永遠停滯在胚胎階段的社區，或是永遠退化到無助的嬰兒階段的社區。建築物的年齡並非社區年齡的指標，後者是由人口的接續所形成的。

由此觀之，一個永遠的貧民窟永遠向後倒退，而非向前發展，這種情況強化了許多其他麻煩。在一些有大批人口變換的激烈例子裡，似乎重新開始的不是一個社區，而是一個叢林。這種事情發生在當有新的居民湧入時，他們彼此之間毫無共通之處得以共同開始，而那些讓人最不忍卒睹和最痛苦的人開始訂定那裡的基調。任何不喜歡那個叢林的人——幾乎每個人都不喜歡，因為在這些地方人口的變動是這麼巨大——如果不是盡快離開，就是夢想著要趕快離開。然而，即使在這種近乎無法修補的環境裡，如果人口得以維持住，那麼緩慢的改進就會發生。我知道在紐約有一個街道就是這樣。但是它很難讓足夠的人口安定下來。

永遠的貧民窟的倒退發展也發生在有計畫的貧民窟裡面，就像沒有計畫的貧民窟一樣。主要的差異在於，一直存在的過度擁擠，在有計畫的貧民窟裡面，並非貧民窟的症狀之一，因為住宅區裡面的人口數量都已經規定好了。哈里遜・索爾茲伯里在《紐約時報》裡面探討青少年犯罪的系列文章，曾經描述這種惡性循環運作的關鍵環結，在這個案例裡面是一個低所得的住宅計畫：

　　……只有在許多情況下……貧民窟已經被新的磚牆和鐵壁所禁閉。恐懼和剝奪被封存在那些新的圍牆之後。在一個有心和好意要解決某種社會病態的努力之

下，社區成功地強化和創造其他新的邪惡。是否被允許住進低租金的住宅，基本上是依照所得水準控制……區分的執行並非依據宗教或是膚色，而是依據所得或是缺乏所得的利刃。這對社區的社會組織的影響，清晰可見。有能力、上進的家庭不斷被驅離……在接收的這一邊，他們的經濟和社會水準愈掉愈低。一個培育社會病態並且需要無止境外界援助的人間陷阱，於焉形成。

這些有計畫的貧民窟的建造者，不斷地希望這些貧民窟最終得以改善成一個「逐漸形成的社區」。但是在這裡，就如同在未經規劃的永遠的貧民窟裡面，時間是一個永遠的破壞者，而不是一個建設者。因此，可以預期的是，被封存的貧民窟的最糟糕的例子，就像索爾茲伯里所描述的樣子，幾乎一成不變的都是最老舊的低所得住宅計畫，在那裡，永遠的貧民窟不斷的倒退後滑，萬劫不復。

然而，在這個模式之上，有一個不妙的改變開始發生。隨著有計畫的貧民窟移轉，還有在新的住宅計畫中「重新安置」的人口比例開始上升，今天這些新的住宅計畫，有時候竟然以那些典型悶悶不樂和不受鼓勵的舊的住宅計畫，或是未經規劃的永遠的貧民窟的姿態起步——好像它們在一開始就已經遭受許多破壞和崩解的浮沉。或許這是因為它們的住戶裡面有許多人以前有過這樣的生活經驗，當然在情緒上也就變成揮不去的負擔。聯合福利住宅的艾倫‧盧里亞女士在描述一個新的住宅計畫的情況時，提到：

在視訪所有的承租人之後，可以很輕易地得到一個觀察結果〔被安置在住宅計畫裡面的家庭是因為他們的

舊家被用來重建城市〕。經營一個大型的住宅計畫的
管理工作的困難在於，有一大群原本就悶悶不樂的人
們，對於住宅當局強迫他們搬遷的事情感到憤怒，不
是完全明白搬遷的理由，在陌生的新環境裡面感到孤
單和不安——這種家庭讓住宅計畫的管理工作備極
艱辛。

不論是貧民窟的移轉或是貧民窟的封存，都沒有打破貧民窟長
久存在的關鍵環結——有太多的人太快離開的傾向(或必要)。這兩
種措施都只是加速和強化不斷倒退的過程。只有去除貧民窟能夠，
或是真正曾經克服過，美國都市貧民窟的問題。如果去除貧民窟並
不存在，我們就必須發明。然而，由於它確實存在，也的確能夠發
揮作用，所以重點是要讓它在更多地方加速的發生。

去除貧民窟的基礎是貧民窟要有足夠的活力，足以享受城市的
公共生活和人行道的安全性。最糟糕的基礎是單調、沒有活力的地
方，那只會形成貧民窟，而不是去除貧民窟。

為什麼貧民窟的居民，在經濟的考量上不再有必要時，還應該
選擇留在貧民窟呢？這和他們生活裡面最私人的內容有關，這是規
劃者和都市設計師永遠無法直接觸及和操控的層面——他們應該也
不想操控。這種選擇和貧民窟居民與其他的私人連結有關；和他們
相信自己已經被維繫在鄰里當中有關；以及和他們生活中自認什麼
比較有價值、什麼比較沒有價值的價值觀有關。

然而，在間接方面，他們希望留下來的願望顯然也受到鄰里實
質因素的影響。家庭所在深受珍惜的「安全感」，有部分是免於實
質恐懼的安全感。街道空蕩可怕，人們覺得不安全的貧民窟，簡單

說，就是不會自然地去除貧民窟。否則，人們如果眞的留在去除貧民窟的地方，而且改善原本貧民窟裡面鄰里環境，那麼他們和當地的街道鄰里一定有密切的連結。那是他們生活的大半部分。他們會認爲自己的鄰里是世界上獨一無二、無可取代的，儘管有許多缺點，卻是非常珍貴的。在這一點上，他們是對的。因爲構成一個熱鬧的都市街道鄰里的多重關係和公共人物，永遠是獨特、複雜，並且具有無法複製的原創價值。已經去除或是正在去除貧民窟的鄰里，是一個複雜的地方，和形成貧民窟那種比較單調及給人刻板印象的地方，截然不同。

不過，我並不是說每一個貧民窟只要有充分的多樣性和夠有趣及便利的生活就自動會去除貧民窟。有一些貧民窟並不會去除貧民窟的狀態——或是更常見的是，它們有一段時間的確開始去除貧民窟，但是因爲有太多的障礙(大部分是財務上的)橫亙在必要的改變當中，使得這個去除貧民窟的過程不切實際，然後整個地方開始倒退，或是就被摧毀了。

在任何情況下，當對一個貧民窟的依戀強烈到足以刺激去除貧民窟時，那依戀的情況在去除貧民窟之前就已經開始了。如果人們在有選擇的時候，還選擇留下來，那麼他們一定在那個時間之前就已經依戀這個地方，否則之後就太遲了。

人們會選擇留下來的早期徵兆是，在住宅空屋率沒有上升和住宅密度沒有下降的情況下，人口數量的下降。簡言之，也就是固定數量的住宅現在有較少的人口居住。弔詭的是，這是受歡迎的徵兆。這表示先前過度擁擠的居民現在在經濟上有能力去除擁擠，選擇在他們舊的鄰里裡面這麼做，而不是放棄它，讓它淪入下一波過度擁擠的浪潮。

當然，稍後我們會看到，人口的下降也代表人們的離開，這也

是不可輕忽的事情。只不過現在要注意的重點是，那些有人離開的地方，有相當程度，已經被那些選擇留下來的人給佔占了。

在我住的地方附近，剛好曾經是一個愛爾蘭貧民窟。早在1920年代，去除貧民窟就已經明顯的展開。當時我們這裡的人口普查區域（census tract）*的人口數量從1910年的6500人（這是人口數量的高峰）降為5000人。在大蕭條時期，當時一般的家庭都比較擁擠，人口數量稍微回升。但是到1940年時，人口數量降到2500人，並且一直維持到1950年。在這段期間，人口普查區域內並沒有拆除太多房子，反倒有一些整修：一直都沒有空屋；而且人口的組成大部分是1910年代就住在這裡的老住戶，還有他們的子女和孫子輩。計算發生在一個住宅用地上，有較高單位住宅密度的去擁擠程度，發現人口降到不及貧民窟人口高峰一半的數量。間接的，這也代表留下來的人口，他們的所得和選擇增加了。

類似的人口下降也發生在整個格林威治村去除貧民窟狀態的鄰里裡面。在過去是義大利貧民窟的南村（South Village），當地一度不可思議過度擁擠的人口，從1910年一個人口普查區域有將近1萬9000人降到1920年的1萬2000人。在大蕭條期間回升到1萬5000人，然後隨著景氣的復甦降到9500人左右，並維持穩定。在我居住的鄰里，這種去除貧民窟的人口下降並不表示原先貧民窟的人口被一群不一樣的新的中產階級所取代。它代表許多原先的人口進入中產階級。在這兩個用來舉例說明的人口普查區域，我選擇它們作為去除擁擠的例子的原因，是因為比起總人口的數量，住宅單位的數量本身，維持相當穩定，兒童人口則在比例上稍微下降；這些人口主要

---

* ［譯注］人口普查區域是美國普查局為了人口普查的目的所定義的一個地理範圍，大約包含3000人到4000人左右的鄰里地區。

是那些留下來的家庭[2]。

發生在波士頓北區的去除擁擠和發生在格林威治村的去除貧民窟，是完全可以相提並論的事情。

要知道去除擁擠是不是曾經發生，或是正在發生，還有人口的下降是不是代表那些人們最熟悉的鄰里受歡迎程度的徵兆，我們必須知道人口的下降是否伴隨著可以感受到的住宅空缺。例如，下東城部分地區(絕對不是所有地區)在1930年代的人口下降，只有部分來自去除擁擠。它代表了大量的空屋。當這些空屋再度有人進駐時，可想而知，填補的是過度擁擠的人口。這些空屋是被那些有選擇的人所拋棄的。

當有足夠的人開始選擇留在一個貧民窟，其他幾件重要的事情也開始發生。

部分來自於實踐和信任的增長，以及最終(這得花更長的時間)來自於當地變得比較不那麼土里土氣(less provincial)，社區本身於是獲得能力與力量。這些事情在第六章有關鄰里的部分已經探討過了，在此不再贅述。

在這裡我想強調發生的第三個改變——而且這隱含在最終鄉土習癖(provincialism)的減少上面。這個改變是人口本身的逐漸自我多樣化。留在一個去除貧民窟狀態的貧民窟裡面的人們，他們的財務狀況和教育水準改善的情況，並不一致。大部分人只有小幅度的

2　在格林威治村裡面，那些永遠是中產或是高所得的人口普查區域，從來都沒有變成貧民窟，在這些年裡面人口也沒有下降，因爲沒有過度擁擠的情況，也就無從下降。通常，在這些人口普查區域裡面，因爲住宅單位的增加——主要是公寓住宅，人口上升。然而，在這些普查區域，兒童人口一直很低，無法依照住宅單位的比例增加。

改善，有些人是大幅度的改善，有些人則完全沒有改善。在鄰里之外，不同的技術、興趣、活動和熟識程度，各不相同，而且變異越來越大。

今天市府官員大談「找回中產階級」，好像在他們離開城市，弄到一個農場房舍和烤肉的地方而變得了不得之前，城市裡面沒有人是中產階級。的確，城市的中產階級在流失當中。然而，城市不需要把中產階級「找回來」，並且像人工培育般地小心翼翼地保護著。城市本身就會產生中產階級。但是，在中產階級成長的時候就要加以維繫，在自我多樣化的人口中當作一種穩定力量的形式加以維繫，意味著在都市人口所在的地方，在他們變成中產階級之前，就應該將他們視為有價值和值得維繫的資產。

在一個去除貧民窟狀態的貧民窟裡面，即使是那些還是最窮的人，也是去除貧民窟的獲利者——因此他們也讓城市變成一個獲利者。在我們鄰里最初的貧民窟居民裡面，那些最不幸或是最沒有野心的人，他們原本可能就此成為永久的貧民窟居民，很高興能夠逃脫那樣的命運。再者，雖然這些在底層的人，以大部分的標準來看，實在說不上成功，但是在他們的街道裡面，大部分人都是成功的。他們構成這個隨興的公共生活網絡裡面的一個重要部分。他們貢獻在守望和管理街道的時間，讓我們這些其他的人不得不依賴他們。

一個正在去除貧民窟或是已經去除貧民窟的貧民窟地區，原則上一直會有新的窮人或是受到忽視的新增移民搬進來。我在本書的導論部分引述的那位波士頓的銀行家，嘲笑北區是因為「它還有新移民搬進來」。我們的鄰里也是一樣。這也是去除貧民窟提供最大的服務之一，在能夠以文明的方式接納和處理陌生人的鄰里，新的移民緩慢的增加，人們也逐漸適應和同化，而不是以不可消化的排

山倒海之勢進入。這些移民——我們這裡剛好大部分都是即將成爲
優秀的中產階級，城市擔待不起失去他們的波多黎各人——逃避不
了作爲移民的大部分問題，但是至少他們逃脫了永遠的貧民窟常在
的痛苦和墮落。他們很快就融入公共的街道生活，並也有活力和能
力堅持他們的目標。和他們同樣的人，如果是永遠的貧民窟裡面那
一大群鬧哄哄的代替人口的話，他們在社區裡面很難會這麼做，也
不太可能會住下來不再移動。

另一種從去除貧民窟中獲利的是有權選擇但是決定搬到這裡來
的新住民，他們可以在城市裡面找到一個適合都市生活的地方居
住。

這兩種新住民都能夠增加一個正在去除貧民窟或是已經去除貧
民窟的鄰里的多樣性。但是這個人口增長的多樣性不可或缺的基
礎，在於貧民窟本身人口的自我多樣性和穩定性。

在去除貧民窟的一開始，貧民窟裡面很少有傑出成功的居民
——或是他們最成功和最有企圖心的子女——願意留下來。去除貧
民窟是從那些只有些微好處的人口，還有那些個人的社會關係超過
個人成就的人身上開始的。到後來，隨著當地狀況的改善，在那些
留下來的人當中，成功或是企圖心的門檻，可能會讓人感受到有一
些上升。

我想，以一種奇怪的方式失去最成功或是最受歡迎的人，也是
去除貧民窟所必須的。因爲部分那些離開貧民窟的人，正在克服一
個大部分貧民窟都會遇到的可怕問題——種族歧視的污蔑。

當今最嚴重的種族歧視，當然就是對於黑人的歧視。這也是我
們大部分的貧民窟人口，在某個程度上必須抗議的不公不義。

就事實而言，一個貧民窟，是指在裡面大部分有活力的人，尤
其是那些還不知道放棄的年輕人，不會心甘情願待在那裡的地方。

不論實質居住環境或是社會環境在客觀上有多麼好，這一點是不容置疑的。他們可能不得不留下來。他們在貧民窟裡面可能差異極大，但是這和欣然接受及依戀不捨，相去甚遠。在我看來，有這麼多的貧民窟居民不願意放棄或是自承失敗，眞是幸運；如果我們可以輕易的去除種族優越感的想法，那麼整個社會還有更多需要我們擔心的問題。儘管如此，但是事實上我們的貧民窟住著有活力的人們，他們本身並不喜歡貧民窟。

當他們比較成功的子孫在貧民窟之外消除了那些歧視的眼光之後，那麼這些舊鄰里就解除了一個大負擔。然後，留在當地也就不再必然是一個次等的標記。它可以代表聰明的選擇。例如，以波士頓的北區爲例子，有一個年輕的屠夫，細心地向我解釋，人們住在當地不再被視爲「沉淪」(downgraded)。爲了證明他所言不虛，他帶我到他的店門口前，指著街廓裡面一間三層樓的街屋，告訴我住在裡面的家庭最近才花了2萬美元(用他們自己存的錢)把房子現代化。他補充說：「那個屋主可以搬到任何地方去住。今天如果他願意，也可以搬到高級的郊區。但是他願意留在這裡。你知道嗎？人們不是非待在這裡不可，那是因爲他們喜歡這裡。」

在貧民窟以外有效地打破住宅的歧視，以及在去除貧民窟狀態的貧民窟裡面比較不戲劇性的逐漸多樣化，都同時在進行。如果現在美國在黑人的事情上，在上述過程中被加以阻止，同時進入一種普遍停滯發展的階段——我覺得這是非常不可能，也令人難以容忍的一種想法——那麼黑人的貧民窟可能無法以其他少數民族，或是不同人口混合的貧民窟的那種方式，去除貧民窟。在這種情況之下，對我們城市的傷害可能是我們最不需要擔心的；去除貧民窟是其他不同的活力和其他經濟及社會改變形式的副產品。

當一個地區成功地去除貧民窟之後，人們很容易忘記當地曾經

多麼糟糕，以及當地及其居民曾經多麼地無助。我住的地區就曾經一度被認爲是那種毫無價值的鄰里。如果整個過程被充分了解和得到協助，我不相信黑人的貧民窟不能去除，而且去除貧民窟的速度會比舊的貧民窟更快。至於其他的貧民窟，必須在貧民窟以外的地區克服歧視和在貧民窟以內的地區去除貧民窟，雙管齊下。不能靜待另一方面有所進展，才開始行動。在貧民窟以外的每一個消除歧視的動作，都有助於在貧民窟裡面去除貧民窟的狀態。在貧民窟裡面去除貧民窟的狀態，也有助於外界消除對於貧民窟的歧視。兩者相輔相成。

去除貧民窟所需要的內在資源——人口的進步和自我多樣化——存在於有色人種當中，包括住在貧民窟裡面的有色人種或是已經脫離貧民窟的有色人種，就像存在於白色人種當中的資源一樣驚人。在某個程度上，在有色人種當中被證明的確擁有這些資源，更是驚人，因爲他們得突破重重的障礙，才能出頭。的確，由於有色人種的進取、自我多樣化，以及太有志氣以至於無法喜歡貧民窟，這些事實讓我們的內城已經損失超出它們能夠承擔損失的黑人中產階級。

我想內城會繼續損失許多黑人的中產階級，幾乎就和他們形成的速度一樣，直到留在當地的選擇，對於一個有色人種而言，不再隱含接受貧民窟較低的市民權益和地位。簡言之，去除貧民窟多少直接——還有間接——受到種族歧視的影響。在這裡我想提醒讀者，本書第三章所提到的一個重點，有關街道使用和街道生活的都市品質，以及克服住宅歧視可行性之間的關聯性。

雖然我們美國人說了很多我們很容易接受改變之類的話，但是這並不表示在知識上我們那麼容易改變。經過一個又一個世代，非貧民窟的居民依然堅守著有關貧民窟及其居民的一些愚蠢觀念。悲

觀者總是覺得現在的貧民窟居民本身有一些東西是比較次等的，然
後得以指認他們和先前的移民之間有什麼可怕的差異。樂觀者總是
覺得貧民窟沒有什麼問題需要用住宅和土地使用的改革，以及足夠
的社工人員來加以矯正。很難說哪一種過度簡化的想法比較愚蠢。

＊　　　＊　　　＊

　　人口的自我多樣化反映在商業和文化事業的多樣化上面。單單
是所得的多樣化，經常以最微不足道的方式，就足以讓商業可能的
多樣化範圍大不相同。以紐約的一個修鞋匠為例，當大部分附近鄰
里的人口都被清除並且建立新的低所得住宅計畫時，他堅持留下
來。長期滿懷希望地等待新顧客上門，結果他的生意還是做不下去
而瀕臨倒閉。他解釋說：「我過去都是修理耐穿的工作鞋，好的鞋
子才值得修理。但是新搬來的居民，即使是工人，都很窮。他們穿
的鞋子都是不耐穿的便宜貨。他們拿鞋來修──聽著，你這樣的鞋
子不能修。我該怎麼辦？──重新訂做？即使如此，他們也付不起
重新訂做的錢。我留在這裡沒有出路。」原來舊鄰里裡面主要都是
窮人，他們是有一些小小的改善，但不全都是最窮的人。

　　在去除貧民窟狀態的貧民窟裡面，由於去除擁擠所伴隨發生的
人口下降，這件事情伴隨著一個間接相關的所得多樣性的程度提
高──有時候也伴隨著其他鄰里和其他地區來的訪客和跨越邊界的
交叉使用。在這種情況下，人口的大幅下降（這當然是逐漸發生，
而非一夕遽變的）並沒有導致商業的低迷。相反的，在去除貧民窟
狀態的貧民窟裡面，企業的種類和興盛程度，普遍來說，反而是增
加的。

　　在普遍非常窮困的情況下，需要非常集中的密度才能產生真正

活躍和有趣的各種多樣性。就像我們有一些老貧民窟依靠高密度住宅上面的過度擁擠的力量——當然,這還得和產生多樣性的其他三個必要條件加以結合才行。

成功地去除貧民窟意味著,要有足夠的人對於這個貧民窟依依不捨而願意留下來,同時也必須要有實際的條件配合讓他們留下來。不切實際是阻礙許多去除貧民窟行動的障礙。對於新建築物和商業活動的需要改善這件事情變得迫切,以及對於這些事情的不加鼓勵變得事關重大的時候,不切實際大部分是和缺乏改善所需的金錢有關。不切實際和難以讓許多去除貧民窟狀態的貧民窟裡面,隨著時間產生細微的改變有關。我將在下面兩章處理這些問題。

除了這些比較細微(但是有強大)的阻礙之外,今天去除貧民窟經常受到一個最大的阻礙——摧毀。

貧民窟已經自己去除擁擠的事實,讓它變成全部或是局部進行「都市更新」清除計畫的一個非常誘人的地方。和永遠的貧民窟裡面可怕的過度擁擠相較,重新安置的問題變得簡單多了。還有這個地區相對健康的社會讓爲較高所得的人口進行貧民窟清除,變得頗有吸引力。它似乎是「將中產階級找回來」的可行之地。不像永遠的貧民窟,它是「等待再發展」(ripe for redevelopment)的地方,好像有一些文明的神秘優點在這裡生根,等待被移植。甘斯(Gans)在描述波士頓有活力、穩定和低租金的西區(West End)時,他觀察到一些也適用於其他從事再發展事業的一些大城市的現象:「其他比較老舊、情況惡化,甚至有害的住宅地區,更新的優先順序反而比較低,因爲潛在的開發者或是其他有力的利益團體,興趣缺缺。」

在規劃、建築,或是政府官員的訓練裡面,沒有一件事情和摧毀去除貧民窟狀態的貧民窟的誘惑,相互牴觸。正好相反,每一件讓這些人變成專家的事情都在強化這個誘惑;因爲一個成功去除貧

民窟狀態的貧民窟顯示——不可避免的——它的布局、使用、建蔽率，混合和活動的特質等，都和光輝田園城市的想法牴觸，否則它永遠不可能去除貧民窟的狀態。

一個去除貧民窟狀態的貧民窟，在其他方面也很脆弱。沒有人可以從它們身上撈到財富。在城市裡面有兩個大的賺錢機器，一方面是不成功、永遠的貧民窟，另一方面是高租金或高成本的地區。一個去除貧民窟狀態的鄰里，不會再支付超額的報酬，它可能已經支付過了，給最擅長於剝削新移民的地主，它也不會像一個永遠的貧民窟，是政策、毒品、罪惡或是保護不當得利，茂盛和集中之地。在另一方面，它也沒有對和多樣性自我破壞有關的高級土地和建物價格讓步。它只是為那些處境卑微的人提供一個合宜、有活力的居住地方，並且提供許多小型企業的業主，一個樸實的生計。

因此，唯一反對摧毀一個去除貧民窟狀態的鄰里的人——尤其是當它還沒有開始吸引有選擇的新住民搬進來的時候——就是那些在當地做生意，或是住在那裡的人們。如果他們試圖向搞不清楚狀況的專家解釋，那裡是一個好地方，而且越來越好，是沒有人理會他們的。在每一個城市，這樣的抗議者都被貶抑成目光狹隘，橫阻於進步和更高稅收中間的人。

發生在去除貧民窟的過程有賴一個大都會的經濟，如果它運作良好的話，不斷把貧窮的人轉變成中產階級，把許多不識字的人變成有一技之長(甚至接受良好的教育)的人，把許多新移民轉變成有能力的市民。

在波士頓，有許多在北區以外的人，根據「北區的人是西西里人」(Sicilians)的情況，把當地的改善解釋成一個古怪的事情。當我還是一個小女孩的時候，從西西里來的移民及其後裔，都是貧民

窟的居民。所以人們就相信,這一切都是因爲他們是西西里人。在北區,去除貧民窟和自我多樣化,和西西里一點關係都沒有。它和大都會的經濟活力,還有這些有活力的經濟所產生的選擇和機會(好壞都有)有關。

這股都市經濟的能量和它的效果──和不復記憶的農村生活非常不一樣──在大城市裡面是如此的鮮明,是這麼的理所當然,很奇怪爲什麼我們的都市計畫沒有將它們納入重要和醒目的現實當中。很奇怪,爲什麼我們的都市計畫不尊重都市人口自然產生的自我多樣化,也沒有努力提供這樣的環境。很奇怪爲什麼我們的都市設計師,既不承認自我多樣化的力量,也不被相關的美學問題所吸引。

我想,這些奇怪的知識上的忽略,得回溯到田園城市的無稽之談,就像都市計畫和都市設計裡面有許多沒有說出來的假設前提一樣。埃伯尼澤・霍華德的田園城市願景在我們看來,簡直是封建的想法。他似乎認爲工人階級的成員會老實的安於自己的階級位置,甚至安於階級裡面的相同工作;農業的從業者會安於農業;商人(是敵人)在他的烏托邦裡面很難成爲一股重要的力量;而規劃者可以放手做他們良善和高貴的工作,不會受到未受訓練的人的反對,而有任何損傷。

19世紀新的工業和都市社會的流動性,包括權力、人口和金錢的流動,讓霍華德──還有一些更致力於此的追隨者(像是美國的分散主義者及區域規劃者)──深感不安。霍華德想將權力、人口和金錢的使用及增加封存在一個容易管理的靜態模式裡面。的確,他想到的是一個已經過時的模式。霍華德說:「如何阻擋從鄉村來的潮流,是當今的主要問題之一。工人或許可以回歸土地,但是鄉村的工業如何回歸英國的鄉村呢?」

　　霍華德的目標在智取不知所措的新興都市商人及其他企業家，不知道他們是從哪裡冒出來的。除了在一個壟斷事業計畫的嚴格指令之下，如何讓這些人沒有人展鴻圖的餘地——這就是霍華德在設計他的田園城市的主要前提之一。霍華德害怕和拒絕繼承都市化結合工業化而來的活力。他不讓這些力量能夠被用來克服貧民窟的生活。

　　回復到一個靜態的社會——在每一個重要的事情上面——由利他主義的規劃專家所組成的新貴族統治，似乎是和現代美國清除貧民窟、轉移貧民窟和封存貧民窟相去甚遠的一種願景。但是從這些半封建的目標衍生而來的規劃，從來都沒有被重新評估過。這也是為什麼美國的都市貧民窟會去除貧民窟，儘管他們有都市計畫和這麼做會牴觸都市計畫的想法。

　　為了內部一致性的緣故，傳統的規劃體現了一個對於出現在貧民窟裡面，他們的所得和貧民窟居民的所得不相稱的一群不知所措的人，所產生的一種幻想。這群人被描繪成惰性的受害者，需要被推一把（對於提供這些無稽之談資訊的規劃同行，此處不便公開）。根據這些專家的幻想，即使有人抗議，清除貧民窟是在幫他們的忙，是強迫他們讓自己的生活獲得改善。讓他們的生活變得更好意味著幫他們找到另外一群有身價的人口，然後讓這些人齊頭並進。

　　去除貧民窟和伴隨而來的自我多樣化——或許這是美國有活力的都市經濟本身最大的再生力量——在傳統規劃和重建智慧的陰暗光線之下，似乎只代表社會的骯髒與經濟的混亂，它們就是被如此看待的。

第十六章

細水長流與氾濫成災的資金

　　到目前為止，我所談的都是和城市成功有關的必然特質。打個比方，好像我完全是從水、土壤、農具、種子和肥料等方面，來談能夠獲得好收成的種植，但是沒有談到獲得這些東西的融資手段。

　　要了解為什麼用來購買農業必需品的融資手段和方法關係重大，我們首先必須了解為什麼種植作物的必要條件本身關係重大，以及為什麼必須了解這些東西的本質。缺乏這些了解，我們可能會忽略如何融資以獲得穩定供水的問題，卻一頭熱的栽進找錢修築精緻圍籬的事情上面。或是，雖然知道供水是重要的事情，但是卻對適合我們需求的可能來源所知有限，所以可能把力氣花在華而不實的求雨儀式上，卻不知道購買水管的財務安排。

　　金錢不是萬能的，當欠缺成功所需要的基本條件和用錢也買不到這些基本條件時，金錢是萬萬買不到城市必然的成功之道。再者，當破壞了真正成功所需要的條件時，金錢只會造成更大的傷害。另一方面，藉由輔助成功所需要的必要條件，金錢可以幫助建立城市必然的成功之道。的確，這是不可或缺的。

　　因此，資金是城市沒落和城市再生的重大力量。但是我們必須了解，不僅是獲得資金這件事情的重要性，如何獲得以及為何獲得，也同樣重要。

　　有三種主要的資金在提供融資和影響城市裡面大部分的住宅及商業資產的改變有關。由於這些資金是如此強而有力的一種工具——當它進展順利時，城市就得以向前邁進。

　　首先，這三種資金裡面最重要的是非政府放款機構所釋放出來的傳統資金。依據提供抵押貸款的規模順序，這些最重要的機構包括：儲蓄與放款公會、人壽保險公司、商業銀行和儲蓄銀行。另外還有一些不同類型的小型信用貸款機構——其中有一些成長迅速，例如退休基金。到目前為止，絕大多數發生在城市(以及城市外圍的郊區)的興建、改建、整建、更新和增建，都是由這一類的資金來融通的。

　　第二類的資金來源是由政府提供，不論是由稅收支應或是透過政府舉債。除了傳統屬於政府的都市建設(例如學校、高速公路等)，住宅和商業設施在某些情況下，也會藉由這類資金來融通。還有一些其他都市建設的形塑和影響，事實上也有部分來自其他貸款的融資或保險。讓私人融資的再發展及更新計畫在財務上可行的聯邦政府和市政府的土地清理補助款，就是這種資金的用途之一；由聯邦政府、州政府或是市政府擔保的住宅計畫也是一樣。此外，聯邦政府會擔保高達傳統貸款90%的住宅貸款——甚至會從傳統放款業者手中買下擔保貸款——讓開發計畫的抵押貸款擔保符合聯邦住宅管理局(Federal Housing Administration)核准的標準。

　　第三類的資金來自私人投資的地下資金(shadow-world money)，可以說是資金和信用的地下世界。這種資金的最終來源，以及它們賺錢的管道，是隱匿和迂迴的。這種資金貸放的利率大約從20%起跳，而且隨著市場可以承受的幅度(如果把利息和斡旋金及回扣算進去的話)，可能高達80%。在許多這一類的融資裡面——其中有部分事實上是有用和有建設性的——最引人注目的是把

一般建築物轉變成貧民窟的建築物以獲取暴利的投機性融資。這種資金在抵押貸款市場裡面就相當於個人融資裡面的高利貸！

這三種資金在許多重要的方面，表現出來的行為模式很不一樣。每一種資金在提供城市房地產改變的融資上面，都有其特定的角色。

在充分了解這三種資金的差異之後——尤其是地下資金和合法的私人及政府資金之間的道德差異——我打算指出這三種資金在某一個方面是類似的。總之，這些資金造成城市的劇變。只有很少的資金被用來形塑緩慢的城市改變。

氾濫的資金集中注入一個地區，產生劇烈的改變。相反的，相對於氾濫的資金，只有相對少的資金注入不是劇烈改變的地區。

用比喻的方式來理解，這些資金對大部分的城市街道和地區的效果而言，這三種資金並不像灌溉系統，帶來供應穩定持續生長所需的生命之泉。相反的，它們就像超出人類控制的惡劣天候的展現——旱澇成災。

這當然不是有建設性的滋養城市的方式。有穩定基礎的都市建設會產生連續和漸進的改變，產生複雜的多樣性。多樣化的成長本身，是由彼此依賴以建立愈來愈有效的使用組合的改變所創造出來的。應該加速推動現在正在緩慢牛步進行的去除貧民窟的行動，這是一個穩定但是漸進的過程。所有在不切實際的幻想過後還能保持活力，還有保存街道的自由和提升市民自我管理的所有都市建設，它的地方必須能夠適應環境、與時俱進、維持有趣、便利，而這些都需要無數逐漸、不間斷的細緻改變。

要把城市的街道和地區提升到理想的運作狀態(那主要是表示提供產生多樣性的條件)，並且加以維持，是一件刻不容緩的事情。但是另一方面，這也是一件在任何地方都永無止境的工作。

　　建立與補充上述工作所需要的這些資金，是細水長流的資金，但是我們卻缺乏這種不可或缺的融資工具。

　　這根本不是無可避免的狀態。正好相反，已經有相當多立意良善的聰明機智(還有相當數量的隨波逐流)帶領我們通過困境。如同奧立佛‧小霍姆斯(Oliver Wendell Holmes, Jr.)*所言，這個「不可避免」的事情，只有透過大量的努力才可能發生；這是在城市裡面用氾濫成災的方式使用資金的情況。有一個明顯的事實，那就是如果把所有鼓吹個人投資在氾濫成災的更新洪流有關的演講稿和小冊子收集起來，可以做出一本比本書還要厚50倍的書。尤有甚者，儘管有所有的這些鼓吹，還有無數的資料蒐集和立法工作在背後撐腰，這種投資形式製造的問題是，在許多情況下，它是癱瘓及處罰資金的使用，而不是加以刺激和鼓勵。於是必須不斷地想出更大的誘因，以給予這種氾濫的投資方式另外一個機會。如同美國商會(U. S. Chamber of Commerce)的總會長亞瑟‧毛特利(Arthur H. Motley)最近在1960年的一個更新研討會上批評道：「有一些使用聯邦基金的城市，取得這麼多的土地卻沒有興建，使得聯邦住宅與家庭貸款局變成最大的野草種植者。」

　　毛特利黯淡的現實觀點並不在這種研討會的預期之內，他們開會主要是陳腔濫調地說些「挑戰」、「生意人在健康和美麗的城市裡面的利害關係」，還有類似「未來在這個領域投資的關鍵是利潤的因素」等冠冕堂皇的話。

　　當然，在使用抵押貸款和建設資金背後是關於利潤的因素——在大部分情況下是對合法利潤的合法關心。但是，在使用這些資金

---

　*　[譯注]奧立佛‧小霍姆斯(Oliver Wendell Holmes, Jr.)：美國的大法官。

背後還有關於城市更抽象的想法，而這些抽象的想法是決定城市裡面這些資金該怎麼使用的重大因素。再也沒有比公園的設計者或是分區使用的規劃者，更能讓抵押貸款的放款人在意識形態和立法上腦袋空空。

　　讓我們先從資金短缺成災的問題及其效果談起，因爲抵押貸款的資金短缺是引起許多不必要的城市沒落的原因。

　　哈佛大學法學院的查爾斯‧哈爾教授在分析聯邦租稅優惠對住宅興建投資的影響時指出：「如果課稅的權力是破壞的力量……那麼授信當局就不只是破壞的力量，而且也是創造和移轉的力量。」

　　信用的主管當局或是信用的管理所擁有的破壞性力量是負面的：它是壓抑信用的力量。

　　要了解這個行動對於都市鄰里的效果，也爲了了解需要奇蹟才能夠克服沒落的力量，我們最好先從一兩個奇蹟開始了解。

　　波士頓的北區就是這種奇蹟式地脫逃沒落的例子。

　　緊接在大蕭條和世界大戰之後，那段事實上沒有任何建築完工的時期，北區被傳統的放款機構列入抵押貸款的黑名單地區。這表示北區被美國的放款系統從興建、增建與修復貸款中除名，彷彿它是澳洲東南方的塔斯梅尼亞島(Tasmania)的原始社區一般。

　　從大蕭條期間以及當地進入黑名單的時間開始，將近有30年的期間，當地最大筆的住宅貸款很少超過3000美元。可想而知，在這段期間和這種情況之下，即使是最富裕的郊區也很難得到什麼幫助。要有大幅度的改善，更是天方夜譚。

　　由於一個特別幸運的情況，北區還眞的創造了這個奇蹟。在當地的居民、生意人，以及他們的親戚朋友當中，有許多人從事營建相關的行業：泥水匠、電工、木匠、包商等等。這些人在有些案例

裡面貢獻他們的服務，並且和其他人交換勞務，把北區的房子加以現代化和整修。主要的成本是材料成本，而且這些成本有可能藉由扣抵（pay-as-you-go）的方式從儲蓄中支付。在北區，一個生意人或是地主必須先有錢，才能融通他預期能夠回收支出成本的改善計畫。

簡言之，北區退回到有銀行制度之前，以物易物和儲蓄備用的原始方法。這麼做是為了繼續去除貧民窟和為了維繫社區生存的必要條件。

這些方法並無法擴展到應該被引進北區的新建工程的融資上面，然而這是任何一個有活力的都市鄰里都應該逐漸增加的部分。

當事情持續不變時，北區只好向更新或是再發展的洪流投降，才能獲得新的建設──一個會摧毀北區的複雜性、驅散居民和掃除商業的洪流[1]。這和北區需要的穩定、持續的改善，以及汰舊換新所需要的融資相比，更得花費許多成本。

芝加哥的後院地區在獲頒死亡證書，一切看來已經無望之後，反而存活下來並獲得改善；它是因為擁有一種與眾不同的特殊資源而辦到的。後院地區是我截至目前為止所知，遭遇到信用黑名單的共同問題，但是唯一能夠用直接的手段加以破解的都市地區。要了解它是如何辦到的，就有必要簡單地了解一下這個地區的歷史。

後院地區過去是一個惡名昭彰的貧民窟。當偉大的揭密者與十字軍，厄普頓‧辛克萊（Upton Sinclair）在他的《叢林》（*The Jungle*）一書中，試圖描寫都市生活的殘渣與人性的剝削，他選擇了後院地

1　這種洪流的第一步驟已經在計畫中擬定，以一種在歷史建築周圍大規模清除的計畫方式進行。當納入美國自由的意義時，現在到波士頓參觀的觀光客或是進行校外教學的學生可能會被不相干的北區感到迷惑，這讓波士頓──或是至少波士頓傳統的捍衛者──蒙羞。

區和相關的屠宰場作爲描寫的場景。至少在1930年代以前，住在那裡的人在當地以外的地區找工作時，都會用假的地址以避免因爲住在那裡而被歧視。在實質環境上，近至1953年，當地各種飽受風吹雨打的建築物所雜匯而成的地區，就是傳統上認爲應該完全加以夷平的那種地方的典型例子。

在1930年代，這個地區負責賺錢的一家之主多半在屠宰場裡面工作。在那十年之間，當地的居民和食品包裝工廠的工會運動關係密切。建立在這種新的好鬥性格和決心，抓住去除過去使得這個地區分崩離析的民族鄉愁的機會，一群非常能幹的人開始展開一項地方組織的實驗[2]。命名爲「後院議會」（Back-of-the-Yards Council），該組織採用了一個勇敢的口號，「人民要掌握自己的命運」。後院議會的運作和政府非常相似。不管是在執行自己的公共服務或是爲了貫徹它對市政府的意志方面，它比起一般市民團體組織更周延完整，也擁有更多的權力來執行它自己的公眾服務，並在市政府產生影響力。它的政策是由小型組織和街坊鄰里所選出來的200名代表組成的某種立法機構制定的。這個地區從市政府手中取得市政服務、公共設施、立法和法規豁免的權力，在整個芝加哥地區都被相當敬畏地看待。簡言之，後院在抗爭中不是輕易就落入志得意滿的政治組織，這在我想講的故事中是事關重大的重點。

在議會形成之後和1950年代初期這段期間，當地的人民和他們的子女還有其他方面的進展。許多人離開學校之後進入技術產業、白領或是專業的工作。在這個階段，「無可避免的」下一個動作應

---

2 領導人是伯納德・希爾（Bernard J. Sheil）主教、社會學家兼犯罪學家索爾・阿林斯基（Saul D. Alinsky）和當時是鄰里公園主任的約瑟夫・米根（Joseph B. Meegan）。阿林斯基曾經在《爲激進辱罵》（Reveille for Radicals）一書中描述該組織的理論和原則。

該是大量移出到用所得篩選區分的郊區，另外還有一波沒有選擇的人蜂擁進入這個被拋棄的地區，倒退到永遠的貧民窟。

然而，像一般去除貧民窟狀態的都市鄰里裡面的人一樣，這個地區的人想留下來（這是為什麼他們已經在他們的鄰里裡面去除擁擠和貧民窟的狀態）。現有的機構，尤其是教會，希望他們留下來。

然而，同時有數千名的居民也希望在去除擁擠和簡單的整修和重新裝潢完成之後，能夠再進一步地改善他們的住宅。他們再也不是貧民窟的居民，他們也不希望再像以前那樣生活。

這兩個願望——留下來及改善——無法相容，因為沒有人可以獲得貸款，改善住宅的狀況。和北區一樣，後院地區被列為信用的黑名單。

但是在這個例子裡面，有一個組織有能力處理現存的問題。一個由後院議會進行的調查揭露一項資訊，那就是當地的商家、住戶和機構在芝加哥30多家存放款機構及儲蓄銀行裡面有存款。在當地，大家一致同意，如果放款機構繼續把這個地區列入黑名單，這些存款人——包括機構、商家和個人——將提出他們所有的存款。

在1953年7月2日，名列議會調查結果上面的銀行和存放款機構的代表，應邀出席一項會議。在會議中，這個地區的抵押貸款問題被溫和地提出來討論。議會的主席禮貌性地把地區裡面的存款人數量提出來……他們存款的數額……他們難以理解為什麼都市居民的存款似乎很少投資在當地城市……懇切的關心地區之內的問題……還有公共認知的價值等。

在會議結束之前，有幾個放款機構的代表就保證會給予協助，也就是對於貸款的申請給予優惠的考量。就在同一天，議會開始為一個有49個新住宅的基地，展開協商。不久之後，該區的一排最髒

亂的貧民窟公寓就獲得9萬美元的貸款，用來裝設室內幫浦及其他
現代化的設施。三年之內，就有5000戶左右的房子被屋主加以整
修，而且之後整建的數量更多到不可勝數。在1959年，有幾個小型
的公寓住宅開始興建。議會和地區裡面的居民，很感激地提到銀行
對他們改善住宅環境的興趣和合作。而銀行也盛讚這個地區是投資
的好地點。沒有人被丟出這個地區及「重新安置」。沒有生意被
毀。簡言之，去除貧民窟在繼續進行，即使這個過程已經到達一個
瓶頸——就像每個地方最後會碰到的事情——資金需求變成攸關成
敗的關鍵。

　　都市地區的信用黑名單不是針對個人的。它並不是反對住戶、
商家，或是個人，而是反對整個鄰里。例如，在紐約東哈林區名列
信用黑名單上的地區，我有一個熟識的商人，他在當地無法貸到1
萬5000美元來擴張及更新他成功的事業，卻不費吹灰之力的在長島
貸到3萬美元，蓋一棟房子。同樣的，在北區一個人只是有一口氣
在，還有一份疊磚頭、書店店員，或是螺絲工人的工作，就可以用
一般的利率借到30年的抵押貸款，來購買一棟在郊區開發的房子。
但是只要和北區沾上邊，不論是個人或是他的鄰居、房東，都貸不
到一分一毫。

　　這眞是可惡和具有破壞性。但是在生氣之前，最好先暫停一
下，想想看那些將都市地區列入黑名單的銀行和傳統放款機構，他
們不過是從傳統的都市計畫裡面認眞的學到一些東西。他們並非罪
大惡極。信用黑名單的地圖在概念上及其大部分的後果，都和市政
府的貧民窟清除計畫的地圖一模一樣。市政府的貧民窟清除計畫地
圖被視爲是負責任的工具，被用在負責任的目的之上——但是事實
上，它們的目的是要警告放款人，不要把錢投資在這裡。

　　有時候規劃者會猜測放款人的想法；有時候是放款機構在預測

規劃者的想法；他們彼此熟悉對方在做什麼，因為他們都對光輝田園城市美化的規劃理念知之甚詳。這兩種工具——信用黑名單地圖和貧民窟清除地圖——大約在同一個時間，也就是1940年代初期，開始普遍使用。在放款人方面，他們在大蕭條時期首先針對大量喪失抵押權的地區，製作地圖，視為放款高風險的地區。然而，這個準則卻退居幕後(這令人感到混淆。在紐約的大中央辦公區有全國最糟糕的喪失抵押權的紀錄；但是這表示未來的投資風險較高嗎？)。現代的標準則是由放款人決定某某地區是貧民窟，或是將來註定會變成貧民窟。就目前的情況來想像它的未來，就是用正統都市計畫的矯正方法來思考的：最終加以剷除，同時沒落。

在選擇使用授信的權力來摧毀的情況下，放款人在一個前提之下操作，也就是他們的行動載明了一個必然性，因為那個必然性的原因，凡事也不必更加謹慎。他們在做宣示。

通常他們的預言也會獲得支持。例如，以新英格蘭的城市為例(這次不是波士頓)，有一個大規模且廣為人知的開發計畫。作為這個計畫的基本工作，再開發計畫的員工準備了一張地圖，顯示到目前為止有哪些地方已經衰敗，而且清除的工作勢在必行。在這張地圖製作完成之後，規劃者發現它和多年以前該市的銀行，準備用來指定哪些地區可以給予貸款的地方，剛好一模一樣。銀行已經預測這些地方會變成沒救的貧民窟，而且他們的預測是正確的。這兩種地圖，只有一個不吻合的地方。那就是規劃者診斷的是局部清除，而不是如放款者預測的完全清除。在這個例子裡面，對於有限的保存而言，一個被列入黑名單的地方，包括它的小型商業的部分，似乎沒有太過分。這個地方有它自己的資金來源：一個小型的家族銀行，早期舊銀行的遺跡，出乎意料的在名列黑名單的地區裡面，提供貸款給當地。諸如企業的擴張和重新裝潢，還有當地的維持，都

由這家銀行提供融資。例如，這個信用來源讓鄰里裡面傑出的商業設施——一家吸引全市顧客的餐廳——獲得必要擴充和重新裝潢所需要的良好設備。

信用黑名單的地圖，就像貧民窟清除計畫的地圖，都是正確的預言，因爲它們是自我實現的預言。

但是，在北區和後院的案例裡面，黑名單並非正確的預言。如果不是因爲這些地區有奇蹟般的能力，能夠逃過黑名單的宣判，沒有人會知道黑名單地圖對地區潛力的預估並不正確。

其他有活力的鄰里也經常呈現出它們對死亡判決的抵抗。我自己的鄰里就爲此抗爭了12年(這個例子是由規劃者率先推出貧民窟清除計畫的地圖，然後放款者在後面追隨)。自從1942年開始有黑名單之後，東哈林區有幾條街道藉由當地的家庭和親戚，東挪西湊的借錢方式，群起抵抗[3]。

沒有說有多少城市地區被黑名單所摧毀。紐約的下東城，一個極具潛力的地區——至少和格林威治村一樣有潛力——就是被黑名單毀滅的。有大筆的公共更新基金投入要「找回中產階級」的費城的上流社會山莊(Society Hill)地區，在過去許多年裡面也曾經被許多中產階級看中——只有當他們無法獲得貸款購買或是整修房屋時，才會選擇其他地方。

除非一個鄰里眞的具有特殊的活力，以及某種特殊的資源，否則，缺乏傳統的資金將無情地使得情形更加惡化。

3　在1960年，其中一條街道的一些地主得到似乎是18年來首度注入東哈林區地區的傳統抵押貸款。這是透過市議員兼民主黨紐約郡委會的有力人士約翰·默里(John J. Merli)的好心辦公室得到的。默里首先促成這些資金用來購買必要的材料，同時安排和北區一樣模式的勞務交換和勞務服務。在這件事情完成之後，他又設法爲相關的財產所有權人取得銀行的貸款，好償還那些材料的錢。

最糟的情況是已經停滯不前的鄰里，它本身就有內在的問題存在。這些已經在喪失原有住戶的地區，經常遭遇一種特殊形式的投資氾濫。在它們被列入傳統信用黑名單之後不久的短暫期間，它們可能從地下資金的管道獲得真空的資金。這些資金大量流入，買下現在沒有其他買主有興趣，而且假設未來也不會有人有興趣，同時現在的所有權人或是使用者對它也沒有太大依戀的房地產。接踵而來的是，建築物很快速地轉變成最剝削的貧民窟。大筆的地下資金填補了傳統資金遺留下來的空缺。

雖然缺乏相關的研究，但是這樣的順序確實發生在大部分的城市裡面，而且似乎被認為是理所當然的事情。其中有一篇是由經濟學家兼規劃者切斯特‧雷普金（Chester A. Rapkin）所做的有關紐約市西城快速惡化的研究報告。他的報告描述傳統資金來源的消失，取而代之的是高利率和狂妄無恥的資金，還有房地產的所有人除了將財產賣給剝削的買主之外，無力改變任何事情等等。《紐約時報》引述紐約市規劃委員會的主席詹姆士‧費爾特（James Felt）在會議上所準備的報告，他簡潔扼要和公正客觀地歸納出以下重點：

> 他說該報告發現在20個街廓的地區裡面，新建工程幾乎完全停止。他也說銀行和其他放款機構對房地產的放款也停止流入，財產轉入一種新的投資者手中，不在籍擁有（absentee ownership）的成長和這個地區的許多住宅轉變成附帶家具的出租房間。

在這場經常可以在城市的衰敗過程看到的氾濫洪流當中，有三種排山倒海的氾濫資金涉入。首先是所有傳統資金的抽離；接著是由地下資金融資所造成的毀滅；最後這個地區被規劃委員會選定為

大量使用政府資金進行更新計畫的對象。最後一個階段讓融通更新計畫的興建和修復工程的傳統資金再次大量湧入。如果不是對於城市秩序的其他形式有破壞性的話，人們會不由自主的推崇這三種不同的資金互爲彼此的大量湧入作準備的過程，本身就是一種高度發展的秩序形式。這並不表示有「勾結」。而是一個有理性的人，深受傳統都市計畫荒謬信仰誤導所做出來合乎邏輯的結果。

然而，對於許多處於逆境的都市鄰里，它們的力量和吸引力的不爭事實及偉大證明就是它們對財務死亡宣判的抵抗。這在1950年代時，當新的法律要求出租住宅必須裝設中央暖氣時，首度在紐約登場。房東會因爲他們所做的改善在增加房租或是減稅上面得到回報。這項做法竟然遭遇意料之外的阻礙，而且是在沒有預期會有阻礙的地方發生：在社會穩定、維持良好，以及房客有能力吸收租金調漲的地區。加裝中央暖氣所需要的錢（大約是20%以下的利率負擔），通常難以獲得。

有一個有困難的房東，因爲違反這項法律而被法院起訴。在1959年的12月被新聞報導出來，因爲這個房東剛好是眾議員艾爾佛雷德・桑坦吉洛（Alfred E. Santangelo），因此具有新聞價值。桑坦吉洛向法院報告，在被檢查之後他就裝了中央暖氣。他接下來仔細描述他的家族共擁有六棟房子，每棟得花費1萬5000美元裝設，合計9萬美元。他說：「我們總共只能向銀行貸到2萬3000美元。這還是將房屋的抵押貸款期限延長五年，加上個人的銀行借款才湊到的。剩下不足的金額還得靠家族成員去想辦法才夠。」

桑坦吉洛和銀行的關係良好，考慮將貸款申請的一般處理方式引進被列入黑名單的地區。紐約的報紙經常刊載相關的問題。其中一位來自房東協會的律師在1959年時指出：

　　大家都知道銀行和保險公司受限，不能借錢或是貸款
給出租住宅的所有權人，尤其是那些曾經被列為城市
裡面不好的地區。到期的抵押貸款不能展期，而且屋
主經常被迫向地下錢莊借錢，他們的短期利率高達20%
〔請注意，這是保守估計〕……還有，房東想做的事
情不只是裝設中央暖氣而已。他們還想把公寓現代
化，例如加大房間、在廚房裡面添購新的設備、裝設
適當的管線……，由於融資的大門緊閉，他們只好向
市政府求救，但是毫無進展。沒有專責的機構，來幫
助他們解決這些問題。

　　在一個被列入黑名單的地區，建築物的類型，不論是出租住
宅、有歷史價值的大豪宅，或是純粹的商業設施，事實上都沒有太
大的差別。正如它不是針對個人的黑名單，所以這也不是建築物的
黑名單，而是整個地區被列入黑名單。

　　在1959年，紐約開始進行一項保存曼哈頓鄰里的小型實驗，一
方面是因為當地沒有新的建築物產生，另一方面也是因為被評為在
實質環境上已經毫無希望，但是從社會面來看還值得挽救。不幸的
是，放款機構已經評定這些鄰里是沒有希望的。光是讓那些違反法
規的建築物合法，市府發現他們就得立法通過1500萬美元的公共貸
款基金，讓這些鄰里裡面的屋主申請。逐漸改變所需要的錢是如此
難以獲得，以至於必須創造一個新的放款機關，以供應為了滿足最
底層所需的小額資金。這項立法起草得非常不適當，使得基金幾乎
無法使用；但是也因為它的金額實在太少，在任何情況下，也難以
對城市產生太大的改變。

　　如前所述，如果資金是以排山倒海的氾濫方式注入，而且它是以接近光輝田園城市的方式來區分不同所得和用途的話，那麼被列入黑名單的地區就可以再次從傳統的放款機構獲得融資。

　　一個致力於在哈林區用私人融資興建光輝城市計畫的曼哈頓區長，推崇這種情況是意義重大，因爲「在獲得私人融資之後，計畫的贊助者打破了銀行長期反對在哈林區大量投資建造新住宅的障礙。」

　　然而，這個障礙不是被其他的投資形式所打破的，而是被氾濫投資在哈林區的住宅計畫所打破的。

　　如果聯邦政府像擔保郊區開發和新的光輝田園城市的抵押貸款那麼慷慨的話，那麼傳統的資金也會重新出現在名列黑名單的地區。但是聯邦政府除了在通過計畫核定的更新地區之外，並沒有投注足夠的資金，充分擔保抵押貸款以刺激其他地點的興建或是重建。所謂經過核准的計畫是指，即使是既存的建築物，也必須幫助將該地區形塑成最接近光輝田園城市的樣子。通常這些更新計畫會驅逐——即使是在低密度的地區——一半到三分之二的既有人口。這些錢又再次被用來融通劇烈的大變動。而且它不是用來建立城市的多樣性，而是要將之去除。當我問到一位從事更新地區「定點清除」事務的官員，爲什麼散布的商業要被排除(而不是刺激以產生更多這一類的設施)，爲什麼商業要模仿郊區的生活，被限制在一個單調的購物中心裡面。他說，首先，那代表好的規劃。他接著說：「總之，是墨守成規的問題。像那種混合使用，我們無法獲得聯邦住宅協會的核准貸款。」他的說法是正確的。今天沒有什麼經費可供滋養適合城市生活的都市地區，這是政府經常鼓勵和實際執行的眞實情況。因此，除了我們自己，無法責怪別人。

　　還有另外一種爲數不少的錢，可以用在被列入黑名單的地區：

公共住宅計畫的錢。雖然有許多人對於這些「袖珍計畫」（vest-pocket project)有諸多微詞，但是袖珍的問題似乎是相對於伐木巨人，保羅‧布尼安(Paul Bunyan)*的口袋而言。這種錢也幾乎不變的是以排山倒海的氾濫形式湧入，而且總是針對被區分和有身價的人口形式而來。

　　曾經有大筆這種氾濫的資金注入東哈林區——和下東城一樣。回到1942年，東哈林區看起來和北區有一樣好的機會以去除貧民窟狀態。僅僅五年前，也就是1937年，一項由市政府支助，對於該區的認眞研究，看到當地充滿了希望和許多改進，預估東哈林區會是紐約裡面受到義大利文化影響的重要中心。這一區擁有數千家商店，生意穩定、成功，甚至有不少的生意現在正由第二代或是第三代接手經營。當地有幾百家文化和社會機構。它是一個相當破舊和有著貧窮住宅的地區(還有一些好的住宅和相當數量去除貧民窟狀態的住宅)，但是它也有無窮的活力，並且留住許多人口。這個地區也擁有本市主要的波多黎各社區。他們的住宅狀況並不理想，但是有許多第一代的波多黎各移民現在已經成爲地方領袖，同時當地也有無數的波多黎各文化、社會和商業的設施。

　　當東哈林區在1942年被放款機構從放款名單中剔除之後，它再也沒有什麼奇蹟出現。有一個地區，靠近三區橋(Triborough Bridge)的下方，儘管有許多障礙橫阻於前，還是繼續去除貧民窟和重新修繕。當住宅當局自己的基地主任必須將人們趕出去之後，才能在上面興建大型封存的貧民窟——華格納之家（Wagner Houses)。他們感到吃驚和不解，爲什麼應該被清除的地區會改善得這麼明顯。然而卻沒有夠轟動的奇蹟出現，來拯救東哈林區。要

---

*　　[譯注]保羅‧布尼安(Paul Bunyan)，寓言故事裡面的伐木巨人。

執行他們的計畫(即使這些地方不是直接受到政府住宅計畫的蹂躪),有太多人最終還是必須離開。即使有這些對於地區改善的阻撓和這些灌進裂縫的地下資金所造成的浩劫,最後留下來的人,靠著特殊的措施和堅強的意志,還是撐了下來。

事實上,好像東哈林區曾經被宣判爲倒退和被剝奪的鄉村,在財務上和正常的市民生活分開了。甚至位於十萬人口和數千家店家的地區銀行的分行也被迫關閉;商人必須到當地以外的地方才能把一天的營業收入存入銀行。即使是學校的儲蓄存款制度,也從地區的學校系統當中被移除了。

最終,就像慷慨富有的國家會對受到剝奪的落後鄉村伸出援手,根據住在遠方不在現場的住宅與規劃專家的意見,在當地注入大量的「外」援。有三億美元的援助湧入,幫助當地重新安置人口。湧入的金錢越多,東哈林區的動盪和問題就越嚴重,也就更像一個受到剝奪的落後鄉村。有超過1300個不幸位於指定興建國民住宅地點上的生意被掃除,估計有五分之四的業主遭殃,有500個以上非商業的「店面」建築也被掃除。事實上,所有咬緊牙根去除貧民窟狀態的人口都被連根拔除和驅散,以便「讓當地變得更好」。

在東哈林區,缺乏資金根本不是問題。在資金短缺之後是資金氾濫。從公共住宅基金注入東哈林區的資金大概像在福特埃茲爾汽車(Edsel)*研發流失的錢一樣多。像埃茲爾那種錯誤的案例,已經到達必須重新評估和暫時停止支出的階段。但是在東哈林區,市民還必須繼續和那些未經控制金錢支出的人仔細評估,重複犯錯流出更多的資金對抗。我希望我們在國外濫用外援的情況不會像在國內

---

* [譯注]福特汽車廠在1958年推出,以亨利・福特之孫命名的車款。研發費用高達2億5000萬美元,但是只銷售了短短的26個月就停止生產。

濫用資金那麼嚴重。

　　缺少細水長流的資金糟蹋了已經適應都市生活的城市地區，也因此有很大的潛力進行快速的改善。這也表示，對於那些缺乏一個或是多個產生多樣性的條件的地區，需要取得這些補助，以及需要正常改變和修補破損結構所需要的資金，是不會有希望的。

　　傳統資金的來源在哪裡？哪一些錢會用在漸進的改變上面？這些錢實際上又流向何處？

　　有一些錢是流入再發展或是更新地區的有計畫的資金氾濫；還有更多錢流向多樣性的自我破壞，導致非常成功的都市地區被破壞。

　　有許多錢甚至不是流入城市，而是流入城市的外圍。

　　如同哈爾所言，授信的主管機構不僅掌握摧毀的力量，同時也掌握創造和移轉的力量。它是針對政府的授信主管機構，以及用這個機構來鼓勵郊區的建設，而不是城市的建設。

　　美國城市無止境的新郊區蔓延並非意外的結果——更不是在城市和郊區之間選擇的迷思。拜一種美國在1930年代中期以前完全沒有的新發明之賜：它是專門用來鼓勵郊區住宅興建的一種全國性的抵押貸款市場，無止境的郊區蔓延才變成事實（對於許多家庭而言，事實上是被強迫的）。由於有政府的抵押貸款擔保作為後盾，在康乃狄克州紐哈芬（New Haven）的一家銀行可以、願意、也的確買進了南加州郊區住宅的抵押貸款權。一家芝加哥的銀行某個星期買下印第安那波里郊區住宅的抵押貸款權，而下一個星期一家印第安那波里的銀行也買進亞特蘭大城和水牛城外圍郊區住宅的抵押貸款權。現在這些抵押貸款也不一定需要政府擔保。只要是規劃和營建經常使用的那種擔保者普遍接受的就可以。

　　一個全國性的抵押貸款市場，在快速和敏感地匯集不同地方的資金供需，具有明顯的優勢。但是當它被特別大量引導到某一種類別的發展時，那麼它也有缺點。

　　就如同後院地區的人們發現，在城市創造和城市需要的儲蓄，以及建造城市的投資之間，通常並沒有太大的關係。這種關係的疏遠，使得1959年時當布魯克林有一家儲蓄銀行宣布它有70%的放款是貸放給「當地附近」（close to home）時，《紐約時報》竟然認爲這種事情具有新聞價值，而在商業版面上大幅報導。但是在「當地附近」卻是一種有彈性的定義。原來這70%的資金是貸放給遠在布魯克林區之外，從長島延伸出去，位於納桑郡（Nassau County）的一大片新郊區。在同一時期，布魯克林的許多地區，還列名在銀行的黑名單上面。

　　城市人貸款給郊區開發興建。當然，身爲偉大和有效率的生產地方，城市的歷史任務就是提供資金去殖民墾植。

　　但是你可以在土地上放入任何東西。

　　在過去30年裡，顯然提供建造城市的資金來源曾經有所改變。資金的借貸和用途變得比以前制度化。例如，在1920年代可能會貸款給別人的個人，在今天會傾向把錢存入所得稅和人壽保險的基金，至於建造城市的花費和貸款，則是由政府或是人壽保險公司支付或融通。像新英格蘭那種貸款給名列黑名單鄰里的那種古怪的小型地方銀行，不是在大蕭條時期就消失不見，就是之後被併購掉了。

　　然而，這表示我們更制度化的資金現在只能像洪流氾濫般地使用嗎？這些大型的金融官僚制度是那種只能在有大人物，也就是有借款大戶和無窮與急遽變化的城市裡面生存的大傢伙嗎？一個能夠

在溫和地放款給像是購買百科全書或是要去度假旅行的那種小額貸款上面做得有聲有色的制度，能夠在其他只能用激烈的大量放款的方式經營方面，也做得有聲有色嗎？

建造城市的資金會如此運作，並非因為它自己內部的必要性或是內部的力量。它會像洪水氾濫般地操作是因為我們社會只要求它們這麼做。我們以為這對我們有好處，我們也得到我們想要的。現在我們接受這樣就是上帝的安排，或是制度使然。

讓我們從我們要求和我們被允許的不同觀點，來看看形塑我們城市的三種資金——先從最重要的傳統、非政府的信用來源談起。

以飢餓的都市地區為代價，將大筆資金移轉到稀疏的郊區發展，並非抵押貸款放款機構的發明（儘管他們和郊區的建造者現在已經例行性地在其中獲得巨大的利益）。這樣的想法和實際達成的做法都不是我們信用貸款制度的合理發明。那是心靈高超的社會思想家想出來的。在1930年代時，當聯邦住宅協會刺激郊區發展的方案實施之後，事實上每一個精明的政府官員——從保守的右派到激進的左派——都喜歡這樣的政策目標，儘管他們各自採取的方法不盡相同。在這之前幾年，胡佛總統（Herbert Hoover）還舉辦了第一場的白宮住宅會議（White House Conference on Housing），反對城市的道德低落和讚揚村莊、城鎮和鄉村的美德。反對的政治對手，負責新政綠帶（New Dear's Green Belt）示範郊區的聯邦主管雷克斯福德·特格偉爾（Rexford G. Tugwell）解釋道：「我的想法就是離開人口的中心，挑一塊便宜的土地，建造一個完整的社區之後，再吸引人們進去。然後回到城市，拆除整個貧民窟，建成公園。」

為郊區蔓延投注洪流氾濫般的資金，並且讓城市被規劃主流標記為貧民窟的所有地方，因為資金不足而飢餓不已，就是那些睿智之士為我們想出來的辦法；他們千方百計地努力去獲取，而我們也

得到了。

　　社會對於再發展和都市更新所需要的大量私人資金的審愼支持，甚至更爲明顯。首先，社會把它本身的土地清除補助金投入這些巨大的變革，純粹是爲了吸引後續如排山倒海而來的私人投資。社會也忽略了私人投資專門用來創造僞城市的形式，並且用來打擊城市的多樣性。更堅定這項作法，但堅持這項創舉是非常有保障的，就如同個人投資穩當的生意一樣，逐步的改變在未來是不能被允許的。

　　社會支持這些洪流劇變，被視爲理所當然的事情。這是大眾對城市重建的貢獻。大眾不太了解支持這些使用在城市裡面的大量私人投資，這也造成及促使人們在各種不同形式的私人投資中做選擇。

　　要了解這些事情，我們必須了解對於土地清除或是定點清除的公共補貼，並不是唯一的補貼。還有無以數計，加總起來非常可觀的非自願補貼也流入這些企業。

　　當用來再發展或是更新的土地被取得時，它是透過強大的土地徵收權而取得的，這是只有政府才有的權力。此外，威脅要用徵收權取得土地，也用來促使更新計畫在一些政府並未眞正取得土地的地方，確保更新計畫在財產土地上的遵照執行。

　　土地徵收的權力，這項大家早就熟悉被用來取得公共用途財產的手段，在再發展的法規之下，又被擴展到打算作爲私人使用和追求私人利益的財產取得。這個區別就是再發展和更新法規是否合乎憲法之所繫。高等法院宣判社會的確有這個權力——透過立法的中介——在私人企業和所有權人之間做選擇；拿其中一方的財產來圖利另外一方，作爲達成在立法者眼中是著眼於公共利益目標的一種手段。

使用徵收權不只是把計畫土地實質地整合在一起。由於隨之而來的非自願補貼，它也讓這些事情在財務上具體可行。有關非自願的補貼，一位管理專家安東尼·潘尼訐（Anthony J. Panuch），在1960年時對紐約市長報告紐約市的住宅與再發展問題時，就做了清楚的說明：

> 對商業的承租人行使土地徵收權的直接後果是劇烈和具有破壞性的。當政府宣布要徵收時，只要支付政府取得的部分，卻沒有支付所有權人被剝奪的部分。
>
> 政府並不是宣布徵收事業，只是徵收土地。所以只要支付土地的錢。業主的生意和商譽的損失，完全沒有獲得補償。同時未到期的租約也是一樣，未獲補償。因為當土地被宣布徵收之後，所有權人和承租人之間的合約就自然終止，同時不予補償。
>
> 雖然整個財產和投資都被拿走，承租人並沒有獲得任何補償。

這份報告接下來用一個例子加以說明：

> 有一個藥劑師花了4萬美元買下一家藥局。幾年之後，他的藥局被政府強制徵收了。最後他實際收到的建物補償金是3000美元，而且這筆錢還得支付動產的抵押貸款。因此他全部的投資，完全泡湯了。

這是一個有關住宅或是更新的普遍悲劇，這也是為什麼基地上的生意人要這麼激烈的抗爭。他們實際上在補貼這些計畫，不是用

稅金的部分金額,而是用他們的生計,用他們子女上大學的教育基金,以及過去這些年對於未來的希望──幾乎是用他們的一切作爲代價。

潘尼許的報告接著建議,它和許多報紙投書、市民公聽會,還有報紙編輯們的建議一樣:「社區整體應該負擔社區進步的費用,而這個成本不應該強制施加在那些因爲社區進步而不幸受害的人身上。」

整個社區還沒有決定要承擔整個費用,而且永遠也不會。當再發展和住宅的專家聽到這個建議時,臉色發白。承擔整個社區進步成本的花費會讓公共補貼再發展和住宅計畫的成本太沉重。目前,爲了私人利潤而推動再發展在意識形態和財務上站得住腳的理由是,公共補貼的投資在合理的期間內會從社區改善導致稅收增加的形式獲得回收。如果把使得計畫得以成功的非自願補貼計入公共成本,那麼這個擴大的公共成本和預期的租稅報酬就看不出明顯的關係。公共住宅目前的成本是每個住宅單元1萬7000美元。如果非自願的補貼被計入作爲公共成本,這些住宅的費用將會高到在政治上不可行的程度。「更新」的住宅計畫和公共住宅計畫這兩種操作方法,因爲它們的整體破壞,如果拿這種做法的整體成本和它們對城市的微薄貢獻相比,顯然是一種根本浪費的城市重建方式。目前,社會並未充分了解這些生活現實,因爲有相當高比例的住宅成本是算在非自願的受害者身上,並沒有正式加入成本的計算裡面。但是這些成本的確存在。計畫住宅的興建作爲一種城市改造的形式,在財務上的意義比不上它在社會上的意義。

當一個人壽保險公司或是一個工會退休基金把像洪流般的大筆資金注入一個爲有身價的人口而建的整體計畫或是更新計畫,這並不是20世紀的投資基金所需要的自溺行爲。相反的,它其實是在做

社會特別要求的事情，而且只有用特殊和冷酷無情的社會權力才可能做得到的事情。

把在大量傳統資金運用在多樣性的自我破壞上面，情形就不一樣了。在這些例子上面發生的劇烈效果，完全不是因為使用大筆資金的緣故，而是許多個別的交易，剛好在一段期間之內大量集中在一個地點。社會沒有刻意去刺激城市異常成功的自找破壞。但是社會也沒有做任何事情去阻止或是轉移這種破壞城市的氾濫資金的形成。

私人投資會形塑城市，但是私人投資卻是受到社會理念（和法律）的形塑。首先出現的是我們想要的意像，然後是實現那個意像所採取的措施。但是金融措施卻被調整成創造反城市（anti-city）的意像，因為，也只是因為，我們的社會認為這是對我們有益的事情。如果當我們認為有活力、多樣化，能夠連續、細緻的改善和改變的城市是好的，那麼我們就會調整金融措施，以便獲得我們想要的結果。

至於大量使用公共基金於城市重建上，甚至比私人資金的例子更沒有理由相信這只是巧合。會像洪流般的氾濫使用公共住宅基金，而不是緩慢、穩定的使用在街道和市區的改善上面，是因為我們認為像洪流般的劇變對貧民窟的居民有好處——而且是對我們這些其他人示範良好的都市生活。

沒有良好的理由說明，為什麼稅收基金和公共基金不能用來加快去除貧民窟的速度，而要用在貧民窟的移轉和貧民窟的封存上面。有可能有一些和現在完全不同的方法可以用來補貼住宅。我將在下一章討論這個問題。

也沒有明確的理由說明，為什麼公共住宅必須被區分和組合成

市民及文化的邅變。它們可以被建造和安置作爲逐漸改善、輔助和活化城市活力的母體。因爲我們相信這麼做是對的,所以我們只會以另一種方式來實踐。

地下資金在社會上很難控制,但是我們至少可以做很多事情來阻止它的氾濫成災。被列入黑名單的地區,爲投機資金的氾濫使用開創了美好的機會。就這個問題而言,問題不在投機的資金本身,而是(社會鼓勵)我們對傳統投資的壓制。

作爲一個副產品,氾濫地使用政府資金也提供地下資金一個良好的機會。要了解爲何如此,我們必須了解貧民窟的房東,不像潘尼許報告中所提到的藥局的老闆那樣悲慘,反而是從總括使用土地的徵收權中,大撈一筆。當一棟建築物在土地徵收權的行使過程中被買下來,習慣上有三個因素會被考慮用來決定報酬(售價)。包括財產的估價、建築物的重置成本,以及這個建築物現在的獲利能力(和在建築物裡面經營事業的獲利能力要加以區隔)。一棟建築物開發的程度越高,它的獲利能力就越高,然後給予房屋所有權人的錢也就越多。對於貧民窟的房東而言,由於這種買賣徵收土地的利潤非常高,以致於他們在已經被宣布徵收的地區做起買賣房屋的生意,讓當地過度擁擠、提高租金,讓這段過度期間的利潤比到時候將房子賣給政府的時候稍低。爲了打擊這種不當的得利手段,有一些城市通過了「快速取得」(quick-take)的法律,在徵收確定及公告之日將徵收地區的財產名目,先技術性的移轉成公共所有——讓後面銷售價格的協商和評價能夠成功[4]。

4　當然,這些法規的重要性是要防止過渡期間的所有權轉移,避免超過市政府預期的徵收成本。在這一點上面,「快速取得」的法規是成功的。但是作爲一個副產品,它讓基地上合法的所有權人,比原來的情況更艱難。例如,在波士頓的西區,自己擁有房子的所有權人被「快

只要有剝削賺錢房了存在，它們的所有權人就會因為清除貧民窟而致富。他們可以，顯然也經常這麼做，用被徵收所得到的補償金在他們認為會轉變成貧民窟的新地點，購買比他們先前擁有更多的財產。如果新的貧民窟後來被宣布徵收，那麼投資者的持有和財富就會增值好幾倍。在紐約，有一些這種類型的投資者不僅將他們拿到的補償金帶到新的地點，而且也順便將原先的房客一併帶過去，因此順便幫市府解決「重新安置」的問題。貧民窟的轉移有它自己的效率，它是自我融資。

再一次，氾濫地使用地下資金來創造新的貧民窟，不只是地下資金本身的問題。相當程度，它是因應(社會鼓勵)貧民窟的移轉而產生的問題。

最後，如同潘尼許的報告裡面所解釋的，氾濫地使用地下資金可以透過課稅的方式，獲得較好的控制：

> 紐約市的住宅主管機構對於住宅的整建，沒有足夠的法律執行或是租稅減免，能夠跟得上貧民窟形成的速度，直到以及除非我們能夠透過課稅把從貧民窟得到的利潤拿掉。〔依據利潤課稅則〕克服聯邦所得稅結構、貶抑使貧民窟的所有權變成高度投機獲利的資本利得的必要手段……
>
> 在一個擁擠地區的貧民窟業主，因為當地對於住宅的

(續)————
速取得」的法律，弄得絕望透頂。從宣布徵收的這一天開始，房客開始將租金繳給市政府，而不是繳給原來的房東，同時房東也開始必須繳納租金給市政府。這種情形會持續好幾個月——在有些例子裡面可能會拖上一年——而原來房屋的所有權人無法搬離，因為他還沒有拿到徵收補償金，而且也不知道自己會拿到多少錢。最後他只好照單全收。

需求迫切，同時因爲交通便利，所以房屋的租金也不
會太低，也不用維護建築物的狀況。他用降低每年資
產評價的方式來獲取不當利益，最後貧民窟資產的帳
面價值降爲零，然後他再以滾動房租資本(capitalized
his high rent roll)的高價出售。這時候他得支付銷售價
格和帳面價值差價25%的增值稅。他拿這筆錢去購買其
他的貧民窟房地產，然後重複這樣的過程。〔國稅局
對貧民窟房地產業主的所得報酬進行地毯式的檢查將
會〕決定他們不當得利和未誠實申報貶值折讓的補稅
和罰款金額。

　　諷刺的犬儒主義者——至少那些我曾經和他們談過話的犬儒主
義者——認爲目前在城市裡面投機的不當得利會這麼容易，是因爲
地下資金的投資代表有力人士的利益，他們在立法和行政背後能夠
大聲說話。我不知道這是不是眞的。我想這種情形和我們其他人對
這些事情漠不關心，有密切的關係。有一些專業的住宅專家對這種
城市重建的副產品，也就是地下資金的利潤，有一種合理的解釋。
他們認爲：「社會製造了貧民窟，而城市應該支付清除貧民窟所需
要的資金才對。」然而，這種說法規避了社會把錢付給了誰，以及
這些錢接著流向何處的問題。我們的冷漠也是受到一種天眞想法的
影響，認爲貧民窟的問題只要把舊的貧民窟清除之後便迎刃而解。
這種想法顯然背離事實。
　　我們很容易將城市的衰敗怪罪於交通……或是移民……或是中
產階級的反覆無常。城市衰敗的原因其實更深沉，也更複雜。它直
接和我們想要什麼，以及我們如何忽視城市運作的原理有關。建造
城市的資金的使用形式——或是壓制資金使用的形式——都是造成

今日城市沒落的重要因素。資金使用的形式必須轉化成再生的措施，從排山倒海而來，造成氾濫劇變的猛烈措施，轉變成細水長流的連續、緩慢、複雜和比較溫和的改變。

第四部

不同的戰術

第十七章

補貼住宅

　　我所寫到的大部分目標，例如去除貧民窟狀態的貧民窟、觸發多樣性、培育有活力的街道等等，並沒有被視為是當前都市計畫的目標。因此，規劃者和執行計畫的機構，都不具有實現這些目標所需要的策略（strategies）和戰術（tactics）。

　　然而，儘管都市計畫缺乏能把城市建造成像個城市樣子的戰術，但是它們的確具有許多戰術。這些戰術是用來實踐策略的愚行。不幸的是，它們有其效果。

　　在書的最後一個部分，我將處理幾個主題，它們本身已經被公認是都市計畫應該處理的事情：包括受補貼的住宅、交通、都市的視覺設計、分析方法等等。它們都是和傳統的現代規劃目標及戰術有關的事情——有這麼多經過良好部署的戰術，當它們的目的受到質疑時，它們通常會用其他戰術所訂下的條件來做辯護（例如，我們必須這麼做以獲得聯邦政府的放款擔保）。我們變成自己戰術的俘虜，卻很少回過頭去檢視我們的策略。

　　任何一個好地方一開始都是採取補貼住宅的戰術，因為在過去這些年裡面用來讓計畫社區成為家人夢想成真的戰術，曾經深深地感化各種目的的規劃戰術。住宅專家查爾斯·艾布拉姆斯在嚴厲地批評公共住宅計畫的目的難以理解，以及它和都市更新的土地清理的結合簡直是「荒謬」之後，問道：「公共住宅徹底失敗了嗎？」

他接著回答：

> 不，它證明了許多事情……它證明了大型的凋敝地區
> 是可以重新組合、重新規劃和重新建造的。它贏得大
> 眾接受大型的都市改善計畫並且為它建立了法律基
> 礎。它證明了……住宅債券是評價AAA的最佳債券；
> 提供公共住宅是政府的責任；還有住宅當局所採取的
> 措施至少可以不要涉及貪瀆。這些都不只是小小的成
> 就而已。

那些事情的確都不是小成就而已。大規模的清除、貧民窟的移
轉、貧民窟的封存、方案規劃(project planning)、所得區分、使用
區分等手段，都已經變成固定的規劃意像和戰術收藏，城市的重建
者，甚至一般的市民，在想像城市重建的時候，如果撤去這些手
段，腦筋便一片空白。要克服這個障礙，我們必須了解其餘的奇怪
結構所依據原始的錯誤觀念。

我有一個朋友，她到了18歲的時候還相信嬰兒是從母親的肚臍
眼生出來的。她在很小的時候就聽到這樣的說法，因為她很聰明和
靈巧，所以往後不管她聽到其他什麼樣的說法，她都將那些說法修
改和編織進她原始的錯誤認知裡面。因此，她所知愈多，就愈支持
她原先既有的想法。她在行使一種有一點詭異、普遍、聰明和痛苦
交織的人類天賦。她為每一個破滅的事情找出一個新的理由，所以
無法靠改變外在的事情來釐清她的誤解。要了解她如何編造奇怪的
知識，亦須從肚臍的解剖學開始。當她第一次誤解肚臍的性質和用
途，被她的家人加以澄清的時候，她很快地施展另外一項聰明和令
人振奮的天賦，成為一名生物老師(並且生了一大家子的小孩)，輕

易地清除剩下的一大堆錯誤的認知。

有關都市運作的一人堆疑惑，主要是圍繞在受補貼的住宅計畫的概念上面，不在只是存乎你我的心中而已。現在它已經被廣泛地應用到一大堆有關城市的立法、金融、建築和分析工具上面。

我們的城市有太多人窮到負擔不起有品質的住宅，所以我們的良心告訴我們（我想這是正確的事情），他們應該得到好的住宅。再者，在許多城市裡面，大量供給的住宅數量太少，以致於難以照顧到這些人口而不產生過度擁擠的情況。而且所需要的額外住宅的價格，又未必是這些人口的經濟能力所能負擔的。由於這些理由，我們必須至少部分補貼城市裡面的住宅。

這些似乎是住宅補貼簡單和直接了當的理由。至於在財務上和實質上如何補貼，則還有相當大的落差。

然而藉由另外一個看起來簡單，卻有一點不一樣的問題，讓我們來看看這些理由變得多麼紛雜和僵化：為什麼需要補貼城市裡面的住宅？

很久以前我們接受的答案如下：我們需要補貼住宅的理由是要讓部分無法從私部門獲得住宅供給的人，也有房子可以住。

而且，只要這麼做是必要的時候，那麼受補貼的住宅應該體現和展示良好的住宅及規劃的原則。

這是一個可怕的答案，伴隨著可怕的後果。一個語意學的扭曲，突然呈現在我面前，那就是有人無法從私部門獲得住宅，因此當然要由其他部門來提供住宅。但是在真實生活裡面，這些人的住宅需求並非像囚犯、海上的船員或是精神病人的住宅需求那麼特殊，因此不在一般私部門提供的範圍之內。完全正常的住宅需求幾乎可以由私部門的任何人提供，都沒有問題。這些人唯一的特殊之處就在於他們負擔不起。

　　然而，「不能由私部門提供住宅的人」，瞬間變成像犯人一樣，有特殊住宅需求的統計族群，而且這一切只是根據一項統計基礎：他們的所得。爲了要得到剩下來的答案，這群統計上的族群就成爲烏托邦者胡搞瞎搞而收集來進行實驗的白老鼠。

　　即使這些烏托邦的計畫在城市裡具有社會上的意義，但是用所得把一群人口隔離在鄰里裡面的另外一個不同的社區計畫裡面，是不對的事情。在一個人們並未被教導種姓階級是神授秩序的社會裡面，平等的分離只會製造麻煩。當這種分離是以一種優劣的形式加以執行，那麼較好的分離就是一種內在的衝突。

　　這些人的住宅是由私人企業和一般房東以外的人提供，就需要加以補貼的概念本身，就是一種精神錯亂。政府並沒有因爲補貼農場、航空公司而取得它們的土地權、所有權或是經營權。政府通常也沒有接手經營接受公共基金補貼的博物館。政府也沒有接手自願性的社區醫院的所有權或是經營權，它們的興建在今天經常是受到政府補貼之後才有可能[1]。

　　公共住宅計畫和我們已經發展出來的資本主義以及政府合夥等在邏輯上相通的形式，並不吻合；它相信政府必須接管一項設施，純粹只是因爲政府提供補助的基金。

　　由於我們在剩下的國民生活當中，缺乏任何將政府放在公共住宅的房東和所有權人地位的意識形態，所以我們不知道如何反駁。建造和經營這些地方的官僚體系——總是害怕他們喜怒無常的主

1　已故的美國公共衛生院的馬歇爾‧薛佛(Marshall Shaffer)，精明無比。他發展出資助醫院興建的聯邦計畫，並且負責管理該項計畫多年。在他書桌的抽屜裡面放了一張紙條，他會不時的拿出來看以提醒自己。紙條上寫著「一個傻子可以自己穿衣服，穿得比聰明人幫他穿還好。」

人，也就是納稅人，會挑剔房客在持家、道德或是設施水準上的毛病，然後怪罪給公務人員——在有些事情上顯得太過自大，在其他事情上面，卻又顯得膽怯。

由於政府是房東，是私人企業潛在的競爭者，而且要預防一些不公平的競爭，企業聯合的安排，就有其必要。住宅人口本身也必須加以集中，根據他們的所得水準，從聯合企業的某一個轄區搬到另外一個轄區。

說這些人是「私部門無法提供住宅的人」的答案，對於城市而言絕對是一個災難。作為一個有機體的城市，瞬間消失不見了。理論上，它變成一個安置這些區分過的統計族群的基地的集合。

從一開始，整個概念都和問題的性質無關，和相關人民的財務需求無關，和城市的需求和運作無關，和其他的經濟系統無關，甚至和傳統演化而來的家的意義無關。

對於這個概念能說的唯一好話就是，它的確讓我們有機會去實驗一些在實質上和社會上不會成功的規劃理論。

如何管理人們無法負擔他們自己住宅成本的補貼問題，在根本上是如何彌補人們能夠負擔的和實際的住宅成本之間落差的問題。住宅可以由私人的所有權人或是房東提供，而這個差額是彌補給住宅的所有權人——不論是直接以補貼給付的形式或是間接以房租補貼給房客本身的形式給付。這些戰術是可以無限擴張，透過它們可以將補貼注入到舊建築物、新建築物、整修的建築物等。

在這裡我要建議一種方法——不是因為這是唯一合理的方法，而是因為這是唯一可以幫助解決目前都市改善計畫中最棘手的一些問題。尤其是，這是一種以細水長流的漸進方式而不是排山倒海的氾濫方式引進新建築的方式，讓新的建築物變成鄰里多樣性的元素

之一，而不是用一種標準化的形式引進，讓新的建築物進入名列黑名單的地區，還有這是一種幫助貧民窟加速去除貧民窟狀態的方式。我們還會看到，除了作爲住宅的基本用途之外，這種方法還有助於解決其他問題。

我提議的這種方法可以稱爲保證租金法(the guaranteed-rent method)。它所涉及的實質單位是建築物，而不是住宅計畫——是在城市的街道上和其他建築物並列的建築物。這些保證租金的建築物有不同的類型和規模，視鄰里的類型、基地規模和所有通常會影響一般住宅規模和類型的因素而定。

要引導私人的所有權人在需要更新破損的建築物或是需要增加住宅供給的鄰里裡面建造房屋，相關的政府單位，我稱它爲住宅補貼局(the Office of Dwelling Subsidies, ODS)，要給建造者兩種保證。

首先，住宅補貼局要告訴建造者，保證他會得到營建所需要的融資。如果建造者能夠向傳統的放款機構取得貸款，那麼住宅補貼局就要擔保這項抵押貸款。然而，如果他們無法獲得這項貸款，那麼住宅補貼局就要自己貸款給他們——一個必要補強措施，因爲有一些城市地區集體被傳統放款機構列入信用的黑名單，而這個措施只有當這項計畫的合理的低利擔保抵押貸款無法從傳統放款機構取得時才需要。

其次，住宅補貼局需要向這些建造者(或是這些建築物日後出售的屋主)，保證足以讓這些興建工程在經濟上得以維持的基本租金。

爲了回報確保融資的提供以及保證作爲居住的公寓建築有保證的租金收入，住宅補貼局將要求房屋的所有權人(a)在指定的鄰里或是指定的地點建造房屋，同時(b)在大部分的情況下，只能從指

定的地區或是特定的建築群落中挑選房客，通常是從附近的地區挑選，但是有時候並非完全如此。我們很快就會明白為什麼這種情形是常見的，但是首先必須提到補貼機構的第三個，也是最後一個功能，那就是住宅補貼局本身。

當房東從一堆申請者當中挑選出房客之後，住宅補貼局接著要檢視被選擇的房客的所得狀況。除了他們的所得以及他們是否來自當地或是指定的建築群落之外，住宅補貼局不會被授權檢查有關這些房客的其他事項。我們已經有法律機構和處理所有相關事宜的專責機構，例如房東—房客的權利義務、警察權、社會福利等，因此住宅補貼局本身應該不必涉及這些功能。這些租賃關係在人性的全面提升上面，並非模糊、徒勞無功和令人羞辱的交易。它只是有尊嚴、就事論事的一般住宅租賃交易而已。不需要過度聯想和揣測。

那些付不起市場行情房租(也就是住宅的全部成本)的房客，至少在這個計畫開始的初期，大部分人或是全部的人，應該都會申請。住宅補貼局會補貼這些差額。而這些所得的檢視(同時得把家庭規模納入考量)，是以年度為基礎，類似所得稅的申報。這是一個已經普遍用於公共住宅(政策)的概念(在公共住宅，它和太多不必要的窺探及散布其他不相干的謠言結合在一起)，它也是我們為了其他許多目的而採用的概念。例如，大學用這個方法來分配以需求為基礎的獎學金。

如果一個家庭的所得提升了，他們自付的租金部分就會提高，租金補貼的部分就會降低。當一個家庭可以完全支付市場行情的租金的時候——只要這是真的——那就沒有住宅補貼局的事情了。這樣的家庭或是個人可以永遠住在這個住宅裡面，支付全額的房租。

這種保證租金的住宅，在房客的財務狀況改善之後，越是能夠成功地留住居民，就會有更多的租金補貼可以提供給其他更多的建

築物及家庭。這個計畫能夠鼓勵人口的穩定，以及伴隨而來的人口之中自我多樣化的程度，會和固定房租補貼之下，營建計畫可以擴展的程度和速度直接相關。它必須能夠因應人們發展選擇的需求，以及建立人們會選擇留下來的那種有吸引力、安全、有趣的鄰里的基本原則。如果它在這方面失敗的話，那麼它本身的失敗就會自動阻止它的擴張。由於私人的建造者和房東會是擴張的直接業主，所以擴張不會威脅到私人建造者和房東(但是公共住宅的擴張卻會)。它也不會威脅到私人的放款機構，因爲這些機構的功能只有在它們本身不想參與這項資本成本的融資時才會被取代。

對屋主的年租金收入的保證會涵蓋抵押貸款的攤還期間。這段期間可能從30年到50年不等，而這個期間的長短不一是有利的，因爲這是鼓勵不同建築類型的因素之一，也因爲它會引進屋齡的差異性，讓有租金保證的建築物可以被拆除或是轉換成完全不同的用途。當然，隨著時間的損耗，只有在一個地區裡面新建築物持續不斷的逐漸增加，不論用什麼方式，才能夠在建築物的壽命或是原始用途必須終止的時候，帶來最終的變化。

經濟租的一個定義是包括固定的折舊攤銷和債務的服務成本、必須調整以符合購買力改變的維修與經營費用(另外經常還會納入考量的一般狀況是固定租賃或是營運成本)、某個比例的利潤或是利潤加上管理費用的數額，還有不動產的各種稅金，這一點我在本章稍後會再談到。

房屋所有權人可能會被要求對建築物投入一個比目前聯邦住宅協會要求郊區開發擔保貸款稍微低一點的業主權益(資金)，以幫助開始扭轉城市營建資金枯竭的情形。

最終，保證租金住宅大部分的補貼都會用來支付營建的資本成本——就像用在公共住宅的補貼一樣。然而，就戰術而言，這個過

程剛好和公共住宅的情形相反。

　　在公共住宅上，營建的資本成本是直接來自政府，地方的住宅當局發行長期的債券來支付營建成本。聯邦的補助(在某些情況則是由州政府補助)用來支付債券的給付。低收入承租人的租金只用來支付地方的管理成本、經營費用和維修成本——這些成本，在公共住宅裡面竟然出奇得高。公共住宅的承租人將他們的租金用來購買宣傳資料的紙張、研討會的時數和打擊破壞和犯罪的金額，比世界上任何地方的承租人都高。在公共住宅，租金是由直接補貼資本成本的方式加以補貼，然後再從計算公式中移除。

　　在保證租金制度之下，資本成本會被保留在租金的計算公式裡面。資本的攤銷會被計算到租金裡面，只要補貼的必要性存在，資本成本就會自動受到補貼。無論如何，不管是直接補貼或是透過租金，資本成本都必須支付。透過租金補貼的好處是：適用於承租人身上的資本補貼會變得比較有彈性。它完全不需要去區分人們的所得水準，當資本補貼是一個固定商數的時候，自然會被計入租金本身。

　　在保證租金營建的制度之下，另外一個在今天的補貼營建裡頭以所得來區分對象的固定因素就得以去除。這是關係到房地產稅減免或是豁免的問題。在公有的公共住宅裡面，大部分低收入的住宅計畫都不必支付房地產稅。許多中等所得的住宅計畫被給予減稅或是延遲繳稅的優惠，以幫助降低租金，或者是在合作住宅的情況下，降低他們的經營收費。這些是所有的補貼形式，而且它們要求承租人要有伴隨的所得限制——至少在他們搬進去的時候——所以他們在最好的情況下就可以支付房地產稅作為住宅成本的一部分，才不會讓其他納稅人覺得他們是搭租稅的便車。

　　在保證租金制度之下，房地產稅可以，也應該，包含在租金裡

面；就像在資本成本的例子裡面，一個家庭或是個人受補貼的程度不會是一個建築物裡面僵化和固定的因子，而是會視承租人自己負擔他們租金成本的(不同)能力而定。

由於租金補貼必須來自聯邦補助，就如同今天所有的公共住宅補貼一樣，事實上，這會讓市政府所收到的房地產稅金中，有部分是來自聯邦政府的補貼。但是同樣的，這個差異只是使用補貼的戰術之一。目前，聯邦的住宅補貼正在直接和間接地購買許多基本上是城市經營費用的設施和營運，但是卻被扭曲成不正常的形式以符合住宅計畫概念所要求的實質和財務方案。例如，聯邦補助款支付了計畫住宅的資本成本、公共會議室、遊戲間和診所空間等成本；間接的——藉由繼續支付這麼多的總費用——聯邦補助支付住宅當局有關治安和社會及社區工作人員的費用。如果這些補助去除這些費用——由於它們和產品本身不再有關——但是計入房地產稅，這將有助於支付一些城市迫切需要的東西，例如位置良好的公園，而不是一些帶有敵意的地盤，真正的警察，而不是官僚的警察，違建的調查員，而不是維護住宅當局的調查員。

除了像是住宅單元裡面的房間數量的一些要求之外(所以才不會有太多住宅最後只有一種規格)，住宅補貼局沒有責任或是權力去執行它本身的設計或是建造標準。使用的實質標準和法規，應該是已經具體落實在一個城市本身的法律與規定的內容裡面，因此用於同一個地方的保證租金的住宅和任何未受補貼的建築物，應該一視同仁。如果公共政策為了安全、衛生、舒適或是街道設計等原因，要改善或是改變住宅的標準，那麼這樣的公共政策必須代表社會大眾——而不是社會大眾裡面任意選擇拿來實驗的白老鼠。

如果一個保證租金建築物的所有權人希望在一樓或是地下室納入商業或是其他非住宅的用途，那麼這個空間的專業成本就不會包

含在租金保證或是融資擔保裡面。這時候所有權人的成本和相關事業的利潤就會超出並高於他們和住宅補貼局協議的內容。

由於這種類型的補貼營建不會伴隨著大規模的聚集或是拆除，保證租金住宅所在土地的位置，在大部分情況下，幾乎不會動用到土地徵收權。在鄰里裡面，指定有資格出售的土地，可以像私人建築物一樣，根據出價的高低，正常買賣。當然，土地的成本必須加以吸收，但是我們必須記住，像這樣的制度，我們就可以去除原本必須補貼的大規模土地清除的成本。

在使用土地徵收權的情況之下，徵收的價格應該包含實際、完全的成本——例如未到期的商業合約，或是商業完全及實際搬遷和重新安置的成本，就像在私人銷售的情況之下，商業的承租人幾乎不會預期要分攤為了其他計畫而負擔的自我破壞的非自願補貼[2]。

支付合理及全額成本的目的，而不是採行不合理的非自願補貼，將可以避免不必要的扼殺城市的多樣性。一方面，必須給付給因而喪失處所的企業，讓它們實際上得以重新安置及繼續存活（最好在原來的鄰里之內）；而且，這麼做另一方面會自動對破壞的企業進行選擇。這種選擇——讓比較有價值的留下來——在目前都市重建的戰術中是欠缺的，這也是為什麼這些戰術這麼浪費城市中極佳的經濟資產的原因之一。在保證租金住宅背後的重點是進一步在過去已經存在的成功，或是有潛力成功的基礎上，加以建設。

再次的，由於這個方法未必伴隨著大規模的清除和重建，整個計畫可以涵蓋數以千計的許多建造者和所有權人。認為我們偉大的

2　當城市知道它們計畫不公平的受害者，會對它們的計畫帶來政治難題時，有時候這個政策已經使用強制徵收來購買土地。因此，當紐約市為了供水計畫而購入會被淹沒的內陸土地時，已經獲得州政府允許支付給將被重新安置的店家合理及全額的成本，甚至包括購買其商譽。

城市——多樣、有活力、不斷改變——應該依靠一小群的主管當局和大型的營建大亨，眞是荒謬。複合住宅(multiple-dwelling)的保證租金建築物的所有權人，自己應該能夠生活在這些建築物裡面，如果他們希望如此的話——正如他們是住在裡面的承租人一樣——這種情形是有利的，就像自用擁有(on-the-spot ownership)，經常就是這種情形。無論如何它都不應該是強制的，但是它可以靠鼓勵參與這種計畫的方式，或是，更實際一點，不要阻止建造者把房子賣給這一類的所有權人的方式，加以鼓勵。

如果我們具有像保證租金營建的戰術，我們可能會怎麼運用呢？

先前我提到兩種情況，需要要求所有權人對他們獲得的保證給予回饋：建築物必須座落在指定的鄰里或是指定的地點；並且在大部分的情況下，得要求所有權人要從目前住在該地區之內，或是某些街道，或是某些指定的建築群裡面的申請人當中，挑選承租人。

對於建造人有這兩個條件的限制，就有可能具體地達成幾件不同的事情，視特定地方的特殊問題而定。

例如，可以在目前被列入黑名單的地點，刺激新的營建，讓當地因爲缺乏新的建築物而難以留住居民的情況獲得改善。

它有可能實質增加鄰里裡面必要的住宅單位的數量，同時將住宅單位的增加和去除鄰近舊建築裡面的擁擠，結合在一起(最後讓法定的居住單位變得具體可行)。

它有可能在鄰里當中留住那些他們目前的住宅就要被拆毀的人，不論建築物的拆除是爲了改作其他用途，或是純粹爲了更新。

它有可能引進，或是增加住宅作爲主要用途的主要元素，到達一個充分的比例——當這種主要用途是輔助其他城市混合的主要元

素所必須的時候，例如工作用途。

它有可能幫助填補發生在新街道切割原先太長的街廓，所創造出來的新空地。

它有可能增加一個地區建築物年齡和類型的多樣性的基本存量。

它有可能在那些建築密度太高的特殊地區，降低住宅單元的密度，而且它可以用非常緩慢和循序漸進的方式進行，以避免排山倒海式的人口動盪。

而且，它有可能在混合所得水準及鼓勵這種混合與日俱增的情況下，做到上述事情。

這些都是鼓勵人口穩定和人口多樣化的手段——有一些是直接幫助那些想固定留在當地不動的人留下來；有一些是間接(當城市裡面許多不同的用途之一可以貢獻它的一部分力量的時候)幫助創造有活力、安全、有趣和不同的街道及地區，讓人們可以選擇安定下來。

再者，由於這樣的計畫會在一個地方引進細水長流的資金和改善，它不會阻礙同時或是後來選擇進入鄰里的人，或是沒有受到補貼的建築物(讓我們希望在沒有多樣性的自我破壞時，它也不會停止這麼做)。它也不會阻止其他新住民進入這個鄰里，包括那些不得已只能做此選擇的人在內。因為任何時間在一個鄰里裡面，許多其他的建築物並非真正被用在重新安置的穩定性上面，因此不適用原本就住在當地的承租人。

不論在一個地方的建築物有多麼老舊，不論最終所有的，或是幾乎所有的，重新安置有多麼必要，這個過程不應該是閃電式的那麼快速[3]。

太快的取代，除了在經濟上不利於多樣性，還會帶來計畫住宅

標準化和缺乏自然特性的效果,也會和盡可能多留住選擇留下來的
人──那些在舊建築和新建築物裡面的人,還有那些對他們自己的
建造和重建有想法的人──的目標相衝突。

　　當然,在一個有租金保證和新建築擔保融資的制度裡面,會有
許多貪瀆和詐欺的機會。只要我們願意,我們可以合理地制止貪
污、欺騙和詐欺等事情(看我們多麼幸運,生活在一個民主法治的
國家裡面),比較難處理的則是愚蠢。

　　我們可以確定,任何特定的補貼住宅的戰術幾乎一定會變得越
來越常規化,具有更僵化的結果。隨著時間,會漸漸地脫離眞實世

3　在這裡提一下有關老鼠的事情。這是一般認爲新的住宅應該去除鼠
　患,而舊住宅卻可以繼續保持的一大弊病。但是老鼠並不知道這些事
　情。除非它們被消滅,否則當有老鼠肆虐的舊建築物被拆除時,老鼠
　就搬到下一個住所。在紐約的下東城,最嚴重的問題之一就是,當我
　在寫作此書的時候,有大量的老鼠和其他害蟲從其他被拆除的建築物
　中移到新的大型合作住宅計畫──西華之家(Seward Houses)裡面。當
　聖路易市區的一大塊地區被拆除的時候,無家可歸的老鼠大舉入侵方
　圓數哩之內的建築物。如果在新的建築物中不可能根絕老鼠,那麼這
　些老鼠的後裔還是會回來。大部分城市都有立法要求所有拆除的建築
　物都要徹底滅鼠。在紐約,1960年通行的滅鼠證書,由一個賄賂的屋
　主付給收賄的滅鼠人的行情是5塊美金。我不知道公部門,例如住宅
　當局,如何規避這項法律。但是要知道,他們的確規避了這項規定。
　只要在凌晨去看看可怕的老鼠嘉年華和牠們從拆除的基地大舉出走的
　景象,就可以知道了。新的建築物不會趕走老鼠。只有人會趕走老
　鼠。這在舊建築物和新建築物裡面,一樣簡單。我們的建築物充斥著
　許多老鼠──大老鼠──當我們抓到牠的時候就知道。要完全去除牠
　們和其他所有的害蟲,一年只要花48美元。是過生活的那些人在做這
　些事情。有一個概念,那就是建築物要去除鼠患比登天還難,因爲這
　已經變成人們不去滅鼠的藉口(「所以我們很快就會去除這些老鼠爲
　患的建築物」)。我們總是對新建築物的期待太多,對我們自己的期
　待太少。

界的需要。想像力只有在最開始的時候會進來，然後逐漸無情地被削弱了。在另一方面，貪瀆——不論是為了錢的原因，或是因為權力的原因而貪污——和嚴格的官僚體制性質不同。貪污發展得越是別出心裁（而不是越沒有創意）那麼它可以愚弄對象的時間也越長。

　　要打擊愚蠢和貪瀆，我們至少每隔八到十年就應該嘗試一些補貼住宅的新方法，或是為功效良好，並且讓我們覺得值得保留的舊方法，增加一些變化。我們應該經常找一些完全不一樣的新機構，來做這些新工作，同時讓老的機構凋零退場。在任何情況下，永遠需要檢查看看戰術和特定地方明顯的特殊需要是否適合。我們應該不斷地問：「這項措施在這裡有效嗎？如果沒有，那什麼樣的措施才有效呢？」審慎和定期地改變補貼的戰術，可以提供滿足隨著時間而日益明顯的新需要的機會，但是沒有人可以預先看到。這個觀察是間接地提醒我在本書中提出的解決之道的限制。我想這些事情會變成這個樣子，是有它存在的道理，這是唯一可能開始的地方。但是，在我們的城市經歷了相當的改善和大量增加活力之後，這並不表示它們是最有道理，或是有理的。如果我們城市目前錯誤的處置方式還繼續下去，而且失去我們還可以依賴及建立有建設性的行為和力量，那是沒有道理的。

　　即使在今天，只要依據有彈性和逐漸的改變，而不是排山倒海的洪流劇變，那麼在補貼的方法之中還有許多可能的變化。例如，巴爾的摩有一位抵押貸款的銀行家兼各種都市更新及重建計畫的市民領袖，就曾經建議一種最終會引導到由承租人擁有的變通辦法——一個在連棟街屋是最主要的住宅形式的地方的最合理的想法：

　　　　公共住宅並非真正的目的本身。它只能作為達到讓我們的城市符合我們生活的地方這個目的的手段。它應

> 該是怎麼樣的一種公共住宅？……承租人的租金應該
> 隨著他的所得的上升而增加，而且他也不應該因爲他
> 的所得上升而被趕出去。當他增加的房租達到足以償
> 還債務服務的水準時，就自由的抵押貸款條件而言，
> 這個財產就應該以帳面價值轉讓給他，並且將它的房
> 租轉換成抵押貸款的繳款。這樣的一種設計不只是將
> 個人，而且是將他的房子，帶回自由市場的主流。這
> 樣將會防止公共住宅貧民窟的形成，以及削減現在圍
> 繞在這個計畫身上的帝國保護情結……

　　一位紐約的建築師，查爾斯‧普萊特(Charles Platt)，長期以來一直主張使用補貼新住宅及結合附近較舊的建築物，作爲去除擁擠的工具，將兩種改善合而爲一。賓州大學的都市計畫教授威廉‧惠頓(William Wheaton)，曾經強力的主張一種迴轉式(revolving)提供住宅的概念，因爲它會和社區裡面各種私人住宅之間，難以辨識。加州的一位建築師，佛農‧迪馬斯(Vernon DeMars)，曾經提出一個私人興建和私人擁有的住宅制度，和我提的保證租金制度很像，在那個制度之下，每個人都有資格申請，而且政府機構也可以分派住宅給受補貼的承租人。

　　一位紐約區域計畫協會的規劃師史丹利‧坦克爾(Stanley Kankel)，曾經要求：

> 爲什麼它剛好發生在我們身上，看看貧民窟本身是否
> 有一個好的住宅政策的一些元素？我們突然發現……
> 當貧民窟家庭的所得提升時，他們不必然會搬走；貧
> 民窟裡面的獨立自主並未被家長式統治管理政策所壓

制；而最終(眞是難以置信！)貧民窟的居民，就像其他人一樣，不喜歡被踢出他們的鄰里……下一步則需要相當大的謙遜，因爲我們現在很容易將大型的住宅計畫和偉大的社會成就加以混淆。我們必須承認，要創造一個社區是超乎任何人的想像範疇。我們必須學會珍惜我們已有的社區；它們得之不易。如果公共住宅要受到人民的歡迎，那麼這就是我們要的口號：「修繕建築物，但是遺忘人民」，「不要在鄰里之外重新安置」。

事實上，所有公共住宅的觀察家遲早都會臭罵對於承租人所得加以限制的破壞性，並且主張加以廢除[4]。我所提的保證租金住宅並非我的原始創意；我只是把其他許多人的點子和一個相關的制度加以結合而已。

爲什麼這些想法沒有被納入公共住宅的概念裡面？

這個想法之所以沒有被採用，是因爲它們一般被認爲是要被住宅計畫本身或是受補貼的公有住宅所涵蓋。這兩種公共住宅的基本想法都不符合我們對於社會良好的都市建造的想法。而達成這兩種目的所採取的戰術——貧民窟封存、貧民窟移轉、所得區分、標準化——從人性的角度和從都市經濟需求的觀點來看，都是不好的。但是它們對於計畫的興建和官僚的所有權和管理而言，卻是良好和合乎邏輯的戰術。的確，其他任何爲了達成這些目的的戰術都是那麼不合邏輯和牽強，要把它們涵蓋進來的嘗試在公開宣布不久之

4　相關的許多想法出現在一本名爲《公共住宅的可怕停滯》(*The Dreary Deadlock of Public Housing*)論文集裡面，由《建築論壇》在1957年出版。

後，很快就會消失了。

我們需要補貼住宅的新戰術，但是並不是因爲現有的戰術需要瞎攪和。我們需要新戰術是因爲需要不同的城市建造目的，以及新的戰略來克服貧民窟，並且在擺脫貧民窟的地方保留人口的多樣性。不同的目的和新的策略需要它們各自適合的不同戰術。

第十八章

汽車侵蝕城市或是城市箝制汽車

　　今天珍愛城市的每一個人，都深受汽車的干擾。

　　交通幹道，還有停車場、加油站和可以開車進去的露天戲院、餐廳(drive-ins)等，都是破壞城市的強大及持久的工具。為了適應它們，城市的街道被打破成鬆散的都市蔓延，對任何徒步的人而言都顯得不一致和空虛。有錯綜複雜和密集的相互支持的美好市區和其他鄰里，突然被開腸剖肚。地標在都市生活的背景脈絡中被弄得破碎和離散，變成不相干和不重要的瑣碎事物。城市的特色變模糊了，每個地方和其他地方變得越來越像，感覺不出地方的存在。還有在最挫敗的地區，在功能上無法獨立存在的用途——購物中心、住宅區、公共集會場所，或是工作的核心地區等——彼此分隔。

　　但是我們太怪罪汽車了。

　　假設汽車從來都沒有被發明，或是汽車被人們所忽視，而我們主要是利用舒適、便利、快速、有效的機械化大眾運輸作為交通工具。毫無疑問地，我們可以省下許多金錢，移作其他更好的用途。但是可能也沒有。

　　再假設我們已經依計畫的想像和其他傳統反城市規劃的想法去重建、擴張和重新組織城市。

　　我們基本上會得到和前面那幾段責怪汽車的段落相同的結果。這些結果可以再一字一句的加以重複：城市的街道被打破成鬆散的

都市蔓延，對任何徒步的人而言都顯得不一致和空虛。有錯綜複雜和密集的相互支持的美好市區和其他的鄰里，突然被開腸剖肚。地標在都市生活的背景脈絡中被弄得破碎和離散，變成不相干和不重要的瑣碎事物。城市的特色變模糊了，每個地方和其他地方變得越來越像，感覺不出地方的存在。還有在最挫敗的地區，等等。

然後汽車必須被發明，或是必須從被忽略，重新加以挽回。對於那些在這麼不方便的城市居住或是工作的人而言，汽車將是他們從空虛、危險和徹底制度化中拯救出來的必要工具。

問題是，在城市裡面到底有多少汽車帶來的破壞是爲了因應交通運輸的需求，又有多少是因爲它不尊重城市的其他需求、用途和功能而導致的。就像城市重建者，在想像除了更新計畫之外還能做些什麼事情的時候，腦筋便一片空白，因爲他們不知道城市其他更好的組織原則。正是如此，高速公路的交通專家、工程師和城市重建者，當他們要想像除了用他們預見在未來要移動和停放更多車輛的方式來克服現在面臨的交通死結之外，要他們想像還有什麼是每天實際可以做的事情的時候，他們也是腦筋一片空白。要讓負責任和務實的人放棄不適合的戰術——即使當他們自己的工作成果讓他們擔憂——如果替代方案會讓他們在該做什麼，以及爲什麼要這樣做的事情上面，感到困惑的話，那是不可能辦到的。

好的交通和通訊並不是最難達成的事情；它們也是基本必需品。重點是城市是一種多重選擇。要有多重選擇就必須能夠輕易的四處遊走。如果不能刺激交叉使用，那麼多重選擇也不會存在。再者，城市的經濟基礎是貿易。即使有製造業出現在城市裡面，主要也是因爲和貿易有關的附屬優勢，而不是因爲在城市裡面比較容易製造東西。創意、服務、技術、人力和商品交易，都需要有效率和流暢的交通和通訊。

但是多重選擇和密集的城市貿易，也依賴非常密集的人口，以及使用的細膩混合和臨區的複雜密織。

如何適應城市的交通而不破壞相關的細膩複雜和集中的土地利用？——這是問題之所在。或是換一種說法，要如何適應細膩複雜和集中的都市土地利用，而不至於破壞相關的交通？

現在有一種迷思，認為城市的街道顯然不適合像洪水猛獸般的汽車，那是馬車時代過時的遺跡，只適合那個時代的交通，但是……

再也沒有比這種說法更悖離事實的。當然，18和19世紀的城市街道非常適合人們徒步行走，也非常適合支持與街道接鄰的混合使用。但是城市街道很不適應馬車的交通，這也回過頭去使得它們在很多方面也無法適應步行的交通。

維多・格倫（Victor Gruen）為德州的渥斯堡（Fort Worth）市區設計了一個沒有汽車的城市，我會在本章的稍後有進一步的討論。他用一系列的幻燈片說明他的計畫。在看完一張我們熟悉的塞車景象之後，他秀出一張令人吃驚的幻燈片：有一張渥斯堡的老照片，照片裡面馬和交通工具壅塞的情況，和現在汽車壅塞的情形，不相上下。

在馬車的時代，真正繁忙和密集使用的大城市街道究竟如何，已經過世的英國建築師克雷斯威爾（H. B. Creswell）為1958年12月份的英國期刊《建築評論》（*Architectural Review*）所寫的一篇文章裡面，描寫1890年他年輕時倫敦的街頭景象：

> 那時候的河濱大道（the Strand）……是倫敦人的生活中心。被連續的巷道和院子團團圍住，河濱大道的正面有一些小餐館，它們的窗戶展示著絕妙的美食；小酒

館、廉價酒吧、生蠔酒坊、火腿和牛肉店鋪；還有販賣各式各樣奇珍異寶或是日常用品的商店，櫛比鱗次。其中還有許多劇場夾雜其中⋯⋯但是泥濘[1]！吵雜！還有臭味！所有這些缺點都是馬匹的痕跡⋯⋯

整個倫敦擁擠的輪車交通——有時候西提（the City）有部分地區擁擠到無法動彈——都是依賴馬匹：各種推車、貨車、巴士、雙輪馬車、四輪小馬車（單匹馬）、四輪大馬車、一般馬車和各式各樣的私人交通工具，都少不了馬匹。馬里帝茲（Meredith）提到，當火車接近倫敦時，老遠就「預期聞到出現在出租馬車候車處的惡臭」：但是特殊的香味——對於用快樂興奮的心情來辨識倫敦的鼻子而言——則是馬廄的味道，它通常有三、四層樓高，面對著傾斜蜿蜒的街道；馬廄的堆肥讓鑄鐵的吊燈發光，照亮整個倫敦中上階級的家門。吊燈上面沾滿了死掉的蒼蠅，在夏末秋初，到處都是飛來飛去的蒼蠅。

馬糞的泥濘可以更確定是馬匹的痕跡，雖然有許多穿著紅夾克的男孩巧妙的閃避車輛，並且用盆子和刷子在人行道邊緣的鐵桶中刷洗，但是不論是把整個街道弄得都是污水的「豆汁」，因為每次提水總是會滿溢到街上，或是其他時候馬車輪子的潤滑機油和混合著糟糠的灰塵，都讓行人提心吊膽。在前面的情況之下，快速奔跑的雙人馬車踐踏到這一大灘的污水——如果沒有濺濕行人的褲子或是裙子的話——就會弄濕

1　馬糞的委婉說法。

整個路面，所以整個河濱大道的街面堆了有八英吋厚的糞⋯⋯而「污汁」碰到「水肥車」的情況就更有得瞧了。每輛車有兩個舀水肥的人，會用布包著他們的長統靴子，防水布的領子蓋到兩頰，防雨帽也緊密的遮著後頸。灑了出來。現在馬糞噴到行人的眼睛裡了！在用水管沖洗路面油漬的時候，機油和掃街馬車的刷子還有行人，全都攪和在一起。

除了馬糞的泥濘之外，吵雜的噪音也是馬匹所引起的。在倫敦生活的中心地區，像一個強而有力的心跳聲，洶湧澎湃。這是超乎想像的事情。平日的倫敦街道整齊的鋪滿了像花崗石般的堅硬路面⋯⋯還有鐵蹄踏在上面，宛如擊鐘的聲音，震耳欲聾，邊鼓連敲的車輪從這頭到那頭的嘎嘎作響，就好像拿著一根棍棒沿著籬笆，不停的敲打；各種不同大小和輕重的交通工具，各種聲響齊作；馬銜的鐵鍊和鈴鐺，還有它和其他東西的碰撞聲，加上人們為了傳遞消息或是引人注意而高亢或是低沉的叫吼聲——所產生的喧囂⋯⋯真是超乎想像。再也沒有比這些噪音更可怕的了。有各種不同的聲音⋯⋯

這是埃伯尼澤・霍華德那個時代的倫敦，也就不難理解，為什麼他認為城市的街道不適合人類。

當科比意在1920年代時將光輝城市設計成一個公園，就像把霍華德的小鎮式的田園城市變成摩天大樓和高速公路的版本，他自鳴得意地認為他開創了一個具有新式交通系統的新紀元，其實他並沒有。他只是以一種回應鄉愁，懷念逝去的簡單生活，以及回應19世

紀馬匹的城市(還有流行病)，表面的改革方式，加以因應。從交通系統來看，他還是一樣膚淺。科比意將大量的高速公路和交通加以編織(我想這對於他所採取的方法，是一個公允的措辭)在他的光輝城市計畫裡面，那樣顯然足以滿足他的設計理念，但是這和他重複垂直聚集，以及利用空地加以分隔的人口所需要的實際道路數量、停車場面積和服務水準比較，根本不相稱。他想像的那種公園裡面的摩天大樓，在眞實生活裡面退化成停車場裡面的摩天大樓，而且停車空間，永遠不夠。

簡言之，目前城市和汽車的關係，代表了有時候歷史對進步開的玩笑。汽車發展成爲一種日常交通工具的期間，剛好和郊區化的反城市想法，在建築、社會、立法和財務等方面的發展階段，不謀而合。

但是汽車根本不是城市天生的破壞者。如果我們停止對自己訴說有關19世紀街道對馬車交通的適合與魅力的神話，那麼我們就可以看到內燃機引擎，當它出現時，是潛在慫恿城市朝向密集發展，同時將城市從它們有害的傾向中解救出來的極佳工具。

汽車引擎不僅比馬匹乾淨和安靜，更重要的是，只要較少的引擎就可以勝任原先需要較多馬匹才能做到的同樣工作。機械化的交通工具，以及它們比馬匹更快的速度，可以更輕易的調和更大的人口集中和更有效的移動人員和貨物。早在20世紀之初，鐵路已經顯示鐵馬是協調與集中和移動的良好工具。包含貨車在內的汽車，連接鐵路難以到達的地方，擔任鐵路無法勝任的工作，是減少可怕的城市壅塞的另一種方法。

事實上，我們錯把每一匹在擁擠的城市街道上的馬匹換成五、六輛的機械化交通工具，而不是用一輛機械化的交通工具去取代五、六匹馬。過多機械化的交通工具，有許多是在惰轉。這麼低效

率的結果，原先強而有力及快速的交通工具，因爲它們自己的空轉而窒息，移動的速度並不比馬車快。

人體而論，貨車有達成人們希望機械化的交通工具在城市裡面扮演的角色。它們擔負比負重馬車和搬運工人還要沉重的工作。但是載人的交通工具並沒有辦到，它們的壅塞連帶的大幅降低貨車的效率。

今天，那些對於巷道、汽車和城市之間潛在戰爭感到失望的人，傾向將這個僵局描繪成人和汽車之間的戰爭。

普遍的看法認爲解決之道在於設計一些地方給行人使用，另外設計一些地方給汽車使用。如果我們眞的這麼做的話，我們最終是可以做出這樣的區隔。但是這種設計只有在一個城市裡面汽車使用的絕對數量大幅減少的前提之下，才有可能實踐。否則，在行人保護區周圍，必要的停車空間、車庫，還有進出的幹道，會高到一個根本無法使用和打死結的比例，結果這樣的安排變成只是造成城市的解體，而非拯救城市。

最有名的行人徒步區的計畫是爲渥斯堡所設計的格倫計畫。負責的廠商，維多·格倫建築與規劃事務所，提議一個大約一平方哩的地區，圍繞著一圈外環到直通6個長方形的停車場。每一個停車場可以停放一萬輛汽車，而且從外環到直接深入市區。剩下的地區，則維持無車的狀態，並且密集地發展成混合使用的市區。這個計畫在渥斯堡遭到政治的反對而沒有實現，但是有超過90個以上的城市仿效渥斯堡的格倫計畫，其中還有一些計畫眞的付諸實現。不幸的是，仿效者忽略一個明顯的事實，那就是該計畫是將整個渥斯堡視爲一個環環相扣、不可破壞的整體城市，只有在這種情況下該計畫才有意義；就這個面向而言，它是一個將城市集中起來的措

施，而不是一個將城市區分開來的措施；它促進更大的複雜性，而不是更大的簡化。在這些模仿的設計當中，原本的想法幾乎被千篇一律的誤用爲整齊和膽小的設計，模仿郊區的購物中心，獨立出幾條購物街道，並且以停車場和通道的死寂邊界，加以圍繞。

這大概就是他們能做的事情——這的確也是他們能爲渥斯堡規劃的事情——除非他們能夠正視還有一個比郊區的植栽和椅凳的設置更困難的事情。這個問題就是如何大量減少在城市使用的車輛的絕對數量。

在渥斯堡的格倫計畫裡面，即使渥斯堡相較於其他城市已經是比較小和比較簡單的情形，而且即使該計畫裡面也有許多對於汽車的細心安排，格倫其實預設了一個汽車數量減少的前提。例如，安排快速公車的服務，連接市區和整個城市及郊區，而且在市區吸收的使用者人數也遠高於目前大眾運輸服務的人數。如果沒有這樣的安排，外環道的設計就會像科比意輕率幼稚的想法一樣，不切實際，或是——得面對實際的困難——意味著實際上是將整個市區變成停車場，而使外環道變成不適當的引道。當然，把停車場向外安置，可以擴大服務的範圍，但是屆時將會有損於集中、密集，適合步行的地區。這樣的計畫就會喪失它的意義。

有一些爲大量擁擠的市區街道所設想的人車交通分離的變形設計，並非如格倫設計的那種水平分隔，而是垂直的分隔，不論是將行人提升到地面汽車通行的上層街面，或是將汽車道路高架於地面的行人之上。但是把行人移除並未增加多少行車空間。要提供把行人帶來的汽車所需要的道路面積——這是引起壅塞和需要加以分離的理由——意味著將相關行人步道的面積弄到自我取消步行之便的程度。這些設計對於汽車和行人都要具體可行的話，那麼就必須大幅減少汽車的絕對數量，而且要更依賴大眾運輸。

在行人徒步計畫背後，還有另外一個困難。大部分因應人行街道使用的店家，它們彼此也會產生更多的步行街道的使用，它們本身需要方便服務、供貨和運送自家商品的交通工具的可及性。

如果車流和步行交通真的得完全分離的話，那麼就必須接受某些替代方案。

第一個方案就是行人徒步區必須是沒有上述店家的街道。這當然是荒謬的事情。在真實生活裡面，不難發現有這一類的荒唐事情。我們可以想像，在行人徒步區裡面是空的。行人都在有商店的通行汽車的街道上。這一類的內在矛盾困擾著許多宏偉的「明日城市」的規劃。

另外一個方案是有必要設計一種服務汽車的計畫，讓它和行人徒步區分開。

渥斯堡的格倫計畫是用一種連通地下層裝載卸貨的地下隧道的方式，讓貨車及服務飯店往返的計程車使用。

作為一種變形，這個計畫也提供一種高度發展的「郵遞」（post officing）系統。許多年前一位紐約的建築師賽門・布萊尼斯（Simon Breines）也為紐約的一個行人徒步區設計過類似的東西。「郵遞」是指一種為某一區內所有的貨運進行中央分類的系統。從所有不同來源要送到區內每一個目的地的所有類別的東西，都必須依據目的地的地點重新組合和合理分配，就像郵局將不同來源和不同目的地的郵件加以分類處理一樣。在這種情形之下，主要的目的是要大量減少貨運的數量；然後藉此減少的送貨（及發貨）次數，可以利用夜晚行人稀少的時候進行。就貨車的狀況而言，汽車和行人的分離，主要是時間的分離而不是空間的分離。它得花費許多額外的費用，因為它涉及額外的物品處理步驟。

除了在最密集的市區之外，似乎這種將人車徹底分離的複雜服

務方式，很難有合理的正當性。

我懷疑這種將人車徹底分離的做法，是否眞的有那麼大的優點？在市區的街道上，行人和汽車的衝突，主要是因爲汽車的數量過於龐大，除了極少數的步行需求之外，幾乎所有的東西都逐漸及持續地被犧牲掉了。交通工具的主宰，超過我們能夠容忍的範圍，不只是和汽車有關的問題。顯然，過多的馬匹也會產生類似的問題；人們在阿姆斯特丹或是新德里的尖峰時刻也會發現，大量的腳踏車和行人的混合，也是非常可怕的。

在適當的地點，我曾經注意到人們如何使用行人徒步區的街道。人們不會大舉向馬路中央邁進，並且大聲喝采終於可以在馬路上大搖大擺的行走。相反的，他們還是會靠兩側行走。在波士頓，曾經實驗過關閉兩條市區的購物街道(當然，送貨是一大難題)。當我們看到馬路上空蕩蕩的，而狹窄的人行道卻非常擁擠，眞是奇景啊！在西岸，同樣的情形也發生在迪士尼樂園裡面的模型大街上。在迪士尼小鎮的馬路上，唯一的交通工具是每隔很長一段時間才會出現一下的電車和偶爾出現的馬車。然而，在那裡的行人還是偏好走在人行道上甚於走在馬路的中間；我看到人們囂張的走進馬路中間的時候多半是當有馬車或是遊行通過的時候。然後他們又會回去加入原先人行道上的人群中。

在波士頓或是迪士尼，有相當多的這種壓抑的行爲，有可能是因爲我們都曾經被要求得尊重人行道的街緣。連接路面和人行道的舖面或許會引導更多路面空間的步行使用；當然，在人行道還夠寬的地方，人們不會聚攏成像在迪士尼或是波士頓狹窄的市區街道的人行道上那樣。然而，那顯然只是部分答案。在郊區的購物中心裡面，「街道」寬闊，完全是徒步區也沒有街緣，人們還是靠兩邊走，除非有什麼有趣的事情被安排在「街道」的中間出現。即使是

隨機的散布，也得要許多的行人才可以占滿整個路面的寬度。似乎行人唯一會使用，或是想使用，街道路面的時機，是有大量行人的時候，就像是華爾街或是波士頓的金融地區，下班時間人潮洶湧的時候，或是第五大道的復活節大遊行的時候。在比較正常的情況下，我想人們會被吸引到道路兩側的原因是，那裡才是最有趣的地方。當人們在走路的時候，他們會左顧右盼──看看櫥窗裡面，看看建築物，還有和其他人互看。

然而，波士頓、迪士尼或是購物中心的徒步街道，有一個地方是和有大量交通工具使用的普通城市街道，有所不同。這個差異，意義重大。人們可以自由自在地從街道的一邊跨越到另外一邊，而這種使用的自由，不會受到街緣的阻礙和限制。這些觀察，加上人們老是設法在禁止穿越馬路的地方試圖闖過去──甚至是冒著生命危險──還有在十字路口時，人們的不耐煩，讓我相信徒步街道的主要好處不在於它完全沒有車輛，而是它們不是全部被車流所主宰，人們可以輕易的跨越。

即使對於兒童而言，重點也不在於隔離汽車，而是減少汽車的主宰和處理被汽車侵占的街道遊戲空間。當然，最理想的情形是在兒童玩耍的都市街道上完全去除汽車；但是這可能產生一個更糟的結果，那就是這種做法可能會把人行道的功用──看管兒童──一併去除。有時候這樣的設計也會自相矛盾。在辛辛那堤有一個住宅計畫，就是很好的例子。當地的房子正面是有草皮和人行道的行人徒步範圍，房子的背面是給汽車和送貨用的巷子。所有這些發生在房子和巷子之間來來去去的使用結果，是把房子的背面變成正面，正面變成背面。當然，巷子也是兒童們常去的地方。

生命會吸引其他生命。當行人的區分被當作某種抽象的好意來執行時，同時有太多的生命和活動的形式無法配合，或是被這項好

意的作用所壓制，這樣的安排就不會受到歡迎。

　　把都市問題過度簡化成一個行人與汽車之間的問題，並且將彼此的區分當成主要的解決目標，是走錯了方向。城市的行人問題，和城市用途的多樣性、活力和集中等問題，是不可分離的。缺乏城市的多樣性，人們在大型的聚落裡面，或許開車會比走路好。不可管理的城市眞空，無論如何都比無法管理的城市交通要好。

　　在思考行人問題的背後，就像所有的城市交通問題背後，是如何降低平面交通工具的絕對數量，並且使剩下來的交通工具更賣力和更有效率的工作。太依賴私人汽車和城市的集中使用，兩者是不相容的。其中之一必須割捨。這就是發生在眞實生活裡面的情形，視哪一種力量獲得壓倒性的勝利。如果不是讓城市被汽車侵蝕，那麼就是讓汽車被城市箝制。

　　要了解任何一種城市交通戰術的利弊得失，我們必須了解這兩種過程的性質，以及它的意涵。我們也必須知道城市的地面交通也給它自己帶來壓力。不同的交通工具之間會爲空間和安排的便利性，相互競爭。它們也和其他的用途競爭空間和便利。

　　城市被汽車侵蝕有一連串大家都熟悉的事情，幾乎不必贅述。這種侵蝕就像魚兒在吃餌的方式，剛開始的時候只是輕輕地試咬，最後奮力大咬。由於交通擁擠，可能某一條街道在這裡被拓寬了，另一條街道在那裡被拉直了，一條寬直的馬路被改成單行道，交通號誌也裝上延遲裝置讓交通更順暢，而橋樑在負載飽和之後，就加高改成雙層道路，快速道路從遠方切入，最後形成快速道路的路網。更多的土地被建成停車場，以適應日漸增加的汽車數量。

　　在這個過程當中，沒有一個單一步驟本身是太嚴重的事情。但是加總起來，效果卻是非常驚人。而且每一個步驟，儘管它們本身

並非關鍵，但是整體來看，它們不僅增加整體的改變，事實上也在加速這個改變的過程。因此，城市被汽車侵蝕是一個「正回饋」的例子。在正回饋的情形之下，一個行動會回頭產生一個強化原始行動所需條件的反應。這會強化原始行動的需要，於是它又強化了反應，一直反覆，沒有止境。有時候就像上了癮。

有關正回饋的交通過程的可怕之處——或是它的部分可怕之處——的陳述，是1955年由維多・格倫所提出，這和他的渥斯堡計畫有關。為了了解他所面臨的問題規模，他開始依據預估的人口和商業區域，計算渥斯堡因為目前交通阻塞，可能造成到達1970年為止的潛在生意遲滯發展的影響。然後他把這些經濟活動的數據轉換成使用者的數量，包括工作人員、購物人口和其他目的的訪客。接著他用目前渥斯堡市區平均使用者和車輛的比例，把未來使用者的數量轉換成汽車的數量。他接著再把這些數量的汽車所需要的街道空間算出來。

最後他獲得一個道路面積需求的可怕數字：1600萬平方呎，還不包括停車所需空間在內。相對的，目前尚未充分發展的市區所擁有的道路面積是500萬平方呎。

但是當格倫算出1600萬平方呎的道路面積時，這個數據已經過時，而且低估了。因為要取得那樣的道路面積，市區必須實際向外擴充許多，使得既有數量的經濟用途就會變得相對稀薄。為了使用不同的設施，人們就會少仰賴步行，多利用汽車。這樣又會進一步增加街道空間的需求，否則就會遭遇可怕的阻塞。因此必須以這種相對鬆散的方式拉長不同使用之間的距離，這又使得不同的地方各自必須重複設置停車空間，因為這些用途在不同時間帶來的人潮不夠密集到可以使用相同的停車設施[2]。這表示市區分布得更廣和更稀，接著需要使用更多的汽車，行駛更遠的絕對距離。在這個過程

的初期，不論從乘客和業者的角度來看，大眾運輸完全缺乏效率。簡言之，將會沒有一個完整的市區，只有一個很大、稀疏的點狀分布，無法產生相關人口和經濟在理論上可行的都會設施、多樣性和選擇。

就如同格倫所指出的，在城市裡面提供給汽車的空間越多，使用汽車的需求就變得越大，因此又需要更多的空間。

在眞實生活裡，我們不會將道路面積由500萬平方呎遽增爲1600萬平方呎，因此每次增加一點點汽車數量、每次增加一點點汽車數量所需的適應問題，就不容易看出來。但是不論快速地或是緩慢地，正面回饋的機制正在產生效果。遲早汽車較高的可及性會無情地伴隨著大眾運輸系統的更不方便和更無效率，以及各種用途的稀釋和分散，也因此會變得需要更多的汽車空間。

增加汽車可及性和降低使用者密集度之間的弔詭在洛杉磯地區最嚴重，在底特律地區也不遑多讓。但是這兩種情形的結合在汽車侵襲城市的早期階段就已經非常明顯，當時只有一小部分的使用者受到地面交通流量增加的眷顧。紐約的曼哈頓就是最好的例子。爲了紓解交通壅塞的問題，所採取的對策就是將寬闊的南北向道路改爲單行道。原本是雙向通行的公車也必須和其他的車輛一樣，遵循單行道的交通規則，北上行駛一條道路，南下行駛另一條道路。這意味著公車乘客爲了到達特定的目的地，必須步行穿越原本沒有必要走的兩條長距離的街廓。

2　這一類的浪費經常發生在市區裡面，那裡已經有精心設計的小量的使用。因此，散落在市區邊緣的匹茲堡的新的市政中心，必須提供夜間使用的停車場，和市區日間工作地區的停車空間重複。因此，共同支持任何類型的城市設施，包括停車、店面，當然，還有公園和商店，需要很密集。

毫不意外的，當紐約南北向的大道變成單行道之後，公車的使用頻率便隨之下降。那麼原先的公車乘客到哪裡去了呢？沒有人知道。但是巴士公司的理論是，這些乘客代表位於選擇邊界的人。公司的人員認為，有一些在選擇邊界的乘客是徘徊在搭乘公車和使用個人交通工具之間；另外還有一些處於選擇邊界的乘客則是從外地過來辦事情的人，他們在猶豫是否要到這個地區來？他們可能有其他選擇，例如，不在這個地區之內往來。不論他們的決定是什麼，便利性的差異讓許多人改變主意。沒有爭議的是，隨著交通流量的增加，在抑制大眾運輸的同時，也的確帶來更多的車輛。在受到影響的街道上，由於人們在過馬路時，必須等待更久的時間，也大幅減少了步行的便利性。

隨著一個又一個交通改善措施的實施，曼哈頓在1948年到1956年這八年期間，每天從外地進來的車輛增加了36%，雖然這僅代表了從外地到曼哈頓來的人裡面的一小部分，其中有83%的人是搭乘大眾運輸工具。在同一段期間，從外地搭乘大眾運輸工具到曼哈頓的乘客減少了12%，使得每天從外地搭乘大眾運輸工具到曼哈頓的人數降為37萬5000人。城市的汽車可及性的增加永遠伴隨著大眾運輸服務的減少。而大眾運輸乘客的減少，總是多於私人汽車乘客的增加。隨著一個地區汽車可及性的增加，人們對於整個地區交叉使用的總數，一定會減少。這對於城市而言，是一件嚴重的事情。因為交通運輸的偉大工作之一，就是允許和鼓勵跨越地域的交叉使用。

像這樣的結果——可及性增加，使用強度降低——在一些人的心目中，引起了恐慌。為了阻止使用強度的下降，標準的解決方式就是試圖再增加汽車的可及性——通常，第一步就是讓人們停車更容易一點。因此，以曼哈頓的另外一件事情為例，其中一位交通主

管大力推動的解決方案就是推出一系列的公有停車場，作爲百貨公司停車困難的暫時姑息手段。這個暫時的姑息手段會侵蝕曼哈頓中城地區大約十個街廓左右的土地，包括幾百家小型的商店在內[3]。

因此，汽車的逐漸侵蝕，減損了使用一個被侵蝕地區的理由，同時對於那些爲了某些理由必須繼續使用那個地區的人們而言，一個地區愈是集中和呈現都市的特質，這個汽車侵蝕城市的過程當中，得失之間的對比也愈明顯。

如果城市裡面的交通代表某種固定數量的需求，那麼提供這些需求的行動將會產生一個滿意和滿足的反應，至少可以解決部分事情。但是因爲更多的汽車需求會隨著這些緩和行動俱增，因此反而更沒有解決問題。

即使如此，至少在理論上還有一個平衡點──隨著汽車可及性的增加和使用強度的降低，達到一個均衡的狀態。在這一點上，交通的問題應該得以解決，因爲不會再有汽車在移動和停車的空間上無法滿足的壓力。隨著汽車侵蝕的加劇，對於城市各部分的交通壓力應該會逐漸均等，然後繼續地蔓延應該可以滿足這些均等的壓力。當一個城市變成一個充分均值，以及稀疏散布的狀態時，它應該就可以掌握交通的問題。這樣的一種均衡狀態是城市被汽車侵蝕

3　在其中一個交通官員主張的停車場位置──非常「合乎邏輯的」就位於一家百貨公司和一座橋墩之間──我計算了一下，共有129家商店，其中包括幾家特別的香料店，它們的顧客來自整個大都會地區，有幾家藝廊、一些寵物美容院、幾家非常好的餐廳、一座教堂、許多住宅，包括幾間最近才整修好的舊房子。這些商店包括要被移走以便興建停車場的基地，還有對面街道的一些商店；剩下的商店，面對一個空曠死寂的停車場，就像被從一群相互支持的星座當中被截肢，最後也隨之消殞。爲了維護他們自己的信譽，在我寫作本書之際，都市計畫委員會反對交通局長的停車場計畫，並且據理加以駁斥：他們認爲鼓勵更多的交通工具會破壞城市的其他價值。

這種正回饋的唯一解決方式。

　　還沒有任何一個美國城市達到這種均衡。到目前為止，我們真實的生活案例顯示，受到汽車侵蝕的大城市尚處於壓力日增的階段。洛杉磯似乎應該正要達到均衡點，因為現在洛杉磯裡面已經有95%的交通是以私人汽車代步。當1960年捷運工人罷工時，為洛杉磯帶來比平常更多的汽車，空中攝影顯示高速公路和平面道路的交通都是有如牛步般地大壅塞。新聞報導播出劍拔弩張的駕駛人為了爭奪不足的停車位而大打出手。曾經一度被認為是全美國(有些專家說是全世界)最好的捷運系統，沒落到變成緩慢、不方便和退化的大眾運輸系統。但是顯然它還是有一些基本乘客，對於這些人而言，在高速公路和停車場上，都沒有他們的份。再者，停車場不足的壓力還是與日俱增。幾年前，每一戶公寓有兩個停車位對於那些搬回「城市」居住的人已經綽綽有餘了。現在，新的公寓每戶得提供三個停車位，一個給男主人，一個給女主人，另外一個給其他的家庭成員或是來訪的客人。這個數量在城市裡面已經無法再減少了，因為在城市裡面即使只是要去買一包香菸都得開車；當每一戶公寓分配三個停車位時，還有人覺得不夠。在一般日常的情況下，汽車移動的壓力也未曾消除。哈里遜・索爾茲伯里曾經在《紐約時報》中報導：

　　　　洛杉磯高速公路上的車輛通行經常受到交通事故的妨礙。這個問題經常發生，以致於有工程師提議用直昇機把事故的車輛吊離現場。事實上，1900年代馬車通過洛杉磯的速度幾乎和現在下午五點鐘汽車的移動速度差不多。

這個均衡點所在的位置，不論它會落在哪裡，會比產生交通瓶頸的問題更爲嚴重。這個均衡點的問題是超過那些在街上行走的其他人的人身安全之上，超過輕鬆自在的城市公共生活之上，超過任何投資與生產力之間的關係之上。我們可以再度引述索爾茲伯里的話：

> 它的缺點是，當越來越多的空間分配給汽車時，越是勒死下金雞蛋的母雞。許多稅單上赫赫有名的地區，變成不適合經濟生產的地方。社區支付高速公路成本的能力，逐漸變弱。同時交通的移動變得越來越隨機零散……在洛杉磯可以聽到最痛苦的哀嚎，解救汽車的夢魘吧！洛杉磯要脅要禁止新的汽車上市，除非它們裝有防止產生煙霧的碳氫化合物的排放裝置……在洛杉磯，嚴肅看待此事的官員說洛杉磯的交通已經消耗殆盡人類生活所需要的元素——土地、空氣和水。

洛杉磯並沒有計畫要滋長這些問題，它甚至比不上用高速公路把自己吞噬的紐約、波士頓、費城和匹茲堡等城市，但是洛杉磯也正在規劃要把自己剁碎和吃掉。一個接著一個看似合理的步驟相繼被採納，每一個步驟也都有說服力和顯然可以自圓其說；然而奇怪的結果卻不是一個容易使用和方便四處走走的都市形態，而是一個更零散、更笨拙、更費時、更昂貴和更不利於交叉使用的都市形態。有一個經常到其他城市進行商業拜訪的紐約製造商告訴我，在洛杉磯他必須花費在舊金山或是紐約兩倍的時間，才能拜訪完相同數量的客戶並完成工作。一位洛杉磯某家顧問公司的分行主管告訴我，他必須比芝加哥多雇用兩名員工，純粹只是要做到相同數量和

範圍的工作。

雖然汽車侵蝕城市解決不了什麼問題，而且人人的降低了城市的效率，但是絕對不會有 個良好或是明顯的臨界點可以停止這樣的發展；因為這個過程一旦從一個微小和顯然無害的起始點開始展開，它接著就很難停止，或是反轉，至少實際上看起來很難做到。

然而，我們完全不能責怪汽車侵蝕城市的戰術，儘管它們對城市有破壞性，而且幾乎沒有解決任何事情，是笨拙、不切實際和昂貴的都市運輸。許多沒有汽車侵蝕、分布零散的都市地區，它的使用，除了靠汽車之外，根本無法運作。而且早在汽車出現之前，情況就是如此。

我們都清楚，在郊區非常需要汽車。在郊區的婦女，一天裡面依照計畫開車出門辦事的里程數，通常會比先生上下班通勤的里程數還高。汽車停車場重複設置的問題在郊區也是司空見慣的問題：學校、超級市場、教堂、購物中心、診所、電影院、所有的住宅等，都必須有它們自己的停車場，而這些重複設置的停車場大部分的時間都是空著。郊區，至少當它們還維持郊區的形態時，是可以容忍這樣的土地浪費，以及這麼高比例的汽車交通，因為它們缺乏使用集中的便利(這裡似乎就是均衡點難以捉摸的地方；一旦工作被引進這個環境，即便是郊區，就失去這種均衡)。

許多相同的需求，包括對於汽車作為一種經常性的需求，還有對於停車空間的需求，可以發生在城市多樣性的必要條件——包含足夠的高密度——缺乏的地方。我的朋友科爾斯區特斯基太太跟我解釋這種情形，她說：「我才是家庭裡面通勤的人。」科爾斯區特斯基太太和家人住在巴爾的摩的內城地區，接近科爾斯區特斯基先生工作的地點，但是他們家卻是科爾斯區特斯基太太在用車(這是唯一實際可行的辦法)。她必須「通勤」去接送小孩上下學、去做

各種比買麵包、豆子和罐頭濃湯更廣泛的採購、上圖書館、看表演、參加會議等;還有,像任何已經搬到郊區的母親一樣,住在內城地區的母親也必須開車到郊區的購物中心去幫她們的小孩買衣服。不是她們住家附近沒有這一類的商店,而是市區的商店不再有足夠的需求讓它們維持充分的存貨。天黑之後,除了開車,出門是一件危險的事情。再者,這個地區不夠稠密,不足以支持起碼的大眾運輸,不論是在這個地區之內或是到城市的其他地區,而且不論有沒有汽車存在,都是如此。

這樣的城市地區和郊區沒什麼兩樣,不時需要使用汽車。但是在另一方面,它們又不像郊區,因為當地的人口密度太高,無法像郊區那樣適應汽車和停車的所有需求。「不上不下」的密度──對於城市而言太低,對於郊區而言太高──就交通而言,就像對於其他經濟或社會目的一樣,不切實際。

在任何情況下,目前這種地區的普遍命運就是人們選擇加以離棄。如果接手該地區的人們是窮人,那麼運輸和使用的不便,並不會引起太嚴重的交通問題,因為居民可能負擔不起汽車來製造問題。當他們有這個能力的時候,通常他們會選擇離開。

但是當這樣的地區被刻意地加以「更新以找回中產階級」,或是它被當成保存的對象,要留住還沒有離棄的人口,需要提供非常周延的汽車調節,立刻變成一個主要和優先的考量。因此也就強化了既有的死氣沉沉和使用的稀疏分布。

單調的極度凋敝和交通擁擠的凋敝,相互結合。

當有更多的地方變得單調,不論事前是否經過規劃,交通對有活力的地區的壓力,也就變得越大。對於必須開車才能夠使用他們位於城市裡面單調住家附近設施,或是開車離開當地的人們而言,當他們把車子開到沒有必要、有破壞性和麻煩的地方時,就不只是

任性而已。

展現出極度單調和渙散的地方，需要提供它們產生多樣性所需要的各種條件。不論交通是否可行，這是它們的基本需求。但是要以適應大量汽車作為首要考量的話，而將其他都市用途放在第二位的時候，那麼這就會變成一個難有進展的目標。因此以汽車侵蝕城市的策略，不僅對已經存在的都市密集使用具有破壞性；它也和培育必要的、新的，或是密集的使用也相互衝突。

城市的用途和各種利益都永遠干擾著這個侵蝕的過程。在大部分的城市裡面，這個侵蝕之所以逐漸發生的理由之一，是購買已經作為其他目使用的土地需要高昂的代價。除此之外，還有許多因素影響路面交通的巨大車流數量。例如，允許行人穿越街道的許多路口，就會和車流發生摩擦。

要深刻地體認適應更多車輛的壓力和其他許多用途所產生的壓力，這兩者之間的衝突，我們只要到最近有關道路拓寬、開闢城市的快速道路、橋樑開通、公園裡面設置馬路等公聽會，或是其他需要召開公聽會的官方版本的汽車侵蝕提案去看看，就會明白。

這些場合會出現和侵蝕主張不同的觀點。他們的鄰里或是私人財產會受到影響的市民會出來反對這些計畫，有時候不只是用聲音和陳情書來抗議，甚至會發動示威和舉標語抗議[4]。他們有時候會引用我曾經談到的那些反對侵蝕的一般性論述，引用索爾茲伯里、格倫、詩人威佛雷德‧歐文（Wilfred Owen）的《汽車時代的城市》（*Cities in the Motor Age*），或是劉易士‧孟福德所強調平衡和各式

4　費城規劃委員會的主席艾德蒙‧培根（Edmund Bacon）告訴我，市民反對一項他支持的快速道路的抗議標語，上面寫著「煎培根」。

各樣交通工具的主張。

然而,有關城市未來方向的一般理論和哲學,並不是這些市民主張的重點,也不是他們最激烈和最有說服力的重點。

市民真正反對的地方在於,這些事情會給他們的家園、街道、生意和社區帶來特定的破壞。當地選舉出來的民意代表經常也會加入抗議的行列;如果他們不這麼做,下次可能就選不上了。

規劃者、交通官員、選舉產生的民意代表,還有在市府峰層的其他官員,都預期會發生這樣的抗議過程。他們非常清楚這些抗議者:善良的老百姓。但是就事情的性質而言,這並非這些老百姓的專長,他們只關心地方的利益,看不到「全局」(the big picture)。

但是,市民的心聲,就值得仔細傾聽。

我想,他們對於這些交通措施影響當地的具體和明確的推論,雖然粗俗和直接,卻是將城市從交通的毀滅當中拯救回來的關鍵,我很快就會回來討論這個問題。這也是一個提醒,很多市民有很明確的理由認為,汽車的侵蝕是不受歡迎的。

當公聽會本身必需的抗議,還有許多侵蝕改變所需要的直接費用,代表著城市對於侵蝕過程的某種形式的摩擦時,並不表示這個侵蝕的過程可以逆轉,最多也只是一種僵局。

然而,如果有其他對於交通的壓力獲得進一步的勝利時,也就是減少車輛的交通,那麼我們就有一種城市箝制汽車的可能性。

城市箝制汽車在今天已經是普遍發生的事情了。箝制,不像侵蝕,很少由任何人加以精心策劃,它也沒有被承認或是被當作政策加以實踐。然而,它的確發生了。

許多箝制現象的發生,只是短暫的。例如,當有一家不是百老匯的劇院在格林威治村幾條窄巷的交會處開張之後,那個地點所增加的使用強度,在幕與幕之間休息的時間,還有散場之後,大大地

阻礙了交通。觀眾把街道的路面當作戶外的大廳，因為人行道太窄，而人群很慢才能夠離開馬路散去。在紐約許多寬廣的馬路上，也可以看到類似的阻塞。那就是麥迪遜廣場花園在晚間舉辦活動時。人群的壓力是如此強大，以致於他們根本就忽視了汽車的權利。他們根本不管現在的號誌是輪到汽車通行。交通打結，而且回堵好幾條街廓。在這種情況之下，如果在選擇邊界的駕駛人決定下次不要再開車到這個地方來，那麼箝制效果就奏效了，儘管效果可能非常短暫。

城市箝制汽車的另外一個常見的形式出現在紐約的織品區，那裡有許多貨車的交通。這些貨車在競逐有限的道路空間，非常沒有效率；貨車的數量龐大，使得其他形式的汽車交通，難以通行。私人的客車就學會避開織品區。當那些在選擇邊界的人決定改採步行或是搭乘地鐵時，箝制效果就奏效了。的確，在織品區裡面，坐計程車或是開車都非常困難，近年曼哈頓大部分的紡織纖維廠（它們過去是位於曼哈頓市區背水核心的安靜地區），現在都搬到織品區裡面，只要步行就可以前往拜訪客戶。當這樣的搬遷增加了城市土地利用的集中情形和密度，它也降低了城市交通工具的使用。這是另外一個汽車需求被減少的箝制實例。

城市箝制汽車很少是精心策劃的，因此也就很少發現有什麼最新的例子（封閉街道改為行人徒步區，由於對於車輛幾乎都有補救措施，因此不算是重新安排交通方式的箝制措施）。然而，1958年開始封閉紐約華盛頓廣場公園，不讓汽車通行的措施，就是一個值得借鏡的例子。

占地大約七英畝的華盛頓廣場，是第五大道南端交通的終點。然而，在1958年以前，它並非第五大道的南北向交通的終點。最早有一個公園的馬車道，讓車輛通過公園，連接第五大道的終點和公

園南邊的道路。

當然，過去幾年裡在這條公園道路陸續增加的車流對於大量、持續使用的公園遊客而言，是一項很大的干擾。早在1930年代，當時掌管公園事務的羅伯特‧摩西斯，就試圖要移除公園裡面這條道路。但是他的計畫有一個補救措施──不只是補救而已──就是削掉公園的邊緣，拓寬圍繞公園四周的街道，讓公園被一圈主要的快速道路的交通幹道所圍繞。這個當地人稱爲「踩腳墊計畫」（the Bathmat Plan，用來諷刺到時候公園只剩下像踩腳墊那麼小的面積）的提案，遭到市民的抵抗和反對。僵持不下，最後也就不了了之。

到了1950年代中期，摩西斯先生又想到一個汽車侵蝕城市的新計畫。這個計畫是興建一條讓人沮喪的高速公路，讓大量的高速交通，穿過公園中心，作爲曼哈頓中城和摩西斯打算在公園南端開發的一個巨大的光輝城市和快速道路之間的橋樑。

最初大部分當地的市民都反對這個令人沮喪的高速道路提案，並且預期最後只會是一個不了了之的僵局，不會有什麼結果。然而，有兩位勇敢的女士，雪莉‧海耶斯（Shirley Hayes）和愛蒂斯‧理昂士（Edith Lyons），她們提出一個很聰明而且具有想像力的改善公園使用辦法，例如設置兒童遊戲、散步、騎馬等，但是其代價是要犧牲汽車交通。她們主張移除公園裡面既有的道路，也就是禁止各種車輛進入公園──但是同時，也不要拓寬公園周邊的道路。簡言之，她們主張減少道路面積，而且不加以補救。

她們的想法深受歡迎；對於使用公園的任何人而言，優點十分明顯。再者，這件事情開始找來社區裡面的理論專家，讓僵局不再是選項之一。當摩西斯光輝城市快速道路計畫的其他部分終於展開之後，這個通過公園的道路會引來快速─高速道路的車流量。人們注意到舊有的道路，雖然令人討厭和不方便，但是在它的負載量之

下被使用得很好。如果依照原先計畫的快速道路的負載量，情況將
會完全不同，而且令人難以忍受。

社區裡面大部分的民意開始從防禦轉為攻擊。

市府的官員堅持，如果公園裡面的行車道要關閉——他們視此
為荒唐的舉措——那麼唯一可能的替案就是拓寬公園周邊的道路。
否則將會陷入極端混亂的壅塞狀態。規劃委員會在經過一場聽證會
之後，否決了關閉行車道的提議，通過委員們稱為「最低限度行車
道」(minimum roadway)的公園道路計畫，他們的理由是如果社區
採取這種愚蠢的方案，市民日後一定會後悔的。他們說，圍繞公園
四周的街道會因為改道的交通而陷入混亂。交通官員預測附近的街
道未來每年會增加數百倍的車流。摩西斯先生預言，如果社區執意
如此，那麼市民很快就會回過頭來，懇求他重新開放這條公園的行
車道，並且同意興建快速道路，而這些混亂就可以加以導正，同時
給市民一個教訓。

如果把汽車從公園引開的事情附帶有彌補措施，那麼所有這些
可怕的預測有可能實現。然而，在任何一項替代安排進行之前——
甚至包括加速公園周邊道路的車流速度的安排——社區突然動用政
治的壓力，讓公園的行車道封閉，剛開始只是試辦性質，後來索性
永久關閉。

公園周圍的交通流量會增加的預言其實並沒有實現。這些預測
無法實現的原因是因為這些公園周邊的街道狹窄，又有許多號誌、
路邊雜亂的停放許多車輛，又有不守秩序的人闖越號誌，充滿了難
以疏通的路口，對於汽車而言，已經是一個最糟糕和最慢的道路
了。經過公園的那條行車道，已經是當下最好的南北通道了。

在公園周邊進行的每一次車流統計都顯示，交通流量並沒有增
加；大部分的統計甚至顯示有略幅的減少。在第五大道的南端，車

394 ◎ 偉大城市的誕生與衰亡──美國都市街道生活的啓發

流的數量則是大幅減少；顯然過去有相當數量的交通是穿越性的交通。關閉公園的行車道，非但沒有帶來新的壅塞問題，這個障礙反略微紓解了先前的壅塞。

那麼交通官員預測會逐年增加的汽車，跑到哪裡去了呢？

這是這個故事最精采和最重要的部分。他們並沒有明顯的消失。在第五大道東西兩側，和它平行的幾條道路，原本預期要承受車流改道的道路，似乎並沒有承受到額外的負擔。至少對於交通增加或減少非常敏感的公車行車時間，並沒有什麼改變。公車司機也沒有觀察到有任何異常的現象。有工具進行必要的規模計算和進行起始點─目的地交通研究的交通官員，似乎對消失不見的車流跑到哪裡去的這種事情，沒有什麼興趣，也不願意提及。

就像單行道上消失的公車乘客一樣，這些汽車或是有些汽車──就此憑空消失。他們的消失，不會比那些公車乘客的消失更神秘或是更不可預期。由於在一個城市裡面，沒有一個絕對和永遠不變的大眾運輸乘客的數量。在私人汽車上面也同樣沒有一個絕對、永遠不變的汽車乘客數字；相反的，這些數字會和目前各種交通方式在速度上及便利性上的差異有關。

箝制汽車是使狀況對於汽車變得較不便利。箝制作爲一種穩定持續的過程（有時候它並不存在）會使一個城市裡面使用私人汽車的人數逐漸減少。如果正確地執行──就如同刺激多樣性和強化某一個面向的城市用途──隨著汽車便利性的降低，箝制會同時減少人們對於汽車的需求。這和侵蝕對於汽車需求的增加，大體是伴隨著汽車便利性的增加，是類似的。

在眞實生活裡面，它和夢想的都市生活，截然不同。用城市來箝制汽車，或許是能夠將汽車的絕對數量降低的唯一方法。或許這也是能夠刺激較好的大眾運輸和同時促進及適應更密集和更有活力

的都市用途，唯一實際的做法。

但是，城市箝制汽車的策略不能是隨意，或是負面的。同時，這樣的政策也不能產生立即的效果。雖然它的累積效果應該是革命性的，就像任何試圖讓事情產生效果的策略一樣，它必須以一種演化的形式來進行。

什麼樣的戰術適合城市箝制汽車的策略呢？如果我們了解不是在城市裡面箝制汽車，而是由城市本身來箝制汽車，那麼許多戰術就顯而易見，呼之欲出。適合的戰術會給和汽車交通競爭的其他必要和期待的都市用途，留一些空間。

以滿足人行道使用的問題為例。從商店的戶外陳列到兒童的玩耍，人們喜歡熱鬧的街道。這些事情需要寬闊的人行道。此外，雙排的行道樹在有一些人行道上會很出色。這時候主張箝制汽車的戰術就會設法讓人行道上有大量和不同的用途，並且試圖拓寬人行道，使它們能夠增進都市生活的品質。這自然就會縮減汽車的道路面積。

唯有當我們的城市學會仔細地促進產生多樣性的四個基本條件，我們才會有更多受歡迎和有趣的街道。當這樣的街道因為多樣化的使用而需要拓寬人行道時，應該要滿足這樣的需求。

那麼，工程的資金應該從何而來呢？從現在那些錯把人行道加以縮減的地方而來 [5]。

5　曼哈頓在1955年到1958年間共拓寬了453條街道的路面，而曼哈頓的區長宣布，這只是剛開始而已。一個終止人行道縮減，箝制汽車成長的有意義的計畫──在其他事情之外──會把四年之內至少拓寬453條人行道，當作目標，而且這只是開始而已。

　　有許多實質上減少道路面積，以嘉惠其他用途的不同方法已經在使用了。在學校、部分戲院和某些商店聚集的地方外面，這些非常擁擠的地方，可以讓它們戶外的門廊有部分突出到汽車行走的路面，因此讓它們箝制汽車的數量，變成永久性的，而不只是暫時的。小型公園可以跨越街道，因此變成道路的盡頭。這些措施依然允許不同方向的車輛服務，可以接近街道。除了緊急事件之外，它們可以阻止穿越性的交通，當公園有足夠的其他用途支撐時，可以像華盛頓廣場一樣，將道路封閉。

　　除了這些及其他侵入道路空間的方法，在許多情況下是產生多樣性所必須的短街廓（因此會有許多十字路口），也會干擾車流。

　　在下一章談到視覺秩序的時候，我會提出能夠對城市生活產生正面效果，同時又能夠減少汽車交通的具體戰術建議。在城市裡面增加便利性、使用密度和趣味性，並且阻止汽車的增長，是非常可行的。今天我們自動排除大部分的便利設施，儘管有時候是令人遺憾的——卻只提那些像是容易和常見的行人穿越道的那些純粹功能上的必要設施——只是因爲它們和汽車貪婪的需求相互衝突。

　　在人們不想要的地方，我們也不需要將這些改善措施蒙混進去。有很多人渴望得到，而且樂於享受這種改變的街道和地區，則應該得到；他們想要的當地的人民會加以支持的。

　　有活力、多樣化的都市地區，和減少當地街道汽車使用的絕對數量，其間的關係是非常緊密和有機連結的關係。一個箝制汽車的良好策略可以純粹奠基在建造一個有活力、有趣的城市地區上面，然後不必去管它對汽車交通的連帶效果——它會自動產生箝制效果。

　　箝制汽車必須有一定的選擇性。就像本章稍早曾經提到過，交通會給它自己帶來壓力；交通工具之間會彼此競爭，同時也會和其

他用途競爭。正如同其他用途和交通會彼此適應和調整，車輛之間也會彼此適應和調整。例如，貨車在城市裡面的缺乏效率，大部份是因為貨車適應許多車輛競爭的結果。如果這種缺乏效率嚴重到企業覺得想搬出去或是退出市場時，那是城市侵蝕和稀疏化的另外一個面向的問題。我已經談過車輛本身不同便利性的問題：把一條街道改成單行道之後，對於私人汽車和公共汽車有不同的效果。對於汽車的便利就是對於公車的懲罰。

完全沒有選擇性的箝制汽車，在許多街道上可能會像抑制汽車一樣的抑制貨車和公車。

貨車和公車本身就是城市稠密和集中的重要表現。我很快就會指出，如果它們的效率受到鼓勵，作為一種副作用，它們也會進一步箝制汽車。

我的這種想法得歸功於紐哈芬的交通官員威廉・麥葛雷斯（William McGrath），他想出好幾種世人現在熟知的變通技巧，可以針對不同的車輛加以鼓勵或是抑制。這些點子真是棒極了；麥葛雷斯說，這是和紐哈芬的規劃者一起工作的四年期間陸續想出來的。在那段期間他了解到要移動或是停放更多的汽車和讓每一時路面發揮最大的使用功效，就像他在學院裡面學到的理論一樣，是一種最偏頗的處理城市街道的方式。

麥葛雷斯的目標之一是鼓勵大眾運輸的最大效率，在今日的紐哈芬，這意味著公共汽車。要達到這個目標，進出和通過市區的公車速度必須加快。麥葛雷斯說，毫無疑問的，這可以藉由管制交通號誌的頻率來縮短間隔，而不必減慢公車的速度。由於公車需要轉角的站牌，短的號誌頻率對公車行駛時間的干擾，比長時間的號誌干擾頻率要低。這些同步不延遲的較短的號誌頻率，經常會停止和降低私人運具的速度，因此它會抑制私人汽車使用這幾條街道。接

著,這意味著較少干擾,公車的速度也就更快速了。

麥葛雷斯認爲在使用頻繁的市區設置行人徒步街道的務實做法,就是讓街道對於汽車的使用變得一團糟──主要是把號誌系統弄亂──到達一個程度之後,「只有頭腦不清楚的駕駛在經過一兩次的混亂經驗之後,還會開車進入這個地區。」同時也要禁止停車和臨時停車。當這樣的街道到達只能讓貨車載送貨物及其他少數車輛使用的程度,它作爲行人徒步街道的地位就正式確立,而無須勞煩到任何人或是需要用把繁重的車流和停車負擔轉移到其他街道的方式加以補救。藉由汽車的箝制,在習慣上的必要改變,也被吸收了。

理論上,城市的快速道路永遠被呈現爲把汽車從其他街道移走的手段,因此被認爲是紓解城市街道的交通負荷。在眞實生活裡面,只有當快速道路的使用遠低於承載量的時候,才能夠產生這樣的功效;沒有考慮到離開快速道路之後,那個增加車流的最終的目的地。快速道路在城市裡面經常不是被當作繞道之用,而是作爲汽車的集中場。例如摩西斯先生提議的曼哈頓市區的快速道路──那個在華盛頓廣場遭到反彈的快速道路──一直都被作爲連接東河橋和哈德遜隧道之間穿越城市的快速道路訴求。事實上這個計畫還包括一個進入市區的錯綜複雜的交流道系統。這樣的結果將會變成一個汽車集中場。因此爲了適應市中心的交通需求,這項計畫事實上傾向阻塞,而不是紓解城市的分流交通。

麥葛雷斯認爲,如果快速道路眞的是要紓解城市街道的交通,它的整體效果必須納入考量。至少城市街道的停車不會增加,理論上這樣才是紓解交通。麥葛雷斯相信,即使是在出口的交流道,駕駛人也不能貫穿理論上應該加以紓解的街道。麥葛雷斯想出下面這個解決辦法:當幹道阻塞時,可以作爲幹道替代路線的街道,應該

設計成無法穿越的死巷(dead ends)；這樣才不會干擾到地方的街道使用。但是卻可以徹底阻止駕駛人試圖把它們和快速道路或是幹道連接起來。有這樣的道路設計之後，快速道路就只能作爲繞道的路徑之用。

有一些進入密集城市的交流道，可以限定只准貨車和巴士進入。

將麥葛雷斯有關選擇性的基本想法加以延伸，城市裡的貨車可以得到很大的幫助。貨車對於城市極爲重要。它們代表服務，它們代表工作。目前在一些城市街道，我們已經具備了關於貨車的選擇性戰術，只是剛好相反。例如，在紐約的第五大道和公園大道，除了送貨到該地之外，貨車是禁止進入的。

這對某些街道而言是合理的政策，但是在箝制汽車的策略之下，相同的戰術可能在某些街道弄巧成拙。因此，當街道狹窄到某種程度，必須做一個決定看哪些車輛可以通行時，優先順序可以先給貨車，其他的車輛只有在運送貨物(人)的時候，才准予通行。

同時，在多線道的幹道或是寬闊的馬路上，可以將快車道保留給貨車。這順便可以彌補紐約的草率政策，它在城市最密集的地區設計最快速連接快速道路的幹道，專門排除貨車的使用，並且迫使長途的貨車進入當地的街道。

在選擇性箝制上受到偏好的貨車，相當程度會自我區分。長途的貨車主要會使用快速幹道。狹窄或是有瓶頸路段的街道，主要是用來送貨或是取貨。

在一個箝制汽車穩定和選擇性發生的城市地區，我們預期會看到貨車在整個路面交通裡面所占的比例，比現在還高。這未必表示將會有更多的貨車，很可能是載人的客車數量減少了；對於私人汽車壓制得愈有效，我們就愈可以預期貨車不會到處都是，因爲它們

不會像現在這樣，到處暫停和空轉。再者，用在工作上的貨車，而
不是往返於工作之用的客車，會將它們的使用散布到一天裡面不同
的工作時間，而不是聚集在某個尖峰時刻。

在計程車和私人客車之間，要解決不適當的停車問題，選擇計
程車會較有利。這可以是一種有用的交通選擇形式，因為計程車能
做的事情是私人汽車的好幾倍。前蘇聯總理赫魯雪夫(Khrushchev)
在訪問美國的時候，很快就了解計程車在效率上的差別。在看到舊
金山的交通之後，他向市長提到浪費的問題，並且仔細思索他所看
到的景況之後，當他返程回到海參崴(Vladivostok)的時候，宣布在
蘇聯城市裡他的政策將是鼓勵計程車數量的增加，而不是私人汽
車。

然而，當車輛之間的相互競爭，確保它在箝制汽車的成功策略
中占有部分地位的選擇性本身，並沒有太大意義。它只有在減少城
市裡面交通工具絕對數量的廣泛策略上面具有意義。

在考慮箝制汽車的適合戰術和原則的時候，也值得回頭看一看
汽車侵蝕的過程。

城市遭受汽車的侵蝕，除了它的效果不能令人苟同之外，在某
些運作的原則上，則有許多令人欽佩的地方。任何有效果的事情都
有可資借鏡、值得敬佩和學習的地方。

汽車侵蝕城市所需要的改變，總是一點一滴地發生——如此這
般，我們幾乎可以稱它們是神不知鬼不覺地發生。在城市的整體生
活方面，即使是最戲劇的步驟，在侵蝕的過程中也是一點一滴的逐
漸改變。因此，當它發生時，每一個改變都被逐漸地吸收。每一個
侵蝕的改變都需要改變人們在城市裡面移動的習慣，但不是每一個
人都需要同時改變他的習慣，每一個人(除了那些流離失所的人)也

不必一次大幅改變自己的習慣。

箝制汽車也需要改變習慣和使用上的調整；就像侵蝕不會一下子突然改變人多習慣一樣。

漸進、演化式的箝制的好處，也必須靠大眾運輸的發展。目前大眾運輸的萎縮，不是因為缺乏技術的改善。有一大堆天才的技術被棄置不用，這可追溯到汽車侵蝕城市的年代，根本沒有理由去發展大眾運輸系統。沒有經費，也沒有信心。即使大眾運輸因為使用率的增加而被刺激發展，在箝制汽車的戰術之下，預期演進的改善會突然達成，或是希望它的存在，是不切實際的。20世紀大眾運輸的發展(有一些我們從來沒有的東西)必須追隨使用習慣和明確預期使用習慣提升，正如同大眾運輸的式微曾經追隨使用習慣的下降和預期習慣的下降。

那些慢慢吞噬城市的緩慢的侵蝕改變，絕非事先深思熟慮的結果，像一些為了舉辦奧林匹亞運動會的大型計畫或是都市計畫的主要計畫，如果它們是那樣子的話，就不會這麼有效。大部分事情的發生是對於直接、實際問題發生時所做的直接和實際的反應。每一個動作都有效果；很少無謂的姿態或是無益的事情。在汽車的箝制上，同樣的漸進方式效果最佳。就都市的設施和改善而言，也會有最好的成果。箝制的戰術應該用於交通流量和其他都市用途之間的衝突，而且作為這一類衝突發展出來的新衝突。

最後，主張城市侵蝕的人總是用正面迎擊的方式來解決問題。有一些談論，大部分是單純的抽象層次，說到要用高速公路來達成清除貧民窟的附帶目標。但是在真實生活裡，沒有人因為去除其他東西的負面目標，而推動或是支持高速公路的興建。因此增加，或是應該增加的便利、速度或是可及性，才是目標。

箝制也是一樣，必須用正面的方式操作，作為一種提供正面、

容易理解和市民期待的改善手段，以各種特定及具體的城市利益作
爲訴求。這種做法才是人們想要的，不是因爲它是一個超級有說服
力的政治舉措(雖然它的確是)，而是因爲它的目標是在特定的地方
增加城市的多樣性、活力和可行性的具體和正面的目標。將力氣集
中在清除汽車作爲主要目標，負面地將禁忌及處罰加諸汽車身上，
就像兒童常念的口訣「汽車，汽車，滾一邊」(cars, cars, go
away)，這樣的政策，不僅註定失敗，而且也應該要註定失敗。我
們必須記住，城市眞空並不比累贅的交通好到哪裡，人們應該懷疑
那些到頭來一場空的計畫。

如果我們無法阻止汽車侵蝕城市的事情，那該怎麼辦？如果我
們無法觸發能有效運作和有活力的城市，因爲這麼做所需要的實際
步驟和侵蝕必要的實際步驟相衝突，那該怎麼辦？

事情總有光明的一面。

我們美國人幾乎不需要去思考困擾人類千百年之久的謎：什麼
是生存的目的？對於我們而言，答案很清楚，而且早就毫無爭議，
那就是：生存的目的就是生產和消費汽車。

我們不難了解，生產和消費汽車可能正是通用汽車(General
Motor)＊資方的生存目的，或是對於其他在經濟和情感上致力於此
的男女，也是如此。如果他們眞的是這樣看待汽車的話，那麼他們
應該爲這個了不起的哲學與日常的責任視爲相同的事情，受到讚
揚，而非批評。然而，我們實在很難理解，爲什麼生產和消費汽車
會是我們國家生存的目的。

同樣地，我們可以理解在1920年代，當人們還年輕時，對於快

＊　[譯注]美國最大汽車製造商之一。

速道路和光輝城市願景的憧憬，認為那將會是適合汽車時代的美麗承諾。至少在當時那是一個嶄新的想法；例如對於紐約的羅伯特‧摩西斯那個世代的人而言，當這個想法正在萌芽，而他們的心智也正在成長的時候，它的確是激進和令人興奮的。有些人傾向緊緊的抓住一些老的知識光芒，就像一些美女，當他們人老珠黃之後，還緊抓著他們年輕時的流行服飾和髮型不放。但是我們更難理解，為什麼這種阻礙精神進步的想法要原封不動的傳給下一代的規劃者和設計師呢？為什麼今日的年輕人，也就是現在正在為了他們的職業生涯接受訓練的這些人，必須接受他們的想法必須徹底地「現代化」，那些想法不僅讓我們的城市和交通無法運作，而且這些想法早在他們的父執輩還是孩提時代就沒有什麼新意，真是讓人不解。

第十九章

視覺秩序的限制及可能性

當我們在處理城市的問題時，我們是在處理最複雜和最密集的生活。正因為如此，我們在處理城市的問題的時候，會有一個基本的美學限制：一個城市不會是一件藝術作品。

在城市的安排和生活的其他領域裡面，我們都需要藝術來幫忙解釋生活、闡述其意義，和說明我們內在的生命和外在的生活之間的關係。或許，我們最需要藝術的地方在於重新確認我們的人性。然而，儘管藝術和生活是密不可分的，但是二者並非同一件事情。這兩件事情的混淆，可以部分解釋為什麼我們的都市計畫會令人如此失望。在找出更好的設計策略和戰術之前，有必要先釐清這些混淆。

藝術有其特殊的秩序形式，那是非常嚴謹的。藝術家，不論他們運用何種媒材，都是從生活中的許多素材中加以挑選，然後在他們的控制之下將這些選擇的東西組合成作品。當然，藝術家會有一種作品的需求(在他們選擇素材的時候)在控制著他們。這個過程不可思議的結果——如果這些選擇、組織和控制彼此一致的話——就是藝術。但是這個過程的本質是有紀律的，是從生活裡面嚴格挑選出來的。相較於無所不包和異常複雜的生活，藝術是隨意、象徵和抽象的。這是它的價值，以及它自己的秩序和一致性的來源。

要解決城市，或是都市鄰里的問題，把它當成一個藉由將它轉

換成有紀律的藝術作品來產生秩序的大型建築問題，是犯了以藝術代替生活的錯誤。

把藝術和生活嚴重混淆的結果，就是既不是生活，也不是藝術。它們是複製的標本。在對的地方，標本可以是一個有用和體面的工藝品。然而，陳列及展示的標本是死亡、填充的城市時，事情就過頭了。

就像所有遠離事實和不再尊重他們處理的對象時的藝術嘗試一樣，這個城市標本的工藝品在掌控它命運的主導業者手中，變得更挑剔和矯揉造作。對他們而言，這可能是進步的唯一形式。

這些都是摧殘生活(和摧殘藝術)的誤用藝術。

當然，藝術的創造也有可能不要像我們社會通常那麼個人主義的過程。

在某種情況下，藝術的創造顯然可以藉由普遍，而且事實上是匿名的共識來達成。例如，在一個封閉的社會裡面，一個技術受到束縛的社會，或是在一個受到壓制的社會，不論實際的需求或是傳統習俗，都可以促使每個人在基本的目的和必要的素材上面，有合乎紀律的選擇性。一個他們的組織者所需要的素材的共識所形成的紀律，一個對於他們創造形式有紀律的控制，這樣的社會可以產生村莊，或許是某地所特有的城市，那些在實質的整體性上看起來會更像作品。

但是這並非我們所面對的情形。對於我們而言，這樣的城市或許想起來會很有趣。我們會推崇這種和諧的作品具有一種鄉愁，進而思索為什麼我們的城市不能和它們一樣呢？

我們無法像這些傳統城市一樣是因為在這樣的社會裡面，對於個人的可能性和批評的限制遠超過從日常生活取材來創造藝術作品的素材和概念。這種限制和批評深入每一種可能的範疇(包括知識

的機會），也深入人與人之間的關係。這些限制和責難對我們而言，似乎是一個不必要和難以忍受的生活蠢事。對於我們所有的順從性而言，我們太過冒險、好奇、自我中心和競爭，以致於無法成爲一個有共識的那種藝術家的和諧社會。而且，我們太強調這些特質，以至於我們無法成爲那樣的社會。這也不是我們建造城市的建設性方法，或是我們發現它們有價值的理由：去體現傳統或是去表達(及凍結)和諧的共識。

19世紀的烏托邦主義者，具有拒絕都市化社會，以及繼承18世紀推崇「自然」人或原始人的那種高貴、簡單的浪漫主義想法，深深受到簡單環境即和諧共識之藝術品的規法所吸引。這樣的狀態，是烏托邦改革傳統的希望寄託。

這個沒有用的(而且非常反動保守的)期待，也影響到田園城市規劃的烏托邦主義，至少在意識形態上是如此，多少使得權威的規劃強加和凍結的和諧與秩序的支配主題，變得比較溫和一點。

這個由共識的藝術所形成的最終、簡單環境的希望──或是那種期待的遺跡──當它從光輝城市和城市美化運動中抽離出來之後，還繼續貫穿田園城市的規劃理論。因此，一直到1930年代劉易士・孟福德在《城市的文化》(*The Culture of Cities*)一書中，還將追求他在社區規劃中爲我們預想的類似編織籃子、製造陶藝和打鐵之類的事情，視爲重要的事情。如果沒有這種傳統的話，它的確會令人感到迷惘和困惑。到了1950年代，美國先進的田園城市規劃者，克拉倫斯・史坦，在接受美國建築學會頒發的獎牌以獎勵他對建築進步的貢獻時，提出了一些可能適合在他想像的理想社區中，由和諧的共識所創造出來的一些目標，例如他提議居民可以自己動手建造托兒所。但是史坦話中的要旨是，除了勉強同意的托兒所，整個社區的實質環境和各種設施的安排必須完全、絕對和不容挑戰

地操縱在負責規劃的建築師手中。

當然，這和光輝城市及都市美化運動的假設前提並無不同，這些想法主要是建築設計的狂熱信仰，而不是社會改革的狂熱信仰。

間接透過烏托邦的傳統和直接透過更實際的藝術信條的強加其上，現代都市計畫從一開始就受到將城市改變成守紀律的藝術作品，這種不適當的目標的拖累。

就像住宅專家，除了區分所得的住宅計畫之外，腦筋一片空白。還有交通專家，除了滿足更多汽車的需求之外，也想不出別的辦法。從事都市設計的建築師，在試圖創造城市的視覺秩序的時候，除了用藝術的秩序來取代生活的秩序之外，腦筋也經常是一片空白。由於他們缺乏能夠幫助城市的設計策略，所以也發展不出適當的戰術。

除了試圖以藝術取代生活，都市設計應該回歸同時尊崇藝術和生活：一個能夠照亮和釐清生活，同時幫助解釋其意義和秩序的策略——在這件事情上面，它要能夠幫助我們闡明、釐清和解釋城市的秩序。

我們經常聽到有關城市秩序的謊言，呢喃地訴說著重複代表秩序。抓住幾種建築形式，給它們一個僵化的規則性，並且欺瞞大眾說，這就是秩序。世界上再也沒有比這更容易的事情。然而，單純僵化的規則性和功能秩序的重要系統，在這個世界上並不是偶然的事情。

要能夠看出有複雜功能秩序的系統是一種秩序，而不是混亂，需要加以了解。秋天從樹上掉下來的落葉、飛機引擎的內部、剖開的兔子內臟、一家報社在市區的服務櫃台，這些東西如果沒有加以理解，從外表上看起來就會是一團混亂。一旦它們被了解成一種秩

序的系統，它們看起來的確就會不一樣。

由於我們使用城市，因此我們會有經驗。大部分人對於了解和欣賞城市的秩序已經具有良好的基礎。我們有時候無法理解這些秩序，還有許多不愉快的混亂感覺，來自缺乏足夠的視覺強化來強調這些功能秩序。同時，更糟的是，還有不必要的視覺衝突。

然而，要尋找一些能夠釐清戲劇性的關鍵或是核心元素，將是徒勞無功的事情。在城市裡面，沒有一個單一的元素是真正關鍵或是核心的。混合本身才是核心，不同元素之間的相互支持才是秩序。

當都市設計師和規劃者試圖找出一種能夠清楚和簡單地表達城市結構的「骨架」的設計方法(快速道路和步道是目前最受歡迎的)，他們根本就走錯了方向。城市和一個哺乳動物、一個鋼骨結構、一個蜂窩或是一群珊瑚不同。城市真正的結構是由使用的混合所構成，當我們接觸到產生多樣性的條件時，我們是最接近它的結構秘密。

作為一個結構系統本身，一個城市最好直接了當就它自身的結構來了解，而不要透過其他的有機體或對象來了解。然而，如果類比的便宜行事可以有助於我們的理解，或許對於城市最好的比喻就是假想它是黑暗中的一大片田野。在田野之中，有許多火堆在燃燒。它們有大有小；有一些分得很開，有一些靠得很近；有一些比較明亮，有一些即將熄滅。每一團火，不論大小，都有光影投射到周圍的黑暗之中，因此開拓出一個空間。但是這個空間和它的形狀只有當火光照亮的時候才存在。

除了被火光刻劃出空間的時候之外，周圍的黑暗並沒有形狀。當兩堆火光之間的陰暗處變得深沉莫辨的時候，唯一能夠給它形狀或是結構的方式，就是再起一堆火，或是把最近的火堆燒得更大一

點。

以有複雜和有活力的使用能給城市的各部分適當的結構和形狀。凱文‧林區在《都市的意像》一書中提到「迷失的」地區（"lost" areas)的現象，也就是他訪談的對象完全忽視這些地方，而且事實上，除非有人提醒，否則她們並不知道這些地方的存在。儘管這些「迷失的」地方是如何活該被遺忘，但是有時候他的觀察者其時正在，或是以為正在穿越這些地方[1]。

只要是使用和活力的火光無法在城市裡面照亮的地方，就是陰暗之所在，基本上缺乏都市形態和結構的地方。缺乏那些重要的光芒，尋找能夠撐起地方的「骨架」、「框架」或是「基層組織」來產生都市的形態，無異是緣木求魚。

回到具體的真實世界，這些定義空間的火光是比喻由多樣化的都市用途和使用者相互之間細緻和有活力的支持，所形塑而成的地區。

這是都市設計可以使得上力氣的基本秩序。這些有活力的地區需要釐清它們了不起的功能秩序。當城市裡面這樣的地區越多，灰暗(或是陰暗)的地區越少，釐清這個秩序的需要和機會將會增加。

不論這個秩序釐清出來的結果是什麼，這個錯綜複雜的生活主要必須靠強調和暗示的戰術來達成。

暗示(suggestion)——也就是代表整體的部分——是藝術溝通的主要手段；這是為什麼藝術經常以非常精簡的方式告訴我們這麼多

1　有一個和高速公路有關的類似現象。林區教授評論道：「許多[洛杉磯]的東西在快速的高速公路上和剩下的都市結構之間，很難建立精神上的連結，就像在波士頓的情況一樣。在想像中他們會走過好萊塢高速公路，彷彿它並不存在。一個高速的幹道未必是在視覺上劃定一個中心地區的最好方式。」

事情。我們之所以能夠了解暗示和象徵，相當程度是因爲這是我們看待生活和世界的方式。我們不斷從我們感官所經歷的事物之中，去組織和選取我們認爲相關和一致的形式。我們會丟棄或是塞進一些次要的知覺，那些在當下對我們的目的不能產生意義的印象——除非那些印象強烈到無法忽視。視我們的目的而定，我們納入和組織的選取方式，也不盡相同。就這個層面而言，我們都是藝術家。

這個藝術的屬性，以及我們看待事情的屬性，是都市設計實務可以保存，並且轉爲優勢的特質。

設計者不需要完全控制全局的視野才能夠在城市中導入視覺設計。藝術很少這麼直接和膚淺，如果藝術是這樣子的話，那也是爛藝術。除了負責的設計師之外，照實的視覺控制在城市裡面通常是讓每一個人都感到無聊的東西，有時候設計完工之後，設計師自己也覺得無聊。

我們需要的戰術，是要能夠幫助人們從他們所看到的事物之中，爲他們自己製造秩序和意義的暗示，而不是混亂。

在城市裡面，街道提供主要的視覺景象。

然而，太多的街道出現在我們之前，就會感到深刻和混亂的衝突。街道的正面景象向我們展示各種細節和活動。它們做出一種視覺的聲明（visual announcement）（非常有助於我們了解城市的秩序），告訴人們這是一個熱切的生活，而且深入它的構成裡面，有許多不同的事情。它們做出這樣的聲明，不只是因爲我們可以看到相當多的活動本身，而是因爲在不同的建築類型、符號、店面或是其他企業和機構等等，我們看到活動和活力的鐵證。然而，如果這樣的街道一直延伸下去，讓街道正面景象的強度和複雜度，明顯地沒有止境和亂七八糟的自我重複，最後逐漸消失在無限的遠方，我

們也得到一個明顯訴說無止境的聲明。

　　就所有的人類經驗而言，有兩種聲明，很難結合成一個有意義的整體，一種是訴說非常巨大強度的聲明，另一種是訴說無止境。

　　這兩種的聲明，或是其他，衝突的印象必須決定先後順序。觀看者必須打擊或是試圖壓制其他的印象。不管怎麼樣，很難不覺得混亂和失序。街道的正面景象越是活潑和越有變化(也就是說，它多樣性的內在秩序越好)，這兩種聲明之間的衝突就越尖銳，因此也就越麻煩。如果有太多街道體現了這種衝突，如果它們讓一個地區或是整個城市烙印上這樣的模糊性，那麼整體的效果就會朝向混亂。

　　當然，有兩種方式來看這樣的街道。如果一個人給予遠景(long view)及其所代表重複和無限優先的地位，那麼街道正面的前景(foreground view)和它所傳達的強度就會顯得多餘和唐突。我想這是許多有建築訓練的人看待城市街道的方式，這也是許多(但不是全部)有建築訓練背景的人，在面對城市多樣性、自由和生活等實質證據時，會表現出不耐，甚至輕蔑的原因之一。

　　另一方面，如果街道的前景占有優先的地位，那麼那些無止境的重複和連續，沒入在無邊的遠方就會變成多餘、唐突和沒有意義的元素。我想這是我們大部分人、大部分時間，看待城市街道的方式，因為這是一般使用既有街道的人的觀點，他們不會抽離去看待城市的街道。用這種方式看待街道，觀看者從最近的景象中產生意義，而且至少有一個起碼的秩序。但是其代價是把遠方視為一個糟糕的大雜燴，如果有可能的話，最好在心理將它忘掉。

　　要給大部分這樣的街道——還有以這種街道為主的地區——帶來視覺秩序的機會，就必須處理這個強烈視覺印象的衝突。我想這是歐洲的遊客到美國來的時候，面對我們棋盤狀的街道系統，讓他

們經常覺得我們的城市很醜陋的原因。

城市需要有那樣的使用強度和多樣性，才可能有它的功能秩序；要將這些證據從街道上除去，只有摧毀必要的功能秩序才有可能辦到。然而，另一方面，城市的功能秩序並未要求無止境的視覺秩序，這個視覺印象可以極小化而不會妨礙到功能秩序。的確，當我們這麼做的時候，密集使用的重要屬性才眞正得以強化。

因此，許多（但不是所有）城市街道需要視覺的中斷（visual interruptions），切斷無止境的遠景，同時藉由給它一個封閉和主體性的暗示，在視覺上強化及讚揚密集使用的街道。

我們城市有不規則街道形式的老舊街區，經常這麼做。然而，它們有著不容易理解這是一個街道系統的問題；人們在這樣的街道裡面很容易迷路，而且很難把街道的形狀烙印在腦海的地圖中。

當基本的街道形態是棋盤狀的平面設計時，它有許多優點，但是，有兩種主要的方式可以爲城市的景觀帶來相當程度不規律和中斷的視覺效果。

第一種方式是當棋盤狀的街道彼此隔得太遠的時候，可以增加一些額外的街道──例如，像曼哈頓的西城那樣；簡言之，在任何情況下有必要增加街道時，是爲了幫助產生多樣性的功能目的。

如果這樣的街道能夠經濟有效地加進去，並且給予適度的尊重和自我限制，以便在可能的路徑中保存建築群中最有價值、最漂亮或是最不一樣的建築物，同時在可能的適當地點，以將現有建築物的背面或側面納入街道的前景，作爲目標，給它一種混合著不同屋齡的感覺，那麼這些新街道就不會顯得太直和太長。在街道之中就會有彎曲和相當的轉折。即使是把以前的大街廓截成兩個小街廓，也不太可能隨著它延伸到下面一連串無止境的街廓，而形成一條連續的直線。當這些並列的街道以適當的角度遇到交叉的街道時，會

形成某種T形的連結。　一般的審慎和尊重城市的多樣性，加上了解在這些情況下，小規則性本身就是一種優點，可以為新附加的街道決定各種可能的替代路徑。最小的實質破壞應該和最大的視覺收穫加以結合；這兩種目標並不衝突。

在一個主要的棋盤街道系統當中，作為輔助的不規則性，並不難理解。像這種在棋盤狀的街道中被導入的額外街道，甚至可以用它們和棋盤街道的關係加以命名。

我想，將基本上簡明易懂的棋盤街道系統和故意插入距離過長且不容易行使街道功能的棋盤街道當中的不規則街道，可以是美國對於都市設計戰術的一個最傑出和最有價值的貢獻。

第二種在不足的地方導入不規則性和視覺中斷的手段，在於棋盤街道本身。

舊金山是一個在棋盤的街道模式中，有許多自然的視覺中斷的城市。一般而言，舊金山的街道是二維設計、有規則的棋盤安排；然而，在三維的地貌上面，卻是視覺中斷的大師之作。許多突兀的山丘不斷讓遠近的景觀所分隔，人們不管是由下往上看，或是由上往下看，這樣的安排會非常強調立即鄰近的街景，但又不會犧牲棋盤組織的明確性。

城市如果沒有這樣的地形，就無法藉由自然的手段再現這樣令人愉快的驚奇。然而，它們也可以在直線和規劃的街道形式中引進視覺的中斷，卻不會犧牲街道組織和人行移動的明確性。跨越街道，連接兩棟建築物的空橋，有時候可以產生這種效果；連接兩條街道的建築物本身也有這種效果。偶爾，大型的建築物（最好是重要的公共建築）可以在地面層跨越直線的街道。紐約的中央車站（Grand Central Terminal），就是一個最好的例子 [2]。

「無止境」的直線街道，也可以被中斷，而且，在一個廣場周

圍被切開的街道本身就會形成一種中斷的效果。小型公園可以跨越街道兩邊的人行道，使汽車交通的直線街道變成路的盡頭；這時候可以用樹叢或是小型的(希望是可愛的)公園結構來提供視覺的中斷或轉移。

在其他情況下，視覺的中斷未必需要延伸到整個直線的街道，而是讓一棟或是幾棟建築物從正常的建築線突出，形成一個不平整的皺摺顛簸，讓人行道退縮成騎樓。另外一種形式的皺摺，是在街道的一邊設置一個廣場，讓建築物突出，形成一個視覺中斷。

人們可能會認爲，所有這些對於街道密集使用的視覺強調會給人壓迫感，甚至是不符合人性的。但事實並非如此。在眞實生活裡面，有許多街道視覺中斷的地區，並不會讓人覺得有威脅感或是壓迫感；它們反而讓人覺得「友善」和更容易被感受到是一個地區。畢竟，這是密集的人類生活受到肯定和強調，而且，被強調的是可以被了解和切身相關的面向。反而通常會是城市無止境和重複的景象，讓人覺得受不了、不人性和難以領略。

然而，在使用街道的視覺中斷時，可能有一些陷阱需要注意。

首先，如果沒有什麼有關街道密集使用的視覺故事和細節可說，就沒有什麼道理使用街道的視覺中斷。如果一條街道眞的只有一種不斷重複的用途綿延不絕，只有一些稀疏的活動，那麼視覺的中斷也無法釐清現有的秩序形式。事實上，空無一物的視覺圍繞(就城市的密集使用而言)，不過就是一種設計的矯揉造作罷了。視

2　另外還有一個額外街道的例子。那就是有著T形終點的范德比爾特大道(Vanderbilt Avenue)。同時，在范德比爾特大道T形終點的北邊有一棟漂亮的新建築，聯合碳化大樓(Union Carbide)，連接兩邊的人行道；此外，在范德比爾特大道和麥迪遜大道之間的短街廓，剛好展示了對城市的短街廓而言是再自然不過的活力和便利。

覺的中斷和視覺的延續本身，並不會帶來活力和密集使用，或是伴隨著具有安全、抑啐、隨性等公共生活的經濟機會。只有產生多樣性的四個必要條件可以辦到。

其次，讓所有的城市街道都有視覺中斷，不僅沒有必要，甚至讓人覺得無聊。畢竟大城市是一個大地方，偶爾承認和說明這個事實，並沒有什麼不對(例如，舊金山山丘的另外一個優點，就是看出去的景觀有這種效果，同時又可以將遠近不同的街景加以區隔)。有時候一望無際，或是讓視覺焦點停留在遠方的街道，也是一種變化。有一些連接到邊界的街道，像是水岸、校園或是大型的運動場等，就應該順其自然，不要有視覺的中斷。不是每一條連通邊界的街道都需要呈現這個事實。但是其中有一些街道應該引進不同的模糊遠景，同時也傳遞究竟邊界是什麼樣子的地方的相關資訊——這是林區在研究城市的「可想像性」(imageabaility)*時，從訪談對象中得悉的一種方向線索的形成。

第三，街道的視覺中斷，就功能而言，不應該是道路盡頭的死路(dead ends)，而應該是「角落」。實際上，對步行交通的切斷，在城市裡面尤其具有破壞性。應該都要有路可以繞過或是直接穿過這種視覺中斷，一條人們可以實際到達的路，並且在眼前呈現一番不同的街景。已故的建築師伊萊爾‧薩里南(Eliel Saarinen)在解釋他自己的設計前提時，曾經將在視覺上有魅力的視覺中斷的設計屬性，很簡潔地歸納為，那就是「視覺一定要有一個盡頭(end)，但是盡頭一定不能是最後的終點(final)。」

第四，視覺中斷的力量有部分是來自原則的例外。太多相同種

＊　[譯注]而這種對於都市空間元素的環境視覺，正是構成心智圖(mental map)的重要概念之一。

類的東西反而不會突出。例如，沿著一條街道上面有太多廣場，街道在視覺上面就會崩解，難以構成一條街道的感覺，在功能上便失去了意義。如果有一整排的廊道突出，而不是只有一兩處的例外，就會使得整個街道感覺狹窄，甚至產生幽閉的效果。

第五，一個街道的視覺中斷自然會吸引人們的目光。而且它的特徵和整體景觀給人的印象有關。如果它是平凡、空洞或是雜亂的，最好不要存在。在這種地方有一個加油站，一排看板或是一個眞空和不引人注意的建築物，在相對的比例上會產生一個令人乏味的感覺。一個街道的視覺中斷如果是美麗的，那是何其有幸。但是如果我們在城市裡面太認眞追求美麗，我們通常會以浮誇不實作爲收場。美是可遇不可求的，但是我們可以要求那個視覺中斷必須是體面和有趣的。

地標，正如同這個詞彙所代表的意義，是方向的主要線索。但是好的地標在城市裡面還扮演其他兩個釐清城市秩序的功能。首先，它們強調(同時也尊敬)城市的多樣性；它們是靠吸引人們注意到它們與周邊的鄰居之間不同的事實，而且因爲它們的不同而顯得重要。這個有關它們自身的明確陳述隱含一個有關城市的構成和秩序的陳述。其次，在某些情況下，地標可以讓我們看到在功能上重要的地區，在視覺上面也同樣會受到肯定和尊敬。

藉由了解地標的其他功用，我們可以了解爲什麼許多不同的用途，視它們在城市裡面的背景而定，可以被當作城市的地標來加以辨識。

讓我們先來思考地標作爲一個多樣性的說明者及其尊嚴的捍衛者。當然，地標之所以可以作爲地標的理由之一，是它位於一個有利的位置。但是除此之外，地標本身也必須與眾不同，這是我們現

在關心的重點。

不是所有的地標都是建築物，但是在城市裡面建築物通常是主要的地標，而且它們表現的好壞，原則上也適用於其他大部分的地標，例如山巒、美麗的噴泉等等。

就像我們在第十二章裡面所討論的，一個建築物令人滿意的不同外觀，幾乎總是從它在使用上的差異，發展而來。同樣的建築物在某些環境之下，實際上可以變得非常不一樣，這是因為它的用途在它的背景裡面是不同的。但是當它在另外一個相同用途的背景之下，就不會顯得不同。一個地標的特殊性，相當程度得視它和鄰近事物之間的相互關係而定。

在紐約，位於華爾街端點的三一教堂就是一個著名和效果卓著的地標。三一教堂實質上的特殊性，純粹是因為背景的呆板，有部分原因也是因為它良好的地標位置——在T型的交叉路口，並且是隆起的坡地上面——但是也因為三一教堂在整個辦公大樓的背景當中，功能上的特殊性。由於它和整個主要的背景如此地大相逕庭，即使它比其他相鄰的大樓低矮許多，三一教堂還是在街道景觀上製造了一個令人滿意的高潮。和它一樣大小的辦公建築(或是任何規模的辦公大樓)，位於相同的有利位置，在這樣的背景之下，就是無法產生地標的效果，也不能傳達相同程度的視覺效果。

同樣的道理，紐約市立圖書館座落在第五大道和四十二街交叉口那樣的商業環境當中，就構成一個絕佳的地標。但是像舊金山、匹茲堡和費城等地的公立圖書館，就不是這麼回事。它們的缺點是和周圍的機構之間，並沒有太明顯的反差，或是——無可避免的——在外表上也相當類似。

在第八章談到需要混合主要用途的時候，我討論到把重要的市政建築物散布到普通的城市地區的功能價值，而不應該聚集在文化

或是市政中心的計畫地區裡面。這些計畫除了引起主要用途的功能不便和經濟浪費之外，這些建築物聚集成浮誇的孤島並不能發揮地標的功效。儘管每一個單獨的建築物本身都可以產生很棒的城市多樣化的印象和象徵，但是它們彼此爭奇鬥艷的結果卻是相形見拙。這是嚴重的事情，因爲我們迫切需要更多的，而不是更少的，都市地標——大型和小型的都需要。

有時候要讓一棟建築物有地標的特質，只要讓它的體積比周圍的建築物大就可以，或是讓它在風格上不一樣。通常，如果一棟建築物的用途基本上和相鄰的用途相同，那就會顯得單調——不信可以試試看。而且這樣的建築物也無助於釐清和給予多樣化的使用該有的尊嚴。的確，它試圖讓我們知道，在城市的秩序當中，重要的事情不只是規模或是外觀的差異而已。建築風格和建物規模是地標的根本這種說法，其實是來自都市使用者對它們的感情和注意上面，而這些人並不愚蠢。

然而，值得注意的是，依賴規模而變得與眾不同的建築物，的確爲在遠方的人提供了良好的方向辨識和視覺趣味的地標功能。在紐約，帝國大廈(Empire State Building)和有大型光亮時鐘的聯合愛迪生大樓(Consolidated Edison Tower)，就是例子。人們從鄰近的街道看它們，和周遭的建築物並沒有什麼兩樣，也不顯得特別重要，因此也就不是什麼特別重要的地標了。費城的市政廳，大廳的頂端矗立著威廉·佩恩(William Penn)雕像的高塔，從遠方看來是一座了不起的地標；而且它和周遭緊鄰的城市環境的眞正差異，不是表面的，讓它從近處看起來也是一個了不起的地標。對於遠方的地標，形體的大小有時候的確會有影響。對於鄰近的地標，使用的差異和對這個使用差異的陳述，才是基本關鍵。

這些原則也適用於大部分的小型地標。一個小學，因爲它在周

圍環境中的特殊用途,加上它的視覺性,可以是一個地方的地標。許多不同的用途可以作爲當地的地標,讓它們在自己的背景脈絡之下呈現出獨特之處。例如,華盛頓州斯伯坎(Spokane)地方的居民認爲,當地一個在實質上特別受人喜愛的地標是戴芬波特飯店(Davenport Hotel)。它不僅僅只是個一般的飯店,同時也是當地城市生活和聚會的獨特與重要的中心。在一個以住宅爲主的地區,受人矚目的工作場所經常也可以成爲地標。

有一些是聚集中心的戶外空間,有時候稱之爲節點(nodes),就表現得很像地標,並且強力地澄清它們獨特之處所產生的秩序,發揮和地標建築物一樣的功能。紐約的洛克斐勒中心就是這樣的一個地方;對於鄰近地面的城市使用者而言,它比中心後面的高樓或是環抱在它周圍較小的大樓,更像一個「地標」。

現在讓我們來考慮地標能夠有助於釐清城市秩序的第二種額外功能:它們有助於在視覺上明白地說出一個重要的地方,真的在功能上有其重要性。

許多人會共同聚集的活動中心點,在城市裡面則是經濟和社會的重要場所。有時候它們的重要性是對於城市整體而言,有時候僅在特定的鄰里範圍裡面。這種有功能事實的中心,未必在視覺的特殊性或重要性上有相稱的優點。在這種情況下,使用者可能會獲得與之牴觸或是混淆的訊息。活動的景象和土地利用的密集程度說出它的重要性。缺乏任何視覺焦點或是具有尊嚴的東西,表示它並不重要。

由於大部分城市的中心活動幾乎都是被商業活動所支配,所以在這種地方有效的地標通常必須是完全非商業用途的。

人們會深深地依附位於活動中心點的地標,而他們對於城市秩序的直覺是正確的。在格林威治村,舊的傑佛遜市場,現在是一座

廢棄的庭院，緊鄰整個社區最熱鬧地區的明顯位置。它是一個典雅的維多利亞式建築，但是大眾的看法卻呈現極端美麗和極端醜陋的兩極看法。然而，大家都有一個相當高的共識，包括那些不喜歡這棟建築物的人在內，那就是必須加以保留和使用。這個地區的居民，還有在他們指導之下的建築系學生，花了許多時間仔細地研究這個建築物的內部，它的狀況和它的潛力。目前的市民組織投入時間、精力和對市政府施加壓力，試圖加以拯救。一個新成立的組織，甚至開始籌錢修理壞掉的鐘塔，讓它恢復運轉！市立圖書館曾經展覽過這個市場在建築和經濟上的特殊性，現在已經要求市府提供資金把這棟建築物改成圖書館的分館。

為什麼一棟位於中心位置的特殊建築物的繁忙，可以為某些人帶來快速致富的機會，並且為政府帶來額外的稅收，如果它就像周遭大部分的地方一樣，只是作為商業和住宅用途？

在功能上，作為圖書館的不同用途剛好是這裡需要的，有助於對抗多樣性的自我破壞。然而，很少人知道這個功能上的需求，或是意識到這樣的一個建築物可以有助於穩住多樣性。但是，人們似乎普遍同意，在視覺上，這個地標在整個繁忙熱鬧的鄰里當中會失去它的重點——簡言之，它的秩序會變模糊，而不是獲得釐清——如果這個地標是放置在重複已經存在它周遭的相同用途當中的話。

即使是一個原本毫無意義的地標，只要它位於一個活動的中心位置，似乎對使用者的滿足，也會有所貢獻。例如，在聖路易一個位於沒落、灰暗地區的破爛商業中心的正中央有一個巨大的水泥柱，它過去是一座大水塔。許多年前，當水塔的水槽被移走之後，當地的居民像市政府陳情，留下這座水塔的基座，然後自己花錢整修。它還為這個地區帶來一個名稱，就叫做「水塔」(the Watertower)，而且它也讓這個地方有一點點不一樣，否則這個地區

甚至很難被認出是一個地方。

作為一個秩序的釐清物，當地標位於它的鄰居之間正中央的位置時，效果最好。就像我提到的那些例子。如果它們和整個景象有所區隔或是孤立時，那麼它們就會和城市差異的重要事實相衝突，也就不能解釋和在視覺上面加以強化它們彼此之間的相互支持。這也需要藉由暗示加以訴說。

吸引目光的視覺焦點，如同先前在視覺中斷提到的例子，在相對於它們所占據的實質空間中的城市外觀，具有其重要性。

有一些吸引目光的東西，只是因為它們是什麼，而不是因為它們在哪裡，而成為吸引目光的東西，例如在整個公園空間的廣角視野裡面突出的一棟老建築，或是一小群不一樣的建築物，若是處心積慮或是千方百計要創造或是控制這一類吸引目光的焦點，我想這是既非必須，亦非可取。在有多樣性產生的地方，在又混合著不同建物年齡的地方，在有機會及歡迎許多人的不同計畫和品味的地方，這一類吸引目光的東西總是脫穎而出，而且它們會比任何著眼在都市設計上能夠審慎規劃的東西，更令人驚奇、不同和有趣。真實比幻想更神奇。

然而，另外有一種吸引目光的東西，純粹因所在位置而變成吸引目光的東西，而這些東西必須被視為都市設計精心設計的一部分。首先，它們單純作為一個地點，必須真的是能夠吸引目光的焦點——例如，街道的視野中斷。其次，這些焦點必須被視為某種東西。這些能見度高的東西要數量稀少，而且又很特殊；它們在構成街景的一大群建築物和位置當中，只是一兩個點。因此，我們不能依賴平均的法則或是只靠運氣，就要在這些自然吸引目光的焦點上傳遞視覺的重點。我們經常需要的只不過是在既有的建築物上面已

經存在的一個好的油漆顏色(以及看板的減少)。有時候在這些地點
上也需要一棟新的建築物或是新的用途。要處理這少數幾個已經無
可避免的成爲注目焦點的地方，有許多特性，而不是重點的強調，
可以放在整個景觀的暗示上面，而且要給予最少的設計安排和賦予
最大的經濟手段和戰術。

這一類地方的重要性，以及讓它們成爲注目焦點的重要性，在
一本由紐約的規劃師與建築師組成的調查都市設計控制問題的委員
會所製作的冊子《規劃與社區外觀》(*Planning and Community
Appearance*)中，已經說得很清楚的。委員會的主要建議是，一個
社區裡面重要的視覺焦點要加以確認，然後這些小焦點的分區需要
特別加以處理。委員會的報告指出，在分區和規劃的一般計畫裡
面，溫和的包含這些目光焦點的位置，不會產生什麼好結果[3]。它
們的位置本身就賦予這些少數基地上的建物特殊和例外的重要性，
如果我們忽略這個事實，我們就忽略了最重要的事實。

有一些缺乏良好注目焦點，或是在注目焦點之外，需要另外一
種設計的幫忙。它們需要一個整合的措施，來暗示街道在多樣性之
外，同時也是一個整體。

我在第十二章曾經提到適合住商混合的街道採取的一種戰術，
以防止它們因爲不協調的大型使用而造成視覺上的分裂和崩解。在
這些街道上適合視覺整合的戰術，在先前已經提到過了，就是在街
道的前景上，允許對於任何單一企業的面寬在分區規定中加以規
範。

3　這些冊子可以從紐約區域規劃協會處取得，裡面探討這個方法所需要
的立法、管理和租稅措施，因此對於有興趣了解城市視覺秩序的人而
言，是極具價值的資料。

有關另外一些街道的整合戰術，我們可以利用一個原則，那就是將強烈、但是不至於唐突的設計元素，用有秩序的方式，將許多偶然的細節結合在一起。這一類整合的戰術運用在（那些大量被使用、能見度極高和包含許多細節但卻沒有真正使用上差異的）街道非常管用──例如那些純粹是商業活動街道。

其中最簡單的一種方式就是將沿街的行道樹統一，但是樹的間距要夠近，讓人近看時有一種連續感，同時遠看時樹與樹之間的距離也會被忽略。店面也有可能會是整合的手段；也就是讓人行道的店面具有簡單及強烈的圖案。色彩鮮豔的雨棚可能也是可以作為街道整合的元素。

每一條需要這些協助的街道有它自己的問題，或許需要它自己加以解決[4]。但是在整合的手段中，有一個陷阱。其中一個理由是整合物的力量在於它對一個地方而言是特別的。這個關鍵本身，在某種程度上幾乎和每一個景觀結合在一起；但是它的無所不在，讓它在大部分景觀上都讓它變成一個無效的視覺統合物。一個統合物只是提供整體和視覺的暗示；大部分統合的工作是由看的人來完成，他會用這些暗示來幫助自己組織所看到的事物。如果他在其他不一樣的地方或是景觀中看到相同的統合物，他會很快不自覺地對它們打折扣。

所有這些抓住城市視覺秩序的不同戰術，關心的是城市裡面零碎的事物──當然，零碎的事物是編織在城市使用連續和盡可能不

4　各種不同整合物的效果──以及具有好的或不好的視覺中斷、地標等──在兩本有關英國城市、城鎮和鄉村的設計的絕妙好書《憤怒》（*Outrage*）與《反攻》（*Counter Attack*），是由戈登‧卡倫（Gordon Cullen）和伊恩‧奈恩（Ian Nairn）合著的，有詳盡的圖片和解說。

切斷的組織紋理裡面。但是強調零碎的事物才是根本之道：這就是城市，也就是相互補充和相互支持的零碎和片段。

　　或許這和高速公路的風馳電掣或是美麗的部落小屋相較，看起來遜色許多。但是它們在表現城市的呈現上，不應該被輕蔑。它們錯綜複雜的秩序──展現無數的人在擬定和執行無數計畫的自由──在許多方面都是一種相當神奇的事情。我們應該讓這些相互依存的使用、這些自由和這樣的生活的內涵更容易被理解，同時我們也應該眞正地去了解它們。

第二十章

拯救計畫

在住宅及各種計畫(projects)背後有一種不適當的想法，認為計畫就只是計畫，是從一般生活當中抽離出來，並加以分隔的東西。想到拯救計畫或是改善計畫，作為上述認知的那種計畫，正是重複這個根本的錯誤。目標應該是讓那些計畫，也就是城市裡面的那一塊土地，重新融入城市的組織紋理當中——而且在這個過程當中，也強化周遭的組織結構。

要將計畫放進城市當中，不只是將生命帶回到危險或是沒有活力的計畫裡面。這對於大型的地區規劃而言，也是必要的。一個地區被住宅計畫和它真空的邊界在實體上所切割，在社會上和經濟上受到太小的鄰里孤立而變得殘缺不全，要作為一個真正的地區就顯得不夠完整和不夠大。

賦予計畫本身，以及它和地區結合的邊界生命的基本原則，和幫助沒有活力的都市地區的原則，是一樣的。規劃者必須診斷這裡是否缺乏那些產生多樣性的條件——是否缺乏混合的主要用途，街廓是否太長，是否沒有足夠的不同屋齡和類型的建築物的混合，人口是否夠密集。然後，不論缺少哪些條件，都必須盡可能地加以提供——通常是逐漸的發生，而且得視情況而定。

在住宅計畫的情況之下，基本的問題和那些未經規劃，沒有什麼活力的灰暗地帶和被都市吞沒前的郊區類似。在非住宅計畫的情

況下，例如文化中心或是市政中心，基本的問題會和曾經盛極一時，但是現在遭逢多樣性自我破壞問題的市區類似。

　　然而，由於計畫地區和它們的邊界呈現出提供多樣性必要條件的特殊障礙(有時候也是去除貧民窟過程的特殊障礙)，因此，要拯救這些計畫的確需要一些戰術。

　　今日最迫切需要拯救的是低所得的住宅計畫。它們的失敗嚴重影響到許多人的生活，尤其是兒童。再者，由於它們本身太過危險，太令人失望和太不穩定，讓許多計畫很難在它們的周遭維持起碼的都市文明。無以數計的投資已經投入聯邦和州政府資助的住宅計畫裡面；儘管這些龐大的支出沒有被明確地感受到，但是即使像美國這麼富裕的國家，這些數額也太龐大，以致於難以勾銷。要拯救這樣的投資本身，計畫必須轉換成我們期望的生活人性和城市資產[1]。

　　這些住宅計畫，和許多貧民窟一樣，需要去除貧民窟的狀態。這表示，在其他事實之外，它們必須能夠透過居民自己的選擇，留住人口。這表示它們必須是安全的，並且讓都市生活得以運作。它

1　最愚蠢的拯救計畫就是複製第一個失敗的案例，然後將人們移往下一個昂貴的複製失敗的地方，以為這麼做第一個失敗就會獲得拯救！然而，這是一個我們的城市正邁向貧民窟移轉和貧民窟複製的階段。例如，水牛城有一個名為「但丁之地」(Dante Place)的住宅計畫，是在1954年以聯邦基金興建的。但丁之地很快就變成一個潰爛的傷口；用該市住宅局長的話說，它「代表鄰近土地發展的障礙」。解決方案是：在城市裡面的另外一個地方，將興建一個和但丁之地非常類似的計畫，然後但丁之地居民就可以被遷移到那裡繼續潰爛，所以但丁之地就得救了──這表示它可以被改建成中等所得的住宅。這個使問題更加嚴重的拯救過程在1959年被紐約州的住宅委員會讚譽為「為其他住宅當局樹立楷模」的進步。

們需要隨性自在的公共人物，有活力、容易守望，有持續使用的公共空間、更簡單和更自然的監督兒童的方式，還有在它們的範圍之內，要有來自其他地區的人，正常地交叉使用城市的不同地區。簡言之，在重新投入城市組織紋理的過程中，這些計畫需要接納健康的城市組織該有的特質。

從心理上去理解這些問題最簡單的方法，首先是要去想像這個計畫的地面，也就是計畫四周道路面積上面，是一種空無一物的空曠狀態。在這個空曠的基地上漂浮著公寓住宅，只有階梯和電梯的平台連接地面。各種事情在這個幾乎沒有使用的基地上，都有可能發生。

當然，在真實生活裡面，這個理論上空無一物的基地不可能永遠都保持如此。在地面層，除了電梯和樓梯之外，有時候還會有其他固定的特色。有些計畫的地面層會有學校、福利住宅或是教堂。有時候會有一些大樹，可能的話，都應該加以保存。另外在非常偶然的情況下，一些效果很好，而且很特別的戶外空間，也應該保留下來。

新的住宅計畫的地面——尤其是1950年代以後興建的大部分計畫——當人們是以這種方式思考時，自然會比舊的計畫留下更空曠的基地。這是因為住宅計畫的設計，隨著時間的進展，已經越來越是一種在更空曠的環境裡面設置更高的大樓的例行公式。

在這樣的基地上，必須設計新的街道：能夠容納新建築物和新用途的真實的街道；不是指那些通過「公園」的「步道」。這些街道必須布置在小街廓裡面。當然，小型公園和運動場、遊戲區等，都應該被含納進來，但是它們在繁忙的新街道上的數量和位置，必須確保它們的使用能夠強化安全和增加吸引力。

這些新街道的設置會受到兩個主要實質考量的影響：首先，它

們必須和計畫邊界以外的街道結合，因爲它的主要目的是要將基地和周圍的事物編織起來(這個問題的一個重要部分將是重新爲計畫裡面的邊界街道本身，加以設計和增加使用)。其次，新的街道也必須和計畫基地的一些既有特色，相互結合。我們經常想像漂浮在基地上面只有電梯和樓梯與地面相接的公寓建築，可以變成街道建築，讓地面層被重新設計，納入街道旁邊的用途；或是如果它們被街道「遺忘」，它們的出入口可以設置用在新的街道建築之間，連接路外的小步道或是小徑的地方。現有的高樓，在任何情況下都不能在新的街道、新的建築物和新的城市之間，隨便冒出來。

當然，通常不太可能設計出既能和城市周遭及既有不變的基地特徵相結合，同時又能夠和基地上直線和固定的棋盤形態一致的街道。當新的街道切過其他太長的城市街廓時，通常它們都會有一些彎曲、高低落差和T型的交叉。就像我再前一章裡面所說的，而且越多越好。

那些新的街道用途和新的建築物有可能出現嗎？

一般的目標應該是引進和居住不同的用途，這是因爲缺乏足夠的混合使用正是造成死亡、危險和不方便的原因之一。這些不同的用途可以完全占據街邊整個建築物，或是只占據建築物的一樓和地下室。幾乎任何一種工作的用途都會很有價值；夜間的使用和一般商業使用，尤其是如果這些用途能夠帶來計畫原先邊界之外，跨界的交叉使用，也會很有價值。

要獲得這些多樣性，說得容易，做起來可沒那麼簡單。因爲在一個計畫基地新街道上的建築物，由於都是同一個時期興建的建築物，而非混雜著不同時期的建築物，會有一個沉重的經濟負擔。這眞的是一個嚴重的缺陷；並沒有理想的解決之道——這是我們在繼承這個計畫時，同時繼承的缺陷之一。然而，有好幾種方式可以盡

量減少這個缺陷的影響。

　　有一種手段，或許這是最有希望的，那就是依賴小販，他們使用推車，而不需要固定的建築物。這對於古老失傳，低管銷成本的店舖空間而言，是一個經濟實惠的局部替代方案。

　　針對攤販而細心設計的街道安排，可以是充滿活力、吸引力和樂趣，同時因為東西便宜，可以刺激外地人到當地購物的交叉使用。再者，它們也可以有令人愉快的外觀。有一位費城的建築師，羅伯特・格迪斯（Robert Geddes），曾經為當地一個商業提案的更新街道設計了一個有趣的攤販區。格迪斯面對的街道問題是，這個攤販區原本應該是一個從小型公共建築跨越街道的市集廣場（market plaza）；在街道這面，市集廣場被兩側相鄰的商店和公寓所包圍，但是它的背面卻沒有東西襯托（它只穿透街廓的一半，同時緊鄰停車場）。格迪斯設計了一個有趣而且合乎經濟效益的棚子作為背景，讓營業時間過後可以收納推車。

　　一個為了停放推車而設計的沿街庫房，可以使用沿著計畫街道延伸的部分，就像在為市集廣場設計的停放空間一樣。

　　作為跨越T型交叉路口或是街道彎曲部分的延伸，戶外的攤販可以是一種吸引人們注意的東西。你可以回想一幅吸引人的街道景象，會和整個景象使人產生印象的特徵有很大的關係。拯救住宅計畫的視覺難題之一，就是怎麼樣讓這個地方看起來能夠有活力和有城市的感覺；它們有許多陰森和視覺重複的問題需要加以克服。

　　另外一個可能部分解決有太多新建築物的缺陷，就是依賴保證租金的住宅制度。這些建築物可以被放在計畫街道上面，就像它們可以被放在其他任何城市街道上面一樣，如同第十七章所描述的。然而，它們可以明確地指定為連棟街屋或是雙重樓中樓（double duplex，也就是兩層樓中樓，共四層樓高）的形式，就像一排又一排

的老式紅樓(brownstones)建築層被轉換成許多不同的城市用途或是多種用途的結合。通常一次是一、兩棟建築物，甚至一次只有一、兩層樓面，所以這些基本上相當類似的小型建築物本來就很有彈性。它們從一開始就代表一種變更用途的儲備。

還有另一個可能的解決方法，是由芝加哥和紐約白原(White Plains)的伯金斯與威爾(Perkins & Will)建築師事務所想出來的。他們在爲紐約聯合福利住宅的公共住宅計畫時想出一些新的點子。在伯金斯與威爾的提案中設計了一種被安置在一個支撐的結構體上的四層樓公寓，形成一種開放的「地下室」，地下室的樓層不是在地平面上就是向下陷四呎；其中一個目的就是要創造出比較便宜的空間(作爲商店或是其他用途)。這個半層樓高的地下樓層讓上面一層的樓面只比地面高出半層，而不像一般的二樓；這種設計，除了經濟之外，還讓街道有變化，因爲在地下室的商店或是工廠，只要從街道往下走幾步就可以，非常有吸引力及受歡迎。

另外還有一種可能性，就是將一些沿街的大樓蓋成某種便宜和臨時的樣子(這並不意味著它們一定是醜陋的)，讓經濟上最困難的時期，可以降低管銷成本；當未來經濟好轉的時候，再拆除重建。然而，這個方法不像其他方法那麼可行，是因爲建築物要蓋到可以支撐五到十年，就可以蓋得更好一點，撐得更久。很難給建築物一個仔細精算過的固定折舊，並且獲得足夠的節省。

所有具有高層建築的住宅計畫，在監視和看管兒童方面，特別容易有缺陷。即使經過拯救，在那樣的高樓公寓裡面，它還是不可能和一般正常城市人行道旁邊或是低矮樓層的公寓房子一樣，那麼容易監視到自己的小孩。這也是爲什麼我們這麼迫切需要成人們在不同的時間能夠遊走和散布在所有公共空間的地面層，要有小型商店的生意人和他們喜歡多管閒事和打抱不平的個性，還要有其他公

共人物，讓我們的街道能夠變得活潑和有趣，所以兒童們就會合理的受到重少四個樓層的注意和監視，這些樓層的監視是最有效的。

住宅計畫規劃的迷思之一，就是誤以為它可以逃脫都市土地經濟的邏輯。當然，利用補貼和徵收的權力，有可能避開都市商業和其他用途在良好經濟環境上的資金需求。然而，要解決財務問題是一回事，要避開基本的經濟作用，又是另外一回事。計畫的基地當然和其他任何城市的地理區塊一樣，必須仰賴密集的使用。而要得到這樣的結果，必須有一個好的經濟環境。這個經濟環境有多好，部分得視它在原先計畫的土地上新的安排和新的混合使用而定，並且得視逐步去除貧民窟和住宅計畫裡面人口的自我多樣化而定。

如果這整個地區，還有原先的住宅計畫，變得有活力，有進步和逐漸去除貧民窟的狀態，那麼在原先計畫土地上的非住宅用途最後應該可以產生很好的經濟報酬。但是這些土地一開始就有這麼多缺陷，就有這麼多事情得從頭開始，因此，要加以拯救得需要許多公共資金的投入：錢會需要用在基地的重新規劃和設計本身，那得花費相當大的投資在時間和想像上面，因為這次不能用以往慣用的方式，或是讓那些不知道他們在做什麼，以及為什麼要這麼做的人去做；錢會需用在興建街道和其他公共空間上面；還有或許錢會需要用來補貼至少部分新的建築物的興建。

不論這些已經存在的住宅本身，它的所有權是否掌握在住宅當局手中，新的街道和新的用途，包括和它們充分混合的新住宅，不能再是這些住宅當局的財產和責任，使它們和私人建築的所有權人處於一場在政治上不可能(也不聰明)的競爭當中。住宅當局也不應該被賦予將它們舊有的大片土地重新納入城市的責任，這是它們無論如何不能再擁有的權力。當初政府用公權力為住宅當局取得這些土地，現在政府可以再用同樣的權力，把土地從住宅當局手中收

回，重新規劃，然後作爲建築用地出售，或是以長期合約的方式出租。當然，有一部分土地應該受到適當的政府機構的管轄，譬如公園部門和街道部門。

除了我們建議的在地面上的實質與經濟的改善之外，拯救公共住宅還需要一些其他改變。

在一般低收入高樓住宅裡面的走廊，簡直就是惡夢的走廊：照明不佳、狹窄、惡臭和不連貫。感覺像是陷阱，也的確是陷阱。還有這些大樓的電梯也是一樣。這些陷阱是人們一再提到的事情，「我們能到哪裡呢？不要搬到計畫住宅裡面！我有小孩。我有年幼的女兒。」

有很多文章寫到小孩在計畫住宅的電梯裡面小便的事實。它是一個明顯存在的問題，因爲它會留下氣味，並且腐蝕機器。但是或許這是最無害的誤用計畫住宅無人服務的自助電梯。更嚴重的事情是，人們在電梯裡面感覺到的恐怖，而這些害怕是其來有自的。

面對這個問題，我唯一能夠想到的解決之道，而且一併解決走廊的問題，就是設置電梯服務員。沒有其他辦法，不是地面的警衛，不是門房，也不是「教育房客」，能夠讓這些建築物有足夠的安全，或是讓它們的住戶能夠從計畫外面或是他們內部的掠奪者手中獲救。

這種做法一樣需要錢，但是相較於必須拯救的大量投資──在單一的住宅計畫裡面大概是4000萬美元。我會提出這項金額，是因爲它剛好是公共投資花費在菲德列克‧道格拉斯住宅(Frederick Douglass Houses，位於曼哈頓的上西城)的金額。在那裡除了一般所有的恐懼之外，報紙還曾經注意到，發生過一起非常野蠻的電梯犯罪。

在委內瑞拉的首都卡拉卡斯(Caracas)，當地被罷黜的獨裁者遭

留下來的財產變成一棟危險的大型計畫住宅的遺產。據報導，改建
電梯和走廊的實驗，的確有所幫助。當電梯服務停止時，能夠擔任
全職或是兼職工作的女性房客，被雇用作為電梯服務員，從早上八
點到午夜一點。一位曾經在委內瑞拉工作過許多年的美國規劃顧問
卡爾・費斯(Carl Feiss)告訴我說，建築物因此變得比較安全，而且
一般人的溝通和社會關係也有一些改善，因為電梯操作員已經變成
基本的公共人物了。

　　當電梯主要的不當使用是肇因於年輕的孩童被較大的孩童勒索
和性騷擾時，由計畫住宅中的女性住戶白天擔任電梯服務員的工
作，也可以做得很好。我想比較可能發生成人的攻擊、搶奪或是持
械搶劫等嚴重危險事件的晚班時段，可能需要由男性來擔任電梯服
務員。它也讓人懷疑夜間停止電梯服務是否有用，因為一來在這些
計畫住宅中有太多住戶必須在夜間工作，而且因為有太多任意制定
的規定和那些適用在別人身上的規定不同，已經讓住宅計畫分崩離
析，同時讓住戶覺得憤怒和痛苦[2]。

　　要去除貧民窟，公共住宅計畫必須能夠留住有權選擇的人(那
表示在他們有選擇之前，他們必須先和當地有一個融洽的緊密關
係)。關於這一點我們已經建議過拯救的方法，不論在住宅計畫之

2　當今，比較少人是自願選擇住進低收入的計畫住宅；相反的，他們是
　　被趕出原來的鄰里，以便挪出空間給「都市更新」或是高速公路。同
　　時，尤其如果這些人士是有色人種，並且因此受到歧視，沒有其他選
　　擇時，才會逼不得已住進來。在這些失去住所的人口當中，大約有
　　20%(在費城、芝加哥和紐約，這三個有相關數據發表的地方)的人口
　　住進公共住宅；那些沒有住進公共住宅的人口當中有許多人是有資格
　　進住的，但是他們可以找到其他出路，所以沒住進去。一位紐約市的
　　住宅官員引述16個失去住所的家庭的例子，來描述那些夠幸運，有選
　　擇餘地的人的頑固堅持。他們有權住進現成三房公寓的公共住宅。
　　「他們手中有分配權的文件，但是沒有人願意選擇公共住宅。」

內或是之外，都有必要。然而，除此之外，人們當然可以被允許選擇留下來，這表示最高所得的限制必須廢除。只是提高所得的上限還不夠，堅持有關限定所得的規定必須徹底廢除。只要這個制度存在，不只是那些成功或是幸運的人口會被阻卻，而且所有其他住在裡面的人，在心理上也會認為他們的家只是暫時的棲身之所，或是代表「失敗」的象徵。

租金必須依據所得的增加而調升，直到和市場行情的經濟租金相同為止，就像我提議的保證租金制度所說的那樣。這個經濟租金的數額必須包括固定比例的攤銷和貸款的手續費，讓資本成本能夠重新納入租金的計算公式裡面。

我所提到的單獨一、兩個建議本身，並不足以完全拯救整個住宅計畫。下面這三件事情──將計畫土地重新轉換並且和周遭的城市整編在一起；建築物的內部安全；還有取消承租人最高所得的限制──都是必需的。如此，自然可以在最短的時間內，達到改變住宅計畫的預期成果，讓士氣低落及倒退回永遠的貧民窟的過程，得以反轉並將傷害降到最低。

拯救中等所得的住宅計畫，並不像拯救低收入住宅計畫那麼急迫，但是在某些方面，它們可能更棘手。

不像低收入的承租人，許多中等所得的計畫住宅的承租人喜歡把他們自己區分到和其他人不同的孤島裡面。我的印象是，我承認它未必可靠，當中等所得的計畫住宅老舊的時候，會有相當比例的人（或是至少可以清楚地看出來）會害怕接觸他們階級以外的人。我不知道選擇住在這種以階級區分和嚴格控制的住宅計畫裡面的人本身，有多少這樣的傾向，也不知道這些感覺有多少成分是因為居住在這種地盤生活本身所養成的。我認識一些住在中等所得的計畫住

宅的朋友告訴我，他們觀察到他們的鄰居對住宅計畫邊界以外的都
市地區，敵意越來越深，常有令人討厭的事情發生在他們的電梯或
是土地上時　　不管有沒有證據，外人都是受到譴責的主要對象。
因爲眞實的危險導致地盤心理的成長與增強——或是一堆已經受到
仇外心理困擾(不管是哪一種仇外)的人聚集在一起——對大城市而
言，都是一個嚴重的問題。

住在計畫住宅邊界裡面的人，還有對邊界之外的城市感到陌生
和不安全的人，對於去除邊界眞空，或是允許將他們重新納入城市
地區的組織紋理作爲目標的重新規劃，將不會有太大的幫助。

儘管作爲一個都市地區有這些缺陷，或許包含有展現進一步仇
外心理的住宅計畫地區，都應該盡可能地繼續改善。如果在住宅計
畫之外的街道可以觸發更多的安全、多樣性和活力，以及增加人口
的穩定，而且如果同時在計畫的邊界裡面，因爲眞空產生的危險得
以改善到讓住宅計畫裡面的居民、保險公司、工會，以及擁有這些
住宅所有權的合作涉及私人企業，覺得可以接受，或許假以時日，
它就有可能和城市合而爲一。當然，這樣的希望越來越渺茫的時
候，周圍的地區變成刻板印象和危險住宅計畫的數量，也會越來越
多。

非住宅計畫，像是文化中心或是市政中心，或許可以在一些情
況下運用土地重新規劃的戰術，將它們重新納入城市的組織紋理裡
面。最有希望的情況是位於市區邊緣的中心，在它們和潛在互補的
密集使用之間，除了因爲它們的出現而產生的阻隔和邊界眞空之
外，幾乎沒有什麼。至少在匹茲堡的新市政中心的一側，可以重新
納入市區，現在它是有所阻隔的。當加入新的街道和新的使用之
後，舊金山市政中心有部分空間也可以重新納入城市。

　　市政中心的主要問題，是要找到人口聚集在比例上大致相當的其他主要用途，讓一天當中的其他時間也有人潮，尤其是那些會在相對密集的時間裡面帶來大量人潮，包含像是大禮堂之類的建築物。似乎在某些地方還有空間讓相當範疇和數量的次要多樣性，得以和這些相互結合的密集使用相互支持；當然，沒有足夠較舊的建築物來供給相當多的次要多樣性，仍然是個問題。簡言之，問題在於許多市政中心和文化中心的元素在作為密集的市區或中心用途時才有意義，而且要盡量設法讓他們達成這項功能。否則一旦讓它們被抽離變成孤島，這將會是比登天還難的事情。

　　我想，在大部分情況下，一個朝向重新整合的更實際的方法是在一段相當的時日之內，將這些中心區分散開來。分散的動作可以在適當的時機進行，重點是要留意適當的時機。例如，費城就出現過一個這樣的機會。當市中心的大街車站(Broad Street Station)和賓州鐵路的鐵道被移除，還有賓州州政府中心(Penn Center)預定在那裡興建一個結合辦公大樓、交通、飯店的計畫時，被困在一個文化中心大道上，卻苦於無人使用的費城公共圖書館(Philadelphia Free Library)，正需要被重新安置。顯然，在市政府裡面的相關人員，沒有人看到這件將中央文化設施重新滲透到市區，是一件必要的事情——對於市區和對於文化設施本身的活力而言，都是如此。

　　如果文化和市政中心孤島的聚集元素，可以一個一個地分解和離開那些孤島，當機會來臨時，完全不同的用途就可以被安插到適當的地方——最好不只是不一樣的用途而已，在它們的差異之外，還可以補充和支持留在計畫裡面的用途。

　　費城在繼續犯下舊圖書館的錯誤之後，至少讓自己不要再犯下另外一個錯誤——因為這時候費城已經有足夠的經驗，讓一個文化中心可以從地方想像的活化力量當中，幡然醒悟。當幾年前位於市

區的音樂學院被移往文化保留區時，圖書館被留在屬於它的地方
——市區。巴爾的摩在試了幾個抽離和孤立的市政與文化中心之
後，決定將圖書館建在市區。在市區裡面，這些設施對於主要用途
最有幫助，也可以作為地標。

　　當然，這是拯救任何一種孤立計畫的最好方式，視它們實際興
建的時期而定：值得我們好好思索。

第二十一章

地區的治理與規劃

　　在大城市裡面的公聽會開始變成一種古怪的事情，讓人同時感到氣餒和振奮。我最熟悉的公聽會是在紐約市政廳舉辦的。每隔一週的星期四，市府主要的治理機構——預算委員會（Board of Estimate），都會就一些需要決定的措施，舉辦公聽會。公聽會的主題是由政府內部或是市府以外，事先推演和精心策劃的。

　　希望提出意見的市民會坐在大廳裡面為民眾準備的白色的高背長椅上，而市民希望面對的市長、五個區的區長、市議會的審計長和議長等人，則坐在一排高起的半圓形的椅子上。公職人員，不論是民選的或是派任的，也都出席坐在有靠背的長椅席上，來支持或是反對有爭議的事項。有時候議程平靜又快速；但是通常都是喧鬧而冗長的，不只白天進行，還會延長到晚上。整個都市生活的各個部分，一個鄰里接著一個鄰里，一個地區接著一個地區的各種問題，還有各種性格的展現，都在市政廳裡面活現起來。委員會的委員會傾聽、回應，或是有時候會當場裁定事情，就像中世紀的時候，統治者在莊園中開庭審理一樣。

　　在這些公聽會上，我就像一個激烈和忠貞的黨員，對預算委員會的議程上了癮。當其他一些地區性的問題被提出，或是其他一些鄰里的理由被加以辯解時，我無法去除參與這些公聽會的習慣。如果市政府相關部門或是獨立單位的好心的官員，真的熟悉或是關心

他們的計畫是如何嚴重影響到街道或是地區的話——或是至少他們
知道當地的市民在生活中在意什麼，以及為什麼在意的話——有許
多問題根本就不需要被提出來。如果規劃者和其他我們以為的專
家，至少了解城市是如何運作，並且尊重那些運作的話，有許多衝
突就不會發生。還有其他問題，似乎涉及各種偏袒、交易或是任意
的行政舉措，讓選民憤慨，卻又找不到有效的地方去釐清責任或是
加以補救。在許多時候(但不是所有的時候)，來參加公聽會的數百
名市民損失他們的一天所得，或是必須設法安置他們的小孩，或是
得帶著小孩一同出席冗長的公聽會，甚至得將最幼小的小孩抱在膝
上，但是都他們被愚弄了；這些事情經常是在公聽會召開之前，就
被決定了[1]。

　　比所有事情更讓人沮喪的是，人們意識到問題是超乎每個人能
夠控制的範圍。分枝的問題太過龐雜，同一個地方有太多不同種類
的問題、需求和服務糾結在一起——有太多問題以致於難以理解，
更遑論這些問題被提出時，還要獲得協助和解決，而且是由市政府
分枝龐雜的各個行政部門單方面和遠距地處理。這又是瞎子摸象。
無助以及與它相伴隨的無效，幾乎變成公聽會最明顯不過的事情。

　　但是在另一方面，處理的行動也被公開，由於有這麼多的活
力、認真和想法，才會有這麼多市民參與表達意見。包括窮人、被
歧視的人、沒有受教育的人在內的普通人，他們會和那些身上有偉

1　因此在一封寫給《紐約時報》有關許可證辦法修訂的信裡，曼哈頓前
　　任的議員兼區長史丹利‧艾薩克斯（Stanley M. Issacs）寫道：「他們
　　會召開公聽會嗎？當然。但是我們有經驗的人當然知道他們在搞什
　　麼。這些公聽會就像最近預算委員會召開的那些定期公聽會一樣。他
　　們事前會先召開一場主管會議〔主管會議是星期三，公聽會的前一天
　　召開的〕，所有事情都已經決定；然後民眾的意見會被殷勤地加以傾
　　聽，其實卻充耳不聞。」

大氣質的人一樣，隨時都會現身在公聽會上，而且我不是開玩笑的。他們的話充滿了從生活裡面對事情的一手經驗所產生的智慧與辯才。他們對地方事務的關心充滿了熱誠，但是絕不狹隘。當然，也不乏一些愚蠢、不眞實、無恥或是溫和的自私之論；而且能夠看到這些話所產生的效果，也是好事一樁。我想，聽的人也不會被愚弄；從我們的反應就可以清楚的看到我們對他們所說的怨懟之言的了解和評價。在這些城市人當中有許多活生生、負責任和關心的經驗。有懷疑，但是也有信心，這才是最可貴的。

坐在台上的八位統治者（我們不能將這些人視爲傳統政府的公僕，因爲僕人對主人的事情應該很清楚才對），也不是樣板。我想，我們大部分出席的人都是心懷感激，至少有一絲微弱的機會（儘管很少實現）可以說服他們，讓我們不要受到那些專家過度簡化問題的傷害，這些人簡直就是瞎子摸象。我們盡量觀察及研究我們的統治者。他們的精力、智慧、耐心和責任感，整體而論，是值得信賴的。我不認爲我們可以找到更好的人，會有更大幅度的改善。他們不是小孩子被派去做大人的事情。他們是大人被派去做超人的事情。

問題在於這些官員試圖用一個組織的結構來支持他們，給予忠告、訊息，引導和驅策他們，處理整個大都會巨細靡遺的事情，這讓他們陷入時代錯亂。沒有罪行該爲這種情形負責，甚至推諉責任都不是主要的過錯；這個罪行，如果可以這麼稱呼的話，是我們的社會與時俱進的要求歷史改變的這個最能夠被理解的失敗。

和這件事情有關的歷史改變不只是大城市的規模大幅成長的部分，而是還有同時增加的責任──在住宅、福利、衛生、教育和法規等各方面的規劃──已經被大都會的市政府視爲應負的責任。紐約在這方面的失敗並非單一的特例，它們在面對這麼複雜的處境改

變時，在行政管理和規劃的結構上，無法發展出適當的改變，加以配合。美國的每一個大城市都處於類似的僵局當中。

當人類的事情真正到達一個新的複雜層次時，唯一可以做的事情就是想辦法讓事情在新的層次上好好維持。另外一個可能就是劉易士・孟福德常常說的「不立」（unbuilding），也就是一個社會不能維持它所建造並依賴的複雜性的那種命運。

我們今天所擁有的冷漠、過度簡化、偽城市的規劃與設計，就是一種「不立」的城市。儘管這些事情是受到實際上在榮耀城市的「不立」保守理論的形塑和淨化，但是今天這一類的規劃與實務的影響，並非只是依靠理論而已。當城市的行政組織無意識和逐漸地未能隨著城市的成長和複雜化而適當地進化的時候，對於規劃者和其他行政人員而言，「不立」變成一種具有破壞性，但是實際上卻又必要的事情。他們的成員也被賦予只有超人能夠達成的任務。喪失了理解、處理與珍惜有活力、獨特、複雜和相互關聯的細節所產生的無限可能的能力，行政系統只好針對實質需要的所有事情(更別提社會及經濟的需求)設計例行、冷漠、浪費和過度簡化的解決方案。

暫時想像一下，如果我們的目標是要規劃城市的多樣性，那麼都市計畫應該開始針對哪一種目標呢？

活力城市的規劃必須在一個大城市的每一個地區的所有用途和所有人口當中，刺激和觸發最大範疇和最多數量的多樣性；這是城市的經濟優勢、社會活力和吸引力的基礎。要達到這個目的，規劃者必須在特地的地方針對當地缺乏的那些產生多樣性的元素，加以診斷，然後再針對所欠缺的東西，盡可能地提供。

活力城市的規劃必須促進當地街道鄰里的連續網絡，它們的使用者和非正式的業主在維持城市安全的公共空間、在處理陌生人讓

他們變成街道的資產而非威脅的層面上，還有在維持公共空間對兒童的輕鬆自在的公共監視等事情上面，功效最大。

活力城市的規劃必須不讓邊界眞空的破壞性出現，而且必須幫助人們對於夠大的城市地區的辨識與認同，同時在地區內外的接觸上都要有足夠的變化和豐富性，以便處理大城市生活棘手和無可避免的現實問題。

活力城市的規劃必須以去除貧民窟的狀態爲目標，創造足以說服相當高比例當地原來的居民，在很長的一段時間之後，還會選擇留下來的有利條件，所以在人口當中和社區的連續過程，多樣性可以穩定的成長，讓老住戶和新居民都可以融入。

活力城市的規劃必須將多樣性的自我破壞和其他氾濫成災的資金運用轉換成建設性的力量，一方面壓制破壞的機會，另一方面刺激更多的城市地區成爲能夠讓其他人實現夢想的理想經濟環境。

活力城市的規劃必須以釐清城市的視覺秩序爲目標，它必須促進及照亮功能的秩序，而非加以阻礙或是拒絕。

當然，它們不會像聽起來那麼可怕和艱鉅，因爲所有這些目標是彼此相關的；不可能有效的單獨追求任何一項目標，而不同時追求其他目標(而且，相當程度這些連動關係是自動發生的)。然而，除非負責診斷、設計戰術和建議行動及執行行動的人們知道他們自己在幹什麼，否則也無法追求這一類的目標。他們必須知道自己處理的問題不是什麼一般性或是普遍化的方法，而是確實針對城市裡面一些特定的地方。他們知道許多事情，除了向當地人學習之外，是無法得知的，因爲沒有人像當地人那麼清楚地方的狀況。

對於這一類的規劃，在大部分領域的管理者只了解特定的服務和技巧是不夠的。他們必須了解，而且是徹底地了解特定的地方。

只有超人能夠全面地了解一個大城市，或是整個地區，深入了

解指導建設性的行動和避免愚蠢、沒有必要和破壞性的行動所需要的細節。

今天有許多城市的專家普遍相信，當城市的問題已經超越規劃者和其他管理者所能夠理解和控制得當的程度時，就只有當所涉及的領域和相關的問題被擴大之後，才可能更「廣泛地」加以處理。這是知識無用的逃避主義。有些人曾經挖苦地諷刺說：「一個區域（region）是一個剛好只比我們發覺最後一個人的問題是無解的地區，還要大一點點的地區。」

今天大城市的政府不會比小城鎮的政府進步多少，兩者都以一種經過擴展和適應的保守方式，來處理大城市的問題。這樣會產生奇怪的結果，而且最終會是破壞性的結果，因為大城市運作面對的問題和小城鎮的遭遇，截然不同。

當然，兩者之間也有相似性。像許多聚落一樣，大城市也有一個範圍需要管理，還有各種服務需要提供。在大城市裡面，就像大部分的小型聚落一樣，以垂直的方式來組織這些服務，被認為是合乎邏輯而且切合實際的做法。每一種服務有它自己的組織，例如，全市性的公園部門、衛生部門、交通部門、住宅部門、醫院部門、自來水供應、街道部門、證照部門、警政部門、廢棄物處理部門等。不斷還有新的服務加入——例如空氣污染防治部門、都市更新部門、捷運部門等。

然而，因為在大城市裡面這些部門都有無數的工作要做，即使是最傳統的部門，在經過一段時日之後，也要做許多內部的分工。

這些內部的分工有許多是垂直的分工：這些部門內部會分成一些不同責任的小部門或單位，每一個單位再對應到整個城市的相關服務。因此，例如公園部門內部就可能細分成植栽、維護、遊戲場

設計、遊憩規劃等不同的責任單位，共同接受上級的指揮。住宅部門也有好幾個不同的單位，分別負責基地選擇與設計、維護、社會福利、承租人的選擇等，每一個單位本身就是一個複雜的機構，共同接受上級的指揮。在教育委員會、社會福利部門、規劃委員會等，情況也都一樣。

除了這些垂直的責任分工之外，許多行政機構也有水平的分工：它們內部也分成一些不同的地域範圍，負責蒐集資訊或是執行工作，有時候兩者兼具。因此，我們有警察的轄區、衛生的地區範圍、社會福利的地區範圍、學校的體系和公園的地區範圍等。在紐約，五個行政地區的區長辦公室全權負責幾項基本服務，主要是街道設施(但不是交通)和各種工程的服務。

這許多責任的每一項內部分工，不論是垂直或是水平的，就它們各自的角度來看都是理性的，也就是說，是真空的理性。就一個大城市本身而言，把它們都加在一起，就成了一團混亂。

這個結果在小城鎮就截然不同，不論它們內部是如何進行分工的。譬如紐哈芬(New Haven)這個城市，它只有16萬5000人口。在這個小城市的尺度上，一個行政機構的主管及其下屬，還有他們和其他行政機構的主管和下屬之間，如果他們想要的話，可以輕易和自然地溝通與協調(至於他們之間是否有好的想法可以溝通和協調，當然是另當別論)。

更重要的是，小城市尺度的部門主管和人員，可以同時在兩方面都是專家：他們可以是他們自己責任範圍之內的專家，他們也可以同時是紐哈芬在這個議題上面的專家。一個行政主管(或是其他任何人)要充分熟悉和了解一個地方，有部分得來自長時間的一手資訊和觀察，還有更多是從其他人那邊，包括政府內部及外部，知道這個地方的事情。這一類的資訊有部分可以畫成地圖或製成表

格，有·些則不能。藉由這些手段的結合，一個普通才智的知識分子就可以了解紐哈芬的情況。不論聰明或是愚笨，再也沒有其他的方法可以像這樣清楚地了解一個地方。

簡言之，紐哈芬作為一個行政管理的結構，對於它的規模的其中一個元素而言，有一個相對的內部一致性。

在行政管理上，像紐哈芬這樣的地方的相對一致性，被視為是理所當然的事情。或許還有其他方法可以改善行政績效和其他面向的表現，但是絕對不會有人錯亂到要將紐哈芬重新加以組織，讓它具有八分之一個公園部門、六又四分之一個衛生地區、三分之一個社會福利地區、十三分之一個規劃員工、二分之一個學校地區、另外一個學校地區的三分之一、第三個學校地區的九分之二、二又二分之一個警政部門，以及交通局長路過的驚鴻一瞥。

在那樣的設計之下，即使紐哈芬只有16萬5000人口，它也無法被任何一個負責的人理解成一個地方。有些人只會看到它的一些部分地區；其他人則會看到整個地區，但是對於一個大得多的東西而言，這只是微不足道的表面部分。在這樣的設計之下，它所提供的服務，包括規劃在內，也無法有效或是健全地加以管理。

但是這種方式，正是我們在大城市裡面試圖用來收集資訊、管理服務和為地方規劃的方法。在這種方法之下，自然而然地，幾乎每一個人想解決的問題，還有他們的解決之道，都超乎每個人的理解與控制範圍。對於那些人口介於150萬到800萬的城市而言，可以將我為紐哈芬假設的那些分工乘以10或15(記住，這時候需要了解和處理的複雜程度會隨著人口的增加呈現幾何級數，而不是算術級數的成長)。然後再把這些不同的責任根據它們在不同的地域位置的零散失序加以區分，最後結合成一個龐大的部門與官僚的帝國。

一大堆的協調、會議和連絡，繁瑣的連接這些彼此分散和隨便

區分的龐大帝國。這一大堆事情太過混亂,即使要理清脈絡或是解開迷霧也不可能,更談不上要建立部門之間相互了解的可靠和合理的管道,或是分享特定地方資訊的管道,或是解決事情的行動管道。市民和官員在這些迷宮裡面永不止息地徘徊和徬徨,所到之處看到的都是先前懷著古老希望,但是最後精疲力竭而死的白骨。

因此,在巴爾的摩有一個嫻熟老練的市民團體,他們有內部消息的優勢,還有他們不做虛假和無謂的舉動,花了一整年的時間在建立信賴、協商和一連串引介和等待核准的事情——只是爲了獲得在一個街道公園裡面放一座熊的雕像的許可!原本非常容易辦到的事情,在這種混亂之下變成非常困難的事情。那麼原本不容易達成的事情,那就更不可能了。

讓我們來看看1960年8月《紐約時報》報導的一則火災燒傷六名住在市府擁有的出租國宅裡面的承租人的事件。報紙報導,「這個出租住宅曾經在2月份一份消防部門給住宅部門的報告中指出,它是構成火災風險的陷阱。」營建部門的主管爲它的部門辯護,說建築稽查員曾經有很長一段時間試圖要進入這個建築物,包括5月16日市政府取得該建築物的所有權之後的這一段期間在內。新聞報導的故事繼續指出:

> 事實上,不動產部門〔擁有這棟建築物的市府機構〕在7月1日之前並沒有通知營建部門,告知他們已經取得該項財產,該部門的主管說。這項知會花了25天才從位於市府大樓20樓的營建部門傳送到位於18樓的住宅科〔也是營建部門〕。當這項資訊在7月25日到達住宅科的時候,他們打了一通電話給不動產部門,要求前往檢查。一開始不動產部門說他們沒有大樓的鑰

是，〔營建〕部門的主管說。於是開始協商……當火
災在〔8月13日〕星期六發生時，協商還在進行。這則
協商內容在事發後的星期一還被營建部門的官員加以
修改，他還不知道發生火災的事情……

　　如果這些大量溝通的蠢事太過麻煩、無效和瑣碎，以致於難以
遵循，想像一下還會有多少麻煩、無效和瑣碎的事情需要應付。進
到這些龐大組織服務，懷抱著希望、精力和進取心的人，為了自我
保護(不是像我們平常想的那樣是為了要保住飯碗，而是要保全自
我)，幾乎都變得心不在焉和服從至上。

　　如果情報的有用溝通和行動的有效協調，在政府內部也會產生
困難，那麼，試著想像一下，對於那些無從溝通和協調的人而言，
是不是會感到更困難和更挫折。由於要組織政治的團體壓力和將這
些壓力施加在透過選舉產生的官員身上是既困難又耗時——以及耗
費金錢——大城市的市民也了解到，這經常是繞過或是縮短原本更
困難和更耗時的非民選官員的官僚程序，唯一可行的辦法[2]。

2　特殊的利益團體——當然是為了他們自己的利益——有時候會雇用
　　「影響力」來克服一般市民得透過選舉的民意代表來對行政人員產生
　　團體制衡時，所遭遇到的挫折。因此紐約有一則關於都市更新的醜
　　聞，是六個聯邦補助的再發展計畫的贊助者，付錢給民主黨領袖卡邁
　　恩‧德薩皮奧(Carmine G. DeSapio)的新聞主任西尼‧巴倫(Sydney S.
　　Baron)。根據《紐約郵報》的報導，其中一家贊助者解釋道：「如果
　　告訴你們，我們雇用巴倫的原因不是因為他的影響力，而是因為其他
　　原因的話，那簡直太荒唐了。我們可能得等上好幾個月的時間才能夠
　　和例如衛生、消防或是警政部門的主管會談。但是巴倫只要打一通電
　　話，然後我們立即就可以行動了。」記者接著說：「巴倫斷然否認他
　　被雇用主要是『促進和市府機構的關係』。」他說：「我只有促成兩
　　場會談，一場是和衛生部門，一場是和消防部門。」

　　要對抗和解決利益和意見的真正衝突，政治行動和壓力永遠是必要的，在一個自我治理的社會也是如此。在所有的大城市裡面，那是有待發現的一個問題，正如我們今日所發現的，也就是我們得花費許多力氣——我們通常不會說出來——才能把處理一個單一問題或是處理一個地方需求，所需要的幾種不同服務的適當的專家聚集起來，同時引起他們的興趣。更離譜的是，如果這些「形成一個聯繫的安排」——就像它們在紐約市的規劃委員會裡面的說法——它們傾向變成無知的專家和其他無知的專家之間的聯繫的話，你永遠不會知道在大城市裡面的一個鄰里有多麼複雜；直到你試圖向負責的部門專家解釋這些情況時，你才會了解。就好像要透過枕頭吃東西，簡直不可能。大城市的市民被責怪，對於政府沒有足夠的興趣，但是真實的情況真的是太神奇了，他們不斷嘗試。

　　《紐約時報》的記者哈里遜‧索爾茲伯里在多次深入報導有關青少年犯罪的文章裡面，引述別人的談話指出，零碎的資訊、零碎的管理、零碎的責任和零碎的職權，是改善青少年犯罪問題的最大障礙。他引述一位青少年犯罪的學生的話，「真正的叢林是在官場的辦公室裡面」。而索爾茲伯里本人的總結則是「衝突、迷惑和重複的職權，代表著今日的秩序。」

　　我們經常認為蓄意阻撓和惰性是故意的，或是至少是各種齟齬的行政管理的副產品。像是「偽善」、「官僚嫉妒」、「現狀的既得利益者」、「他們根本不在乎」這些話，經常出自市民對於現狀失望的描述，訴說著他們對於市府帝國的官僚迷宮的挫折。當然，我們可以發現這些齟齬的特質——它們在面對需要花費許多力氣才能達到很少需求的環境時，會特別明顯——但是這既非個人的罪惡，也不是頑劣造成的混亂。聖人也無法讓這樣的系統好好運作。

　　行政結構本身就有問題，因為它的適應已經超過可以適應的程

度。這是人的事情經常會碰到的情形。在複雜度增加的程度上，我們已經到了一個真正需要有所發明的時候了。

城市已經努力試圖要發明一種可以解決零碎的行政管理的措施——規劃委員會的發明。

在都市行政的理論當中，規劃委員會是重要的行政協調者。它們在美國的市府組織裡面是相對比較新的重要角色，是過去25年裡面為了因應城市的行政部門，無法協調各種有關城市實質改變的計畫，這個明顯的事實所產生的部門。

這是一項很糟糕的發明，因為它複製及強化了它原本想克服的缺點。

規劃委員會和其他龐大的官僚帝國一樣，都是用垂直的方式加以組織，有垂直的責任劃分，還有當需求和權宜方便支配的時候，會在最高主管的指揮之下，組織成任意的水平分工(例如更新地區、保護區等)。在這種安排之下，包括規劃委員會在內，還是沒有人能夠用普遍化或是零碎的方式來理解城市裡面的地方。

再者，作為其他市政機構實質規劃的協調者，規劃委員會處理的提案，主要是其他機構的官員有了初步的想法之後，才送到規劃委員會這邊來的。從幾十個不同的來源當中，這些提案被送到規劃委員會的面前，然後再根據規劃委員會手中的資訊、概念和願景，看看哪一個提案比較有道理。但是，協調這些情報的關鍵時刻，應該是在針對某個特定地區所需要的特別服務的提案構想形成之初，或是戰術行動被執行之前。

自然而然地，在像這種不切實際的制度之下，協調者即使要為他們自己協調也會有困難，更別提得為其他人協調。費城的規劃委員會被廣泛推崇為全美國最好的規劃委員會之一，或許真的是如

此。但是當我們試圖找出規劃委員會的美麗力作——綠色「步道」
（Greenway "promenades"）[3]時，在現實的實質環境裡面，並沒有
出現規劃者計畫書中描述的景象。我們從規劃委員會主席本人的口
中得知，街道部門並沒有什麼想法，也沒有提供適當的店面，公園
部門、住宅部門或是再開發者，也都沒有什麼想法，也沒有善用抽
象的開放空間，和街道家具有關的許多部門也都沒有什麼想法——
最終，市民也沒有提出什麼想法。所有這些細節讓人如此厭煩和挫
折。與其徘徊在拼湊去年零碎的願景片段的迷宮裡面，還不如爲其
他地方想一些可能的「理想」願景，可能會更有收穫。但是這和要
去解決像是去除貧民窟、安全問題、釐清城市的視覺秩序，還有形
塑多樣化的優質經濟環境等棘手的規劃問題的協調相比較，反而是
很簡單的事情。

在這種情況之下，規劃委員會變成一種破壞性的措施，多少有
助於「不立」及過度簡化的城市，而不是一個理解及協調無限複雜
的城市細節的有效措施。像這樣的事情，我們可能幫不上忙。即使
它們的規劃理念從光輝田園城市美化的願景轉變成現在的都市計
畫，它們無法眞的做都市計畫。它們甚至沒有工具去蒐集所需要的
熟悉的、多重面向的資訊，部分是因爲它們的組織結構不適合理解
大城市，部分則是因爲其他部門也有一樣不適當的組織結構。

這裡有一件關於協調城市裡面資訊和行動的有趣的事情，而這
正是關鍵所在：所需要的協調會落在當地不同服務之間的協調上
面，這是最困難的一種協調，也是最迫切需要的。在垂直的責任歸
屬上下之間的協調，比較容易，也比較不重要。但是垂直的協調在
行政結構最容易做到，卻是其他所有更困難地方的協調，則不可能

3　步道上當然沒有任何散步的人。

做到。

在理論上，地方協調的重要性很少在都市行政的理論當中被了解與認知。規劃委員會本身又再　一次成為注目的焦點。規劃者會想像他們在處理整個城市的宏觀問題，而他們的貢獻不菲是因為他們「掌握全局」。但是，城市要他們去處理不可處理的「整體」城市，則是一個迷思。除了高速公路的規劃(其做法糟透了，部分原因是因為沒有人了解所涉及到的地方)和合理化及分配出現在暫時預算表上面的資本改善支出的預算責任之外，規劃委員會及其人員的工作很少真正將整個大城市當做一個整體的有機體來處理。

事實上，由於所要達成的工作性質，幾乎所有的都市計畫都是關注在特定街道鄰里和地區裡面，比較零散和小型的特定行動。要知道事情做得好不好——要知道究竟應該做什麼事情——更重要的事情是要了解那個特定的地方，而不是要知道有多少相同的問題是發生在其他地區，以及別的地方是如何處理這些問題的。在規劃裡面，沒有其他知識可以取代地方的知識，不論規劃的工作是創造性的、協調性的，或是預測性的。

我們所需要的發明不是一個在普遍化頂端的協調措施，而是一個在需要最迫切時能夠真正加以協調的發明——在特定和獨特的地方。

簡言之，大城市必須劃分成不同的行政區(administrative districts)。這些行政區是市政府的水平劃分，但是這和隨機的劃分不同，它們整體對市政府而言是共同的。行政區代表大部分城市機構裡面主要和基本部門的再細分。

在最高的部門主管之下，一個城市機構的主要官員應該是地區的行政主管。每一個地區的行政主管應該監督自己區內各種部門服

務的所有面向；在他底下工作的人員應該是提供服務給地方的人。相同的地區疆界也適用於每一個直接對地區的生活或是規劃採取行動的部門——例如交通、社會福利、學校、警政、公園、法律、衛生、住宅津貼、消防、土地使用分區和規劃等。

那個地區，還有它自己的服務，會是每一個地區行政主管的特定任務。這項雙重的知識，對於一個普通才智的知識分子而言，不至於太過繁重——尤其是當地區裡面還由其他人從不同的角度來看同一個地方，同時還負責把這個地方當作一個真正的地方加以了解和提供服務的時候。

這個行政區必須切合實際，而不是在一個新的措施之下分化得支離破碎。它們必須和現在——或是潛在——在社會上和政治上真正在運作的地區，相互契合，就如同在第六章描述的那樣。

當政府掌握了這樣的情報和行動架構，我們可以預期許多提供全市性公共服務的民間機構本身，也會適應和配合地區行政的架構。

就像前面已經談過，水平的市政管理的想法並非什麼新意。在許多都市行政管理中已經訴諸的隨機、缺乏協調的水平組織，就有許多前例。在指定更新地區或是保護區的案例上，這在今天已經是司空見慣的事情，也是早有先例。當紐約開始在幾個地方嘗試鄰里保護計畫時，這個計畫的主管立刻發現，除非他們有一些特殊和例外的安排，至少要有營建部門、消防部門、警政部門、衛生部門和廢棄物處理部門，有員工專門負責那個地方，否則他們根本不可能達成什麼具體的成果。這只需要在最簡單的事情上面協調一點點的改善即可達成。紐約將這種水平協調的安排描述成「為鄰里提供如同百貨公司般的多樣服務」。這項措施受到城市本身，還有被宣布劃入鄰里保護地區範圍之內，主要受益的市民肯定！

　　在水平行政管理和相關責任當中最顯著的例子就是大城市裡面的福利住宅，它們總是把自己組織成以某一塊領域作為它們主要關懷的重點，而不是一堆脫離實體的垂直服務的集合。這也是為什麼福利住宅這麼有效率，為什麼它們的員工通常會徹底了解一個地區，就像他們了解自己的工作責任一樣，以及為什麼福利住宅的服務通常不會變得多餘，或是和其他目標有所扞格的主要理由。在一個大城市裡面不同的福利住宅之間，通常都會有相當程度的合作——籌募基金、招募人員、交換想法、向立法施壓等——從這個角度來看，它們不單純只是水平的組織。它們在水平和垂直組織架構上同時達到效果，但就結構上，各種最難協調的問題也將迎刃而解。

　　行政區的概念對於美國城市而言，也不是什麼新的概念。市民團體經常提出類似的想法——1947年紐約一個有能力和消息靈通的組織，市民聯盟（Citizens' Union），他們根據真實的城市地區實際劃出可行的行政區範圍；市民聯盟的地圖到今天為止，依然是紐約市最容易理解和最合乎邏輯的地圖。

　　通常，有關大城市的地區行政的建議都會朝向非營利的理論方向前進。然而，我認為這是它們行不通的一個原因。例如，有時候它們會像正式機構一樣對市政府提出「忠告」。但是在真實生活裡面，缺乏實際職權和責任的諮詢機構，比沒有用的行政機構還要糟糕。它們在浪費大家的時間，而它們的成功比起分工細緻但是像迷宮般龐雜的官僚帝國，也好不到哪裡。或是行政區有時候會想出一種單一的「主要」服務，例如規劃，然而這種服務也無助於解決任何重要的事情；要作為有效的政府措施，行政區必須涵蓋政府各種面向的活動。有時候這個想法被轉換成興建地方「市政中心」的目標，所以它的重要性和為城市提供一種新的計畫裝飾的膚淺目標，

相互混淆。地區行政的辦公室應該設在相同的地區裡面，緊密地結合在一起。然而，這種安排的優點在視覺上看不出來，在實體上也不會讓人印象深刻。地區行政最重要的視覺展現是看到人們聚在一起討論事情，而不必先有「規劃聯繫的安排」。

作爲市政結構形式之一的地區行政，先天上就比我們現在擁有的，從適應而來的小城鎮的行政結構複雜得多。市政府需要在它的基本結構上更複雜，所以它才可以運作得更簡單。弔詭的是，目前的架構都太過於簡單。

我們必須了解，在大城市裡面地區行政不能是「抽象的」或只是空談，卻把垂直的聯繫給忘了。一個城市，不論大小，畢竟是一個城市，在它內部的地方和部門之間有很大的相互關聯。它不是城鎮的集合，好像在變成城市之後就會要摧毀的樣子。

把政府空談的理論架構，重新組織成抽象的水平政府，就會像目前一樣，那種過於簡單和混亂以致於無法運作的混沌狀態。如果除了收稅和整體的基金分配，必須變成集中的城市功能之外，沒有其他事情非得這麼做不可，那麼這種做法，就會變得不切實際。再者，有些城市的運作，完全超越地區行政；密切和複雜的地方知識的細節，和它們之間就沒有太大的關係。而那些相同的部分，可以藉由輕鬆及快速地從地方行政蒐集而來的必要情報，加以了解。例如，自來水供應、空氣污染控制、勞工的中介、博物館的管理、動物園和監獄等。即使在某些部門裡面，有些服務作爲地區性的功能並不合乎邏輯；例如，一個發放計程車執照的證照部門，要作爲一個地區性的功能，就很愚蠢。但是二手商店、娛樂場所、攤販、鎖匠、職業介紹所和許多其他需要執照的事業，在地區組織之下處理就很有道理。

此外，大城市可以聘請一些對它們有用的專家，雖然他們在任

何一個行政區內不會時時刻刻都派得上用場。這些人可以當作某一項服務的巡迴技師或專家，在地區行政主管之下，視需要加以指派。

一個城市設立的地區行政機構應該嘗試將每一項服務都轉換成和地區知識相關的新結構組織。然而，對於某些服務，以及它們的部分業務，有必要看看它們是如何運作的，然後再做各種調整。這個制度不需要用一種定死的、永不改變的操作方式來進行。的確，要發揮作用，而且要在發揮作用之後讓事情改變，只需要像現在這種以嘗試失敗的組織適應方式來提供服務就可以了，無須要用到其他更正式的權力方式。能夠將這些事情付諸實現，需要一個在受歡迎的政府裡面，具有堅定信念的強力的市長(這兩者經常會一起出現)。

簡言之，全市性的垂直服務部門還是會存在，而且在內部會匯集有關地區的資訊和想法。但是幾乎在任何情況下，各種服務的內部組織會合理化，並且自動彼此配合，讓它們在處理本身及地方的事情上面，都能夠合乎原本的功能邏輯。在規劃方面，都市計畫的服務還會繼續存在，但是幾乎所有它的職員(而且，希望是最聰明的職員)能夠以分散在行政區的方式來服務城市。這是以城市的多樣化為目標的規劃能夠被理解、協調和執行的唯一尺度。

在一個大城市的行政區會立刻像一個政治機構般的開始行動，是因為它們具有資訊、建議、決定和行動的真正機構。這是這個制度的主要優勢之一。

大城市的居民需要能夠施加壓力的支點，而且要能夠讓他們的意願和知識被知道和受尊重。行政區無可避免的會成為這樣的支點。許多今日在垂直的市府迷宮中產生的衝突──或是那些預先就

被決定的事情，因爲市民永遠不知道事情爲什麼會到他們頭上──
就會被移轉到這些地區的舞台。這對大城市的自我治理是必須的，
不論自我治理被認爲是一個創造或是管理的過程（當然是兩者兼
具）。大城市的政府變得越大，越事務化、越不能被理解時，整個
地方化的事務、需求和問題也就越模糊，不論是市民的行動或是市
民的監督，也就變得更冗長而且更無效。當自我治理除了不可能處
理地方化的事務之外，對於人民而言，這經常是具有最直接的重要
性。要期待市民對於全市性的大問題會有具有責任感、熱情和經驗
的行動，是沒有用的。

　作爲一個政治體，一個行政區會需要一個頭頭（head man），而
且也一定會有，不管是正式或是非正式的。正式的就是指定一個副
「市長」，向市長負責，這在文件上也是最簡潔的。然而，指定一
個官員擔任頭頭，很快就會被某種選舉產生的官員所破壞，因爲最
簡單的理由是，如果可以的話，市民團體總是會向選舉產生的官員
施壓──如果這名官員實踐了諾言，市民團體就會支持他──藉由
這些操縱，讓政府用他們希望的觀點來處理事情。知道用不同的方
法來發揮他們影響力的選民，夠聰明，懂得在有機會的時候運用他
們的力量。幾乎無可避免的，一些選區和行政區差不多大小的民選
官員，在功能上會變成某種地方的「首長」（mayor）。這是目前大
城市在社會及政治上有實質作用的地區現況 [4]。

　一個行政區的適當規模是多大？

　就地理範圍而言，經驗上能夠有效運作的都市地區很少大於1.5
平方哩的範圍，通常還會再小一點。

4　在這層意義之下的地方「首長」，似乎是從兩種因素的結合發展出來
　的：他們自己的親和力和達成託付任務的成功機率，以及他們的選區
　規模。由於第一種因素，他們掌握的正式機構在一個城市裡面可能很

　　然而，至少有一個顯著的例外情形，而且這個例外可能意義重大。芝加哥的後院地區，大約是1.5乘以3哩的面積，根據其他地方的實際經驗，它大概比一個有效的最大地區還多出兩倍。

　　事實上，後院地區早就以行政區的方式在運作，不是那種正式或是理論上的行政區，而是實際的運作方式。在後院地區，有資格稱得上是政府的地方政府，不是一般的市政府，而是後院議會，像我在第十六章裡面所描述的那樣。在政府的正式權力之下，從議會傳到市府的執行決議，很容易可以感受到它的影響力。此外，議會本身也提供一些傳統上是由正式的政府所提供的服務。

　　或許就是後院地區這種在功能上，儘管是非正式的，就像一個真正的政府權力單位的能力，讓它在這種非典型的大範圍之內，得以操作的原因。簡言之，有效地區的認定，通常幾乎完全視它構成的內部交叉使用而定，在這裡強化了一致的政府組織。

　　這對於以住宅為主要用途之一，但是住宅密度可能太低，以致於無法調和足夠的人口和一般有活力的地區範圍的大城市而言，可能非常重要。隨著時間的累積，這樣的地區應該逐漸被培育成集中的都市用途，最後像這樣在地理範圍上夠大的單一地區，會分化成幾個較小的地區；但是同時，如果後院地區的線索和我想的一樣，那麼由地區政府所導入的凝聚力，就有可能讓這個人口稀薄的地方

(續)───

　　不一樣。但是第二個因素也很重要。因此，雖然城市的議員很容易就成為地方的「首長」，但是這在紐約就有明顯的不同。因為市議員的選區(大約是30萬人)對於這樣的目的而言太大了；相反的，紐約的地方「首長」反而比較可能是州議員，純粹是因為他們在城市裡面的選區規模最小(大約11萬5000人)，通常最容易被找來處理和市政府有關的事情。在紐約，一個稱職的州議員經常代表市民和市政府打交道，甚於處理和州政府有關的事情；有時候他們作為城市的公職人員，在這方面的重要性是不容忽視的，儘管這和他們理論上應該擔負的責任，完全不同。這是地區政治變通替代(make-do)的結果。

在社會上、政治上和行政管理上，像一個都市地區一樣的運作。

在市區之外，或是大型製造業聚集的地方，住宅幾乎是一個城市地區的主要用途；在考慮地區的規模時，人口規模是一個重要因素。在第六章討論都市鄰里的時候，一個實際上得以運作的地區被定義爲(在人口上)大到足以對整個城市產生影響，但是小到不會喪失或是忽視街道鄰里的地區範圍。它可以小到像是在波士頓或是巴爾的摩等地3萬人左右的都市地區，或是再大一點至少10萬人規模的城市，最大的都市地區可以有20萬的規模。但是我想3萬人對於一個有效的地區行政而言，是太少一點，5萬人可能會是一個比較合乎實際的最小規模。然而，如果地區要被視爲一個在社會上和政治上的有機體，那麼能夠合理管理的最大上限大概是20萬人。因爲任何一個超過那樣規模的單位，都會超越我們可以充分理解它的整體和細節的程度。

大城市本身已經變成更大的聚落單位的一部分，在人口普查的數據當中稱爲標準都會地區(Standard Metropolitan Areas)。一個標準都會地區包括一個主要城市(有時候不只一個，例如紐約—紐渥克〔New York-Newark〕標準都會地區，或是舊金山—奧克蘭〔San Francisco-Oakland〕標準都會地區)，以及在主要城市的行政疆界之外，但是位於其經濟與社會範圍之內的城鎮、較小的衛星城市、村莊及郊區等。標準都會地區的規模，不論就地理範圍或是人口數量而論，在過去15年裡面，有相當幅度的成長。部分原因是因爲氾濫成災的資金席捲城市的外圍，並且讓城市裡面飽受資金不足之苦，就像我在第十六章裡面所解釋的。另外一部分原因是大城市並沒有發揮城市該有的功能，還有部分原因則是因爲從上面兩個原因產生出來的郊區和半郊區，併吞了先前孤立的村莊和城鎮。

　　對於這些位於都會地區，但是政府行政卻是各自分立的聚落而言，有許多普遍存在的問題，尤其是規劃方面的問題，像是解決河川污染、重人的交通問題、主要的土地浪費和使用不當，或是地下水的保護、野地、大型休閒娛樂及其他資源等問題，這是最有關係的問題單元——而不是大城市本身。

　　由於這些真實和重大的問題的存在，以及我們在行政管理上沒有好的方法去了解它們，一個稱為「都會政府」（metropolitan government）的概念，也就應運而生。在都會政府之下，原本屬於不同政治疆域的地方，在單純地關切地方的問題時，還是繼續有它們自己的政治認同和自主性，但是它們會聯合組成一個跨越地區的政府，賦予龐大的規劃權力和行政機構，使計畫得以付諸行動。從每一個地方獲得的稅收會有一部分進到都會政府手中，因為腹地可以使用中心城市的設施，所以也可以無償的幫助紓解大城市部分的財務負擔。如果這些事情都成立，政治疆域也就不會成為聯合規劃和聯合支持大都會共同設施的障礙。

　　都會政府是一個深受歡迎的概念，不只普遍存在於規劃者的心中，對於許多大企業家而言，也深具說服力。他們在許多演講的場合中，都盛讚這是一個處理「政府事業」（business of government）的合理做法。贊成都會政府的人士準備了精彩的展覽，顯示目前有關都會地區的規劃是多麼地不可行。這些展覽是大都會地區的政治地圖。在靠近地圖的中心地區，是一個大型、明顯的整齊實體，代表涉及的最大城市，也就是大都會（metropolis）。在大都會的外圍是一堆重複、堆疊和絞在一起的城鎮、郡縣、小城市和鄉鎮公所，還有各種從權宜之計演變而來的特別行政區，有一些還和大城市重疊。

　　例如，芝加哥都會地區除了芝加哥市政府本身之外，還有大約

1000個連續和重疊,不同的地方政府單位。在1957年,我們的174個都會地區包就含了16210個混雜、不同的政府單位。

「政府大雜燴」(government crazy quilt)是上述情況的標準描述,在某種程度,它的確有這種傾向。我們得到的啓示是,像這種大雜燴的政府是不能發揮功用的;它們對於都會地區的規劃或是行動,無法提供可以操作的基礎。

在大都會地區,經常會出現成立都會政府的結果。但是選民多半會無情和冷漠地加以拒絕[5]。

選民是對的。儘管在許多都會地區的問題上面,相當需要共同和協調一致的行動(還有財務的支持),但是更需要的是同一個都會地區裡面不同政府單位在不同地區的地方協調。選民是對的。因爲在眞實生活裡面,我們缺乏讓大型都會政府得以奏效的策略和戰術。

我們以爲可以解釋這些既有情況的地圖,隱藏了一個荒誕的想法。這個代表主要大都會的「統一的」(unified)政府,是一個行政上的瘋狂拼湊,甚至比在它之外的零碎的政府部門所形成的東西,還要瘋狂。

選民明智地拒絕一個龐大的聯合體系。在那個制度之下,大而無當意味著地方的無助、殘酷無情和過度簡化的規劃,以及行政管理的混亂——這剛好顯示出今天市政大而無當的情況。市民的無助如何能夠對抗規劃者聊勝於無的規劃「征服」?讓人難以領略,像迷宮般的龐大政府,如何才能夠超越雜燴般的小城與郊區政府?

我們已經擁有的政府單位,它們叫喊著,要求大都會的行政規

5　邁阿密都會地區的選民是一個例外。然而,爲了要讓都會地區在那裡能被接受,它的倡議者,賦予都會政府的權利少到選舉本身幾乎只是一種形式。

劃要有嶄新和可行的策略和戰術，而這些就是大城市本身。首先，在大城市裡面，沒有固定的政治疆域會妨礙它的使用。這是我們必須實驗看看，有什麼方法可以解決大型的共同問題，而不會成為一種必然的結果，對地方及自我治理過程中，造成無謂的傷害。

　　如果大城市可以從行政地區可了解的規模角度來學習管理、協調和規劃，那麼我們作為一個社會，就可能有能力處理那些在更大的都會地區，瘋狂拼湊起來的政府和行政管理。但是今天我們還沒有能力這麼做。除了不斷用小城市政府的那種不適當的適應模式之外，我們沒有處理大都會行政管理和規劃的能力。

第二十二章

城市究竟是什麼問題

　　和其他大部分的行動一樣，思考也有它的策略和戰術。只要想一想城市，並且實際造訪它的某地，一個我們需要知道的事情是，城市究竟呈現出哪一種問題，因為不能用同一種方式去思考所有的問題。哪一種思路比較有助於釐清事實，不是靠我們可能偏好如何去思考那個問題，而是在於那個問題本身既有的性質。

　　在20世紀許多革命性的改變當中，或許其中最深刻的改變是我們用來探究這個世界的思考方法。我並不是指那些新的電腦，而是那些已經深入人腦的分析方式和發現：新的思考策略。但是它們所代表的精神覺醒和知識的勇氣也逐漸開始影響其他問題的探究。過去曾經是無法分析的謎團，現在也變得比較容易入手。更重要的是，有一些謎團的性質，不再那麼難以理解。

　　要了解這些思考策略的改變和城市之間有什麼關係，有必要多了解一下科學思想的歷史。有一個有關這個歷史了不起的彙整和詮釋，可以在1958年《洛克斐勒基金會年度報告》中的一篇有關科學和複雜性的文章中一窺究竟，是由華倫‧偉佛（Warren Weaver）博士為他在該基金會自然與醫藥科學副總裁的退休紀念所寫的。我要稍微冗長地引述偉佛博士的文章。因為他所說的話對於我們思考城市的問題有直接的關聯。將他的話以一種間接的方式總結起來，簡直就是都市計畫的知識史。

　　偉佛博士列出科學知識發展的三個階段：(1)處理簡化問題的
能力；(2)處理沒有組織的複雜問題的能力；(3)處理有組織的複雜
問題的能力。

　　簡化的問題是包含兩個在行為上直接相關因素之間的問題——
兩個變數——而這些簡化的問題，偉佛博士指出，是科學試圖去解
決的第一類問題。

　　　大致而言，大約在17、18和19世紀這段期間，物理科
　　學才學會如何分析兩個變數的問題。在那三百年間，
　　科學發展出處理一個測量質——例如某種氣體的壓
　　力——如何因應另外一個測量質——例如該氣體的體
　　積——變動的一種實驗和分析的方法。這些問題的基
　　本特徵在於一個事實，那就是……第一個測量質的行
　　為可以藉由對於第二個測量質某一個有用程度的準確
　　度量，而且可以忽略其他因素的輕微影響，加以描
　　述。
　　　這些兩個變數的問題在結構方面，基本上是相當簡單
　　的……而簡化是那個階段科學發展的必要條件。
　　　而且，結果有許多物理科學裡面的進步可以用這個在
　　本質上相當簡單的理論和實驗達成……到1900年之前
　　的這段期間，就是這一類兩個變數的科學所奠定，關
　　於光、聲音、熱和電的理論……同時這些理論也產生
　　了電話、收音機、汽車、飛機、電報和電影、渦輪機
　　和柴油引擎，以及現代的水力發電廠等……

　　一直到1900年以後，第二種物理科學的分析方法才被發展出

來。

有一些有想像力的頭腦〔偉佛博士接著說〕，不是從兩個變數，或是三個、四個變數的角度去思考，而是跳到另外一個極端，然後說，「讓我們發展一種可以分析20億個變數的分析方法。」也就是說，物理科學家（還有經常是作爲先鋒的數學家），發展出強而有力的機率理論和統計的技術，可以處理我們稱之爲沒有組織的複雜問題……

首先先看一個簡單的例子，以領略這個想法的精神。19世紀古典的動力學非常適合分析撞球枱上單獨一個撞球的運動……它當然也可以分析兩個，甚至三個球在球枱上運動的路徑，但是會困難許多……然而，當一個人試圖分析十到十五個球在球枱上同時運動的情況時，問題變得難以處理，不是因爲有任何理論上的困難，而是因爲實際上要同時處理這麼多變數所涉及的細節太過繁瑣，以致於變得不切實際。

然而，想像有一個大型的撞球枱，上面有數百萬個球在枱面上滾動……很驚訝的是，問題現在變得容易多了：統計的機械方法現在就派得上用場。當然，我們無法追蹤單獨一個球詳細的軌跡；但是卻可以精確的回答下面的重要問題：平均每秒有多少球擊中某個特定長度的球枱邊緣？平均一個球被另外一個球擊中時，滾動的距離是多遠？……

……這個詞「沒有組織的」〔應用〕在有許多球的撞球枱……因爲球的位置和運動的分布，以一種混亂的方

式……雖然所有個別變數都有這種混亂或是未知的行為模式，但是整個系統卻具有某種有秩序和可分析的平均特性……

有許多經驗可以歸納在這種沒有組織的複雜性之下……它可以完全合理準確的應用在一些經驗上面，例如大型的電話交換機，預測平均電話的數量，同一個號碼重複撥打的機率，等等。它讓一家人壽保險的財務得以穩定……形成所有事物的原子運動，以及形成宇宙的星辰運動，都在這些新技術的範疇之內。遺傳的基本法則就是用這套方法來進行分析的，描述所有物理系統基本和必然的傾向。熱力動力學的法則，就是從統計的思考而來的。整個現代物理的結構……就是建築在統計的概念之上。的確，整個證據的問題，以及知識可以從證據中推論，現在被承認是用相同的想法……我們也逐漸了解到，通訊理論和資訊理論也奠基在類似的統計概念之上。我們因此必須說，機率的概念是任何知識理論立論的基礎。

　　然而，並非所有的問題都可以用這種分析方法來探究。偉佛博士指出，生命科學，例如生物學和醫學等，就不能這麼做。這些科學也有一些進步，但是整體而論，還在偉佛博士所說的應用分析的原始階段；這些學科關心、收集、描述、分類和觀察明顯相關的效果。偉佛博士說，在這個預備階段，我們學到許多有用的事情是，生命科學既不是簡化的科學也不是沒有組織的複雜性；它們原本就是探究另外一個不同類型的問題，這種問題的解答方法截至1932年時還未臻成熟。

在描述這個落差時，他寫道：

> 人們很容易簡化地把科學方法描述成從一個極端到另外一個極端的事情……然後有許多中間地帶都沒有碰觸到。再者，這個中間地帶的重要性，主要不是因為它所涉及的變數適中——比兩個變數多，又比一撮鹽巴裡面的原子少……比變數數量多寡更重要的事實在於這些變數都是相互關聯的……這些問題，與統計可以處理的沒有組織的複雜情況相反，顯示出組織的基本特徵。我們因此將這一類的問題稱為有組織的複雜性。是什麼因素讓報春花在夜晚開花？為什麼鹽水不能解渴？就生物學的語彙而言，該如何描述老化的現象？……什麼是基因，一個活的有機體的原始基因構造如何在成人的發展特質中展現出來？……
>
> 所有這些問題都是複雜的問題，但是絕對不是沒有組織的複雜問題，那種問題統計方法就已經掌握到關鍵。這些問題都是同時處理相當數量的因素，它們在一個有機的整體裡面互相關聯。

　　偉佛博士告訴我們，在1932年當生命科學才剛跨進發展有效處理有組織的複雜問題的分析方法的門檻，人們還懷疑生命科學是否在這類問題上已獲得重大的進展時，就在思考「那麼可能有機會將這種新技術，即使只是有用的類比，用在行為和社會科學的廣大領域。」

　　從那時候起的四分之一個世紀，生命科學的確有許多了不起的進展。它們非常快速的累積了相當數量我們原本不知道的知識。他

們也獲得大量的理論和實驗程序的改進——足以開創偉人的新問題，並且顯示這只是剛開始認識這些問題而已。

　　但是這個進展只有當生命科學被承認是有組織的複雜問題時，同時用適合那種問題的方法加以思考和處理時，才有可能發生。

　　生命科學最近的進步告訴我們一些有關其他有組織的複雜問題，非常重要的一些事情。它告訴我們這類問題可以被分析——只有將它們視為能夠被了解時，這些問題才會產生意義，而不是把它們視為，如偉佛博士所說的，是在某種黑暗、直覺下的不理性。

　　現在讓我們來看看，這和城市有什麼關係。

　　城市恰巧是有組織的複雜問題，像生命科學一樣。它們呈現出「有五六個，甚至好幾十個變數同時變動，同時以微妙的方式相互關聯。」再者，城市也和生命科學一樣，並非呈現一種如果加以了解就能解釋所有事情的那種有組織的複雜問題。它們可以被分成幾個這樣的問題或是部分問題來加以分析。就像生命科學的例子一樣，同時彼此又是相互關聯。有許多個變數，但是彼此之間不是隨意碰撞；它們是「互相關聯成為一個有機的整體。」

　　再想像一下都市鄰里公園的例子。任何一個有關公園的單一因素就像泥鰍一樣滑溜；它可以指涉任何事情，端視它如何受到其他因素的作用，以及它的反應。公園使用的情形，有部分得視公園的設計而定。但是即使是公園設計的部分影響到公園的使用，也要看是誰在使用公園而定，而這又得視公園本身外圍的都市用途而定。再者，這些用途對公園的影響只有部分是每一個用途如何單獨影響到公園；同時也有部分是這些用途之間如何結合起來，共同影響公園的使用，因為有某種結合會刺激元素彼此之間的影響程度。接著，這些靠近公園的都市用途以及它們的組合，又受到其他因素影響，例如建物年齡的混合使用，附近街廓的規模，包括公園本身出

現作爲整個背景的共同及統合的使用。相當程度的增加公園的面積，或是改變它的設計，讓它切斷及分散使用者，而不是結合及混合使用者，然後所有的事情，就都不一樣了。新的影響加了進來，同時對公園和它的周邊產生影響。這和開放空間和人口比值的簡單問題，是截然不同的事情。不論你打算如何處置它，都市公園的行爲就像是有組織的複雜問題。城市的其他所有或是部分特徵，也是如此。雖然許多因素之間的相互關係是複雜的，但是這些因素之間的彼此影響，並非偶然或是非理性的。

再者，在某些方面表現得不錯，但是其他方面卻不盡理想的一些都市地區（這是常見的現象），如果沒有把它們當作有組織的複雜問題來處理，我們甚至無法分析它們的對錯，診斷問題，或是思考有用的改變。舉一些簡單的例子。例如某一條街道可能在監督看管兒童和產生隨興及互信的公共生活上，能夠充分發揮功能，但是在解決其他問題時，就顯得糟糕透頂，因爲它無法將自己和整個較大的市區結合起來，後者未必存在，因爲它還受到其他因素的影響。或是某一條街道本身，在產生多樣性的實質環境上是一個極佳的素材，而且對於公共空間自在的監視是一個令人敬佩的設計，但是因爲它靠近一個死寂的邊界，它可能會缺乏生命，甚至它自己的居民也走避害怕。或許一條街道本身沒有足夠的優點可以發揮功效，但是在地理位置上和一個可以發揮功效，並且活力十足的地區緊密相鄰，這種情形就足以支持這條街道的吸引力，並且給予它充分使用的可能性。我們可能會希望有一個更簡單、全能的的分析，還有更簡單、更神奇和更全能的解決之道，但是希望歸希望，不論我們試圖如何規避這些問題，我們還是無法將這些問題變成比有組織的複雜問題更簡單的事實，同時將它們當作不一樣的東西來處理。

爲什麼城市長久以來沒有被當作是有組織的複雜問題，來加以

了解和對待呢？如果生命科學的專家能夠確認出他們面對的難題是有組織的複雜問題，那麼為什麼都市研究的專家不能確認他們面對的是哪一種問題呢？

　　不幸的是，有關城市的現代思想和有關生命科學的現代思想，截然不同。傳統現代都市計畫的理論家一直錯把城市當成簡單和沒有組織的複雜問題，並且試圖用這些問題的方式加以分析和處理。毫無疑問的，對於物理科學的仿效是幾乎無意識的。就像大部分想法背後的假設一樣，它或許是從當時一般流行的知識種子繁衍而來的。然而，我想如果他們曾經正視他們處理的主題本身——城市，這些誤用幾乎可以不用發生，同時也不會延續下去。這些誤用阻礙了我們，必須從我們的視線中移走，被承認是不適合的思考策略，然後加以拋棄。

　　田園城市的理論始於19世紀末，而埃伯尼澤·霍華德處理城鎮規劃的手法，就像19世紀的物理科學家分析兩個變數的簡單問題。在田園城市裡面的兩個主要變數是住宅(或是人口)和工作的數量。這兩個變數被認為是以一種相對封閉的系統形式，簡單、直接的相關。接著，住宅也有它們的附屬變數，和它以一種同樣直接、簡單和相互依存的方式相互關聯著：遊戲場、開放空間、學校、社區中心、標準化的設施和服務。一樣的，整個城鎮也被想成一個直接、簡單的城鎮與綠帶(town-greenbelt)的二維關係。作為一個有秩序的系統，這就是大致的模樣。在這個二維變數的簡單基礎上，創造出一整個自給自足的城鎮理論，作為重新分配都市人口和希望達成區域規劃的手段。

　　有關這個孤立城鎮計畫的任何東西，還有這種兩個變數關係的簡單系統，不可能在大城市裡面感受到——永遠不會。當這個城鎮被包含在一個都會地區之內，擁有多重的選擇和交叉使用的複雜性

時，這樣的系統在一個小鎮裡面也不會被感受到。但是規劃理論還是枉顧這個事實，一直堅持將這種兩個變數的思考和分析系統，應用在城市身上；到今天爲止，城市規劃者和住宅專家還相信他們掌握了有關他們想要處理的問題類型的珍貴事實，他們試圖把都市鄰里形塑或是重塑成兩個變數的系統，其中一樣東西(例如開放空間)和另外一樣東西(例如人口)的比例，是直接和簡單的關聯。

當然，當規劃者假設城市正是簡化的問題時，那麼規劃理論和規劃者就無可避免地將城市視爲如此。然而它們以這種傳統的方式處理城市的問題時，總是不在乎地(或是不尊重地)將有組織的複雜問題視爲，用偉佛博士的話來說，「某種黑暗、直覺上不理性的謎團[1]。」

1920年代末期在歐洲，還有1930年代在美國，都市計畫理論開始吸收由物理科學發展出來的有關機率理論的新觀念。規劃者開始仿效和應用這些分析，儼然城市就是沒有組織的複雜問題，只能用統計分析加以理解，用機率數學加以預測，並且藉由平均群組的轉換加以管理。

這種將城市視爲一組分散的檔案匣的概念，非常適合科比意的光輝城市的想法，是二維的田園城市另外一種垂直和比較集中化的版本。雖然科比意本身只不過是用統計分析做樣子，他的設計預設了對於一個沒有組織的複雜系統，用統計重新建立秩序，可以用數學加以解決；它的公園裡面的高塔建築，是一個用藝術來讚揚統計的潛力和數學平均的勝利。

新的機率技巧，還有它們在都市計畫裡面被使用時，有關問題類別的假設前提，並沒有取代二維的城市改革的基本理念，只是加

1　例如「一個混亂的意外」、「一團混亂」等。

進一些新的點子。簡單、二維變數的秩序系統還是主要目標。但是這些系統現在可以從　個想像存在的沒有組織的複雜系統，更「理性」地加以組織。簡言之，新的機率和統計方法對於想像的城市問題，給予更「準確」、更有眼界、更有權威的看法和處理方式。

有了機率的技巧，一個老的目標——和周圍緊鄰的住宅或是主要的人口有「適當」關係的商店——似乎變得可行；興起用「科學的」技巧來規劃標準化的購物設施；雖然先前史坦、波爾等規劃理論家認為在規劃之前城市裡面的購物中心，必須也是壟斷或是寡占的，否則統計就無法預測，然後城市就會表現出黑暗和直覺般的不理性。

有了這些技巧，也就可能用統計分析的不同所得群組和家庭規模，規劃行動會使多少人口移動，把這些東西和一般住宅變動的機率加以結合，就可以正確的預估出落差。因此，也就有可能大規模的重新安置市民。在統計的形式裡面，這些市民除了家庭之外，就不再是任何單元的構成物，因此就可以當作砂粒、電子或是撞球一樣處理。被連根拔起的人數越多，他們就越容易用數學平均的基礎加以規劃。根據這個基礎，事實上就很容易清晰的想像要在十年之內清除所有的貧民窟，或是想像在20年之內做好這項工作。

住宅專家和規劃者，在現有的城市是沒有組織的複雜問題的合理結論之下，產生一個想法——顯然是很嚴肅的想法——那就是幾乎任何特定的功能不彰，都可以用開啟和填滿一個新的檔案匣的方式，加以矯正。因此，我們就會得到如下的政黨政策說明：「1959年的住宅法案……應該附帶包括……一個為中等所得家庭而設計的住宅計畫，他們的所得太高，無法獲准住進公共住宅，但是要在私人住宅市場獲得合適的住宅，他們又負擔不起。」

有了統計和機率的技巧，它也可能為城市創造傑出和印象深刻

的調查——那種產生誇耀結果的調查，事實上根本沒有人注意，然後也很快就被人遺忘。它們也可能只是爲了沒有組織的複雜系統的例行統計操作。它也可能讓我們爲統計的城市畫出主要計畫的地圖，而且人們會比較認眞看待它，因爲我們習慣相信地圖和眞實是相關的。如果它們之間缺乏關聯，那麼我們可以藉由收集事實來讓它們產生關聯。

有了這些技巧，那些原本被認爲是沒有組織的複雜問題的人口、他們的所得、支出和住宅等，只要它們的範圍和平均值被算出來之後，就可以轉換成簡單的問題，同時也可以將城市的交通、產業、公園和文化設施等，想像成沒有組織的複雜問題，再轉換成簡單的問題，加以處理。

再者，它在知識上並不會不利於去想像包含更大範圍的「協調的」都市計畫。所涉及的範圍越大，所涉及的人口越多，從規劃奧林匹亞運動場的優勢立場來看，就會更有理由和更容易以沒有組織的複雜問題的方式，來加以處理。有一種扭曲的說法，那就是「一個區域的範圍，是剛好比無法解決最後一個人的問題的規模，大一點點的範圍」，就上面的觀點而言，這種說法並非扭曲之詞。它是關於沒有組織的複雜性的簡單陳述；就像我們說大型的保險公司比小型的保險公司，更能分擔我們的風險，是一樣的。

然而，當都市計畫因此深深誤解它所處理的問題的本質時，生命科學卻沒有這個負擔，發展迅速，間接地提供都市計畫所需要的一些概念：除了提供認識有組織的複雜問題的基本分析策略之外，它們還提供有關分析及處理這一類問題的提示。當然，這些進步已經從生命科學滲透進入一般的知識當中；它們已經變成我們時代的部分知識庫。因此，有愈來愈多的人逐漸開始將城市視爲有組織的複雜問題——充滿了未經檢驗，但是顯然緊密關聯，而且當然可以

理解其關係的有機體。本書所呈現的就是這種概念。

這種概念限在在規劃者本身，還有建築界的都市設計師，或是那些從規劃「專家」既定和被普遍接受的概念中，學到相關規劃概念的商人或是立法者當中，並未廣爲流傳。這樣的觀點在規劃學院中也沒有感受到有任何流行或普及的跡象（或許是所有概念當中最不明顯的）。

都市計畫作爲一個領域，已經停滯不前。它很慌張，但是沒有前進。今天的都市計畫和一個世代之前比較，看不出有什麼進步。在交通運輸方面，不論是區域或是地方的，現在有的東西，沒有一樣不是在1938年通用汽車在紐約世界博覽會展示的西洋鏡裡面就出現過了。在某些方面，甚至還退步了。現在呆板的模仿洛克斐勒中心的建築，沒有一個比原來的好，而它早在四分之一個世紀以前就蓋好了。即使用傳統規劃它們自己既有的語彙來看，今天的住宅計畫和1930年代比較，並沒有進步，甚至退步。

只要城市規劃師，還有商人、放款機構，還有從規劃者那邊學習的立法者，墨守著他們是在處理物理科學的那些未經檢驗的假設，都市計畫是不可能進步的，也因此它當然會停滯不前。它缺乏一個實際和進步思想的主要前提：認清所遭遇到的問題類型。缺乏這個認識，那就走進了死胡同。

生命科學和城市剛好遭遇相同類型的問題，並不表示它們所要處理的問題是相同的。活體的細胞組織和活人及企業組織，不能放在同一個顯微鏡下面檢視。

然而，了解這兩種組織所需要的戰術卻是類似的，因爲兩者都需要依賴像顯微鏡般的仔細檢查，而不是依賴適合看簡單問題的裸視，或是適合看沒有組織的複雜問題的望遠鏡。

在生命科學裡面，有組織的複雜性是靠確認一個特定因素，或是觀察值——例如酵素——來加以處理，然後不辭辛勞地了解它的複雜關係，還有它和其他特定因素或是觀察值的相互關係。這一切都得從其他特定(不是一般的)因素或觀察值的行為(不只是出現而已)來觀察。當然，兩個變數和沒有組織的複雜問題的分析方法也會使用到，但只是輔助的戰術。原則上，這和用來了解城市和幫助城市的戰術大致相同。我想，在了解城市的時候，最重要的思考習慣是：

一、去思考過程；

二、用歸納思維(induction)來推理，從獨特推演到普遍，而不是反過來。

三、去尋找涉及非常小量的「非平均」的線索，它會顯示更大和更「平均」的觀察值運作方式。

如果你已經讀到本書的這個部分，你也就不需要我對這些戰術有太多的解釋。然而，我要加以歸納，提出一些如果不加以強調，就容易疏忽掉的重點。

為什麼要去思考過程呢？城市裡面的東西——不論是建築物、街道、公園、地區、地標或是其他任何東西——視他們所處的情況和背景而定，會有非常不一樣的效果。因此，如果我們只是抽象的在想像「住宅」，那是很難真正了解和採取有效的行動去改善都市的住宅。都市住宅——不論是既有的或是潛在可能興建的——是永遠涉及不同、特定過程的特定和獨特的建築物，例如去除貧民窟狀態、貧民窟化、多樣性的產生、多樣性的自我破壞等[2]。

2　事實如此，因此狹隘地專注在「住宅」專業的「住宅專家」是一種職業的荒謬。這樣的職業只有在「住宅」本身有重要的普遍性效果和特質時，才有意義。但事實並非如此。

　　本書幾乎完全用過程的方式來討論城市和它們的元素，因為這個主題支配了整件事情。對於城市而言，過程是最根本的。再者，一旦人們去思考城市的過程，接著就必須思考觸發這些過程的東西，這也是很根本的事情。

　　發生在城市的過程並非那麼艱深，好像只有專家能夠理解。其實幾乎任何人都可以了解。許多一般人早就了解這些過程；他們只是不知道該如何稱呼這些過程，或是不知道藉由了解這些日常因果的安排，我們也可以引導這些事情的發生。

　　為什麼要用歸納思維來推理呢？因為從普遍化的演繹思維來推理最終會陷入荒謬──就像波士頓的一位規劃師的例子，他以為（違反他所有真實生活的證據）北區註定會變成一個貧民窟，因為讓它成為專家的普遍化理論是這麼認為的。

　　這是一個明顯的缺陷，因為規劃者所仰賴的普遍化理論本身，是如此地不合常理。然而，歸納推理對於確認、了解和有建設性的使用和城市有關的力量和過程，是很重要的。因此，這些力量和過程是有意義的。我曾經相當程度地將這些力量和過程加以普遍化，但是我們不要被誤導而相信普遍化可以一成不變地使用在特別的事情或是地方上面，並且宣稱它們應該是如何如何。在真實生活裡，城市的過程太過複雜以致於無法常規化，太過特殊以致於不能當作抽象的事情來處理。它們總是由特殊事物的獨特組合和互動所構成，因此，對於這些特殊事物的了解，是無可替代的。

　　同樣的，這一類的歸納推理可以由普通、有興趣的市民來做，他們比規劃者更有這方面的優勢。規劃者，是被演繹思維所訓練和規範，就像那位波士頓的規劃師，就是把書讀得太好。或許是因為這種不好的訓練，規劃者在知識上經常並不具備尊重和了解這些特殊事物的能力。相反的，沒有受過專業訓練的普通人，他們和鄰里

的關係密切，習慣去使用鄰里的各種設施，因此不習慣用普遍化或是抽象的方式去思考這些問題。

為什麼要尋找涉及小量、「非平均」的線索？當然，全面的統計研究有時候會有助於不同事情的規模、範圍、平均數、中位數等數據的抽象衡量。藉由不斷的蒐集，統計也可以知道這些數據的變化。然而，它們幾乎無法說明這些數據在有組織的複雜系統中，究竟是如何作用。

要知道事情如何作用，我們需要指向線索。例如，所有有關紐約布魯克林區的統計研究都無法像報紙的廣告，那麼簡短的幾句話就把市區的問題和它發生的原因說得清清楚楚。有一則廣告是一家連鎖書店馬波羅(Marboro)刊登了它的五家連鎖書店的營業時間。其中三家分店(一家靠近曼哈頓卡內基音樂廳，一家靠近紐約市立圖書館，也離時代廣場不遠，一家在格林威治村)營業到晚上12點鐘。第四家分店，靠近第五大道和第五十九街，營業到晚上10點鐘。第五家分店位於布魯克林市區，開到晚上八點鐘。如果有生意的話，店家會讓書店開晚一點。這則廣告告訴我們，布魯克林市區在晚上八點過後，是個死城。的確如此。沒有調查(而且當然沒有根據統計調查的結果，對未來進行愚蠢和機械式的預測，一個無意義的工作在現今被稱之為「規劃」)可以告訴我們任何和布魯克林市區的組成及其需求這麼密切相關的訊息，不像這個雖然很小，但是具體道出市區運作的線索，那麼有用。

需要大量「平均」的東西，才能產生城市裡面「非平均」的事物。但是正如我們在第七章討論到多樣性的產生時所指出的，只有大量的東西——不論是人、使用、結構、工作、公園、街道或是其他任何東西——並不足以保證會產生城市的多樣性。這些大量的東西在沒有生氣和活力的系統裡面，只能作為勉強維持的因素而已，

或是它們也可以製造出具有互動性、有活力的系統，產生「非平均」的副產品。

「非平均」可以是實質的，就像在吸引目光的例子中，它是一個在較大、更平均的視覺影像中的一個小元素。它也可以是經濟的，就像是專門店的例子；或是文化的，就像是一所不平常的學校，或是一位不平凡的老師。它也可以是社會的，就像街道上的公共人物、蹓躂的地方，或是在財務上、職業上、種族上或是文化上，非平均的居民或是使用者。

「非平均」的東西，它的數量一定是相對稀少，是有活力的城市所不可或缺的。然而，就我在這裡談到它們的意義而言，「非平均」的數量——作為線索——也是重要的分析工具。它們經常是各種大量事物彼此結合的重要宣告者。用一個簡單的比方，我們可以想像一下在原生質系統裡面微量的維他命或是牧草裡面的微量元素。這些都是系統正常運作所必需的，儘管它們只占極小的部分；但是，它們的作用不只那麼微小，因為它們同時也是了解系統發生什麼狀況的重要線索。

同樣地，對於「非平均」線索的察覺——或是欠缺對於它們的察覺——是任何市民都可以做的事情。的確，城市居民一般都是這個主題偉大的非正式專家。城市中的普通人可以察覺到「非平均」的數量，它和這些相對少量的重要性，是相當符合的。同時，規劃者是處於劣勢的一群。他們無可避免的認為「非平均」的數量相對不重要，是因為它們在統計上微不足道，規劃者的訓練讓它們低估最重要的事情。

現在我們必須再深入探討正統的改革者和規劃者（還有我們剩下的其他人），是如何陷入有關城市錯誤觀念的知識泥淖。在城市

規劃者對他們研究的對象深深不以爲然的背後，在這個幼稚的相信城市是「黑暗和直覺的」不理性或混亂的背後，有一個關於城市——還有人——和其餘的自然的關係之間，有一個長久以來一直存在的錯誤觀念。

人類當然是自然的一部分，就像灰熊、蜜蜂、鯨魚、或是高粱一樣。人類的城市作爲一種自然的產物，就像土撥鼠的土堆或是牡蠣的岩床一樣自然。植物學家艾德格・安德森(Edgar Anderson)經常在《地景》(*Landscape*)期刊中，聰明和靈巧地寫道，城市是一種自然的形式。他評論道：「在世界的大部分地區，人被認爲是喜愛城市的動物。」他指出，自然觀察「在城市裡面和在鄉村一樣容易；人們只要接受人類是自然的一部分。記住作爲一個人類(Homo sapiens)的樣本，你無疑的最可能發現物種是一個深入了解自然史的有效指引。」

18世紀發生過一件古怪，但是可以理解的事情。當時歐洲的城市在媒合它們和自然界中許多艱困的部分已經做得非常不錯，所以有一些在過去稀少罕見的事情逐漸變得普遍——對自然的感傷，或是對於人們和自然之間質樸或是野蠻關係的感傷。總之，瑪莉・安東尼特(Marie Antoinette)*扮演擠牛奶的女工就是對這種感傷的一種表達。「高貴的野蠻人」(noble savage)的浪漫想法，則是另外一種更愚蠢的感傷。所以，在美國就是傑佛遜總統作爲一個知識分子對自由工匠和技工的城市的拒絕，還有他夢想著自給自足的農村自耕農的理想共和國——一個對於他的土地是由奴隸耕種的偉大的好人而言，眞是一個可悲的夢想。

---

* ［譯注］法國大革命前封建王朝的最後一任皇后，於1770年嫁給路易十六，自此過著極盡奢華的生活，於1793年與路易十六一起被推上巴黎革命廣場的斷頭台。

在真實生活裡面，野蠻人(和農夫)是最不自由的人——受到傳統約束，受到階級駕馭，受到迷信束縛，還有受到對於古怪事物的懷疑及不安所困擾。當城市的空氣真的讓逃跑的農奴感受到自由的時候，難怪中世紀的諺語要說：「城市的空氣製造自由！」城市的空氣也讓從公司城、墾殖地、農業工廠、獨立農場、移民工的採收道、礦村和單一階級的郊區逃出來的人，獲得自由。

由於城市的媒介，我們開始普遍的認為「自然」是仁慈的，會使人高貴和純真，加以延伸，則是同樣如此看待「自然人」(你自己決定「自然」的定義)。和所有這些幻想的純真、高貴和仁慈相反，不是虛構出來的城市被認為是邪惡之所在，而且是——顯然如此——是大自然的敵人。一旦人們開始視自然是一個對於兒童而言乖巧的聖伯納犬(以溫馴著稱)時，再也沒有比希望把這個多愁善感的溫馴寵物帶進城市的欲望更自然不過的。所以城市也就可以順便獲得一些高貴、純真和仁慈？

感傷化的自然有危險。大部分感傷的想法至少蘊含著一個深深(或許不自覺)的不敬。我們美國人或許是世界上對於自然最多愁善感的人，同時也是對於野生動物和農村最貪婪和不敬的破壞者，這一點也不意外。

既不熱愛自然，又不尊敬自然，導致這種精神分裂的態度。的確，這種帶著恩賜的想法要用一些無趣、標準化、郊區化的自然幻影去玩弄自然的浪漫欲望——顯然非常不相信我們自己和我們的城市，就人類而言，當然也是自然的一部分。它和我們的關係比修剪草皮、日光浴和想像自然的發展更深、更緊密。因此，每天有數千英畝的農村土地被推土機吞噬，鋪上路面，零星郊區居民扼殺了他們原本到此追求的東西。我們無可取代的第一級的優質農耕地的自然遺產(地球上自然的稀有寶藏)，被犧牲以興建高速公路或是超級

市場的停車場。當我們冷酷及愚蠢地砍伐樹林裡面的樹木、污染溪流和讓空氣中充滿了汽油（自然界經過千萬年製造出來的產品）的廢氣的時候，我們需要全國一起努力用一種想像的自然來緩和，並且讓城市這個「不自然」的東西被驅離。

我們用這種方式創造出來的半郊區化和郊區化的混亂，未來將會受到當地居民的鄙視。這些作為聚落的稀疏分布，缺乏任何合理程度的基本活力、維持的力量，或是與生俱來的用處。它們很少能夠維持超過一個世代的吸引力，而且通常只有最昂貴的地方才有可能；然後它們開始以城市灰暗地區的模式，逐漸衰敗。的確，今天為數眾多的城市灰暗地帶，過去曾經是那麼接近「自然」的聚落。例如在紐澤西北部，占地三萬英畝，已經凋敝或是正在快速凋敝的住宅區裡面，有一半的建築物只有不到40年的歷史。往後30年，累積的凋敝和衰敗的新問題，所占的土地面積將會非常遼闊。相形之下，目前大城市的灰暗地帶的衰敗問題，就顯得微不足道。不論多麼具有破壞性，這些問題的發生並非意外，也不是無心之過。這正是我們作為一個社會，有意讓它發生的。

被多愁善感化和被認為是城市相反的自然，明顯被假設成是由草地和新鮮空氣所構成的（就沒有其他的部分）。而這個不尊重自然的荒謬結果，甚至是像豢養寵物般地以正式和公開保存的方式，蹂躪自然。

例如，在紐約市北邊哈德遜河上游克羅頓角（Croton Point）的州立公園，是一個可以野餐、玩球和眺望壯麗（但是受到污染）的哈德遜河的好地方。克羅頓角本身過去是一個地質的奇景：縱深約15呎的河灘地，上面有灰藍色的黏土層，經過河川水流的作用和日照的結合，形成一種被稱為陶狗（clay dogs）的產物。那是自然的雕塑，幾乎和石頭的密度相當，受到太陽的烘烤，有各種奇形怪狀，令人

讚嘆的細微和簡單的弧形線條，比東方奇景(the Oriental Splendor)*
更為神奇。全世界只有極少數的地方可以發現這種天然的陶狗⋯

　　有好幾個世代，紐約市的學生在上地質課的時候，還有到此野
餐、玩球的人，或是興奮的兒童，都會在這些陶狗當中尋寶，並且
把喜歡的陶狗帶回家。這些陶土、河川和陽光，總是做出更多的陶
狗，永不止息，而且千奇百怪。

　　很久以前經由一位地質學老師的介紹認識這些陶狗之後，在過
去這些年裡面，我偶爾會回去尋寶。幾年前的一個夏天，我丈夫和
我帶著我們的小孩到克羅頓角，讓孩子去尋寶，看看陶狗是怎麼產
生的。

　　但是我們比改造自然環境的人晚來了一個步。形成這個特殊河
灘的黏土斜坡被破壞了。在那裡是一個作為延伸公園草地的粗糙擋
土牆(就統計數據來說，公園的確擴大了)。我們試著在新的草地下
方東挖西挖——因為我們會褻瀆下一個人或是任何人的褻瀆——發
現了被推土機輾碎的陶狗碎片。這可能是從此永遠停止的自然過程
的最後證據。

　　誰會喜歡這種無趣的郊區化發展，勝過永恆的自然奇景呢？是
怎麼樣的公園主管會允許對自然如此地野蠻呢？顯然有一種非常類
似的心理在這裡發生作用：一個只看到失序的心理。其實這是一個
最複雜和最獨特的秩序；同樣的心理只看到城市街道生活的沒有秩
序，渴望要加以去除，然後把它標準化、郊區化。

　　這兩種反應是有關聯的：由愛好城市的生物所創造出來和使用
的城市，並未受到這些頭腦簡單人士的尊重，因為它們並不是郊區

---

* 　[譯注]東方奇景(Oriental Splendor)是指針黹刺繡織製出來的畫作，利
　　用羊毛、紗、綿和金屬線材所繡製出各種栩栩如生的精美畫作。

化的城市枯燥影子。自然的其他面向一樣沒有受到尊重,因爲它們也不是郊區化的自然的單調影子。對自然多愁善感的人,反而把他接觸到的每一件事情都去自然化。

大城市和鄉村是可以和諧並存的。大城市的附近需要有眞的鄉村。而鄉村——從人的觀點來看——也需要大城市,因爲城市有各式各樣的機會和生產力,所以人類就便於利用和欣賞其餘的自然世界,而不需要加以詛咒。

要維持人性本身就是困難的,因此各種聚落(夢想的城市除外)都有它們的問題。因爲大城市有許多人,所以大城市裡有許多問題。但是有活力的城市在迎戰最困難的問題時,也不是完全無助。它們不是各種情境下被動的受害者,更不是與自然作對的邪惡敵人。

有活力的城市有解決問題所需要的了解、溝通、創造和發明的神奇本能。或許這種能力最顯著的例子就是大城市對付疾病的能力。城市曾經一度是飽受疾病蹂躪,無助的受害者,但是它們也是疾病的征服者。所有外科手術、衛生、微生物、化學、遠距通訊、公衛措施、教學與研究醫院、救護車等,不只是大城市的居民迫切需要用來對付疾病的死亡的設施,同時也是城市之外的人們迫切需要的設施,這些都是大城市的產物。再說,如果沒有大城市,簡直就無法想像事情會變成什麼樣子。剩餘的財富、生產力、各種讓社會進步的天賦細緻的聚集等,本身就是我們納入都市組織的產物,尤其是在大型和密集的城市裡面。

要在移動緩慢,或是純眞到沒有被破壞的粗糙鄉村環境裡面,如果有的話,尋求醫治社會病態的解藥,或許浪漫,但這是在浪費時間。在眞實生活裡面,有人會認爲那些今天讓我們擔憂的大問題的答案,會在同質的聚落裡面嗎?

　　單調乏味、沒有活力的城市，除了它們自我破壞的種子之外，真的沒有別的了。但是有活力、多樣化、密集的城市，卻擁有自我再生的種子，有足夠的能量對它們本身之外的問題和需要，持續下去。

索 引

七畫

十一畫

十三畫

現代名著譯叢

偉大城市的誕生與衰亡：美國都市街道生活的啟發

2007年7月初版　　　　　　　　　　　　　　　　　定價：新臺幣480元
有著作權‧翻印必究
Printed in Taiwan.

著　　者　Jane Jacobs
譯　　注　吳　鄭　重
發 行 人　林　載　爵

國科會經典譯注計畫

出 版 者　聯 經 出 版 事 業 股 份 有 限 公 司　　　叢書主編　簡　美　玉
台 北 市 忠 孝 東 路 四 段 5 5 5 號　　　　　特約編輯　崔　小　茹
編 輯 部 地 址：台北市忠孝東路四段561號4樓　　　封面設計　李　光　禹
叢 書 主 編 電 話：(0 2) 2 7 6 3 4 3 0 0 轉 5 0 4 9
台北發行所地址：台北縣汐止市大同路一段367號
　　　　　電 話：(0 2) 2 6 4 1 8 6 6 1
台北忠孝門市地址：台北市忠孝東路四段561號1-2樓
　　　　　電 話：(0 2) 2 7 6 8 3 1 0 8
台北新生門市地址：台 北 市 新 生 南 路 三 段 9 4 號
　　　　　電 話：(0 2) 2 3 6 2 0 3 0 8
台 中 門 市 地 址：台 中 市 健 行 路 3 2 1 號
台 中 分 公 司 電 話：(0 4) 2 2 3 1 2 0 2 3
高 雄 門 市 地 址：高 雄 市 成 功 一 路 3 6 3 號
　　　　　電 話：(0 7) 2 4 1 2 8 0 2
郵 政 劃 撥 帳 戶 第 0 1 0 0 5 5 9 - 3 號
郵　撥　電　話：2 6 4 1 8 6 6 2
印 刷 者　世 和 印 製 企 業 有 限 公 司

行政院新聞局出版事業登記證局版臺業字第0130號

本書如有缺頁，破損，倒裝請寄回發行所更換。　　ISBN　13：978-957-08-3167-2（平裝）
聯經網址：www.linkingbooks.com.tw
電子信箱：linking@udngroup.com

國家圖書館出版品預行編目資料

偉大城市的誕生與衰亡：美國都市街
道生活的啓發 / Jane Jacobs 著 . 吳鄭重譯注 .
初版 . 臺北市：聯經，2007 年（民 96）
548 面；14.8×21 公分 .（現代名著譯叢）
索引：13 面 .（國科會經典譯注計畫）
譯自：The Death and Life of Great American Cities
ISBN　978-957-08-3167-2（平裝）

1.都市計劃-美國　　2.都市-政策-美國

545.1　　　　　　　　　　　　　　　96011166

聯經出版事業公司信用卡訂購單

信用卡號： □VISA CARD □MASTER CARD □聯合信用卡
訂購人姓名：＿＿＿＿＿＿＿＿＿＿＿＿＿＿＿＿＿＿＿＿
訂購日期：＿＿＿＿＿年＿＿＿＿＿月＿＿＿＿＿日 (卡片後三碼)
信用卡號：＿＿＿＿＿－＿＿＿＿＿－＿＿＿＿＿－＿＿＿＿＿
信用卡簽名：＿＿＿＿＿＿＿＿＿＿＿＿(與信用卡上簽名同)
信用卡有效期限：＿＿＿＿＿年＿＿＿＿＿月
聯絡電話： 日(O)＿＿＿＿＿＿＿＿夜(H)＿＿＿＿＿＿＿＿
聯絡地址： □□□＿＿＿＿＿＿＿＿＿＿＿＿＿＿＿＿＿＿
訂購金額： 新台幣＿＿＿＿＿＿＿＿＿＿＿＿＿＿＿元整
（訂購金額 500 元以下，請加付掛號郵資 50 元）

資訊來源： □網路 □報紙 □電台 □DM □朋友介紹
□其他＿＿＿＿＿＿＿＿＿＿＿＿＿＿＿＿＿＿＿＿

發票： □二聯式 □三聯式
發票抬頭：＿＿＿＿＿＿＿＿＿＿＿＿＿＿＿＿＿＿＿
統一編號：＿＿＿＿＿＿＿＿＿＿＿＿＿＿＿＿＿＿＿
※如收件人或收件地址不同時，請填：
收件人姓名：＿＿＿＿＿＿＿＿＿＿＿＿＿＿ □先生 □小姐
收件人地址：＿＿＿＿＿＿＿＿＿＿＿＿＿＿＿＿＿＿＿
收件人電話： 日(O)＿＿＿＿＿＿＿＿夜(H)＿＿＿＿＿＿＿＿

※茲訂購下列書種・帳款由本人信用卡帳戶支付・

書名	數量	單價	合計
		總計	

訂購辦法填妥後
1. 直接傳真 FAX(02)2648-5001、(02)2641-8660
2. 寄台北縣(221)汐止大同路一段 367 號 3 樓
3. 本人親筆簽名並附上卡片後三碼(95 年 8 月 1 日正式實施)
電 話：(02)26422629 轉.241 或 (02)2641-8662
聯絡人:邱淑芬小姐(約需 7 個工作天)